Begegnungen
in fünf
Jahrzehnten

Fabian von Schlabrendorff

Fabian
von
Schlabrendorff

Begegnungen in fünf Jahrzehnten

Erschienen im
Rainer Wunderlich Verlag
Hermann Leins
Tübingen

ISBN 3 8052 0323 3

 Satz und Druck: Gulde-Druck, Tübingen. Gebunden bei Heinr. Koch KG, Tübingen.

INHALT

VORWORT

Wer an der Neige des Lebens steht, wird unwillkürlich seinen Blick nach rückwärts richten. Dabei wird er weniger auf sich selbst sehen als auf die menschlichen Begegnungen, die ihm in seinem Leben zuteil geworden sind.

Wer die moderne Naturwissenschaft kennt, weiß, daß es für die Heranbildung des Menschen keinen entscheidenderen Faktor gibt als die Gene. Mit anderen Worten: als die Mitgift, die ihm durch seine ihm vorangegangenen Ahnen zuteil geworden ist. Man kann es auch derb ausdrücken: Es kommt in erster Linie auf die Erbmasse an. Dennoch braucht man deswegen nicht der Umwelttheorie eine Absage zu erteilen. Die Umwelt hat immerhin die Aufgabe, die in der Erbmasse gelegenen Momente zum Leben zu erwecken und zum Klingen zu bringen.

Wer sich selbst kennt, weiß: Im Leben ist nicht der Mensch vom Augenblick seiner Geburt an das Wichtige. Wichtig dagegen sind diejenigen Menschen, die unsere Wege kreuzten, die ihr Leben mit uns teilten und die unsere Anschauungen mitbestimmt haben. Gesetzt den Fall, es wäre möglich, dem Menschen alle seine Begegnungen mit anderen Menschen wieder fortzunehmen und auf diese Weise das zu beseitigen, was andere Menschen in uns hineingelegt haben, so wären wir wieder auf uns selbst zurückgeworfen. Gäbe es diese Möglichkeit überhaupt, so bliebe vermutlich von uns nichts anderes übrig als eine ziemlich blasse Gestalt.

Jede menschliche Begegnung gleicht der Entdeckung eines fremden Gestirns. Das macht das Leben so abenteuerlich und so fruchtbar. Das lehrt aber auch uns Menschen, daß wir aufeinander angewiesen sind. Niemals verlieren wir das Gefühl, daß wir Menschen voneinander abhängen. Uns bindet das Gefühl der Verantwortlichkeit. Wir verwalten nicht nur unser Leben, sondern auch das Leben unserer Vorfahren und unserer Nachkommen.

Natürlich bleiben uns Enttäuschungen nicht erspart, weil sich viele Begegnungen als Nieten entpuppen. Aber die Begegnung mit ungewöhnlichen Menschen lehrt uns erst, den eigenen Lebensweg zu verstehen. Läßt man die Begegnungen mit Menschen von Rang vor seinen eigenen Augen Revue passieren, so macht man die eigenartige Erfahrung: Ungewöhnliche Menschen gibt es nur verdammt wenige. Von ihnen soll in diesem Buch die Rede sein. Dabei leitet uns der Satz von Jacob Burckhardt: »Alles Einzelne, und wir mit, ist nicht nur um seiner selbst, sondern um der ganzen Vergangenheit und um der ganzen Zukunft willen vorhanden.«

Wiesbaden, am 1. Oktober 1978

Fabian von Schlabrendorff

I. KAPITEL

Mein Elternhaus

Eigentlich ist es eine Selbstverständlichkeit, daß die Eltern den ersten und bleibenden Eindruck bei einem Menschen hinterlassen. So ist es auch mir gegangen. Nicht selbstverständlich dagegen ist die Tatsache, daß mein Vater der erste bedeutende Mensch war, der mir begegnet ist und der mein Leben bis auf den heutigen Tag begleitet. Er war Jahrgang 1854, wurde Soldat und starb als Königlich-Preußischer Generalleutnant a.D., also als Exzellenz, im Jahre 1923.

Als ich geboren wurde, war mein Vater schon 53 Jahre alt. Meine Großeltern väterlicherseits habe ich niemals kennengelernt. Sie waren in den siebziger Jahren des 19. Jahrhunderts verstorben. Frühzeitig erfuhr ich von meinem Vater, daß die Familie Schlabrendorff dem märkischen Uradel angehört und sich auf Grund historischer Urkunden bis in das Jahr 1234 zurückverfolgen läßt. In einem von meinem Vater hinterlassenen Lebenslauf kann man noch heute folgendes lesen: »Wenn man sich vergegenwärtigt, daß die Schreibkunst in früheren Jahrhunderten nichts weniger als Allgemeingut war, so erkennt man, daß diese geschlossene Zurückführung immerhin ein starker Beweis für die geschichtliche Rolle ist, die die Familie in früheren Zeiten gespielt hat.« Mein Vater fügt hinzu: »Auch unser einfaches Wappen – ein goldener Schild mit drei schwarzen Querbalken – deutet auf den alten Ursprung und rechtfertigt die Annahme, daß unsere Vorfahren erst im Zeitalter der Kreuzzüge die Meerkatze als Helmzier dem ursprünglichen Wappen hinzufügten.«

Als Kind erfuhr ich in frühen Jahren von dem Dichter Theodor Fontane und von seinem Buch *Wanderungen durch die Mark Brandenburg*. Noch ehe ich in die Schule kam, las mir mein Vater aus Fontane vor. So erfuhr ich, daß der Name Schlabrendorff sich ursprünglich aus den Worten schlau und brav zusammengesetzt habe. Fontane fügt hinzu: Wer nicht wenigstens ein Körnchen dieser beiden Eigenschaften besitze, der sei kein echter Schlabrendorff.

Von meinem Vater hörte ich auch wieder und wieder, daß die Familie Schlabrendorff schon vor den Hohenzollern in der Mark Brandenburg ansässig gewesen sei. Diese Tatsache aber habe die Familie nicht daran gehindert, nach dem Einzug der Hohenzollern zu diesem Fürstengeschlecht zu halten und ihnen durch alle Generationen hindurch treue Dienste zu leisten. Mein Vater wurde nicht müde, meinen Geschwistern und mir von seinem Urgroßvater zu erzählen, der noch in der Mark begütert war. Aber der unglückliche Krieg 1806/07 nahm den alteingesessenen adligen Familien viel von ihrem Vermögen und Grundbesitz. Was nicht schon vorher verloren war, fiel den Stein-Hardenbergschen Reformen im Jahre 1808 zum Opfer. Damals nahm man den adligen Rittergütern die bisherige Steuerfreiheit und machte hierdurch die Erhaltung des Grundbesitzes nahezu unmöglich. Aber mein Vater vertrat immer die Überzeugung: »So hart und einschneidend diese Reformen gerade für viele alte Familien waren, so notwendig waren sie für die Gesamtheit und damit für den Staat. Diesem zu dienen und Opfer zu bringen, hat der preußische Adel immer für seine vornehmste Aufgabe angesehen.«

Mein Vater erzählte uns, daß schon mein Großvater nichts anderes gewesen sei als aktiver Offizier, der, als mein Vater geboren wurde, als Hauptmann im Kaiser-Franz-Grenadier-Regiment No. 2 die 11. Kompanie geführt habe. Die Familie wohnte in der Alexanderstraße, also mitten in der Stadt Berlin, in recht bescheidenen Verhältnissen. Die acht Kinder hätten den Eltern manchmal sorgenvolle Stunden bereitet. Aber damals sei es den meisten Offiziersfamilien, die aus den altadligen Geschlechtern stammten, wahrscheinlich schlecht gegangen. So wurden denn alle Kinder knapp gehalten und waren während ihres ganzen Lebens gezwungen, sehr aufmerksam zu wirtschaften. Die ernste Zeit in Preußen nach den Freiheitskriegen, so erzählte mein Vater, habe der Familie seiner Eltern und seiner eigenen Familie den Stempel fürs ganze Leben aufgedrückt. Mein Vater schreibt darüber: »Ich habe frühzeitig gelernt, den Dingen gerade und furchtlos ins Gesicht zu sehen. Ich verschmähte alle Winkelzüge und ertrug mit Gelassenheit all das Schwere, das uns das Schicksal überreichlich bescherte.« Von seinem Vater – meinem Großvater – fügte er hinzu: »Er hatte ein warmes Herz und eine offene Hand, die durch einen scharfen Verstand und festen Willen geleitet wurden. Dabei war er ein Mann, der großen Wert auf gute gesellschaftliche Formen legte und sich selbst auch im Familienkreis nie gehen ließ.«

Die Mutter meines Vaters war Caroline von Seel. Die Seels waren eine Offiziersfamilie, die unter Friedrich dem Großen geadelt war. In den Freiheitskriegen war der mütterliche Großvater meines Vaters Kommandeur des gelben Husaren-Regimentes von Belling und wurde bei Leipzig schwer verwundet. Von seiner Mutter erzählte uns unser Vater, sie habe ein heiteres Gemüt, schnelle Auffassung und die Fähigkeit gehabt, mit anderen Menschen vorzüglich umzugehen.

Mein Vater war das siebte Kind seiner Eltern. Kurz nach seiner Geburt wurde mein Großvater als Kommandeur des 1. Bataillons des 1. Garde-Landwehr-Regiments nach Königsberg versetzt. An den Aufenthalt in Königsberg hatte mein Vater immer noch eine schwache Erinnerung. Viel stärker aber reichte seine Erinnerung in die Jahre 1858–59 zurück, wo mein Vater und seine Geschwister in Pillau wohnten. Mein Vater schreibt darüber: »Diese Zeit war für uns Kinder herrlich, wir waren den ganzen Tag am Strande, suchten Bernstein, pantschten im Wasser und genossen volle Freiheit.« Die elterliche Wohnung lag innerhalb der Festungswerke und sei sehr geräumig gewesen. Sie habe an einem großen Platz gelegen, der bis an die Ostsee reichte.

Im Jahre 1860 sei sein Vater Regimentskommandeur in Lötzen geworden. Lötzen sei damals ein Fischerdorf und für seine Eltern ein schauderhafter Aufenthalt gewesen. Wie erbärmlich dort die Wohnungsverhältnisse waren, gehe daraus hervor, daß seine bescheidenen Eltern zwei gegenüberliegende Häuser mieten mußten, um nur einigermaßen menschenwürdig unterzukommen. Trotzdem hätten er und sein älterer Bruder Georg es dort wunderschön gefunden, da sie auch hier keinerlei Beschränkungen unterlagen. In den angrenzenden Seen hätten die Kinder baden und ungestraft die Freiheit genießen können. In Lötzen mußte mein Vater zum ersten Mal in die Schule. Er bekennt, daß seine Erinnerung daran recht dürftig sei. Viel einschneidender für seinen Bruder und ihn sei es gewesen, daß die um zehn Jahre ältere Schwester aus Berlin in das Elternhaus zurückgekommen sei. Sie habe, ohne daß es den Brüdern recht bewußt wurde, mildernd und fördernd auf ihre Manieren eingewirkt. Die Schwester habe so manches ausgeglichen.

Mein Vater erwähnt in seiner Niederschrift, seine Eltern hätten in Lötzen ihre silberne Hochzeit gefeiert, und fügt hinzu: »Es wird gewiß recht einfach dabei hergegangen sein.«

Im Jahre 1864 sei der Regimentsstab nach Gumbinnen verlegt worden. Dieser Ort habe damals 7000 Einwohner gehabt, sei aber Sitz des Regierungspräsidenten gewesen. Die Eltern hätten eine recht geräumige Wohnung gehabt. Mein Vater entsann sich noch der damaligen Zeit als der Zeit der sogenannten Konfliktsjahre, in denen die Abgeordneten der Regierung das Budget verweigerten, so daß die Regierung in Berlin gezwungen gewesen sei, den Staatshaushalt ohne Budget weiterzuführen. Das habe auch innerhalb Ostpreußens zu heftigen inneren Kämpfen geführt. Die Parteien hätten sich schroff gegenübergestanden. Die politischen Gegensätze hätten sich auch auf das bürgerliche Leben übertragen. Mein Vater fügt hinzu:

> »Der Gumbinner Spießbürger gehörte selbstverständlich, wie die große Masse der Wähler, zur Fortschrittspartei und gefiel sich in unfruchtbarer Opposition gegen alle Anordnungen der Regierung. Alles, was später zur Nationalliberalen Partei

übertrat, gehörte damals zum Fortschrittsbanner und bekämpfte in starrer Verbissenheit den Mann und die Maßnahmen, die wenige Jahre später das Deutsche Reich geschaffen haben. Infolge dieser traurigen innerpolitischen Verhältnisse war der Offizier damals in seinem gesellschaftlichen Verkehr lediglich auf konservative Kreise angewiesen. Außer mit den Familien des Regimentes hatten unsere Eltern engeren Verkehr nur mit dem Regierungspräsidenten in Gumbinnen und einigen Gutsbesitzern der Umgebung. Mit den in unserem Alter befindlichen Söhnen dieser Familien verkehrten wir. Mein Bruder Georg und ich besuchten das Gymnasium und kamen im Laufe der Zeit bis zur Quarta und Quinta. Auch wir hatten unter den unglücklichen politischen Verhältnissen insofern zu leiden, als eine große Anzahl der dortigen Lehrer fortschrittlich gesinnt war, in uns die Brut des ihnen verhaßten Adels sah und uns das bei jeder sich bietenden Gelegenheit entgelten ließ. Wir ahnten das damals natürlich nicht und waren auch dickfellig genug, um leichten Herzens darüber hinwegzukommen. In Gumbinnen fingen wir an Schlittschuh zu laufen und durften ab und zu auf den Pferden meines Vaters reiten. In dieser Zeit lud ein früherer Regimentskamerad meines Vaters – Herr von Kalckstein auf Wogau bei Königsberg – meine Eltern und uns Kinder ein. Wir lebten dort auf dem Lande; herrliche Tage, die zu den schönsten meiner Jugendzeit gehören. Kalckstein hatte mehrere Söhne, deren jüngster, Otto, in unserem Alter war. Ich bin mit ihm später wieder beim Kaiser-Franz-Regiment zusammengetroffen. Dort haben wir etwa 25 Jahre am gleichen Strang gezogen und vieles miteinander erlebt, was Menschen verbindet. In die Gumbinner Zeit fiel ein Ereignis, das meinen Eltern schweren Kummer brachte und die Beziehungen zu den Geschwistern meiner Mutter auf viele Jahre hinaus zerstörte. Das war der plötzliche Tod meines ältesten Bruders Leopold unter überaus tragischen Begleitumständen. Im großen ganzen lag die Sache so: Die ältere Schwester meiner Mutter war mit einem Manne verheiratet, der als Major a. D. in Liegnitz lebte, zwei Söhne und mehrere Töchter hatte. Die älteste Tochter war Flora. Mein Bruder Leopold war als militärischer Lehrer zur Liegnitzer Ritterakademie kommandiert, hatte Flora kennen- und liebengelernt, konnte aber zu einer Verlobung die Einwilligung des Vaters nicht erhalten. Lehnte dieser meinen Bruder nun lediglich aus pekuniären Gründen ab oder bezweifelte er seine Persönlichkeit, oder sprach beides dabei eine Rolle? Ich weiß es nicht. Leopold war ein begabter und tüchtiger Offizier; wenn er auch in den ersten Jahren nicht immer mit seinem Gelde sehr aufmerksam gewirtschaftet haben mag und vielleicht auch sonst manchen jugendlichen Streich begangen hat, der besser unterblieben wäre, so stand er nun doch in der zweiten Hälfte der zwanziger Jahre, genoß das volle Vertrauen seiner Vorgesetzten, weil er ein ernster, zielbewußter Mensch war und aus diesem Grunde das Kommando zur Liegnitzer Ritterakademie bekommen hatte. Temperamentvoll, wie er war, wollte er die Einwilligung des Vaters der von ihm geliebten Flora erzwingen. Er entführte eines Tages Flora aus ihrem Elternhaus und fuhr zu meinen Eltern nach Gumbinnen. Beide Eltern tadelten meinen Bruder Leopold auf das entschiedenste. Trotzdem setzte sich mein Vater sofort telegrafisch mit dem Vater von Flora in Verbindung und fuhr in den nächsten Tagen mit Leopold und Flora nach Liegnitz zurück. Das einzig Mögliche und Verständige unter diesen Umständen wäre natürlich gewesen, die Heirat zuzugeben. Mochten beide sehen, wie sie sich pekuniär zurechtfanden. Aber vergebens verhandelte mein Vater in diesem Sinne in Liegnitz. Floras Vater konnte und wollte nichts einsehen. Es kam zum Bruch. Eine unglückliche Verkettung von Umständen brachte meinen Bruder Leopold zur Verzweiflung. Floras Vater veranlaßte seinen ältesten Sohn, meinen Bruder Leopold zum Duell zu fordern. Das Duell wurde genehmigt. In diesem Duell erschoß mein Bruder Leopold den Bruder von Flora. Daraufhin fand eine Kriegsgerichtsverhandlung statt. Mein Bruder Leopold wurde zu Festung verurteilt. Während dieser Zeit nahm mein Vater Flora in sein Haus in Gumbinnen auf. Flora erkrankte an Tuberkulose und starb. Als dies mein Bruder Leopold erfuhr, griff er, während er noch seine Haftzeit auf Festung absaß, zur Pistole und nahm sich das Leben.«

In einem Brief an seinen Vater schreibt Leopold vor dem Duell: »Der Ausgang des Duells muß ein tödlicher für mich sein, denn sollte dies nicht eintreten, so müßte die Fortsetzung, um hier wenigstens die einzige ehrenhafte Konsequenz nicht vermissen zu lassen, dieses Resultat liefern.«

Der gewaltsame Tod dieses ältesten Bruders meines Vaters, der mit 26 Jahren aus dieser Welt schied, zeigt den ungeheuren Unterschied der Zeiten. Was heute unmöglich ist und auch sicher nicht verstanden wird, war damals ein Gebot der Ehre.

Als die Mutter meines Vaters im Januar 1866 starb, lebten noch drei Söhne und eine Tochter, während drei Söhne und eine Tochter ihr schon im Tod vorausgegangen waren. Die zweite Tochter folgte ihr einen Monat später. Der nächstälteste Sohn fiel als Königlich-Preußischer Premier-Leutnant im Garde-Grenadier-Regiment No. 1 am 18. August 1870 bei St. Privat. Es lebten nach 1866 noch mein Großvater, der als Generalmajor 1879 starb, mein Onkel Georg, der als Generalleutnant im September 1913 in Goslar am Harz sein Leben beendete, und mein Vater. Nach dem Tode seiner Frau schickte mein Großvater seine beiden jüngeren Söhne auf das Kadettenkorps. Sie kamen nach Wahlstatt. Wahlstatt galt als ein besonders strenges Kadettenhaus. Es lag im Landkreis Liegnitz, unweit von der Katzbach. Mein Vater erzählte uns Kindern später wenig von der Erziehung im Kadettenkorps. Hin und wieder bemängelte er die ihm dort zuteil gewordene geringe geistige Bildung, vor allem das Fehlen einer Einführung in die altgriechische Antike. Auf diesen wunden Punkt hat mein Vater bis zu seinem Tode aufmerksam gemacht. Alles andere, erzählte er des öfteren, habe er später, als er Lehrer auf Zentral-Turnanstalt des Preußischen Heeres war, in den Nachmittagsstunden nachgelernt und sich angelesen. In dieser Zeit, so meinte mein Vater, habe er sich am Vormittag damit begnügt, seinen militärischen Zöglingen jeden Tag einmal den großen Riesen am Reck vorzuführen, um dann am Nachmittag ausschließlich seiner eigenen Bildung zu leben. In diesem Zusammenhang sei bemerkt, daß mein Vater in seinen eigenen Ausführungen sich zwar der deutschen Buchstaben bediente, aber alle Wörter klein schrieb. Im Jahre 1872 wurde er Secondleutnant im Kaiser-Franz-Garde-Grenadier-Regiment No. 2. In diesem Regiment hat mein Vater bis zum Jahre 1885 gestanden, ehe er in den Großen Generalstab versetzt wurde. Aus jenen Jahren ist noch das Soldbuch meines Vaters erhalten. Aus dem Soldbuch ergibt sich, daß das Gehalt in diesen Jahren pro Monat 113 Mark und 75 Pfennig betrug. Davon wurden von vornherein gewisse Beträge für die Kleiderkasse und die Casinounkosten abgezogen. Zur Auszahlung kamen in der Mehrzahl der Monate 38 Mark und 75 Pfennig. Hin und wieder schreibt auch der Zahlmeister unter die Rubrik »Auszahlung« das Wort: balanciert. Später bedient sich der Zahlmeister einer anderen Sprache und schreibt unter die Abrechnung: »baar nichts«. Mein Vater hat dieses Soldbuch aufgehoben und uns Kindern des öfteren gezeigt, um dann hinzuzufügen: »Es waren schlechte Zeiten, nein, es waren gute Zeiten.«

Mein Vater war sehr schweigsam. Er erzählte nur selten. Wir Kinder haben die Bedeutung unseres Vaters sehr bald daran erkannt, daß er gelegentlich andere Persönlichkeiten dadurch kritisierte, daß er die Bemerkung hinwarf: »Der spricht zuviel«. Wie wichtig das war, haben wir Kinder im späteren Leben oft genug zu bemerken die Gelegenheit gehabt. Viel sprechen ist geradezu ein Kriterium, das das Unbedeutende des Menschen klar erweist. Mein Großvater hatte seinen Kindern, vor allem seinen Söhnen, immer wieder beigebracht: »Hört ruhig zu, aber sagt möglichst nichts«. Das hatte sich bei meinem Vater so ausgewirkt, daß er ganze Tage verbringen konnte, ohne zu sprechen. In der Gesellschaft war er als Tischherr gefürchtet. Er brachte es fertig, einen ganzen Abend lang mit seiner Tischdame nicht ein Wort zu wechseln. Im militärischen Leben – mein Vater war mit

Leib und Seele Soldat – trug ihm das den Spitznamen Lasker ein. Lasker war damals ein freisinniger Abgeordneter, dem man nachsagte, daß er zu jedem im Abgeordnetenhaus auftretenden Problem das Wort ergriff. Er glaubte, über alles Bescheid zu wissen, und sprach immer. Meinem Vater hing dieser Spitzname Lasker sein Leben lang an. Untergebene von ihm waren nicht immer sicher, ob nicht der Name Lasker sein eigener und wirklicher Name sei. Seine Kameraden und Vorgesetzten wandten auf ihn seinen Spitznamen außerdienstlich und dienstlich an, ohne daß jemand daran Anstoß nahm. Mein Vater galt als guter Kamerad, als schwieriger Vorgesetzter und als außerordentlich unbequemer Untergebener. Seine Vorgesetzten hatten unter ihm im wahrsten Sinne des Wortes zu leiden.

In den ersten Jahren seines militärischen Lebens mußte er jeden Tag die Fahne seines Regimentes aus dem Palais und Zimmer König Wilhelms I. holen. Das war keine ganz leichte Aufgabe, weil, wie jeder Kenner des Niederländischen Palais weiß, der Aufgang eine schräge Fläche war. Diese Schräge bereitete dem bei der Abholung der Fahne notwendigen Parademarsch erhebliche Schwierigkeiten. König Wilhelm sah zu und war ein großer Kritiker. Aber er war auch ein Grandseigneur und verwickelte den Leutnant jeden Tag in ein Gespräch. Dadurch entwickelte sich im Laufe der Jahre eine persönliche Beziehung zwischen dem König und meinem Vater. Diese Beziehung war geprägt von Autorität, Güte und stolzem Gehorsam. Der König war ein großer Anhänger der Altpreußischen Freimaurerloge. Er versuchte deshalb, unter Hinweis auf die Zugehörigkeit meines Großvaters zu den Freimaurern, auch meinen Vater zu werben. Mein Vater aber lehnte ab. Er war Mitgliedschaften bei Vereinigungen nicht hold. Eines Tages bemerkte der König zu meinem Vater: »Was werden Sie tun, wenn ich Ihnen den Erwerb der Mitgliedschaft, bei der ich Ihr Pate sein werde, befehle?« Mein Vater erwiderte: »Ich werde jeden Befehl Eurer Majestät ausführen, ohne Rücksicht auf die mich betreffenden Folgen. Aber einem Befehl Eurer Majestät, Mitglied bei den Freimaurern zu werden, fehlt die Rechtsgrundlage.« Der König war zunächst recht verärgert, nickte dann aber lächelnd und meinte: »Dann wollen wir die Sache auf sich beruhen lassen.« Meinem Vater ist dieser König immer als die Idealfigur eines Herrschers erschienen. An ihm maß mein Vater alle seine Nachfolger, denen er zwar ablehnend gegenüberstand, über die er sogar hin und wieder kritische Bemerkungen machte, die aber nicht ohne Ehrerbietung waren und die auszusprechen er Dritten das Recht absprach. Auf diese jahrelange persönliche Beziehung zwischen dem alten König und Kaiser und meinem Vater war es dann auch zurückzuführen, daß meinem Vater befohlen wurde, bei der Beisetzung des alten Herrn einen der Zipfel des Sargtuches zu tragen. So ehrenvoll dieser Auftrag war, so schwer war seine Durchführung, weil am Tage der Beisetzung des alten Kaisers im März 1888 in Berlin grimmige Kälte herrschte und der Weg vom Dom bis zum Mausoleum in Charlottenburg eine große Strecke war, die durchgestanden werden mußte und jedem der Begräbnisteilnehmer im Gedächtnis haften geblieben ist.

Mein Vater, ganz aufgewachsen unter dem Einfluß und dem Bilde des alten Kaisers, hat ihm im Jahre 1909, als er sein erstes Testament abfaßte, ein privatschriftliches Denkmal gesetzt. In diesem Testament heißt es: »Ich rate meinem Sohn, nicht Offizier zu werden, da seit dem Ableben des alten Kaisers eine neue Welt entstanden ist, die in unser ganzes Staatswesen und auch in das Offizierskorps einen Geist hineingebracht hat, der den sicheren Untergang Preußens und des Deutschen Reiches zur Folge haben wird.« Mein Vater war inkonsequent genug, um im Jahre 1923, kurz vor seinem Tode, auf die Frage des Arztes: »Was würden Euer Exzellenz für einen Beruf ergreifen, wenn Sie heute am Beginn Ihres Lebens stünden?« zu antworten: »Allen schlechten Erfahrungen zum Trotz, ich würde wieder Soldat werden.« Der Schutz des Staates nach innen und außen war für meinen Vater Lebensinhalt. Er hing an dem alten Moltke und später an der Persönlichkeit des Grafen Schlieffen, dessen große Pläne er allen Kritikern zum Trotz immer verteidigt hat. Angesichts der unglückseligen geographischen Lage Deutschlands hielt er den Schlieffenplan für das Rezept des Sieges. Graf Schlieffen war von

1891 bis 1905 der unumstrittene Chef des Generalstabes der Armee. Er sah die Möglichkeit des Zwei-Fronten-Krieges voraus und wollte deshalb mit nur 200000 Mann die Grenze des Deutschen Reiches gegen Rußland schützen. Dagegen wollte er mit zwei Millionen deutschen Soldaten im Westen aufmarschieren. Von diesen zwei Millionen sollten aber nur 200000 Mann in Elsaß-Lothringen stehenbleiben, während der Rest die Aufgabe hatte, durch Belgien durchzubrechen, bis zur Küste vorzustoßen, um dann hinter Paris gegen Osten einzuschwenken. Nach dem Plan von Schlieffen sollten am 38. Tage die Franzosen vor der Vernichtung stehen. Die Kühnheit dieses Planes war nicht zu übertreffen. Als die deutsche Heeresleitung 1914 von dem Plan abwich, wurde mein Vater beinahe tiefsinnig und kleidete seine pessimistische Überzeugung in die Worte: »Wir haben den Krieg verloren.« Eigenartigerweise war mein Vater kein Freund der allgemeinen Wehrpflicht. Er war für ein Berufsheer und gleichzeitig für eine große Miliz. Er fürchtete, das Volk werde immer geneigt sein, sich seinen Dienst beim Militär bezahlen zu lassen, indem es politische Forderungen erheben und auf der Einlösung dieser Forderungen bestehen werde. Wir Kinder haben meinen Vater des öfteren gefragt, ob er eigentlich mehr Preuße oder mehr Deutscher sei. Die Antwort meines Vaters war klassisch: »Natürlich bin ich ein Preuße. Aber seit ich auf der Kriegsakademie Max Duncker gehört habe, bin ich Deutscher geworden.« Dieser Ausspruch kann einen heute nur zu der rhetorischen Frage veranlassen: Wer unter den gebildeten Deutschen weiß noch, wer Max Duncker war und wie viele Jahrgänge preußischer Offiziere dieser Mann auf der Kriegsakademie in Berlin beeinflußt hat. Mein Vater war keineswegs davon überzeugt, daß das deutsche Heer über jedes Lob erhaben sei. Er war argwöhnisch gegen die Marine und gegen den Geist der Flottenpolitik, den er als eine gefährliche und unpreußische Belastung ansah. Er verstand sich auch nicht, um die volle Wahrheit zu sagen, mit den jungen Familien, die die Mehrzahl des Offizierskorps der Reichsmarine stellten. Zu gerne hätte mein Vater schon als jüngerer Mann den Krieg erlebt, um die Probe aufs Exempel zu bestehen. So meldete er sich denn eines Tages zur Schutztruppe, weil er glaubte, daß in den damaligen deutschen Kolonien Gelegenheit sein werde, sich selbst zu prüfen und zu bewähren. Als der Truppenarzt meinen Vater auf Tropentauglichkeit untersucht hatte, sagte er zu ihm: »Müssen Sie zur Schutztruppe? Wenn ja, so erkläre ich Sie für tauglich. Wenn kein Zwang für Sie besteht, so muß ich ehrlicherweise bekunden, Sie sind nicht tropentauglich.« Mein Vater gab der Wahrheit die Ehre. Er kam also nicht zur Schutztruppe, sondern blieb in Deutschland, und zwar in den verschiedensten Stellungen und in den verschiedensten Gegenden, was zur Folge hatte, daß meine Geschwister und ich eigentlich niemals eine Heimat gehabt haben. Wir waren eben Tornisterkinder.

Mein Vater war kein Optimist. Er sah schwere innenpolitische und außenpolitische Krisen auf sein Vaterland zukommen. Vom Reichstag hielt er nichts. Über die Reichskanzler sprach er nur mit ironischem Lächeln. Den Kaiser und König, bei dem er das gute Wollen anerkannte, hielt er für schwach und unzureichend.

Schon damals mehrten sich Anzeichen der inneren Problematik des Reiches. Die Entlassung Bismarcks und das Abschneiden des russischen Fadens hielt mein Vater für ein großes Unglück. So erzählte er einmal, man habe sich im Offizierskorps seines Regimentes darüber unterhalten, was man tun solle, wenn der König und Kaiser den Befehl gäbe, den Ersten Kanzler des Reiches zu verhaften. Diese Frage war nicht aus der Luft gegriffen. Bismarck hatte sich nicht gescheut, in den Hamburger Nachrichten die Tatsache und spätere Nichterneuerung des Rückversicherungsvertrages zwischen dem Deutschen Reich und Rußland bekanntzugeben. Der Kaiser geriet in eine große Erregung und forderte in der ersten Aufregung die Verhaftung des alten Fürsten, die ihm durch seine Ratgeber mit großer Mühe ausgeredet wurde. Im Offizierskorps seines Regimentes wurde über dieses Problem diskutiert. Mein Vater gab das Ergebnis dieser Unterhaltung mit den Worten wieder: »Wir waren uns alle einig, uns auf einen solchen Befehl zur Festnahme des Ersten Reichskanzlers hin krank zu melden und den Befehl nicht auszuführen.«

Aber auch die innenpolitischen Sturmanzeichen traten in das Blickfeld meines Vaters. Jedes Jahr vor dem 1. Mai wurden in Berlin von Arbeitern die Waffengeschäfte überfallen und ausgeplündert. Man zog in die Hasenheide und bildete eine bewaffnete Demonstration. Mehrere Jahre hintereinander – mein Vater war damals Kompaniechef – erhielt er den Befehl, diesen Demonstrationen entgegenzutreten. Da er seine Berliner kannte, wußte er, wie man das machte. Er ließ die Kompanie ausschwärmen, gab dem ältesten Offizier das Kommando und ritt mutterseelenallein den Demonstranten entgegen. Diese waren jedes Jahr erneut erstaunt, einen Offizier ohne Begleitung auf sich zureiten zu sehen. Sie wurden unsicher. Mein Vater sprach ganz ruhig im unverfälschten Berliner Dialekt, sie möchten doch sich und ihm keine Ungelegenheiten bereiten. Das beste sei für die Demonstranten, alle Waffen und alle Munition auf einen Haufen zu werfen und möglichst schnell zu verschwinden. Wenn dies in zehn Minuten geschehen sei, werde seine Kompanie die Waffen einsammeln und die Demonstranten nicht finden. Und so geschah es. Es fiel niemals ein Schuß. Alles verlief im Sande. Um so erschrockener war mein Vater, als Kaiser Wilhelm II. vor seiner Truppe eines Tages eine Rede hielt, in der er sagte, die Soldaten müßten auf seinen Befehl hin notfalls auf ihre Brüder und Schwestern schießen. Nach dieser Rede setzte sich mein Vater auf sein Pferd und ritt zwei Stunden im Vorfeld von Berlin, bis er sich selbst wiederfand. Er traf auch einen Kameraden, dem es nicht anders ging. Beide bekannten sich als Gegner solcher kraftstrotzenden Reden.

In außenpolitischer Hinsicht sah mein Vater die Aufgabe des Heeres in erster Linie darin, einen Krieg zu vermeiden oder, wenn er unabwendbar werde, ihn zu einem Zeitpunkt zu führen, den der eigene Staat selbst bestimmen mußte, also zu einem Zeitpunkt, zu dem der Einkreisungsring sich noch nicht geschlossen hatte. Mein Vater hielt das deutsche Heer für einen modernen Krieg zahlenmäßig für zu gering, aber auch für unzureichend ausgebildet. Er beanstandete den Mangel an Maschinengewehren und an schwerer Artillerie.

Natürlich gab es in unserer Familie auch ganz andere Fragen. Die Hauptschwierigkeiten machte uns die christliche Kirche. Früh, viel zu früh, habe ich Nietzsche gelesen und nur halb verstanden. Aber diese Lektüre veranlaßte mich, wieder und wieder meinen Vater nach den Wahrheiten der christlichen Religionen zu fragen. Ich habe immer nur die Antwort erhalten: »Du kennst doch das Wort der Bibel: *In meines Vaters Haus sind viele Wohnungen.* Auf mehr ließ sich mein Vater nicht ein. Wir Kinder haben das wohl verstanden und traten unseren Lehrern oder unseren Pfarrern mit zwiespältigen Gefühlen entgegen. Auf das Urteil aller dieser Persönlichkeiten, die mehr oder weniger tüchtig, mehr oder weniger brav waren – es war nicht ein bedeutender Pädagoge unter ihnen –, gab mein Vater nichts. Natürlich fielen die Schulleistungen und ihre Benotung entsprechend schlecht aus. Aber mein Vater lächelte nur darüber und sagte, auf die Ansicht von Lehrern solle man in Deutschland nicht viel geben. Er meinte: »Sie pflegen sich zu überschätzen und wissen deshalb auch von dem eigentlichen Leben ihrer Schüler wenig.« Diese und ähnliche Bemerkungen haben meinen Geschwistern und mir in der Schule mehr geschadet als genutzt. Aber sie haben mich immer davor bewahrt, anzunehmen, daß ein Volk in zwei Klassen zerfällt, in eine Klasse, die lehrt, und in eine andere Klasse, die belehrt wird.

Ostern 1914 kam ich auf die Schule. Alle neu eingeschulten Kinder weinten. Ich nicht. Der Lehrer, der uns die Plätze anwies, bemerkte dies und stellte mich den anderen Kindern als Vorbild vor, indem er mich gleichzeitig fragte: »Warum weinst Du nicht?« Er war sehr erstaunt, als ich ihm antwortete: »Mein Vater hat es mir verboten.« Folge des Anfangsbuchstabens meines Namens war es, daß ich den letzten Platz einnehmen mußte. In der Schulsprache hieß dieser Platz ›Block‹. Wenn ich etwas Rühmenswertes aus meiner Schulzeit erwähnen soll, so kann ich nur sagen, daß ich diesen Platz mit Erfolg bis zu meinem Abgang aus der Schule verteidigt habe.

An meine Kinderzeit habe ich nur ganz schwache Erinnerungen. Im Gedächtnis ist mir haftengeblieben, daß wir 1912 oder

1913 mit der ganzen Familie in ein großes holländisches Seebad gingen. Es hieß Noordwijk aan Zee. Meine Eltern nahmen Wohnung im Hotel Huis ter Duin. Meine Geschwister und ich waren mit Holzspaten ausgerüstet, um im Sande zu spielen. Jeden Tag wiederholte sich dasselbe Schauspiel. Mein Vater erbat sich einen der Holzspaten, nahm ihn und warf ihn weit in das Wasser hinaus. Wir Kinder erhoben großes Geschrei. Nach einigen Minuten wandelte sich dieses Geschrei in Jubel um, weil mein Vater inzwischen ins Meer gesprungen war und die Holzschaufel schwimmend ans Land zurückbrachte. Ich entsinne mich noch eines Datums, das später in der Weltgeschichte eine große Rolle spielen sollte. Es war die Ermordung des Erzherzogs Franz Ferdinand in Sarajewo am 28. Juni 1914. Natürlich war meinen Geschwistern und mir die Bedeutung dieses Ereignisses nicht klar. Aber wir bekamen eine Ahnung, als uns mein Vater sagte: »Das ist der Weltkrieg.« Natürlich wußten wir nicht, was Krieg war, geschweige denn, was ein Weltkrieg bedeutete. Aber daß es nichts Gutes besagte, das empfanden wir mit Nachdruck. Trotzdem benutzten wir die großen Ferien, um mit unseren Eltern zu einem Freunde meines Vaters zu fahren auf ein schönes Gut im Osten unmittelbar an der Neiße, einem Fluß, dessen Name heute bekannter ist als im Jahre 1914. Im Juli des gleichen Jahres mehrten sich die Sturmzeichen. Mein Vater wurde telegrafisch zurückbeordert. Das drohende Gespenst des Krieges näherte sich. Alles jubelte. Nur mein Vater war ernst und schweigsam. Er wurde wegen seiner ernsthaften Schweigsamkeit geneckt, blieb aber, wie es seiner Art entsprach, ganz unbeeindruckt. Er erwiderte nur: »Ihr habt die Zeichen der Zeit nicht begriffen. Dies ist kein Krieg wie die Kriege des 19. Jahrhunderts. Dies ist kein Kabinettskrieg, sondern ein Weltkrieg. Das Deutsche Reich wird diesen Krieg verlieren und wird geschlagen werden. Es wird auch die Monarchie zugrunde gehen. Die Dynastie der Hohenzollern wird ihren Thron verlieren. Wir werden alle ein Opfer der Rache unserer Gegner werden, die Fürsten genauso wie die Arbeiter.«

Ein eisiges Schweigen durch alle Familienmitglieder war die

Antwort. Dann aber begannen alle zu grinsen und machten den Versuch, die Sätze meines Vaters ins Lächerliche zu ziehen. So ganz gelang das nicht. Es blieb ein Zweifel zurück. Dieser Zweifel wurde zunächst ausgelöscht durch die unerhörten deutschen Siege gegenüber Belgien und Frankreich, aber auch bei Tannenberg und den Masurischen Seen gegenüber den Russen. Nur mein Vater blieb seiner sicher. Seine Briefe an meine Mutter ließen keinen Zweifel, daß der Verlust der Marneschlacht dem Verlust des Krieges nahekam und daß demgegenüber die Siege in Ostpreußen nur wenig bedeuteten.

Im Kriege selbst wurde das Leben sehr bald auch für uns Kinder bedrückend. Über dem Mittagstisch im Hause meiner Eltern hing von der Decke ein kleines Holztäfelchen herab. Auf diesem stand: »Das Essen wird knapp, gewöhn's dir ab.« Anfangs schien es ein Witz zu sein. Aber im Laufe der Jahre wurde es blutiger Ernst. Irgendwann im Kriege kam mein Vater auf Urlaub. Auf die ängstliche Frage meiner Mutter, was denn nun aus dem Kriege werden würde, erwiderte er nur: »Der Krieg ist verloren. Wir können ihn auf jeden Fall nicht mehr gewinnen. Vielleicht gibt es noch einen Ausweg. Der Kronprinz als Nachfolger des Kaisers muß, soweit es in Menschenhand liegt, am Leben erhalten bleiben. Aber alle anderen Söhne des Kaisers gehören an die Front und müssen fallen. Das ist das einzige Mittel, um das Deutsche Reich und den Thron der Hohenzollern zu erhalten.«

Meine Mutter war entsetzt. Einige Wochen später beging sie die Unvorsichtigkeit, nicht alles, aber doch einiges von den Äußerungen meines Vaters irgendwo in einem Damentee als eigene Ansicht zu erzählen. Das blieb nicht geheim. Auf irgendeinem Wege gelangte die Äußerung meiner Mutter nach Berlin und fand ihr Echo im Preußischen Kriegsministerium. Von dort kam eine dienstliche Anfrage zu meinem Vater, der längst wieder seine militärischen Pflichten an der Westfront versah. Die Anfrage lautete, ob er die von seiner Frau geäußerte Meinung teile. Die dienstliche Stellungnahme meines Vaters war kurz und bündig: »Ich teile die Äußerung meiner Frau nicht. Sie ist nach Form und Inhalt nicht schroff genug.« Und nun ereignete sich etwas, das für den Zeitgenossen unserer Tage kaum glaubhaft ist. Es geschah nämlich nichts. Niemand wurde zur Rechenschaft gezogen. Mein Vater behielt seine militärische Position. Meine Mutter blieb ungestört. Alles verlief im Sande. Wir Kinder kannten damals selbstverständlich nicht den Begriff des Rechtsstaates. Aber nun wußten wir, was die Erwachsenen meinten, wenn sie das Wort Rechtsstaat gebrauchten.

Als ich einmal als Junge meinen Vater nach dem Ersten Weltkrieg fragte, ob man denn nicht als Soldat auch hin und wieder Angst gehabt habe, erzählte er mir folgendes: Er habe eigentlich nur zweimal im Kriege Angst um sein Leben gehabt. Im einen Falle habe es sich um die Besichtigung eines belgischen Eisenbahntunnels gehandelt. Dieser eingleisige Tunnel habe keine Nischen gehabt, so daß man keine Möglichkeit hatte, sich in Sicherheit zu bringen, wenn gerade ein Zug kam. Er aber sei damals von einem Zug überrascht worden, als er sich mitten im Tunnel aufgehalten habe. Auf seine Frage an den ihn begleitenden Eisenbahnoffizier, was man denn nur tun könne, habe dieser gesagt: »Es bleibt kein anderes Mittel, wir müssen uns mitten zwischen die Schienen des herankommenden Zuges flach auf den Erdboden legen.« Das haben sie auch getan, er habe aber doch die Besorgnis gehabt, eine herunterhängende Kette könne ihn vielleicht verletzen. Als der Zug über ihn hinweggebraust sei, habe er wirklich Angst gehabt.

Ein anderes Mal habe er sich in der Gondel eines Fesselballons befunden. Er sei des Glaubens gewesen, von der Gondel aus werde er das vom Feind beherrschte Gelände besser übersehen können. Kaum sei er oben in der Luft gewesen, sei ein französisches Flugzeug aufgetaucht und habe den Fesselballon in Brand geschossen. Sein Leben sei nur deshalb gerettet worden, weil er sich vorher, wenn auch unter Sträuben, einen Fallschirm habe verpassen lassen. Noch heute überkomme ihn das Gefühl der Angst, wenn er daran zurückdenke, wie plötzlich der Fesselballon über ihm in Brand geraten sei. Es sei ihm einfach nichts anderes übriggeblieben, als auf das Glück des Fallschirms zu vertrauen.

Der Krieg nahm sein Ende. Alles sprach von Revolution. Aber

wir Kinder sahen nichts von revolutionären Zuständen. Schon damals festigte sich in mir die Überzeugung, daß die Deutschen keine Revolutionäre sind. Was sich vor unseren Augen abspielte, war nur der Zusammenbruch des Deutschen Reiches. Mein Vater kehrte unangefochten aus dem Kriege zurück. Natürlich sahen wir Kinder ihm an, daß für ihn eine Welt zusammengebrochen war. Wir sahen aber auch, daß für ihn das Wesen des Staates wichtiger war als seine Form. Als eine Anfrage des Reichspräsidenten Friedrich Ebert kam, ob mein Vater bereit sei, an der Aufrechterhaltung von Ruhe und Ordnung mitzuwirken, versagte er sich nicht. Er selbst beteiligte sich in dem kleinen Detmold, in dem wir damals wohnten, an der Aufstellung einer Einwohnerwehr und lernte auf seine alten Tage mit der Maschinenpistole umgehen. Es ist dann aber nicht mehr zu einem bewaffneten Einsatz durch meinen Vater gekommen.

Noch einmal trat im Leben meines Vaters ein Ereignis ein, das leicht einen tragischen Ausgang hätte nehmen können. Eines Tages las er, ohne vorher durch jemanden unterrichtet zu sein, er stehe auf der Auslieferungsliste durch die Belgier, die meinen Vater als Kriegsverbrecher bezeichneten. Die Alliierten benannten damals etwa 900 Deutsche als Kriegsverbrecher. Mein Vater hatte auf der belgischen Auslieferungsliste die Nummer 204. Er meldete sich von sich aus beim Oberreichsanwalt in Leipzig. Ihm wurden Grausamkeiten und Härten zum Vorwurf gemacht bei Verschickung von Belgiern, die sich bei der Besetzung Belgiens durch Deutschland als gefährliche Personen herausgestellt hatten. Unaufgefordert meldete sich eine Menge ehemaliger Untergebener meines Vaters. Alle standen als Zeugen zur Verfügung und haben im Ermittlungsverfahren vor der Reichsanwaltschaft bezeugt, daß mein Vater gegenüber der Zivilbevölkerung mit Milde und Nachsicht aufgetreten sei. Natürlich wurde das Verfahren durch den Oberreichsanwalt eingestellt. Die Gründe des Einstellungsbeschlusses lauteten folgendermaßen:

»Dem Beschuldigten werden Deportationen in Belgien zur Last gelegt. Einzelheiten zur Beschuldigung sind nicht angegeben. Eine solche Annahme ist auch nicht mehr zu erwarten,

> nachdem alle Anfragen deutscherseits ohne Antwort geblieben sind. Für die Annahme einer strafbaren Handlung besteht nicht der geringste Anlaß.«

Diesem Schreiben vom 11. April 1923 fügte der Oberreichsanwalt hinzu:

> »Ich beglückwünsche Euer Exzellenz zu diesem Erfolge, der allerdings bei der Mangelhaftigkeit und Leichtfertigkeit der belgischen Beschuldigung nicht anders zu erwarten stand.«

Während dieses Verfahrens, das sich von 1920 bis 1922 hinzog, blieb mein Vater ruhig und gelassen. Er beschäftigte sich mit Gartenarbeiten und war wie immer.

Ehe mein Vater sein Leben beschloß, wurde er noch einmal vom Schicksal durch eine private Auseinandersetzung gefordert. Aus irgendwelchen Gründen, die ich damals nicht erkannte und begriffen habe, hatte mein Vater eine ernsthafte Auseinandersetzung mit einem Offizier der Reichswehr. Es war ein ganz junger Leutnant. Aus dieser Auseinandersetzung wurde ein Ehrenhandel. Mein Vater ließ den Offizier der Reichswehr wegen Beleidigung auf Kugelwechsel bis zur Kampfunfähigkeit fordern. Das Duell wurde eigenartigerweise noch genehmigt. Es fand statt. Der Gegner meines Vaters büßte dabei sein Leben ein. Meine Erinnerungen an dieses Ereignis sind nur dürftig, weil, wie ich nachträglich weiß, Ehrensachen unter Offizieren mit großer Diskretion behandelt wurden. Auffällig waren mir nur damals die täglichen Schießübungen meines Vaters mit der Pistole in unserem großen Garten. Ob das Duell gerichtliche Schritte zur Folge hatte, weiß ich nicht mehr. Ich weiß nur, daß mein Vater vielfach mit dem demokratischen Landespräsidenten von Lippe-Detmold, Herrn Neumann-Hofer, zusammentraf. Welche Gründe das hatte, wußte ich nicht. Es ist mir nur in Erinnerung, daß Herr Neumann-Hofer in seiner Eigenschaft als Landespräsident von rechtsradikaler Seite angegriffen und der Drückebergerei im Kriege beschuldigt wurde. Mein Vater aber war der Vorgesetzte des späteren Landespräsidenten Neumann-Hofer während des Krieges gewesen. Politisch waren sie sehr verschiedener Meinung. Das hinderte nicht, daß sie persönlich gute Beziehungen unterhielten und sich nicht scheuten, diese guten Beziehungen aller Welt zu zeigen. In dem damals vom Landespräsidenten Neumann-Hofer angestrengten Prozeß war mein Vater der Hauptzeuge. Er stellte sich voll vor Neumann-Hofer, so daß dessen Gegner verurteilt wurden. In Ehrenangelegenheiten – das habe ich schon damals gelernt – gab es für meinen Vater keinen Unterschied der politischen Meinung.

Im Jahre 1923 starb mein Vater, und zwar kurz vor meiner Konfirmation. Die Konfirmation war damals nicht, wie heute, eine gesellschaftliche Angelegenheit, sondern ein einschneidendes Ereignis. Aber mir fiel auf, daß mein Vater sich bei den mit der Konfirmation verbundenen Fragen Zurückhaltung auferlegte. Nur eines verlangte er von meiner Mutter: man möge mir, auch nach seinem Ableben, auf den Konfirmationstisch die beiden Bände von Oswald Spengler mit dem Titel *Der Untergang des Abendlandes* legen. Das hat auf mich einen tiefen Eindruck gemacht. Ich habe dieses Buch frühzeitig gelesen. Sicher habe ich es das erstemal nicht verstanden. Aber ich habe es immer und immer wieder gelesen, bis es mir zum inneren Besitz geworden ist. Es hat mich durch mein ganzes Leben hindurch als geistiges Erbe meines Vaters begleitet.

Als mein Vater gestorben war, las man in der Zeitschrift seines alten Regiments:

»Nun ist er dahin, der das allverehrte Haupt der Tafelrunde im Kasino einst war, und wer noch lebt in der Welt verstreut von denen, die ihm einst lauschten, hört mit Schmerz die Kunde. Bedeutet doch für jeden von ihnen die Zeit mit Schlabrendorff einen Lebensabschnitt. Denn sein Geist belebte das Gleichmaß der Tage in erstaunlicher Weise. Zu jeder Tagesfrage hatte er eine originelle, meist geradezu verblüffende Stellungnahme. Und immer entfesselte er sofort die lebhafteste Debatte. Wenn dann die Geister heftig aufeinanderplatzten, dann schwieg er wohl überlegen, und beim Nachhausegehen fragte sich mancher, welcher Ansicht wohl Schlabrendorff selbst in seinem Innern gewesen sei. Aber die Ansichten hatten sich geklärt, aus dem Dumpfen hob er jeden zu hellerem Urteil, und dafür dankte ihm jeder. So wußte er dem Kasino-Leben einen geistigangeregten, unwiderstehlichen Reiz zu verleihen. Unvergeßlich auch seine Geburtstagsreden voller Witz und Humor. Welch ein feines Verständnis für den einzelnen Kameraden bezeugten sie. Da zeigte der Verstandesmensch Schlabrendorff sein Herz, da offenbarte er im Necken das liebevolle Verstehen.

Als Soldat voller Pflichttreue, streng und gemessen, kurz und bestimmt, mit weitem Blick in militärwissenschaftlichen Dingen. Etwas Gelehrten-Natur, beherrschte er die Kriegsgeschichte mit dem ihm eigenen selbständigen Urteil. – Wenn die militärische Laufbahn ihm nicht ganz das gehalten hat, wozu er in geistiger Hinsicht mit Recht sich berufen fühlte, so dürfen wir es rückblickend mit Dank begrüßen, daß aus vorzeitiger Ruhe der Weckruf des bedrängten Vaterlandes ihn neu zu den Waffen rief, ihn vor große und verantwortungsvolle Aufgaben stellte. Das befriedigte und beglückte den Patrioten und alten Soldaten von echtem Schrot und Korn. Wenn nun die große Retraite ihn dem Gram um sein aus tausend Wunden blutendes Vaterland und den letzten körperlichen Schmerzen entrückt hat, so blicken wir ihm dankbar als einem Kameraden nach, wie es einen besseren selten gibt.«

Meine Mutter war zwanzig Jahre jünger als mein Vater. Ihr war nicht die große Bedeutung beigemessen, die meinen Vater auszeichnete. Aber sie war ein lebensfroher, praktischer und mit viel Mutterwitz ausgestatteter Mensch. Sie war mit der Zunge schnell bei der Hand, was ihr im Leben nicht nur Freunde, sondern auch Feinde eingetragen hat. Während der Nazizeit war die schnelle Reaktionsfähigkeit meiner Mutter keine ganz kleine Gefahr, weil sie sich den Mund nicht verbieten ließ. Sie sagte, was sie meinte, und meinte, was sie sagte. Sie war nicht ohne Ehrgeiz. Noch heute habe ich das bedrückende Gefühl, daß ich ihr durch meine schlechten schulischen Leistungen manchen Kummer bereitet habe. Sie stammte aus einer jungen, aber in der

Geschichte des 19. Jahrhunderts mehrfach hervorgetretenen, ursprünglich aus Thüringen stammenden Familie mit dem Namen Stockmar. Ihr Großvater, mein Urgroßvater, der später bei der Queen Victoria und dem Prinzgemahl Albert auch in politischer Beziehung eine große Rolle spielen sollte, trat so durch die Erzählungen meiner Mutter in das Leben von uns Kindern. Nicht ohne Ironie meinte mein Vater einmal zu meiner Mutter: »Die junge Familie, aus der du stammst, kann sich mit meiner alten Familie nicht vergleichen.« Wie aus der Pistole geschossen antwortete meine Mutter: »Bei euch weiß man nur, daß ihr alt seid, aber man weiß nicht, warum ihr einst berühmt geworden seid. In meiner Familie weiß man das.« Mein Vater quittierte diese schlagfertige Antwort mit gutmütigem Lachen. Natürlich wurde meine Mutter nicht müde, uns immer wieder von ihrem Großvater zu erzählen, der, 1787 geboren, Arzt wurde und zur Zeit der Freiheitskriege ein Lazarett leitete. So erfuhren wir Geschwister durch meine Mutter jene schöne Geschichte, die den Ausgangspunkt für das Leben meines Urgroßvaters bilden sollte:

Mitten in den Freiheitskriegen wurde das Lazarett meines Urgroßvaters durch den Freiherrn vom Stein besucht. Mit harten Worten tadelte er meinen Urgroßvater, daß in dem Lazarett französische Verwundete lägen, während deutsche Verwundete außerhalb des Lazaretts untergebracht seien, welcher Umstand den Freiherrn vom Stein veranlaßte, von meinem Urgroßvater zu fordern, die Franzosen aus dem Lazarett zu entfernen und den deutschen Verwundeten den Vorzug zu geben. Mein Urgroßvater erwiderte darauf nur: »Vor dem Arzt sind alle Menschen gleich; wer zuerst kommt, wird zuerst behandelt.« Diese Antwort machte auf den Prinzen Leopold von Coburg, der sich in Begleitung des Freiherrn vom Stein befand, einen großen Eindruck. Er fragte meinen Urgroßvater nach seinem Namen und erfuhr auf diese Weise, daß er aus dem coburgischen Lande stammte. Schnell entschlossen fragte der Prinz meinen Urgroßvater, ob er nach Beendigung des Krieges bereit sei, sein Leibarzt zu werden. Mein Urgroßvater bejahte. Die Folge war, daß er nach den Freiheitskriegen mit dem Prinzen Leopold von Coburg nach London ging und ihm später nach Brüssel folgte, um ihm mit Erfolg den Weg zum belgischen Königsthron zu ebnen, den der Prinz als König Leopold I. von Belgien viele Jahrzehnte eingenommen hat. Diesen König Leopold I. von Belgien hat auch mein Urgroßvater immer als seinen Herrn betrachtet und ihn so bis zu seinem Tode im Jahre 1863 bezeichnet.

Auf den Befehl dieses Königs ging dann mein Urgroßvater nach London als Begleiter des Prinzen von Coburg, des Prinzgemahls, und wurde für viele Jahre der Berater und Mentor nicht nur des Prinzgemahls, sondern auch der Königin Victoria.

Wieder und wieder erzählte uns Kindern unsere sprachgewandte und in allen gesellschaftlichen Sätteln gerechte Mutter, daß unser Urgroßvater in vielen geheimen diplomatischen Aufträgen die Interessen des englischen Königshauses wahrgenommen hatte. So erfuhren wir denn, daß er das englische Königshaus immer vor Napoleon III. gewarnt und statt dessen als Bundesgenossen das Land Preußen vorgeschlagen hatte. Bei seinem letzten Besuch in Berlin hatte er auch den Regenten des Landes Preußen, den späteren König Wilhelm I., aufgesucht und mit ihm über die mögliche Heirat zwischen dem Preußischen Kronprinzen und der englischen Prinzessin Victoria beraten. Natürlich spielten auch außenpolitische Fragen eine große Rolle. Der Eindruck König Wilhelms I. auf meinen Urgroßvater war so stark, daß er in einem Memorandum niedergeschrieben hat: »Er ist der einzige Mann, dem ich in meinem Leben die Hand geküßt habe.« Gegenüber der Königin Victoria berichtete mein Urgroßvater: »England tut gut daran, sich mit dem Lande Preußen zu verbünden. Denn unter diesem Regenten wird Preußen Deutschland einigen. Unter ihm wird die Welt erleben, daß ein einiges Deutsches Reich entsteht.« Nach den Erzählungen meiner Mutter war mein Urgroßvater kein Politiker von ganz großem Format. Aber er muß ein Staatsmann von weitem Blick und großer Zähigkeit gewesen sein. Seine Lieblingsworte waren die von Goethe stammenden Verse:

Freigesinnt, sich selbst beschränkend,
Immerfort das Nächste denkend,
Tätig treu in jedem Kreise,
Still beharrlich jeder Weise,
Nicht vom Weg des Graden weichend,
Und zuletzt das Ziel erreichend.

Stockmar hat diese Verse selbst handschriftlich wieder und wieder aufgezeichnet. Als in Deutschland die geschichtliche Uhr das Jahr 1848 verkündete und eine Nationalversammlung in die Paulskirche einberufen wurde, wurde mein Urgroßvater gebeten, für das Land Coburg in die Paulskirche einzuziehen. Er aber lehnte ab. Dann kam es in der Paulskirche zu der entscheidenden Frage: Wer wird Außenminister. Wieder trat man an meinen Urgroßvater heran. Wiederum lehnte dieser ab, weil er einer Versammlung auch von noch so hochgebildeten und edelgesinnten Männern ohne Macht und ohne Sinn für Realitäten keine Erfolgsaussichten beimaß.

Kurz vor seinem Tode ist mein Urgroßvater wieder nach Deutschland zurückgekehrt, wo er in Coburg 1863 die Augen schloß. Zu seinem Begräbnis kam die Königin Victoria nach Coburg, begleitet von ihrer Tochter Victoria, die für meinen Urgroßvater auf dem Friedhof in Coburg ein großes Mausoleum errichten ließ. Als ich im Jahre 1939 im englischen Archiv in Windsor weilte und dort das Tagebuch der Königin Victoria einsehen durfte, fand ich, von der Königin in ihr Tagebuch geklebt, den Kondolenzbrief vor, den mein Urgroßvater der Königin nach dem Tode des Prinzgemahls Albert geschrieben hatte. Dieser Brief lautete:

»Geliebte Königin, Seit Ihrer Geburt habe ich Sie auf meinen Händen getragen, seit heute trage ich Sie auf meinem Herzen. Stockmar.« Der Brief ist in deutscher Sprache und in deutschen Buchstaben geschrieben. Die Königin Victoria hat dem Brief eine Randbemerkung beigefügt. Sie lautet: »Dies ist der schönste

Kondolenzbrief, den ich nach dem Tode des Prinzgemahls erhalten habe.«

Unter diesen Eindrücken, die uns durch meine Mutter übermittelt wurden, wuchsen meine Geschwister und ich auf. Es liegt auf der Hand, daß solche Erlebnisse auf Kinder von großem Nachdruck sind, größer, als wenn man als Erwachsener Urkunden von geschichtlichem Wert liest. Das Gedächtnis des Kindes und seine Empfänglichkeit für große Menschen und große Ereignisse sind unersetzbar.

Auch der einzige Bruder meiner Mutter, Freiherr Alfred von Stockmar, wußte viel von seinen Vorfahren und seiner Familie zu erzählen. Hatte doch mein Urgroßvater zwei Söhne, deren einer ein großer Jurist an der Universität Jena werden sollte und dann als Kammerherr und politischer Berater bei der späteren Kronprinzessin und Kaiserin Friedrich von Preußen tätig war. Gerne erzählte mir der Bruder meiner Mutter, wie er nach bestandenem juristischem Referendarexamen sich beim Kammergerichtspräsidenten in Berlin um eine Ausbildungsstelle beworben hatte. Aber er erhielt eine negative Antwort mit der Begründung, er sei Coburger und nicht Preuße. Schnell eilte mein Onkel zur Kaiserin Friedrich. Dort hatte er als Träger des Namens Stockmar jederzeit Zutritt und klagte der Kaiserin sein Leid. Wenige Tage später erhielt mein Onkel ein neues Schreiben des Kammergerichtspräsidenten von Berlin mit der Bitte, anzugeben, an welchem preußischen Amtsgericht er seinen Vorbereitungsdienst anzutreten wünsche.

Meine Mutter war niemals nachtragend. Sie war leicht zu versöhnen. Darin war sie uns Kindern ebenso ein Vorbild wie in einem anderen Punkt. Sie haßte Adolf Hitler zuverlässig. Als sie eines Tages durch einen uniformierten Mann der Nationalsozialistischen Partei aufgesucht wurde, der ihr das Mutterkreuz bringen wollte, brachte sie diesen unschuldigen Menschen in die größte Verwirrung, weil sie zu ihm sagte: »Sie kommen wohl, um mich ins Konzentrationslager abzuholen.« Meine Mutter war eben eine echte Enkelin ihres Großvaters Stockmar, ohne Furcht. Sie war aber auch eine unechte Enkelin ihres Großvaters Stockmar, sie war ohne Vorsicht.

II. KAPITEL

Ludwig Grod

Schon bald nach der Säkularisierung zu Beginn des 19. Jahrhunderts hatten meine mütterlichen Vorfahren Grundbesitz erworben. Als erstes erwarben sie die frühere Sommerresidenz des Abtes von Banz. Es war eigentlich nur ein schönes Haus, das zwar von Balthasar Neumann erbaut worden ist und dessen Treppen im Innenhaus den Treppen des Klosters Banz gleichen wie ein Ei dem anderen. Trotzdem wurde es »das Schloß« genannt, welchen Namen es auch heute noch im Volksmunde trägt. Mit diesem »Schloß« war und ist ein schöner Waldbesitz verbunden. Es liegt in Oberfranken im Norden Bayerns, in einer Gegend, die, gerade weil sie nicht im Baedeker steht, nicht überlaufen, aber bis auf den heutigen Tag wunderschön ist. Wer von Bamberg aus nach Norden fährt, vorbei am Staffelstein am Ufer des Main entlang, der wird unwillkürlich an die Verse von Victor von Scheffel erinnert:

Da hat der Ichthyosaurus
Die Ichthyosaura geküßt.
Sie kamen zu tief in die Kreide,
Da war es natürlich vorbei.

Schon bald erblickt man zur Linken das schöne Barockkloster Banz und auf der rechten Seite die Wallfahrtskirche Vierzehnheiligen. Meine Vorfahren erwarben aber nicht nur diesen Waldbesitz mit dem »Schloß«, sondern auch zwei angrenzende landwirtschaftliche Güter, Obersiemau und Birkach-am-Forst. Während meine mütterlichen Vorfahren sich um den Waldbesitz selbst kümmerten, verpachteten sie die beiden landwirtschaftlichen Betriebe.

Während des Ersten Weltkrieges wurden meine Geschwister und ich in den Schulferien aufs Land geschickt, um uns vor dem Verhungern zu schützen. Das mag heute übertrieben klingen. Aber es kam der Wirklichkeit ziemlich nahe. Denn in meinem Elternhaus hielt man sich streng an die Ernährungsvorschriften. Ich erinnere mich, wie meine Mutter eines Tages den Burschen meines Vaters, der auf seinem Heimaturlaub vorbeikam, fragte, ob ihm denn mein Vater nichts Eßbares für die Familie mitgegeben habe. Mit Entsetzen verneinte der Bursche und meinte: »So etwas tut der Herr General unter keinen Umständen.« Meine Mutter hatte wenig Verständnis für diese ihr allzu streng erscheinende Befolgung gesetzlicher Vorschriften. Aber für meinen Vater war dieses Verhalten typisch. Und uns Kindern imponierte es über alle Maßen. Aber wir wurden bis zu einem gewissen Grade in den Ferien entschädigt, indem wir innerhalb der Verwandtschaft auf dem Lande verteilt wurden, um uns einmal wieder richtig satt essen zu können. Warum ich während dieses ganzen Krieges in allen Ferien immer wieder nach Obersiemau geschickt wurde, weiß ich nicht. Aber nicht nur das gute und reichliche Essen in Oberfranken lernte ich kennen und schätzen, sondern weit darüber hinaus die Persönlichkeit des Pächters. Es handelte sich um den Ökonomierat Ludwig Grod. Er war ein echter Bayer. Natürlich stammte er gar nicht aus dem Frankenland, sondern aus Oberbayern. Das hörte man schon seiner Sprache an. Er war von großem Wuchs. Man übertreibt nicht, wenn man sagt, er war schon rein äußerlich eine stattliche Erscheinung mit seinem rotblonden Vollbart, in seiner kraftstrotzenden Fülle, mit jeder Faser ein Landwirt. Unbekümmert um die Meinung anderer führte er mit der ihm eigenen Energie seinen Betrieb. Er lebte sein Leben.

Auch nach dem Kriege bin ich immer wieder für viele Wochen bei diesem Manne eingekehrt, bis ihn schließlich eine schwere Krankheit zwang, den Beruf des Pächters aufzugeben. Er wurde ein Opfer des Magenkrebses.

Außer meinem Vater hatte mir als Kind bisher niemand wirklich imponiert. Ludwig Grod wurde nun im Ersten Weltkrieg der zweite Mensch, von dem ich entscheidende Eindrücke für mein Leben mitgenommen habe.

Wenn ich mich recht erinnere, hatte er die Schule schon mit Quarta verlassen. Aber das hatte ihn nicht gehindert, ein tüchtiger Landwirt zu werden. Was er anfaßte, hatte Hand und Fuß. Er war unerschrocken. Es gab keine Situation, der er nicht gewachsen gewesen wäre. So entsinne ich mich einer großen Jagdstreitigkeit, verbunden mit der Frage des Ersatzes von Jagdschäden, die vor dem Landgericht Coburg ausgetragen wurde. Ich saß als heranwachsender Junge im Zuschauerraum und fühlte, daß die Anwälte beider Parteien von Dingen sprachen, deren Wesen ihnen fremd war, die sie aber trefflich juristisch auszudrücken verstanden. Auch das Gericht wußte nicht so recht, worauf es eigentlich ankam, bis der Vorsitzende schließlich meinte, nun möge doch einmal der Ökonomierat Grod dem Gericht erklären, um was es eigentlich gehe. Da stand dieser Mann in seiner ganzen Größe und Breite auf und legte mit einem diplomatischen Geschick sondergleichen und wohlgesetzten Worten, die ihm niemand zugetraut hätte, die Situation der Gemeinden und die Lage der Jagdpächter klar und unmißverständlich auseinander. Alle Grobheit, die ihm sonst eigen war, fiel von ihm ab. Er wußte, worauf es ankam. Er wollte nicht sich, sondern die Richter überzeugen. Niemand hätte erwartet, daß diesem vierschrötigen Mann das Wort und die Gabe der klaren Vernunft so sicher zu Gebot stand. Natürlich gewannen die Jagdpächter den Prozeß, weil, wie ich erst später lernen sollte, auch bei Gericht manchmal der gesunde Menschenverstand siegt.

Ludwig Grod war ein abgeschworener Feind aller studierten Landwirte. Er hielt sie für Schwätzer und Nichtskönner. Wie man einen landwirtschaftlichen Betrieb bewirtschaftete, wie man jedes Jahr die Frühdruschprämie gewann und wie man das Milchvieh zur rechten Zeit kaufte und verkaufte, wie man mit Schweinen umging, wie man Pferde behandelte und auch wie man mit Menschen fertig wurde, bald durch Witz, bald durch Strenge, bald durch Lob, bald durch harten Tadel, das alles wußte der Ökonomierat Ludwig Grod. Das Wesentliche an ihm war nicht sein pfiffiger Bauernverstand, sondern sein ihm von der Natur mitgegebener Instinkt, der ihn befähigte, wichtig und unwichtig zu unterscheiden, sofort zu sehen, worauf es ankam, und mit Zielsicherheit und Schnelligkeit das zu tun, was notwendig war.

Wie alle Landwirte klagte er immer über das Wetter. Bald war es zu kalt, bald war es zu heiß, bald schimpfte er über die Dürre, bald klagte er über den ewig strömenden Regen. Aber nie verlor er den Mut und wirtschaftete zu allen Zeiten aus den von ihm gepachteten Betrieben einen Gewinn heraus. Er war eigentlich ein Sonntagskind. Dabei hielt er auf sich. Nie hat ihn jemand in einer Wirtschaft von Obersiemau oder Birkach-am-Forst gesehen. Mit einem pfiffigen Lächeln sagte er mir: »Wenn man irgendwo etwas zu sagen hat, so darf man nicht in die Kneipe gehen. Die Gefahr, sich gemein zu machen, ist zu groß. Man muß gegenüber jedermann seine Selbständigkeit und Freiheit wahren.« Trinken und Essen war seine Leidenschaft. So fuhr er jeden Sonnabend nach Coburg. Damals konnte man noch am Sonnabend auch bei Behörden seine Geschäfte erledigen. Den Abend beschloß er immer in einer damals berühmten Gastwirtschaft. Sie trug den Namen *Lorelei*. Aber sie wurde in ganz Coburg nur »die Lore« genannt. Hier beherrschte er die Szene. Er verschlang unheimliche Mengen, trank nach Herzenslust, aber nur Bier, und fuhr, ohne Rücksicht auf die heute geltenden Promillegrenzen, selbst den Pferdewagen lenkend, tief in der Nacht mit Sicherheit nach Hause. Die Kirche besuchte er nicht. Mit dem Pfarrer kam er nur beim Tarock zusammen. Ich kann mich nicht entsinnen, jemals erlebt zu haben, daß er beim Spiel verlor. Er war nicht nur gewalttätig, sondern auch listig. Gewalttätig war er freilich auch. Die Bevölkerung fürchtete ihn mehr als den Gendarm. Er hatte immer eine Schußwaffe bei sich. Das kam ihm besonders in der Zeit der Revolution zu Ende des Ersten Weltkrieges und in den Folgejahren zugute. Die Wilderer wußten, er würde unverzüglich und mit Zielsicherheit von der Schußwaffe Gebrauch machen. Auf Felddiebe schoß er gerne mit Schrot. Der Pfarrer freilich versuchte, ihm gut zuzureden, erhielt aber die Antwort, er, Grod, habe ein besonders schönes Mittel. Er mache sich eine Spezialpatrone zurecht. Der Inhalt dieser Patrone bestehe aus Kolophonium und Vogeldunst. Mit dieser Patrone halte er auf die Rückseite der Felddiebe. Das habe zur Folge, daß die Rückseite ungewöhnlich anschwelle und ihr Inhaber wochenlang gezwungen sei, auf dem Bauche liegend zu schlafen. Dieser Naturmensch, dieser Verächter des Akademikertums wußte noch etwas von Autorität und Unterordnung. Er glaubte an keine Statistik, sondern kannte die Realitäten des Lebens mit einer Unmittelbarkeit, die einen Widerspruch nicht aufkommen ließ.

Er war dadurch auch seiner Umwelt überlegen. Eines Tages traf ich ihn in Tränen an. Was war geschehen? Er hatte seinen Hund aus Ärger über das unjagdliche Benehmen des Tieres selbst erschossen. Über diese Untat weinte er tagelang und schämte sich vor sich selbst. Das hat mir als jungem Menschen einen tiefen Eindruck gemacht.

Sein Verhältnis zu Pferden war von einer Innigkeit, die nur der glauben kann, der es erlebt hat. Wenn er seine Pferdekoppel betrat, so kamen alle seine Tiere zu ihm, leckten ihm das Gesicht, schmeichelten ihm und zeigten ihre Zuneigung, wie es den Menschen unserer Zeit nicht mehr verständlich ist. Von diesen seinen Pferden konnte er auch alles verlangen. Er sprach mit ihnen wie mit Menschen. Seine Pferde reagierten wie ein mit Seele behaftetes Lebewesen.

Wieder einmal war es Sonnabend. Wir saßen essend und zechend in Coburg in der »Lore«. Die Mitternacht nahte. Wir verließen das Gasthaus und kehrten auf unserem Pferdewagen über den Itzgrund nach Obersiemau zurück. Kurz hinter Creidlitz kamen einige Radfahrer an uns vorbei. Sie riefen uns höhnische und beleidigende Worte zu. Grod antwortete mit Stillschweigen. Nach einiger Zeit bog er in einen Abkürzungspfad ein, hielt einen Augenblick, verhängte die Laternen des Wagens und fuhr ganz langsam den Pfad weiter, um an der nächsten Ecke, von der aus man wieder die Straße einsehen konnte, zu halten. Wenige Minuten später sahen wir Fahrradlichter. Jetzt war der Augenblick für Grod gekommen. Im Nu rief er seine Pferde an, holte mit der Peitsche aus und fuhr mitten in die Fahrradgruppe hinein und ließ den Wagen mehrfach im Kreise drehen, bis alle Fahrräder am Boden lagen und zermalmt waren. Mit lautem Klagen suchten die ehemaligen Radler ihr Heil in der Flucht. Das war Ludwig Grod, wie er leibte und lebte. Er war furchtlos und entschlossen, dem Unrecht nicht zu weichen. An niemandem ist mir die Überlegenheit des in sich selbst gegründeten Menschen gegenüber dem Papier-Dasein eines Akademikers, der die Fußnoten seiner Abhandlungen für Wissenschaft und Wissenschaft für den Gipfel des menschlichen Lebens hält, klarer geworden als an dieser Persönlichkeit des Ökonomierates Ludwig Grod. Er brauchte keine Argumente, um zu handeln, sondern suchte hintennach nach Argumenten, weil er längst aus dem Naturinstinkt gehandelt hatte. Er spottete gern über die vielen Menschen, die von der Scheinwelt angeblicher Argumente leben und diese Scheinwelt ihre Überzeugung nennen.

Wo er politisch stand, habe ich anfänglich nicht gewußt. Eines Tages faßte ich mir ein Herz und fragte ihn, nicht ohne Vorsicht: »Sind Sie eigentlich Sozialist oder mehr liberal?« – »Nein«, sagte Ludwig Grod, »ich bin erzkonservativ.«

Ich habe in meinem Leben viele Menschen kennengelernt, die ehrlich um die Wahrheit rangen. Den meisten von ihnen hätte ich gewünscht, sie hätten gleich mir auf dem Hofe in Obersiemau den Ökonomierat Ludwig Grod gesehen und erlebt. Dann hätten sie nämlich eine Gattung Mensch kennengelernt, die heute auszusterben droht: einen Mann, *sans phrase*.

III. KAPITEL

Onkel Alfred

Meine Mutter hatte viele Schwestern, aber nur einen Bruder. Es war der von uns allen geliebte Onkel Alfred, der einzige Erbe der oberfränkischen Besitzungen. Von Statur klein und schwächlich, haftete ihm nichts Bedeutendes an. Er war ganz unscheinbar und machte nichts von sich her. Auch war er ein überzeugter Junggeselle. In seiner Jugend war er nur aufgefallen, weil er in dem berühmten Coburger Gymnasium mit dem Namen Casimirianum, das schon einst der Vater von Goethe besucht hatte, der *primus omnium* war. Zwar lernte er auch praktisch Landwirtschaft. Aber er kannte sich selbst gut genug, um zu wissen, daß ihm das Zeug zum Praktiker fehlte. So stürzte er sich denn auf die Jurisprudenz und wurde nach dem Assessorexamen als Verwaltungsjurist Landrat in Osterode am Harz. Seine stille, bescheidene, beinahe demütige Art, sich zu geben, machte ihm viele Freunde. Er hatte auch innerhalb der Familie einen weitreichenden und großen Einfluß. Starke Kurzsichtigkeit behinderte ihn sein ganzes Leben hindurch. Trotzdem kannte er sich in der Weltliteratur aus, war ein scharfsinniger Jurist und ein pflichtgetreuer Beamter. Alles Soldatische lag ihm fern. So hat er denn auch im Ersten Weltkrieg sein Landratsamt in Osterode am Harz verwaltet, ohne viel von sich reden zu machen, bis eines Tages sein Name in der Öffentlichkeit genannt wurde, und zwar in den Tagen der Revolution vom November 1918. Aufständische rotteten sich zusammen, um das Landratsamt zu stürmen.

Alle Beamten und Angestellten flüchteten. Nur mein kleiner, schwächlicher Onkel Alfred blieb an Ort und Stelle. Er empfing auch eine Deputation der Aufständischen. Ihre Forderungen verweigerte er mit leiser, aber entschiedener Stimme. Und nun geschah, was kommen mußte. Die Aufständischen verprügelten ihn und sperrten ihn in den Kohlenkeller des Landratsamtes. Nach einiger Zeit entdeckte Onkel Alfred, daß auch der Kohlenkeller ein Fenster hatte. Er öffnete es und kroch aus seinem Verlies hervor. Wenige Minuten später saß er wieder an seinem Schreibtisch und bearbeitete seine Akten, bis auch eine Sekretärin sich einfand, die bereit war, das zu schreiben, was er diktierte. Natürlich konnte er nicht an Ort und Stelle bleiben. Er wurde versetzt und Landrat in Osterode in Ostpreußen. Aber dort war seines Bleibens nicht sehr lange. Sein Name, seine Kenntnis Englands, seine Beherrschung der englischen Sprache machten ihn geeignet, mit den Engländern zu verhandeln, um den völkerrechtlichen Status von Danzig zu erarbeiten. Die Engländer kamen mit diesem Mann gut aus. Sie bewunderten seine Pflichttreue, seine guten Manieren, seine Unnahbarkeit und seine Kenntnis im Aufbau einer Verwaltung. Als Danzig seinen Sonderstatus erhalten hatte, machte die Preußische Regierung meinen Onkel zum Regierungsrat in Merseburg in der Nähe von Halle. Damals spielte noch die Unabhängige Sozialistische Partei Deutschlands, die späteren Kommunisten, eine Rolle. Sie stellten den Regierungspräsidenten von Merseburg, der nicht nur den Namen Bergmann trug, sondern vorher auch Bergmann gewesen war. Dieser Regierungspräsident erkannte bald, was er in meinem Onkel für einen guten Mitarbeiter hatte. So verschieden die Herkunft, die Bildung und das Wesen beider Menschen war, sie fanden sich in der Zusammenarbeit. Mein Onkel, der schon viele Regierungspräsidenten in der Monarchie erlebt hatte und in den folgenden Jahren noch viele Regierungspräsidenten der Weimarer Republik kennenlernte, hat nie einen Zweifel daran gelassen, daß dieser erste Regierungspräsident der Weimarer Republik der beste gewesen sei, der ihm jemals begegnet war. Zum Erstaunen der gesamten preußischen Verwaltung kamen zwei Leute miteinander gut aus, die nichts anderes wollten als das Wohl des Staates. Von seinen eigenen Freunden bekam Onkel Alfred viele Vorwürfe, daß er seine Arbeitskraft als einfacher Regierungsrat der politischen Linken zur Verfügung stellte. Nach 1933 bekam Onkel Alfred die gleichen Vorwürfe von der Gegenseite zu hören. Er pflegte sich solche Vorwürfe mit Gleichmut anzuhören, um dann zu erwidern: »Es muß doch ein paar Menschen geben, die nichts anderes im Sinn haben als das Wohl des Staates. Da mögen die Formen wechseln, da mag aus der Schwäche der Demokratie eine Tyrannis entstehen. Das alles wird einen Beamten nicht daran hindern, den Staat und nur den Staat zu sehen, der unter der Maske der verschiedensten Formen weiterlebt.«

Dieser Onkel hatte einen großen Einfluß auf mich. Er war nie heftig. Er kannte keine schlechten Launen. Aber er verstand es, einem jungen Menschen zu zeigen, wie man auf dieser Erde mit dem Leben umgehen muß. Nach meinem Abitur holte er mich in seine Nähe. Auf sein Geheiß hin mußte ich mich an der Universität Halle immatrikulieren lassen und wandte mich der Jurisprudenz zu. Aber schon am ersten Tag sagte mir Onkel Alfred: »Professoren müssen sein. Man kann auch gelegentlich ihre Vorlesungen hören. Aber Jurisprudenz lernen tut man nur beim Repetitor.« So habe ich denn schon im ersten Semester den Repetitor gehört und habe eigenartigerweise mit dem Zweiten Teil des Schuldrechtes begonnen, obwohl ich mich, wie ich mich gut erinnere, in der ersten Stunde beim Repetitor über alle Maßen blamierte, als es mir nicht gelang, den Unterschied zwischen Schuldrecht und Sachenrecht zu definieren. Dennoch war es ein Erfolg. Angesichts des Höllengelächters der Zuhörer habe ich den Unterschied so gelernt, daß ich ihn nie wieder vergessen werde. Von diesem Onkel Alfred her weiß ich auch, daß Naturwissenschaften sich mit Recht Wissenschaft nennen dürfen, weil eine Erkenntnis der Naturwissenschaft in ihrer Richtigkeit durch das unter gleichen Bedingungen immer wiederholte Exempel nachgewiesen werden kann, während Geisteswissenschaft, wie der Biologe Baron Uexküll einmal gesagt hat, nichts anderes ist als die Meinung der Gelehrten der letzten drei Jahrzehnte. Die Wahrheit von heute ist der Irrtum von morgen, und der Irrtum von heute ist die Wahrheit von übermorgen.

Mein Onkel Alfred, der in seiner Jugendzeit in Heidelberg mit Leib und Seele dem Vandalen-Corps angehört hatte, riet mir ab, in eine Verbindung einzutreten. Seine ständige Redensart lautete: »In Halle kann man nicht aktiv werden.« Dem Ratschlag gefolgt zu sein, habe ich nie bedauert.

Natürlich habe ich in Halle viele Professoren kennengelernt. Sie haben keinen bleibenden Eindruck bei mir hinterlassen, mit Ausnahme weniger, wie zum Beispiel August Langheineken, der von Strafrecht und Strafprozeßrecht, aber auch von Militärrecht wirklich etwas verstand und eine geschlossene Persönlichkeit war. Eine Ausnahme bildete auch August Finger. Dieser war ein Staatsrechtslehrer. Er war ursprünglich Ordinarius in Prag gewesen und fiel durch die absonderliche Meinung auf, daß nach seiner Ansicht das Deutsche Reich eine Fürstenrepublik sei, deren Mittelpunkt im Bundesrat der Bismarckschen Verfassung gesucht werden müsse. Am meisten habe ich in Halle von Max Fleischmann gelernt, einem aus Königsberg stammenden Völkerrechtler, der als Jude nach 1933 schwer zu leiden hatte und von den Nazis in den Tod getrieben worden ist. Zwischen ihm und mir gab es viele gute menschliche Beziehungen. Wäre er nicht immer feierlich gewesen, hätte man ihn bedeutend nennen können. Wer sich nicht sträubte zu arbeiten, konnte viel bei ihm lernen. Vor allem konnte man bei ihm lernen, daß Völkerrecht kein Phantom ist, sondern eine echte Disziplin.

Schon damals war eine Stadt wie Halle eine nationalsozialistische Hochburg. Unter Hölz herrschte in ihr der Kommunismus. Der Wechsel zum Gegenteil fiel der Bevölkerung nicht schwer. So war es eigentlich leicht, den Nationalsozialismus als abstoßend zu empfinden. Schlechte Manieren, Mangel an Ritterlichkeit und ungezügeltes Dasein kennzeichneten den Hallenser Nationalsozialisten schon lange vor 1933. Dennoch hatte die Universität große Vorzüge. Der Hauptvorzug war die Universitätsbibliothek. In ihr habe ich schon frühzeitig meinen Lesehunger gestillt. So konnte es nicht ausbleiben, daß das Buch von Adolf Hitler *Mein Kampf* bald vor meine Augen kam. Wer dieses Buch schon vor 1933 gelesen hat, für den konnte es kein Zweifel sein, daß mit Hitler eine Unperson an die Macht drängte, eine Unperson, die das Chaos verkörperte. Rückblickend möchte ich meinen, wenn viele Deutsche damals Zeit und Muße gehabt hätten, dieses Buch zu lesen, so wäre die Welt von der Herrschaft des Nationalsozialismus bewahrt geblieben. Alles, was später an Untaten geschehen ist, war aus diesem Buche unschwer zu erkennen. Man sollte eben doch nicht versäumen, zur richtigen Zeit das richtige Buch zu lesen. Es bewahrt den Menschen vor vielen Irrtümern.

Mein Onkel Alfred blieb in all dieser Zeit der gleiche. Der vielfache Wechsel der Regierungspräsidenten in Merseburg ließ ihn nichts Gutes ahnen. Alle suchten mit ihm Fühlung, alle wollten ihn gerne befördern, alle rieten ihm, irgendeiner Partei beizutreten. Aber sie stießen nur auf die gelassene Antwort: »Meine Arbeitskraft dient nicht einem Teil, sondern dem Ganzen.« Beförderungen brauchte mein Onkel nicht, erst recht nicht Beförderungen auf Grund eines Parteibeitritts. Aber mit stillem Lächeln pflegte er jeden plötzlich verabschiedeten Regierungspräsidenten am Tage seines Wegganges von der Dienstwohnung im Merseburger Schloß an den Bahnhof zu begleiten. So zum Beispiel auch den nach dem 20. Juli 1944 von den Nazis hingerichteten Ernst von Harnack, den Sohn des großen protestantischen Theologen. Mein Onkel hätte sich jederzeit auf seine Besitzungen zurückziehen können. Er war wohlhabend und benötigte weder ein Gehalt noch eine Pension. Aber es drängte ihn, dem Staatsgedanken, gerade im kleinen Alltag des Lebens, zum Durchbruch zu verhelfen. Als 1933 die Nazis kamen und meinen Onkel zum Polizeipräsidenten von Halle machen wollten, lehnte er mit Entschiedenheit ab. Er war nicht gewillt, die Parteimitgliedschaft bei den Nationalsozialisten zu erwerben, und wurde so ein Beispiel dafür, daß man im Dritten Reich auch Beamter sein konnte, ohne das *sacrificium intellectus* erbracht zu haben. Mit überraschender Plötzlichkeit wurde mein Onkel versetzt und kam ans Oberpräsidium nach Magdeburg. Dort leitete er das Landwirtschaftsdezernat und blieb unter der schützenden Hand des dortigen Oberpräsidenten, was er immer gewesen war: Er blieb sich selbst stets treu. Das Oberpräsidium liebte es, die Provinz Sachsen zu bereisen. Eine Fülle von fotografischen Aufnahmen existiert noch heute. Alles glitzert in Uniform. Auch mein Onkel ist auf diesen Bildern zu sehen. Er fällt nur durch Negatives auf: durch einen schlecht sitzenden Anzug, durch schlechte körperliche Haltung und ohne die Rosette der Partei – wie mein Onkel das NSDAP-Abzeichen zu bezeichnen pflegte –, mit einem Gesicht, dessen Hauptausdruck der Mißmut war. So hat er sich gehalten bis zuletzt und tat das, was er und nicht ein anderer für wichtig hielt. Ohne auf seine Umgebung Rücksicht zu nehmen, hat er mich auch eines Tages mit einem Freimut sondergleichen im Zentralgefängnis der Gestapo in der Prinz-Albrecht-Straße in Berlin besucht. Er machte daraus kein Ereignis. Es war ihm ganz selbstverständlich. Manchmal habe ich im Leben bei mir gedacht: Hätten wir in Deutschland doch noch mehr solche »unbedeutenden« Persönlichkeiten. Es kann ja nicht jeder ein Held sein. Es genügt vollkommen, wenn man seinen eigenen Weg geht und nicht darauf schaut, was andere Leute dazu sagen.

Natürlich habe ich auch in Berlin studiert, an der Universität, die den Hauch des großen Geistes mit dem Glanz der Hauptstadt eines Reiches vereinigte. Innerhalb des von mir gewählten Zweiges erinnere ich mich nur an Martin Wolff, den großen Sachenrechtler, und an Rudolf Smend. War bei Martin Wolff Klarheit das Bestechende, so bei Smend die Transparenz, die es ihm möglich machte, die letzten Hintergründe aufzuzeigen, die hinter Staats- und Kirchenrecht stehen.

Eines Ereignisses werde ich immer eingedenk bleiben, das

lange nach meiner Studienzeit und beinahe zufällig während eines Berlinaufenthaltes stattfand: Smend ergriff mich 1933 am Arm und nahm mich zu einem Besuch bei Martin Wolff mit, der gerade von den Nazis aus der Universität hinausgeworfen worden war. Smend drückte mit der ihm eigenen Höflichkeit und Menschlichkeit aus, welchen Anteil er an dem Schicksal von Martin Wolff nahm, während ich nur durch mein Dabeistehen den gleichen Gefühlen Ausdruck geben konnte. Natürlich hatte ich in früheren Jahren bei Smend viel gehört und kannte sein Hauptwerk *Verfassung und Verfassungsrecht* auswendig. Einen noch stärkeren Eindruck hat mir immer sein im Jahre 1916 veröffentlichtes Buch *Ungeschriebenes Verfassungsrecht* gemacht. Wer Smend wirklich gekannt hat, der weiß, daß ihm Kirchenrecht wichtiger war als Staatsrecht. Er mußte seinen Berliner Lehrstuhl räumen und wurde nach Göttingen »strafversetzt«. Wichtiger als seine gelehrten Werke war mir der Mensch mit seinen Leidenschaften, die er vor seiner Umwelt mit List verbergen mußte. Wer wußte schon, daß Rudolf Smend ein leidenschaftlicher Nimrod war, ein über jedes Maß gewandter Schütze, eine Persönlichkeit, die imstande war, ihren Gefühlen einen unwahrscheinlich bissigen Ausdruck zu geben. Als er einmal einen Mann, der ihm zuwider war, kennzeichnen wollte, bediente er sich des spöttischen Ausdrucks »ein reizender alter Affe«. Es blieb auch nicht bei einzelnen Ausdrücken. Er hatte die Gabe, stundenlang die ganze Schale seines Hohnes auch über Männer der Kirche auszugießen. In solchen Stunden war sein Vokabularium unerschöpflich. Man kam als Zuhörer aus dem Lachen nicht heraus. Nach seiner Versetzung nach Göttingen klagte er einmal über die Jagdverhältnisse in Niedersachsen und erwiderte mir auf meinen Hinweis, daß nach dem Urteil guter Jäger die Jagd in Niedersachsen nicht schlechter sei als in der Mark Brandenburg: »Das mag sein. Aber der Bauer in der Mark Brandenburg ist so schön devot. Er wagt es gar nicht, gegen einen Universitätsprofessor einen Anspruch auf Ersatz des Wildschadens geltend zu machen. Hier in Niedersachsen macht sich kein Bauer ein Gewissen daraus.« Smend war ein großer Kenner der

Künste. Durch ihn habe ich alle Berliner Museen kennen- und schätzengelernt. Immer wieder gab er einem das Rätsel seiner Gesundheit auf. Wie viele haben seinen alsbaldigen Tod als wahrscheinlich betrachtet, während er in Wirklichkeit seine Umwelt durch seine Zähigkeit und sein unerwartet langes Leben in Erstaunen versetzte. Für mich war der Mensch Rudolf Smend sehr viel beeindruckender als der Gelehrte Smend. In der tiefsten Tiefe seines Herzens war er Calvinist und kein Anhänger von Martin Luther. Auch eine Gestalt wie Bismarck blieb ihm Zeit seines Lebens fremd und verdächtig. Von den sechs östlichen Provinzen Preußens meinte er, sie müßten doch noch einmal christianisiert werden. Meine ostdeutschen Freunde hielt er alle für Heiden. Das trat besonders bei den Verhandlungen der Generalsynode der Altpreußischen Union mit dem Lande Preußen über den Kirchenvertrag vom Jahre 1930 hervor. Smend war groß als Betrachter und als Bekenner. Zum Kämpfen fehlte ihm der innere Impetus. Seine persönliche Integrität in allen Fragen des Lebens und sein tiefschürfender, alle Zweige des menschlichen Daseins umfassender Geist waren über jeden Zweifel erhaben. Der Nationalsozialismus sagte ihm nichts. Dafür gibt seine Rede vom 18. Januar 1933 vor der Universität Berlin unmittelbar vor der Machtergreifung Hitlers ein beredtes Zeugnis.

IV. KAPITEL

Der Januschauer

Der Zufall wollte es, daß ich im Jahre 1932 dem Januschauer begegnete. Heute wird niemand mehr wissen, wer dieser Mann war, weil er eigentlich schon im Jahre 1932 zu den Menschen gehörte, die infolge ihres Alters im öffentlichen Leben keine Rolle mehr spielen. Aber zwischen 1900 und 1918 kannte in Deutschland jeder seinen Namen. Es war Elard von Oldenburg. Er hatte ein Gut im Kreise Rosenberg, der vor 1919 in Westpreußen und nach der für Deutschland siegreichen Abstimmung im Osten, in Ostpreußen lag, der nach meiner Überzeugung schönsten deutschen Provinz. Der Wechsel von Wald, Feldern, Seen und Meer war einzigartig. Die Provinz hatte schon immer in der Geschichte eine große Rolle gespielt. Ihre Hauptstadt Königsberg war weit über die Grenzen Deutschlands hinaus bekannt. Unter der überwiegend deutschen Bevölkerung lebte eine erstaunliche polnische Minderheit, die aber, wie die Abstimmungszahlen von 1919 bewiesen, zu Deutschland hielt, weil sie Deutschland für den Hort von Gerechtigkeit und Ordnung ansah. Ohne diese Einstellung wäre die ostpreußische Abstimmung, die damals unter dem Schutz italienischer Bajonette stattfand, nicht mit 95 Prozent der Stimmen für Deutschland ausgegangen.

In diesem Kreise Rosenberg lag das Gut Januschau. Sein Eigentümer, der im Jahre 1855 geborene Elard von Oldenburg, war zunächst mehrere Jahre aktiver Offizier bei den 2. Garde-Ulanen in Potsdam. Dann übernahm er die Bewirtschaftung seines Gutes und hatte zu jedermanns Erstaunen einen großen wirtschaftlichen Erfolg. Was andere Landwirte sich mühsam durch Kleinarbeit aneigneten, um eine Rendite aus einem landwirtschaftlichen Betrieb herauszuholen, hatte er in den Fingerspitzen. Als Mitglied der Konservativenpartei und als Mitglied des Bundes der Landwirte verfügte er immer über viele Feinde, weil er aus seinem Herzen keine Mördergrube machte. Er sprach die Sprache des Volkes. Diese Eigenschaft hat er sich bis zum Ende seines Lebens bewahrt. So kümmerte er sich weder in der Monarchie noch in der Republik von Weimar, noch im Dritten Reich um das, was andere Menschen über ihn sagten. Als ich ihm zum ersten Mal in meinem Leben begegnete, kam er gerade von Hindenburg. Mit ihm verband ihn eine langjährige Freundschaft. Natürlich lag mir die Frage auf der Zunge: »Wird Hindenburg einen Mann wie Hitler zum Reichskanzler machen?« Damals war Oldenburg noch optimistisch und erwiderte mir: »Niemals.« Der Januschauer selbst sprach von Hitler nur als einer politischen Primadonna. Als ich später den Januschauer auf den Wechsel in der Haltung Hindenburgs ansprach, erwiderte er mir, Hindenburg sei durch seine Berater immer wieder auf die Weimarer Verfassung aufmerksam gemacht worden und damit auch auf die Gepflogenheit, den Führer der stärksten Partei im Reichstage mit der Regierungsbildung zu beauftragen. Der Januschauer durchschaute die Situation, weil er ja auf dem Standpunkt stand, Brüning sei ein guter Reichskanzler. Von ihm hatte er den Satz geprägt: »Nach Bismarck der Beste«. Mit Augenzwinkern fügte er hinzu: »Die Weimarer Republik will sich selbst vernichten, sie treibt den demokratischen Gedanken auf die Spitze und wird dadurch den Mann zum Reichskanzler machen, der die Weimarer Republik aufhebt.«

Während viele andere ängstlich waren und ihre wirtschaftlichen Beziehungen zu Juden abbrachen, hat der Januschauer bis zu seinem Tode seine Pferde von jüdischen Händlern gekauft. Daran konnte ihn niemand hindern. Auch in seinen Äußerungen über politische Ereignisse legte er sich keine Schranken auf. Eine gewisse Rolle spielte er noch einmal nach dem Mordtag vom 30. Juni 1934. Damals beabsichtigte Hitler, nicht nur gegen Röhm und General von Schleicher vorzugehen, sondern er ließ auch die Vizekanzlei, in der Franz von Papen regierte, durch SS überfallen. Aber Franz von Papen war nicht in seinem Büro. Dafür hielt sich die SS an seinen ersten Mitarbeiter, den Oberregierungsrat von Bose. Dieser wurde kurzerhand durch die SS niedergeschossen.

Unter den wenigen, denen die Flucht aus der Vizekanzlei gelang, befand sich auch Wilhelm von Ketteler. Dieser zeichnete sich durch eine gehörige Portion Geistesgegenwart aus. Um die Mittagszeit des 30. Juni 1934 entwich er aus der Reichskanzlei. Am folgenden Tag fuhr er mit einem Auto von Berlin nach Ostpreußen. Mit großer Gewandtheit umging er die Straßenkontrollen, die um Berlin gezogen waren. Sein Ziel war das in Ostpreußen gelegene Neudeck, das Gut, auf dem sich damals der Reichspräsident von Hindenburg befand. Doch auch Neudeck war durch SS-Truppen abgesperrt, so daß Ketteler unverrichteter Dinge wieder umkehren mußte. Aber er fand in seiner Not einen Ausweg. Er fuhr nach Januschau, um die Hilfe des alten Kammerherrn von Oldenburg zu erbitten. Trotz seiner 80 Jahre wußte dieser Rat, war er doch in der dortigen Gegend aufgewachsen und beheimatet. Er kannte jeden Weg und Steg. Er war rasch entschlossen, selbst zu Hindenburg vorzudringen und ihn von den Ereignissen des 30. Juni 1934 zu unterrichten. Als alter Kavallerist schwang er sich auf sein Reitpferd und ritt querfeldein durch Wälder, Felder und Wiesen. Auf diese Weise umging er alle an den Straßenkreuzungen postierten SS-Kontrollen. Bald stand er vor dem Gutshaus in Neudeck. Aber auch dort verwehrte ihm ein Wachtposten der Reichswehr den Eingang. Mit dem ihm eigenen Selbstbewußtsein und der auf seinem Alter beruhenden Autorität warf der Januschauer, nachdem er vom Pferd gesprungen war, dem Läufer der Wache die Zügel hin. Diese Bewegung begleitete er mit den Worten: »Halten, mein Junge«. Dann stieg er unbehindert die Treppe des Gutshauses empor und stand nach wenigen Minuten am Bette des Reichspräsidenten. Oldenburg unterrichtete Hindenburg von den Ereignissen, soweit sie ihm bekannt waren, und bat um ein Eingreifen. Nicht alles gelang. Aber einige der am 30. Juni 1934 Verhafteten wurden auf Befehl Hindenburgs wieder freigelassen.

In früheren Jahrzehnten war der Januschauer in der Öffentlichkeit durch eine Äußerung im Reichstag bekannt geworden, die ihm bis auf den heutigen Tag das Mißfallen aller Staatsrechtslehrer eingetragen hat. Man schrieb damals das Jahr 1908. Kaiser Wilhelm II. gab einem englischen Oberst ein Interview über das deutsch-englische Verhältnis. Der englische Oberst faßte einige Zeit später das Interview in einem Memorandum zusammen, schickte es dem Kaiser und bat ihn um die Genehmigung zur Veröffentlichung. Der Kaiser schickte das Interview an den damaligen Reichskanzler von Bülow. Der wiederum gab es – wie er behauptet hat, ungelesen – an einen Sachbearbeiter im Auswärtigen Amt. Dieser wiederum erhob keine Einwendungen. So kam der Kaiser zu der Überzeugung, der Reichskanzler sei mit dem Inhalt einverstanden.

So wurde also im *Daily Telegraph* die Unterhaltung des Deutschen Kaisers mit einem englischen Offizier über die Frage des deutsch-englischen Verhältnisses der Öffentlichkeit unterbreitet. Aus dieser Veröffentlichung ging hervor, daß der Kaiser es für sich in Anspruch nahm, den Engländern einen Feldzugsplan gegen die Buren entworfen zu haben. Diese Veröffentlichung erregte ein ungeheures Aufsehen, weil damals das deutsche Volk sich in einem Zustand der Buren-Begeisterung befand. Es kam zu einer wahren Empörung gegen die Person des Kaisers. Zum ersten Mal seit dem Bestehen des Deutschen Reiches geschah etwas Neues. Das Staatsoberhaupt wurde in der Öffentlichkeit auf das heftigste angegriffen. Die Reichstagsdebatte vom Jahre 1908 zeigte zum ersten Mal, daß es um das Deutsche Reich anders bestellt war, als es an der Oberfläche aussah. Die Fraktionen der Parteien gaben im Reichstag geharnischte Erklärungen an die Adresse des Kaisers ab. Auch die Mehrheit der Konservativen schloß sich der Kritik am Kaiser an. Nur der Januschauer meinte, jetzt sei es seine Pflicht, sich vor den Kaiser zu stellen, obwohl jeder wußte, daß der Januschauer die Haltung und die Politik des Kaisers für verfehlt hielt. Der Fraktionsvorsitzende der Konservativen versuchte, ein Auftreten des Januschauers auf der Rednertribüne des Reichstages zu verhindern. Er sagte ihm: »Sie sind allein. Sie haben keine Resonanz. Halten Sie es angesichts dieser Tatsache nicht für ein zu hohes Maß von Selbsteinschätzung, wenn Sie glauben, allein im Recht zu sein?« Trotzdem gab der Januschauer zu erkennen, daß er das Wort erbitten werde. Auch der Führer der Konservativen, Herr von Heydebrand, wollte ihn zurückhalten. Aber es gelang ihm nicht. Der Januschauer sprang an das Rednerpult und begann:

»Meine Herren, Sie wissen, ich habe Sie noch nie lange aufgehalten. Heute ganz gewiß nicht. Der Abgeordnete Hausmann hat uns aufgefordert, mit ihm auf den Boden einer Adresse zu treten an Seine Majestät den Kaiser und König. Das können wir aus demselben Grunde nicht tun, aus welchem wir hier nicht debattiert haben. Eine solche Adresse würde eine Kritik der Handlung Seiner Majestät des Kaisers und Königs enthalten, die wir dem Reichstag verfassungsgemäß nicht zuerkennen. Aber, Herr Abgeordneter Hausmann, wir unterscheiden uns doch noch in einer anderen Auffassung: für Sie ist der Kaiser eine Einrichtung, für uns ist er eine Person, und wir werden Seiner Majestät dem Kaiser persönlich dienen, solange wir leben, ohne Furcht, aber bis zum letzten Atemzug in der alten Treue, die wir ihm noch nie versagt haben.«

Weiter konnte der Januschauer nicht sprechen. Seine innere Erregung übermannte ihn. Diese wenigen Worte haben damals die ganze öffentliche Meinung in Deutschland in Erregung versetzt. Die überwiegende Mehrheit im deutschen Volke war gegen den Januschauer. Trotzdem versagte ihm niemand den persönlichen Respekt. Alles fragte sich, ob Bülow als Reichskanzler nun zurücktreten oder bleiben werde. Bülow schwankte. Schließlich sagte er: »Wir wollen den Oldenburg fragen. Er wird mir die

Wahrheit sagen. Alle übrigen wollen mich nur reinlegen. Der Januschauer soll mir sagen, ob ich noch einmal im Reichstag das Wort ergreifen soll.«

Oldenburg erwiderte: »Nein. Bülow soll nach dem Rezept verfahren: nehmen, maulhalten, gehen.« Kurz darauf trat Bülow von der politischen Bühne ab.

Noch größere Erregung rief der Januschauer unter dem Reichskanzler von Bethmann Hollweg hervor. Damals verlangte die politische Linke in Deutschland die Abschaffung der Kommandogewalt des Kaisers. Obwohl alle Staatsrechtslehrer in der Frage der kaiserlichen Kommandogewalt eine zurückhaltende Meinung vertraten, stützte sich der Januschauer auf einen allerhöchsten Erlaß von 1861. In diesem Erlaß war bestimmt, daß die Anordnungen des Königs von Preußen in seiner Eigenschaft als oberster Kriegsherr nicht der Gegenzeichnung durch den Kriegsminister bedurften. Nach der Überzeugung des Januschauers war der Kriegsminister der Volksvertretung nicht verantwortlich, soweit es sich um Befehle und dienstliche Vorgänge handelte. In diesem Streit legte sich der Januschauer von der Tribüne des Reichstages aus mit der politischen Linken an und erregte ungeheures Aufsehen, als er eines Tages öffentlich sagte:

> »Der König von Preußen und Deutsche Kaiser muß jeden Moment imstande sein, zu einem Leutnant zu sagen: ›Nehmen Sie zehn Mann und schließen Sie den Reichstag!‹ Meine Herren, wir haben uns über diesen Fall schon einmal unterhalten. Ich will ihn nicht länger ausführen. Ich wollte Ihnen aber diese Freude machen. Alles in allem kann man nur den Wunsch haben, daß die Tradition in unserem Offizierskorps, die die Armee groß gemacht hat, erhalten bleibt. Und wir von der Rechten hoffen, daß der preußische Herr Kriegsminister diese Tradition aufrechterhalten wird, auch in der Zusammensetzung des Offizierskorps, in der Homogenität des Offizierskorps, die alte, die königlich-preußische Tradition. Adieu, meine Herren.«

In ganz Deutschland brach ein Sturm der Entrüstung aus.

Alle diese Ereignisse habe ich entweder 1932 oder in späteren

Jahren aus dem Munde des Januschauers persönlich gehört. Er hatte viel Humor und konnte gut erzählen. Dabei amüsierte er sich aber auch über sich selbst. Als 1932 der Reichspräsident die preußische Regierung absetzte und die Absetzung in der Weise geschah, daß ein Leutnant und zehn Mann die Absetzung vornahmen, wurde die Erinnerung an die Reichstagsdebatte mit dem Auftreten des Januschauers wieder wach. Der Januschauer hatte eben in den Fingerspitzen, was Staatsrechtslehrer nur zögernd und ungern zugeben: Kommt es auf dieser Erde zu einem schweren Konflikt, so siegt derjenige, der über die Macht verfügt und von ihr Gebrauch macht. Daran werden auch alle Verfassungen nichts ändern, weil es eine Tatsache ist. Und Tatsachen sind stärker als Wahrheiten.

Wenn man den Januschauer erzählen hörte und ihn im privaten und öffentlichen Leben sah, so wußte man, daß man es mit einer großen Persönlichkeit zu tun hatte. Er war auch alles andere als blind. So entsinne ich mich einer Erzählung von ihm: Er war auf einem Hoffest. Mit ihm war ein heute vergessener, aber damals sehr bekannter Mann, der Regierungsrat Kreth. Beide kamen in eine Unterhaltung. Kreth: »Wenn Sie das hier sehen, so ist eines sicher: Es wird nicht lange dauern, unseren Kaiser holt der Teufel.«

Oldenburg: »Das wäre ja nicht so schade, aber schade ist eines: Der Teufel holt das ganze deutsche Volk mit.«

Ein eigenartiges Hofgespräch, aber sicher ein Zeichen dafür, daß beide Gesprächspartner schon vor 1914 wußten, Deutschland lebt auf einem Vulkan.

Noch einmal hat der Januschauer als Reichstagsabgeordneter im Jahre 1930 das Wort ergriffen. Es ging damals um einen Erlaß des Reichswehrministers, durch den dieser jedem Soldaten eine Uhr versprochen hatte, wenn dieser in der Lage war, einen Kameraden als Verfassungsgegner anzuzeigen. Der Januschauer griff diesen Erlaß öffentlich an und meinte im Hinblick auf seine frühere Dienstzeit bei den 2. Garde-Ulanen: »Wer ihm aber für diese Meldung eine Uhr angeboten hätte. . . ich sage, kein einziger ist unter ihnen gewesen, der die Uhr dem Betreffenden nicht vor die Füße geworfen hätte.« In der gleichen Rede hatte der alte Januschauer auch des alten Bebel gedacht und von ihm gesagt: »Ich habe hier zwölf oder fünfzehn Jahre beim Militäretat gegen den alten Bebel gefochten, für das Militärkabinett und den Kriegsminister. Wir haben das getan als ehrliche Gegner und in anständiger Form. Heute bin ich nun in der Lage, mit umgekehrter Front fechten zu müssen.« Nach dieser Rede schrieb der *Vorwärts* vom Januschauer: »Er überreichte dem toten Bebel einen Blumenstrauß auf der Spitze des Degens.« Die *Vossische Zeitung* dagegen quittierte die Rede mit folgenden Worten: »Man staunte über die Leichtigkeit, mit der dieser Mann die Stufen zur Rednertribüne heraufging, ohne das Geländer zu berühren, seine souveräne Haltung sofort einnahm, als er sich dem Plenum gegenübersah, und ohne Zettel sprach. Nach der Rede staunte man noch mehr, daß dieser Mann 1855 geboren ist.« Der Januschauer verstand durchaus die Reaktion der Journalisten und hatte Freude an der Auseinandersetzung mit ihnen. Er war eben in einer anderen Welt groß geworden. Trotzdem war und blieb er eine Persönlichleit von einzigartigem Rang. Seine Frau war eine Gräfin Kanitz. Sie war Ostpreußin mit Leib und Seele und stand immer auf der Seite ihres Mannes. Einer ihrer Brüder war aktiver Offizier gewesen und hatte einige Jahre das in Insterburg liegende Ulanenregiment als Kommandeur geführt. Später lebte er in Berlin. Aber er war häufig zu Besuch auf Januschau und huldigte dort seiner Freude am Reitsport. Es gab nichts Köstlicheres, als sich mit ihm in humorvoller Art und Weise zu streiten, wobei beide Seiten, ohne aus der Rolle zu fallen, der Komik ihren Tribut zollten. Als in der Nazizeit das Wort »volkstümlich« einen mehr als lächerlichen Umfang im Sprachgebrauch angenommen hatte, habe ich ihn einmal scherzhaft in einem größeren Kreis gefragt: »Ist es eigentlich richtig, was man so sagt, daß Sie gar nicht volkstümlich seien?« Wie aus der Pistole geschossen, antwortete Graf Kanitz: »Janz im Jejenteil, bin kolossal volkstümlich. Volk muß natürlich parieren, immer so jewesen.« Mit dieser Antwort hatte er die Lacher auf seiner Seite.

V. KAPITEL

Sigismund Lauter
Herbert von Mumm
Nikolaus von Halem

Im Jahre 1933 wurde ich von einer schweren Krankheit befallen. Es handelte sich um eine Sepsis, die den Ärzten viel Kopfzerbrechen bereitete. Eine Reihe Berliner Krankenhäuser lehnte meine Aufnahme ab, weil sie ihre Betten schon vergeben hatten. Aber ein Krankenhaus nahm mich auf. Es war das St. Gertraudenkrankenhaus in Wilmersdorf. Chef dieses Krankenhauses und gleichzeitig Leiter der Inneren Abteilung war Professor Sigismund Lauter. Er stammte aus Oberbayern und wurde nach einigen Jahren Professor an der Düsseldorfer Akademie. Später auf dem Umweg über Freiburg wurde ihm die Leitung des St. Gertraudenkrankenhauses in Berlin übertragen. Er war bekannt als ein vorzüglicher Arzt und machte seinem großen Kollegen Gustav von Bergmann erhebliche Konkurrenz. Immer fröhlich trat er jedem Patienten gegenüber und verstand es, dem Kranken zu suggerieren, daß das Krankenhaus eigentlich nur da sei, um gerade diesen einzigen Kranken zu heilen. In seiner Art, sich zu geben, hatte er etwas Österreichisches an sich. Das fiel in Berlin auf. Er war immer entgegenkommend und nie um einen Ausweg verlegen. Seine Kranken schwärmten für ihn. Mit einer Unbekümmertheit sondergleichen äußerte er sich über alles, was in seiner Umwelt geschah. Im Laufe der Zeit wandelte sich das Verhältnis des Arztes zum Patienten in eine freundschaftliche Beziehung, die immer tiefer und fester wurde und bis zum Lebensende des großen Arztes andauern sollte, der schon frühzeitig in den fünfziger Jahren in seiner Heimat in München verstarb. Äußerlich gesehen handelt es sich bei Sigismund Lauter um eine Persönlichkeit, die das Gefühl für die Lust am Leben an der Stirn trug. In seinem schönen Heim in Dahlem, in der Thielallee, nur wenige Meter von der Dorfkirche entfernt, in der Martin Niemöller seine die Nazis erbitternden Sonntagspredigten hielt, führte er ein gastfreies Haus. Viele Menschen gingen bei ihm ein und aus: Professoren, Schauspieler, wie zum Beispiel Paul Klinger, hohe Offiziere, wie zum Beispiel General Liebmann von Sanders, Männer der Naturwissenschaft, Damen der Gesellschaft gaben sich bei Lauter die Hand. Seine Gäste waren nicht alle vorsichtig. Aber der offenherzigste war Sigismund Lauter selber, der von den Naziführern aus der Umgebung Hitlers nur als von den Gemüseaposteln sprach, sich aber im übrigen mit großem Ernst nicht nur seinem Krankenhaus, sondern auch der Wissenschaft widmete, in der er durch seine Abhandlung über Hunger, Appetit und Ernährung berühmt wurde.

Er war immer gut gekleidet und pflegte sein Haus und seinen Garten. Sehr bald wurden die Nazis auf diese Stätte der Freiheit aufmerksam und beobachteten ihn und seine Gäste. Dem entzog er sich, indem er in eine Etagenwohnung am Kurfürstendamm umzog. Dort lebte er in höchst komfortablen und kultivierten Möbeln, aber er lebte nur seinen Kranken und seinen Freunden. Wenige erkannten, daß hinter dieser der Lebensfreude zugewandten Menschennatur eine Persönlichkeit steckte, die jeden Tag mit sich selbst ringen mußte.

Er war der Sohn eines Arztes aus Landsberg am Lech. Als sein Vater starb, hinterließ dieser acht unversorgte Kinder; ein neuntes war früh gestorben. Drei der Söhne wurden Ärzte. Das Elternhaus war durch einen liberalen Katholizismus geprägt, wie er für Alt-Bayern typisch war. Die ganze Familie lebte und webte in der Musik. Während ihres ganzen Lebens hielten die Geschwister eng zusammen. Sigismund Lauter sprach von seiner Schulzeit nur mit Bitterkeit. Erst auf der Universität lebte er auf. Dort in München widmete er sich dem Studium der Germanistik und der Musik. Bald erhielt er eine Verpflichtung für die Oper in

Budapest. Da er aber von Statur klein war, sattelte er zum Schrecken seiner Mutter um und studierte Medizin. Nach vollendetem Studium wurde er Assistent bei einem seinerzeit führenden Internisten, Professor Friedrich Müller, um später als Oberarzt bei Professor Thannhauser in Düsseldorf zu wirken. Mit Thannhauser siedelte er nach Freiburg über. Erst von dort nahm er die Stellung als Direktor des St. Gertraudenkrankenhauses in Berlin an, wo er gleichzeitig der Inneren Abteilung als Chefarzt vorstand. Als Mediziner verdiente er sich seine Sporen durch seine Pionierarbeiten über den Kreislauf. In Berlin schloß er Freundschaft mit dem großen Chirurgen Sauerbruch. Beide ähnelten sich in ihrer ungestümen Vitalität. Sauerbruch war es auch, der ihn persönlich im Jahre 1946 behandelte, als Lauter eine Embolie mit einseitiger Blindheit erlitt. Während seiner Berliner Zeit entfaltete er den ganzen Reichtum seiner Persönlichkeit als Arzt und Mensch. Gleichzeitig führte er sein Krankenhaus mit großem Geschick und gewandtem Auftreten wie auch durch gelegentlich bewußt aufgetragene Grobheit. Seine starke Ausstrahlungskraft machte ihn zu einem glänzenden Gesellschafter. Er steckte immer voller Späße. Niemand in Berlin konnte die Lieder von Richard Strauß so tiefempfunden wiedergeben wie er. Ein erstaunlicher Instinkt für geschichtliche und politische Zusammenhänge ruhte in ihm. Sein verblüffend treffsicheres Urteil war in medizinischen Kreisen in Berlin stadtbekannt. Nicht nur als Arzt, sondern auch als politischer Mensch hat er seinen Freunden seine Hilfe nie versagt. Gefährliche Unterlagen, ja sogar Sprengstoff versteckte er in seiner eigenen Wohnung und ließ dabei niemanden erkennen, daß er wußte, welches Risiko mit dieser seiner Handlungsweise verbunden war.

Nach dem Krieg verließ ihn die Spannkraft, die ihn durch die Nazizeit getragen hatte. Er legte die Führung des St. Gertraudenkrankenhauses nieder und kehrte in seine bayrische Heimat zurück. Dort wandte er sich noch einmal mit Freude der akademischen Lehrtätigkeit an der Universität in München zu. Über der Arbeit an einem internistischen Lehrbuch ereilte ihn der Tod.

Im Gegensatz zu seiner Art, sich der Außenwelt zu zeigen, war er eine tragische Figur. So, wie er es persönlich nie ganz überwunden hat, daß er nach dem Verlassen der Düsseldorfer Akademie nicht mehr auf dem Universitätskatheder in Berlin stehen durfte, so sah er mit hellsichtiger Klarheit, daß das Ende des Nationalsozialismus mit dem Ende des Deutschen Reiches zusammenfallen würde. Er sah aber auch noch den heraufkommenden Gegensatz zwischen Amerika und Rußland und räumte für die kommenden Jahrzehnte den Russen die größeren Chancen ein.

Sein Gegensatz zum Nationalsozialismus wurde so offenbar, daß eine Fortsetzung der akademischen Laufbahn sich wie von selbst verschloß. Vor seinem scharfen Verstande wurde jede Phrase der damaligen Zeit entlarvt. Er scheute sich nicht, von seinem analytischen Geist Gebrauch zu machen. Aber damit hatte es nicht sein Bewenden. Er wußte, daß etwas geschehen mußte, um dieser Zeit ein Ende zu setzen. So hat er manch ein Gespräch vermittelt, das ohne ihn nicht zustande gekommen wäre. Ich denke an meine Bitte, mich mit Heinrich Brüning in Verbindung zu bringen. Dieser lebte damals wie ein Eremit im Hedwigskrankenhaus in der Mitte Berlins. Beide Krankenhäuser hatten Jesuiten als Geistliche, die die Möglichkeit hatten, einander zu begegnen, ohne in der Öffentlichkeit Aufsehen zu erregen, so daß auf diese Weise eine Verabredung zustande kam. Zu einer vorher vereinbarten Zeit fand ich mich in dem Foyer des Hedwigskrankenhauses ein. Dort stand eine Nonne, der ich vereinbarungsgemäß eine unverfängliche Frage stellte. Sie gab das Stichwort und führte mich zu Heinrich Brüning. Er bewohnte damals zwei Zimmer mit Ausblick in einen Hof des Hedwigskrankenhauses. Brüning war von mittlerer Statur und machte einen betont schlichten und zurückhaltenden Eindruck. Im Gespräch freilich wurde er leidenschaftlicher. In wenigen Minuten waren wir mitten in der Politik. Es ging keine Kraft von ihm aus. Er war sehr ernst, aber seine Worte zeigten, daß er über viele Dinge ausführlich unterrichtet war. Man hatte den Eindruck, daß er über vieles aus dem Hause des Reichspräsidenten bis ins Detail im Bilde war. Er kannte die Abneigung Hindenburgs gegen Hitler, war sich aber ebensowenig darüber im unklaren, daß der revolutionäre Schwung Hitlers über den alternden Hindenburg den Sieg davontragen werde. Über die politischen Parteien lächelte er. Als ich ihn – wie dies ein Protestant gern zu tun pflegt – auf die Macht der katholischen Kirche ansprach, zuckte er mit den Achseln und meinte, der Mensch muß sich entscheiden, ob er sein Leben unter das Kreuz Christi oder unter das Hakenkreuz stellen soll. An dieser Entscheidung würden auch die Bischöfe nicht vorbeikommen. Aber bis zur Entscheidung würden sie es mit Kompromissen versuchen und dadurch Hitler den Weg ebnen. Das blasse, müde Gesicht Brünings ließ keinen Zweifel, daß er im Grunde die Hoffnung aufgegeben hatte. Über die Rolle Papens verlor er kein Wort. Sein Lächeln hatte nichts Befreiendes an sich. Es war mit Bitterkeit gemischt. Und die Bitterkeit überwog. Ich habe Brüning ohne jeden Schimmer von Hoffnung verlassen. Später hatte ich noch mehrfach Gelegenheit, ihn zu warnen, was unbedingt nötig war, da er anfänglich Befürchtungen für sein eigenes Leben in den Wind schlug. Doch mit der Zeit ließ er sich überzeugen und sah ein, daß nicht nur ein gelegentlicher Wohnungswechsel, sondern nur das Verlassen des deutschen Reichsgebietes sein Leben erhalten konnte. Viele Jahre später habe ich ihn in Amerika, in Vermont, wiedergesehen. Er war eigentlich der alte geblieben. Unser Gespräch in Vermont galt ausschließlich dem Austausch von Erinnerungen.

Er war kein Angreifer, sondern ein Verteidiger. Dadurch überließ er von vornherein dem anderen die Initiative, die Bestimmung des Schlachtfeldes, die Auswahl der Zeit und das Überraschungsmoment, alles Dinge, die man nicht aus der Hand geben darf, wenn man Sieger bleiben will. Trotzdem blieb die Geschlossenheit seiner Persönlichkeit für jedermann eindrucksvoll. Seine Hauptthese freilich hat mich nicht überzeugt. Er meinte immer wieder, wir müßten, den Weiden gleich, uns vor der Gewalt des Sturmes neigen, damit wir nicht vernichtet würden. Auch der größte Sturm verebbe. Und dann würden die Weiden sich um so stärker und größer wieder erheben. Brünings These mag für Zeiten gelegentlicher Stürme zutreffen. Auch bei einem Taifun ist es gut, die Segel zu reffen. Will man aber seinen Gegner überwinden, so darf man die Hände nicht in den Schoß legen und nicht allein auf die Zeit vertrauen.

Brüning legte Wert darauf, daß alle diese Gespräche unter vier Augen geführt wurden. Auch Sigismund Lauter, der nach Taten lechzte und deshalb mit Menschen Verbindung suchte, deren Lebensgefühl durch Aktivität beherrscht wurde, nahm an ihnen nicht teil.

Lauter suchte und fand andere Menschen. Vor dem Kriege war Ewald von Kleist-Schmenzin bei ihm ein ständiger Gast. Im Kriege traf er sich auch mit Henning von Tresckow. Seine Wohnung stand immer bereit für alle, die sich treffen wollten, um sich im Gespräch zur Aktivität zu finden. Hier scheute Sigismund Lauter keine Gefahr. So kam es denn auch zu häufigen Gesprächen zwischen ihm und meinen Freunden. Einer von ihnen war Herbert von Mumm. Er war Mitglied des Auswärtigen Amtes. Ihn lernte ich in einer Mittagsgesellschaft kennen, die bei Frau von Kurowski stattfand, die in der Nähe des Tiergartens In den Zelten wohnte. Sie war damals schon an die achtzig Jahre alt, starb aber erst zehn Jahre später, während des Zweiten Weltkrieges. Ihr längst verstorbener Ehegatte war der Geheimrat von Kurowski gewesen, der noch unter dem Reichskanzler Fürst Bismarck als Protokollchef bei den Sitzungen des Preußischen Staatsministeriums eine große Position eingenommen hat, was nicht zuletzt aus den Sitzungsberichten hervorgeht, die der Geheimrat noch im März 1890 angefertigt hat, als die Depossedierung des Fürsten Bismarck mitten im Gang war. Seine Frau spielte eine nicht unerhebliche gesellschaftliche Rolle in Berlin, weil man sich bei ihr zwanglos traf und mit jedem der Besucher auch in der Nazizeit ohne Scheu sprechen konnte. Dort habe ich zum Beispiel auch den Staatssekretär von Jagow kennengelernt, der in den Augusttagen des Jahres 1914 im Auswärtigen Amt die Aufmerksamkeit auf sich gezogen hat. Frau von Kurowski liebte es, ihre Gäste zu erheitern. Dann sprach sie zum Beispiel von ihrem Schwiegervater, von dem sie erzählte, er habe noch die letzte Parade im Juli 1786 unter Friedrich dem Großen miterlebt. Jedermann staunte und zweifelte, aber sie konnte nachweisen, daß der Vater ihres Mannes schon mit 17 Jahren Soldat geworden war, auf diese Weise die Juliparade 1786 mitgemacht hatte, erst sehr spät heiratete, so daß sein Sohn noch unter Bismarck als Geheimer Rat wirken konnte. Aus der Ehe Kurowski war eine Tochter hervorgegangen, Fanny von Kurowski, die noch als junges Mädchen Bismarck und den kaiserlichen Hof kennengelernt hatte und dank ihres guten Gedächtnisses eine Fülle von Einzelheiten zu erzählen wußte.

Im Zweiten Weltkrieg nahm sie an einer Gesellschaft teil, in die sich ein Spitzel der Gestapo eingeschlichen hatte, ein gewisser Dr. med. Rekzeh. Er erklärte den Damen, daß er Post auf ganz sicherem Weg in die Schweiz bringen könne, und brachte dadurch verschiedene Mitglieder der Gesellschaft in arge politische Bedrängnis. Fanny von Kurowski wurde durch Frau Solf, die Frau des deutschen Generalkonsuls in New York, einige Tage später auf das kommende Unglück aufmerksam gemacht. Schnell entschlossen begab sich Fanny von Kurowski zu Verwandten auf dem Lande nach Ostpreußen. Als sie viele Wochen lang nichts hörte, meinte sie, daß die Gefahr vorüber sei, und kam nach Berlin zurück. Kaum hatte sie ihre Wohnung betreten, so klingelte es. Schon erschien die Gestapo und verhaftete sie. Da es Abend war, wurde sie in die weibliche Massenzelle des Polizeipräsidiums am Alexanderplatz verbracht. Die Mehrzahl der Insassinnen dieser Massenzelle hielt sich dort aus ganz anderen Gründen auf. Sie waren der Polizei aus Gründen der Prostitution verdächtig. Diese Insassinnen waren echte Berlinerinnen. Eine von ihnen stürzte sich auf Fanny von Kurowski und sagte zu ihr in strengem Ton: »Und du in deinem Alter gehst noch auf den Strich?« Fanny von Kurowski verneinte entsetzt. Daraufhin fragt ihre Gesprächspartnerin: »Ja, aus welchem Grunde bist du dann hier?« Fanny von Kurowski antwortete: »Aus politischen Gründen.« Das hatte die mitleidige Antwort zur Folge: »Das ist aber eine böse Sache. Dann wäre es doch schon besser, du wärest hier, weil du noch auf den Strich gegangen bist.«

So kam es, daß Fanny von Kurowski schließlich zur Angeklagten beim Volksgerichtshof wurde. Das war jene Verhandlung, in der Frau von Thadden, die Schwester des berühmten pommerschen Kirchentagspräsidenten Reinhold von Thadden-Trieglaff, zum Tode verurteilt wurde, um später allen Begnadigungserwartungen zum Trotz hingerichtet zu werden. Fanny von Kurowski zog sich in diesem Prozeß mit großem Geschick aus der Schlinge. Sie spielte die Schwerhörige und hatte angeblich auch von dem Gespräch des Dr. Rekzeh mit den Mitgliedern der Damengesellschaft nichts verstanden.

Wer bei Gericht zu Hause ist, weiß, daß nichts schwieriger ist als eine Verhandlung mit einem Schwerhörigen. Der Trick schlug sogar beim Volksgerichtshof ein. Fanny von Kurowski wurde freigesprochen. Mit um so größerem Vergnügen erzählte sie später das oben geschilderte Erlebnis aus dem Gefängnis am Alexanderplatz.

Herbert von Mumm hatte zuletzt den Posten des Stellvertretenden Chefs des Protokolls eingenommen und als erster sich der unangenehmen Aufgabe unterziehen müssen, Hitler den auswärtigen Diplomaten vorzustellen. Es gibt ein Bild von dieser Vorstellung. Es zeigt einen unsicheren Hitler, betont zurückhaltende Diplomaten und einen auf der Höhe der Situation stehenden Herbert von Mumm. Dieser sollte nicht mehr lange seines Amtes walten. Am 30. Juni 1934 wurde er verhaftet, aber da man ihm nichts nachweisen konnte, wieder entlassen. Doch mußte Herbert von Mumm den Dienst quittieren und lebte nun als Sproß einer alten und reichen Familie, die einst den Oberbürgermeister von Frankfurt am Main gestellt hatte, in einer schönen Wohnung in der Kurfürstenstraße. Er war ein Mann von großer Zuverlässigkeit. Auf außenpolitischem Felde gab es nichts, was er nicht wußte. Er beherrschte nicht nur viele Fremdsprachen, sondern hatte vor allem die Gabe, zwischen Vertretern verschiedener Nationen eine gute Atmosphäre herzustellen. Das machten sich die Filmgesellschaften zunutze, die ihn bei allen historischen Filmen heranzogen, war er doch in solchen Fragen unschlagbar. Er war eben ein Meister der Etikette, nicht nur in der Gegenwart, sondern auch in der Vergangenheit. Äußerlich gesehen, war das Auffälligste an ihm seine Pünktlichkeit. Wenn er Sigismund Lauter besuchte, so war er sicher schon vor der verabredeten Zeit im Treppenhaus. Dort wartete er einige Minuten, bis die verabredete Zeit herangekommen war, um dann auf die Sekunde genau den Klingelknopf zu betätigen. Hatte er die Wohnung betreten und den Gastgeber begrüßt, so erklärte er sofort, wann er wieder nach Hause zurückkehren müsse. Es gab kein Moment, das diesen seinen Entschluß hätte umwerfen können. In der Unterhaltung selbst war er von großer Präzision. Seine Informationen bezog er nicht nur von ausländischen Diplomaten, sondern auch von Vertretern der Berliner Ministerien. Nur wenn es unumgänglich war, bediente er sich des Telefons. Im allgemeinen zog er eine Aussprache unter vier Augen vor. Er war von großer Vorsicht, was ihn aber nicht hinderte, mit Beharrlichkeit seinen Weg zu gehen.

In diesem Zusammenhang muß auch der Name meines Freundes Nikolaus von Halem genannt werden. Ein Mann von ungewöhnlich großer Gestalt, mit blonden Haaren und blauen Augen. Eigentlich der Typ der von den Nazis über den grünen Klee gelobten nordischen Rasse. Er war ein ganz außergewöhnlicher Mensch, voll großer Gaben, von hellsichtiger Klarheit und einer Gewandtheit im Umgang mit Menschen und Dingen, wie ich sie niemals wieder erlebt habe. Von Hitler sprach er nur als von dem Postboten des Chaos oder von der Unperson. Ursprünglich hatte er Jurisprudenz studiert. Dann hatte er die Referendarausbildung abgebrochen und arbeitete schließlich für den Ballestrem-Konzern in Berlin. Dieser schlesische Kohlenkonzern hatte eine Vertretung in Berlin am Pariser Platz. Von dort aus leitete Halem auch die ausländischen Geschäfte und kam auf diese Weise viel in der Welt herum. Eine seiner erstaunlichsten Reisen war die Fahrt nach Moskau im Frühjahr 1941.

Viele seiner Besprechungen fanden bei Sigismund Lauter statt. Dort traf er auch mit Herbert von Mumm zusammen. Beide waren diejenigen – soweit ich damals Männer der Opposition kannte –, die als erste die Beseitigung Hitlers als notwendig empfanden und der Durchschlagskraft des zivilen, aber auch des militärischen Widerstandes mißtrauten. So haben sie denn nach einer Persönlichkeit gesucht, von der sie meinten, daß sie bereit sei, einen Anschlag auf Hitler durchzuführen. Sie fanden sie in Beppo Röhmer, einem alten Freikorpskämpfer. Halem verschaffte Beppo Röhmer eine Scheinstellung im Ballestrem-Konzern, so daß dieser leben und sich auf seine Aufgabe konzentrieren konnte. Das Unglück wollte es, daß die Gestapo der Sache auf die Spur kam. Sie verhaftete Beppo Röhmer, der schließlich bei einer der unter Druck geführten Vernehmungen die Namen von Halem und Mumm preisgab. Das hatte natürlich deren Verhaftung zur Folge. Vernehmung folgte auf Vernehmung und Verhaftung auf Verhaftung. Sigismund Lauter und ich wurden nicht als Verdächtige in die Angelegenheit hineingezogen. Wohl fiel mein Name, aber ich war draußen als Soldat im Osten. Deshalb fiel kein Verdacht auf mich. Nicht ganz so gut erging es Sigismund Lauter. Er erhielt eines Tages eine Ladung durch die Gestapo zur Vernehmung. Schnell entschlossen rief er bei der Gestapo an und bat um Vorverlegung seiner Vernehmung, weil er an dem angegebenen Termin anderweitig beschäftigt sei. Die Gestapo gab nach. Bei der Vernehmung selbst zog sich Sigismund Lauter ganz auf seine ärztliche Tätigkeit zurück und leugnete jede politische Konspiration mit dem Hinweis darauf, daß er Halem und Mumm nur als Patienten kenne. Dem Hinweis der Gestapo, ob ihm denn nicht aufgefallen sei, daß Mumm immer so gut über außenpolitische Vorgänge Bescheid gewußt habe, entgegnete Lauter: »Um das zu beurteilen, müßte ich ja besser über die außenpolitischen Vorgänge unterrichtet gewesen sein als Mumm, und das bin ich in meiner Eigenschaft als Chef des St. Gertraudenkrankenhauses bestimmt nicht.« Damit hatte Lauter seine Haut gerettet. Den beiden anderen aber wurde der Prozeß vor dem Volksgerichtshof gemacht. Sie wurden beide zum Tode verurteilt und hingerichtet. Wir wissen über viele Einzelheiten Bescheid, weil es Halem gelang, immer wieder briefliche Nachrichten aus dem Gefängnis herauszuschleusen. Die ganze Furchtbarkeit der Tortur, mit der Mumm und Halem bedacht wurden, erschütterte uns, ihre Freunde, auf das tiefste. Wie es beiden trotzdem gelang, uns, ihre Freunde, aus der Sache herauszuhalten, ist uns bis heute ein Rätsel. Als Dritter kann man über das, was Mumm und Halem bewegte, angesichts der Furchtbarkeit ihres Schicksals nur schweigen. Sprechen dagegen kann Halem selbst, der noch kurz vor seinem Tode zwei Briefe an seine Mutter geschrieben hat. Diese Briefe sagen alles. Sie lauten wie folgt:

»Liebste, Arme, daß Du diesen Schmerz erleben mußt! Jetzt kommt der Herbst, möge er Dir nicht das Herz brechen. Ich schreibe dies zwei Tage vor der Verhandlung, auf alles gefaßt und in großer innerer Ruhe. Wie tröstlich ist die Aussicht, daß meine Leiden bald zu Ende sein werden. Nur daß die Euren dann erst wahrhaftig beginnen und fortdauern, bedrückt und quält mich. Glaube mir, was die Frage des Todes angeht, bin ich im Besitz aller der Vorteile, die die Stoiker ihrer Lehre zuschreiben, wenn ich mich ihnen auch nur in der Form des Denkens nah, in seinem Inhalt dagegen weltenfern fühle. Wir alle sind ja, ob wir es wissen oder nicht, von der geistigen Essenz zwanzig christlicher Jahrhunderte ganz durchtränkt. Eben jetzt scheint mir eine Periode zu beginnen, in der auch die scheinbar unchristlichen Gedanken der europäischen Denker, zum Beispiel Kant, Schopenhauer, Nietzsche, diesen gemeinsamen Hintergrund sichtbar werden lassen. Mit Recht fürchten wir alle – erspare mir hier die Antwort auf das Warum – den Tod, vor allem deshalb, weil er uns unverhofft zu überkommen pflegt. Das Sterben eines Greises ist nur deshalb von so milder Traurigkeit, weil der Zeitpunkt dem Weltenplan entspricht, also fast voraussehbar ist. Mit Recht legt deshalb auch die katholische Kirche so großen Wert auf die Vorbereitung des Sterbenden, wobei die äußeren Vorgänge und Zeremonien nur eine Verlockung für den Geist darstellen, sich mit Ernst dem bevorstehenden Ende zuzuwenden und sich in dieser Stimmung zu versammeln. Wer vorbereitet ist, braucht den Tod nicht zu fürchten. Ich schäme mich fast, dabei an das Mysterium der Gnade zu rühren, zu dem das hohe und heilige Mysterium des Todes gewissermaßen den Vorhof bildet. Ein Schritt – und wir sind hindurch. Ich weiß, daß die üblichen Tröstungen, insbesondere die der Kirche, nicht den Weg zu der Tiefe Deines Herzens finden und müßte nicht Dein Sohn sein, wenn ich nicht auch andere, eigene Wege hätte gehen müssen. Aber da es Dir als Kulturwesen ja auch verschlossen ist, Dich durch Klagen, Schreie und Zerreißen Deiner Kleider von Deinem Schmerz zu befreien, versuche es nur wieder und wieder, Dich mit der ganzen Schärfe Deines Geistes in die Frage nach dem Sinn und Wesen des Lebens zu vertiefen.

Kleopatra sagt zu Antonius:

›Oh ungeheurer Mut! Kommst Du so lächelnd
Und frei vom großen Stolz der Welt.‹

Nur einer Frau kann diese Freiheit als Frucht des Mutes erscheinen. Aber Du kannst, was nur wenige Deines Geschlechtes können, die Festigkeit dieser inneren Freiheit von der Welt und damit auch vom Tode Deines Sohnes erwerben, so daß auch Du so frei lächeln kannst, wie ich es auf meinem letzten Wege tun werde.

Lies – und denke dabei an mich – den zweiten Band der *Welt und Wille als Vorstellung*. Den zweiten, wohlgemerkt, wenigstens zuerst, ganz gegen Deine Gepflogenheit. Lies darin herum und laß Dich nicht einschüchtern, daß Schopenhauer immer wieder mit grimmer Strenge fordert, man müsse alles, was er geschrieben hat, lesen. Du wirst sehen, daß es Dich weiter führt, vielleicht zu der von Schopenhauer so verachteten, von mir zärtlich geliebten Leibnizschen Monadenlehre: Wenn ich es kann, werde ich Dir helfen.

Grüße alle Geschwister, mit jedem einzelnen von ihnen fühle ich mich zärtlichst verbunden – mit Ise, der Treuesten der

Treuen, mit ›Tüte‹, die mir vor zwei Jahren einen so freundlichen und trostreichen Gruß sandte. Alles, was ich in mir als Halemsches Erbteil empfinde, regt sich in dem Gedanken an Thea, die davon so viel in sich trägt. Die Sorge für Euch alle, in die ich mit Recht hineinzuwachsen hoffte, übertrage ich auf Hanno, in dem ich immer ein feineres Spiegelbild meiner selbst sehe. Pussy und Malve werden, wenn ich mich jetzt von ihnen abwende, wieder zu den ›Kleinen‹. Pussy, die niemanden weinen sehen kann, ohne selbst mit einzustimmen, und Malve, mein Herzgespiel. Werde ich nicht, wenn wir uns auf einem anderen Stern wieder treffen sollten, von ihr fühlen:

›Ach, Du warst in abgelebten Zeiten
meine Schwester oder meine Frau?‹

Ich schreibe noch besonders an Mariechen, die ich Dir vor allen anderen ans Herz lege. Sie hat, wie ich fürchte, in weiterem Sinne die Heimat verloren, als es sonst Menschen geschieht. Der süße Gedanke an sie und unsere frohen Jahre ist ein bitterer Schmerz. Mein Fritzchen! Der kleine Wilhelm, wie gut, daß er noch nichts von allem fühlen kann. Halte an ihnen fest, stütze, lehre und tröste sie! Laß Dich die Mühe nicht verdrießen, ich bitte Dich von Herzen, und denke daran, was Seneca sagt: *Si vis amari, ama!*

Die Zeit und die Umstände fügen es, daß ich kein Haus habe, es zu bestellen. Wie richtig habe ich doch gehandelt, als ich Hanno den Verwalter der Arche Noah nannte. Alles Praktische lasse ich deshalb jetzt beiseite. Mariechen wird darin ihre Kraft zeigen und meine Freunde werden ihr und Euch helfen. Wenn die Wogen sich einmal wieder geglättet haben und Ihr für mich – vielleicht an Vaters Grab – ein Erinnerungszeichen anbringen laßt, so fügt dazu den Spruch, der mich schon als Kind wie aus Weltentiefen angerührt hat: ›Fürchte Dich nicht, denn ich habe Dich erlöst. Ich habe Dich bei Deinem Namen gerufen, Du bist mein.‹ Er steht im Jesaja, wo, weiß ich nicht aus dem Kopf.

Ich glaube, daß der Krieg zu Ende dieses oder zu Anfang nächsten Jahres zu Ende gehen wird. Ach, könnte ich doch wie

Moses auf das gelobte Land, noch eine helle Zukunft für Euch alle wenigstens aus der Ferne sehen.

Nun adieu, meine Liebste, von Herzen Liebe! Nach so viel Worten scheint mir das Wesentliche noch immer ungesagt. Aber es ist eben unaussprechlich. Lassen wir es stumm in unserem Herzen, wo wir seiner gegenseitig unaussprechlich sicher sind.

Nochmals adieu! Glaube nicht, daß Du mich verlierst. Dank, tausendfach Dank, innigste Liebe und Zärtlichkeit fasse ich zusammen in einem letzten Kuß.

Dein Sohn.«

Wenige Minuten vor seiner Hinrichtung schrieb er mit gefesselten Händen noch folgende Zeilen auf ein Stück Papier:

»Liebe Mutter!

Jetzt habe ich auch die letzte kleine Unruhe überwunden, die den Baumwipfel faßt, ehe er stürzt! Und damit habe ich das Ziel der Menschheit erreicht. Denn wir können und sollen wissend dulden, was der Pflanze unwissentlich widerfährt.

Adieu! Ich werde geholt. Tausend Küsse.

Dein Sohn.«

Sigismund Lauter hat von all diesen Dingen gewußt und hat sie überstanden. Nur wer ihn gekannt hat, weiß, wie viele schlaflose Nächte ihn das alles gekostet hat. Er hat uns mit vollen Händen unterstützt, alle Gefahren in Kauf genommen, ja sogar die Aufbewahrung des Sprengstoffes vom März 1943. Lauter hat auch seinen Posten nicht geräumt, als die Russen Berlin eroberten. Einige Zeit darauf wurde er von einer schweren Krankheit befallen, die Ferdinand Sauerbruch, der große Chirurg in Berlin, behandelte und der stundenlang am Bett seines Kollegen Lauter ausharrte, um die Todesgefahr zu bannen. Schließlich mußte Lauter Berlin verlassen, er kehrte in seine Heimatstadt München zurück. Dort hat er nur noch wenig als Arzt arbeiten können, weil sein Gesundheitszustand es nicht mehr zuließ. Die Erlebnisse der Vergangenheit hatten ihm zu schwer zugesetzt. Sein Lebenswille war gebrochen. Nur von Zeit zu Zeit flackerte sein alter Tätigkeitsdrang wieder auf. Dann ergab er sich ganz der Musik, der er schon in früheren Jahren als Bariton ein Großteil seines Lebens gewidmet hatte. Hier fand er Trost, bis ihn ein früher Tod endgültig erlöste.

Seine kritische Ader war ihm auch und gerade auf seinem Fachgebiet der inneren Medizin eigen. Er erläuterte mir die Notwendigkeit dieser Kritik durch ein Beispiel: Unter seinen Patienten habe sich eines Tages eine Frau befunden, bei der niemand so recht gewußt habe, was ihr eigentlich fehle. In seiner Not habe er die Zuflucht zu einem Versuch genommen. Er habe aus verschiedenen Medikamenten eine Spritze zusammengestellt, habe diese seinem Oberarzt in die Hand gedrückt mit der Anweisung, die Spritze noch am gleichen Abend der Patientin zu injizieren. Dabei habe er seinem Oberarzt gesagt: »Vielleicht wird diese Spritze helfen; sollte sie ohne Wirkung bleiben, so muß die Medizin vor der Krankheit dieser Frau kapitulieren.« Am anderen Morgen habe er sein Krankenhaus wieder betreten und habe als erstes nach dem Ergehen der Patientin gefragt und darauf von der Oberschwester die Antwort erhalten: »Die Frau ist wie umgewandelt, das Fieber ist verschwunden, der Bann der Krankheit scheint gebrochen zu sein.« Er habe sich sodann durch eigene Untersuchung ein Bild von dem Zustand der Patientin gemacht und die Auffassung der Krankenschwester für richtig befunden. Während des Tagesablaufes habe er dann den Fall auch mit seinem Oberarzt erörtert und diesem gesagt, er möge doch eine Darstellung des Falles und die Zusammensetzung der Spritze zum Gegenstand einer Veröffentlichung in einer medizinischen Zeitschrift machen, weil man auf diesem Wege vielleicht noch vielen anderen Kranken werde helfen können. Der Oberarzt sei ganz betreten gewesen und habe die Ausarbeitung einer wissenschaftlichen Darstellung abgelehnt. Seine Frage, warum er sich denn so weigere, habe der Oberarzt so beantwortet: »Herr Professor, ich habe die Injizierung der Spritze gestern abend vergessen. Die Besserung der Patientin ist ohne die Spritze eingetreten.« Lauter erzählte mir diese Geschichte, indem er hinzufügte, dieser Fall sei ihm für sein ganzes Leben eine

Warnung gewesen. Man könne eben auch als wissenschaftlicher Mediziner nie wissen, ob die Eingabe eines medizinischen Mittels kausal für die Besserung einer Krankheit sei. Unter Umständen sei, wie das eben dargestellte Beispiel zeige, ein Umstand für die Besserung verantwortlich, der von niemandem wirklich gekannt werde.

VI. KAPITEL

Ernst Niekisch

In den dreißiger Jahren stieß ich auf eine Zeitschrift, die den Titel *Widerstand* trug. Der Herausgeber war der damals in Berlin wohnhafte Publizist Ernst Niekisch. Die Zeitschrift faszinierte mich. Ihre Sprache glich einem geschliffenen Diamanten. Während andere Leute an Astrologie und Graphologie glauben, meine ich, daß der Weg über die Sprache schneller und tiefer in das Wesen des Menschen führt. Der Inhalt nahezu aller Aufsätze dieser Zeitschrift war Revolution. Die Zeitschrift sprengte den Rahmen der Gesellschaft, die Vorstellungen über alles, was auf dieser Welt lebte und geschah, über Innen- und Außenpolitik. Die nicht ausgesprochene, aber deutliche Voraussetzung der Zeitschrift war die russische Revolution von 1917.

Ich nahm mir vor, den Herausgeber und Verfasser der meisten Aufsätze kennenzulernen. Aus Mangel an Verbindungen wählte ich den einfachsten Weg, der sich denken ließ. Da aus der Zeitschrift Name und Wohnung des Herausgebers hervorging, suchte ich Ernst Niekisch ohne Voranmeldung kurzerhand auf. Er wohnte damals am Halleschen Ufer in Berlin. Nach wenigen Worten der Einführung war es so, als ob wir uns schon jahrelang gekannt hätten. Von diesem Tage des ersten Besuches ab bis zu seinem Tode hat es zwischen Ernst Niekisch und mir keine Diskrepanz gegeben. Er ist wahrscheinlich der bedeutendste Mensch, der je in mein Leben getreten ist. *Les extrêmes se touchent.* Ein mittelgroßer, vierschrötiger Mensch, mit einem harten Gesicht, mit der Gabe, sich der Sprache des Wortes souverän zu bedienen, öffnete er sein Wissen und Wollen ohne falsche Scham und war nur auf zwei Dinge bedacht: seine Überzeugung klar und unmißverständlich zum Ausdruck zu bringen und seinen Gesprächspartner in den gleichen Rang, wie er ihn darstellte, zu erheben. In ihm lernte ich zum ersten Mal in meinem Leben einen Menschen kennen, der für den Normalbürger der Weimarer Republik den Ruch des Kommunismus an sich hatte. Jedes Wort verriet, daß er durch die harte Schule eines Karl Marx gegangen war. Alles, was ich bisher nur durch die Brille von Buchschreibern kennengelernt hatte, sah ich nun in einem Menschen von Fleisch und Blut vor mir. Eine neue Welt stand vor mir auf. Hatte ich in Halle einst Max Hölz bei einer großen Massenversammlung auf dem Platz hinter der Marktkirche kennengelernt, hatte ich in früheren Jahren Proudhon und Bakunin ebenso gelesen wie Lassalle, Friedrich Engels und Karl Marx, so sah ich nun einen Menschen vor mir von ganz anderer Art. Die erste Gruppe hatte mich wenig beeindruckt. Von der Mehrwerttheorie habe ich immer ebensowenig gehalten wie von all den gelehrten Fragen, mit denen in jedem Jahrhundert eine Gruppe von Menschen die Welt zu verändern sucht. So sah ich jetzt eine Persönlichkeit, die durch ihr Erscheinungsbild mir klarmachte, daß es dem Bolschewismus gelungen war, die Welt zu verändern. Ein neues Zeitalter war angebrochen. Aber so begierig ich war zu erkennen, warum eigentlich das neue Zeitalter die Herrschaft des Proletariates als ihr Ziel erkor, so wenig erhielt ich auf das, was mich damals interessierte, von Ernst Niekisch eine Antwort. Letzten Endes war Niekisch kein Innenpolitiker, sondern ein Außenpolitiker. Auf seinem Schreibtisch habe ich im Laufe der Jahre viele Bücher liegen gesehen. Es war immer ein Werk aus der Feder von Leopold von Ranke darunter. Wer mit Niekisch in Fühlung kam, der lernte wie von selbst – was die Massen niemals begreifen werden – den Primat der Außenpolitik. Jede außenpolitische Karte sticht jede innenpolitische Karte.

Es waren damals die Jahre der Heraufkunft Adolf Hitlers.

Auch Niekisch gab sich darüber keinem Zweifel hin. Nicht um diese Heraufkunft zu verhindern, sondern um vor aller Welt zu zeigen, was mit der Heraufkunft dieses chaotischen Menschen für ein Zeitalter einsetzen werde, schrieb Niekisch die kleine Broschüre *Hitler ein deutsches Verhängnis*. Sie fand reißenden Absatz, selbst noch nach dem 30. Januar 1933, als Hitler längst die Macht ergriffen hatte und Ernst Niekisch gezwungen war, die Reste dieser Broschüre zu verbergen, wozu er keinen anderen Ausweg fand als den, sie in Koffer zu packen und diese Koffer am Anhalter Bahnhof zur Aufbewahrung abzugeben.

Aus der Fülle der Gespräche der damaligen Zeit ist mir eines in Erinnerung geblieben. Ich suchte nach einer historisch vergleichbaren Figur und nannte Hitler eine Wiederkehr Napoleons III. Die Antwort von Niekisch war schroff und klar: »Sie irren. Für die Welt hat Adolf Hitler die Bedeutung eines Napoleon I. Er wird die ganze Welt mit Krieg überziehen, ungeheure Erfolge an seine Fahnen heften und schließlich Deutschland und sich in einen Abgrund reißen, aus dem es keine Rückkehr gibt.« Es ist hier nicht der Augenblick, um darzulegen, wie recht Niekisch in seiner Beurteilung hatte. Wichtig ist nur festzuhalten, daß Ernst Niekisch nicht 1939, nicht 1943, sondern 1932 das, was 1945 geschehen sollte, mit nachtwandlerischer Sicherheit sah und aussprach.

In der damaligen Zeit wurde in manchen Gesprächen erwogen, ob es nicht richtig sei, rechtzeitig auszuwandern. Aber Niekisch lehnte einen solchen Ausweg ab. Er meinte dazu: »Das mögen Menschen tun, die zur Auswanderung gezwungen werden. Das mögen vielleicht auch Menschen tun, die im Grunde unpolitisch sind und die all die Furchtbarkeiten, die jetzt auf uns zukommen, nur vom menschlichen Standpunkt aus zu sehen vermögen. Wer aber der Politik verhaftet ist, der muß alles das, was an Furchtbarem auf uns zukommt, bewußt auf sich nehmen und dadurch vor der Geschichte ein Zeichen geben, daß Hitler nicht mit Deutschland gleichzusetzen ist.«

Der Mensch hat die Angewohnheit, in Schubfächern zu denken. Nur so ist es zu erklären, daß Niekisch für die Mit- und Nachwelt als Nationalbolschewist bezeichnet zu werden pflegt. Seine kommunistische Haltung geht klar aus der Zeit der Bayrischen Räterepublik unmittelbar nach dem Ende des Ersten Weltkrieges hervor. Sein nationales Bewußtsein kann nicht geleugnet werden, weil er, mit teilweisem Erfolg, auf Persönlichkeiten der Reichswehr Einfluß gewann, um mit dem bolschewistischen Rußland im Bunde ein neues Deutsches Reich aus der Taufe zu heben.

So war er ein Gegner der Stresemannschen Erfüllungspolitik und im Gegensatz hierzu ein Bewunderer der Rapallo-Politik. Seit 1920 erstrebten Rußland und Deutschland eine Annäherung. Schon im Jahre 1921 war ein erstes Wirtschaftsabkommen abgeschlossen worden. Diesem Wirtschaftsabkommen folgten Verhandlungen über einen politischen Vertrag. Hierbei spielte auf russischer Seite der Außenkommissar Tschitscherin eine große Rolle. Ein politischer Vertrag wurde abgeschlossen, der von allen Beteiligten als Gegenschlag gegen den Versuch der Westmächte aufgefaßt wurde, Rußland einen Anspruch auf Kriegsentschädigung zuzugestehen. Vielmehr verzichteten Rußland und das Deutsche Reich auf alle finanziellen Forderungen und vereinbarten die Aufnahme diplomatischer Beziehungen. Der eigentliche Drahtzieher dieses Vertrages war auf deutscher Seite der Vortragende Rat von Maltzan. Wenn auch nicht ohne Bedenken, schloß sich der deutsche Außenminister Walther Rathenau dem Vertrag an. Der Vertrag trug das Datum vom 16. April 1922. Ihm folgte der Berliner Vertrag von 1926. Alle diese Verträge schufen eine Periode guter Beziehungen zwischen Deutschland und Rußland. Der Vertrag von 1926 leitete auch eine geheime militärische Zusammenarbeit zwischen Rußland und Deutschland ein. Mit diesem Vertragswerk wurde zum ersten Mal das Bemühen Frankreichs erfolgreich durchbrochen, Deutschland an der Wiedergewinnung seiner Unabhängigkeit zu hindern. Niekisch war ein Bewunderer der Rapallo-Politik, ein Anhänger des Grafen Brockdorff-Rantzau, des ersten deutschen

Botschafters in Moskau, der das Recht hatte, unmittelbar an den Reichspräsidenten zu berichten, der es verstand, mit den Slawen in Moskau umzugehen und bei russischen Paraden mit unnachahmlicher Grazie vor jeder russischen Fahne den Zylinder zu ziehen. Bald verfügte Niekisch über Beziehungen zu Radek.

Karl Radek, gebürtig aus Lemberg, hatte sich schon 1918 in Berlin beim Aufbau der Kommunistischen Partei die Sporen verdient. 1919 wurde er aus Deutschland ausgewiesen. Daraufhin verließ er Berlin und siedelte nach Moskau über. Dort wurde er in das Präsidium der Kommunistischen Internationale übernommen. Als Vertreter dieses Präsidiums kam er 1923 nach Deutschland zurück und versuchte Fühlung mit deutschen politischen Kräften zu gewinnen. Im Zuge dieser Ereignisse kam es auch zu Gesprächen zwischen Radek und Ernst Niekisch. Radek war einer der ersten russischen Kommunisten, die versuchten, mit der Deutschen Reichswehr in Fühlung zu kommen. Da Radek ein eigenwilliger Kopf war, geriet er schon 1927 in eine Oppositionsstellung zu Stalin und wurde von diesem mehrfach verbannt. Bis auf den heutigen Tag ist nicht vollständig geklärt, inwieweit Niekisch seine Hand im Spiele hatte, als es für die Reichswehr darum ging, den Bestimmungen des Versailler Vertrages zu trotzen und eine deutsche Panzerwaffe und eine deutsche Luftwaffe in Rußland aufzustellen und auszubilden. Auffallend war und ist, daß Niekisch des öfteren Vorträge in der Infanterieschule in Dresden halten durfte. Noch auffallender ist, daß Niekisch bis zum Jahre 1937 durch die Reichswehr geschützt wurde und, von einem Ausnahmefall abgesehen, unbehelligt blieb. Was Niekisch vorschwebte, war innenpolitisch ein Bündnis zwischen den vorbürgerlichen Schichten und den nachbürgerlichen Generationen. In einem solchen Bündnis sah er die einzige Möglichkeit, den Verlust des Ersten Weltkrieges zu überstehen und eine neue Macht zu werden. Außenpolitisch widerstrebte er allem, was zu dem Gedanken des Vertrages von Versailles geführt hatte. Er sah nur die Möglichkeit eines Bündnisses mit Rußland als der großen Macht Asiens, die, unangefochten von der Dekadenz der westlichen Welt, auf lange Sicht gesehen der beherrschende Faktor der Welt sein werde. Dabei ließ er über einen Punkt keinen Zweifel. Er sah Deutschland nicht als Vasall Rußlands, sondern war davon zutiefst überzeugt, daß die im deutschen Volk schlummernden Kräfte noch immer stark genug seien, um nicht heute und nicht morgen, aber im Laufe der Jahre und Jahrzehnte den Punkt zu erreichen, von dem ab es klar sein werde, daß in diesem Bunde nicht Rußland, sondern Deutschland die erste Geige spielen werde. Sein ganzes Denken klammerte sich an den Begriff Preußen. In der Geschichte Preußens sah er die Wurzeln der deutschen Stärke. Schon der Name Preußen hatte in seinen Ohren Musik. Hier erblickte er die Quellen der zukünftigen deutschen Kraft.

Niekisch war kein Christ, auch nicht im übertragenen Sinn, geschweige denn im Gedankengang der Theologie. Aber er war ein Protestant, einer, der fühlte, welche Züge in der deutschen Geschichte gegeben waren, als Martin Luther aufstand und sich behaupten konnte. Im Staat sah er ein Gebilde, von dem er nicht müde wurde zu sagen, Volk sei gut und schön, aber nur der Staat habe den Anhauch des Ewigen.

Schon bald nach 1933 erwog Niekisch die Gründung einer Bismarck-Gesellschaft. Er wollte nicht auf das wissenschaftliche Drum und Dran einer solchen Gesellschaft verzichten, wußte er doch zu gut, daß in Deutschland keine Gesellschaft ohne die Eitelkeit und das wichtigtuerische Treiben von Bildungsphilistern bestehen könne. Aber er sah in einer solchen Bismarck-Gesellschaft die Möglichkeit, ein Sammelbecken für eine Opposition gegen Hitler zu bilden unter dem Schilde, eine Bismarck-Verehrung hervorzurufen, gegen die sich vielleicht auch Hitler und seine Gefolgsleute nicht hätten zur Wehr setzen können. Bald nahm Niekisch auch von diesem Gedanken Abschied, weil er von der Charakterlosigkeit des deutschen Durchschnittsbürgers überzeugt war, eine Figur, die er bis zu seinem Tode nicht gehaßt, aber auf das tiefste verachtet hat.

Noch im Jahre 1933 gab es einen kleinen Paukenschlag, der leicht zu einer Vernichtung von Niekisch hätte führen können. Eines Morgens erschien er bei mir zu früher Stunde. Ein ungewöhnliches Ereignis, weil Niekisch nur selten sein Haus verließ, um andere zu besuchen. Die Ungewöhnlichkeit dieses Ereignisses wurde unterstrichen durch die tiefe Erregung, die aus seinen Gesichtszügen und seinem ganzen Auftreten erkennbar war. Mühsam zwang er sich zur Konzentration und erzählte etwa folgendes: Mitten in der Nacht seien seine Frau und er geweckt worden. Uniformierte SA habe ihn aus der Wohnung am Halleschen Ufer geholt, ihn mit Gewalt in einen SA-Keller in der Friedrichstraße gebracht und ihn dort einem Verhör unterzogen. Im Weggehen habe er noch seiner Frau zugerufen, sie möge doch eine Persönlichkeit der Reichswehr anrufen und dieser über seine Abholung berichten. In dem SA-Keller habe er stehend viele Fragen beantworten müssen. Dabei habe er das Gefühl gehabt, die geringste Bewegung oder irgendein Zeichen der Schwäche oder eine falsche Antwort hätten seine körperliche Vernichtung zur Folge gehabt. Er sei stolz darauf, nicht nachgegeben zu haben. Urplötzlich habe man ihn wieder entlassen und auf die Straße gesetzt. Diese glückliche Lösung führte Niekisch auf seine Bemerkung über die Reichswehr zurück, vor der die SA damals noch Respekt, um nicht zu sagen Furcht gehabt hat. Auf dem Rückweg in seine Wohnung habe er zwei uniformierte Polizisten getroffen. Er habe diesen Männern das Geschehene geschildert. Aber beide Beamten hätten einen Eingriff abgelehnt. Nun waren damals in der Berliner Polizei auch zahlenmäßig nicht unerhebliche staatstragende Kräfte. Der Posten des Polizeipräsidenten in Berlin war durch den nach jeder Hinsicht zuverlässigen vormaligen Admiral von Levetzow besetzt. In aller Eile haben wir nach diesem Vormittagsgespräch einen Bericht aufgesetzt und haben ihn über das Innenministerium des Landes Preußen dem Admiral von Levetzow zugeleitet. Was daraufhin im einzelnen geschah, weiß ich nicht mehr. Ich kann nur sagen, daß Niekisch bis zum Jahre 1937 unbehelligt blieb, ja sogar Reisen ins Ausland unternehmen konnte und viele Persönlichkeiten der europäischen Politik gesprochen hat, denen er mit Überzeugungskraft reinen Wein einschenkte, wie zum Beispiel Mussolini.

In den nächsten Jahren beschränkte sich Niekisch auf zwei Punkte: auf die Sammlung eines kleinen Kreises von Getreuen und auf die Niederschrift eines für die Zukunft bestimmten Buches. Das Letztere erschien, da ein Manuskript gerettet werden konnte, nach Gründung der Bundesrepublik mit dem Titel *Das Reich der niederen Dämonen*. Ein Bestseller ist es nicht geworden. Vielleicht ist es zu persönlich, zu leidenschaftlich und zu stark unter dem Eindruck der ersten Jahre der nationalsozialistischen Herrschaft abgefaßt worden. Auch mögen die Deutschen unmittelbar nach dem Zusammenbruch von 1945 sich vor einem solchen Buche im Angesicht ihrer eigenen Haltung geschämt und gefürchtet haben. Nachdem die Schilderung der Zeit des Dritten Reiches eine Domäne der Professoren und der von vielen unter ihnen als Dogma verherrlichten Urkunden geworden ist, wird die großartige Schilderung von Ernst Niekisch keinen Verleger und keinen Leser mehr finden.

Aus der Fülle des Freundeskreises um Ernst Niekisch muß ein Name genannt werden, will man die Wahrheit nicht durch Unterlassung kränken. Es handelt sich um Joseph Drexel, der mit Niekisch durch dick und dünn gegangen ist und dem das Glück hold war, indem es ihn Zuchthaus und Konzentrationslager überleben ließ und ihn der liebe Gott noch viele Jahre nach dem Krieg als Herausgeber der »Nürnberger Nachrichten« ein vollendetes und von Glück und Tatkraft durchseeltes Dasein erleben ließ. Von ihm muß und wird noch später die Rede sein.

Der Mensch macht gerne den Fehler, eine zurückliegende Zeit mit der Brille seiner eigenen Existenz, getragen von der Sehschärfe seiner letzten Zeit, zu betrachten. Es wird ihm schwer, an vergangene Zeit nur den Maßstab der Vergangenheit zu setzen. Aber nur so kommt man zu einem gerechten Urteil. Deshalb darf man nicht glauben, daß Adolf Hitler und die Nazis immer so schlimm waren, wie es sich 1945 vor den Augen der Welt enthüllte. Vielmehr waren in den Anfangsjahren noch Dinge möglich, die später kaum noch gedacht werden konnten. Wäre dem nicht so, hätte Ernst Niekisch nicht bis 1937 wirken können. Wäre dem nicht so, hätte es zum Beispiel im Jahre 1935 nicht zu einem Prozeß vor dem Landgericht in Magdeburg kommen können, in dem das ganze Unheil der von Hitler eingeführten Konzentrationslager sich dem Auge der Zeitgenossen darbot. Was war geschehen? Auf Befehl Hitlers hatte man in der Nähe der Stadt Dessau ein Konzentrationslager errichtet. Hier wurden nicht nur politische Täter, sondern auch kriminelle Übeltäter eingesperrt, mißhandelt und auf das tiefste gedemütigt. Einer aus der Schar der Kriminellen kam später wieder aus dem Konzentrationslager heraus und landete im Zuchthaus. Sicher war ein preußisches Zuchthaus kein Sanatorium. Aber es ging in ihm gerecht zu. Man war seines Lebens, seiner körperlichen Unversehrtheit und seiner menschlichen Würde sicher. Dieser Zuchthausinsasse schrieb einen Brief an den Generalstaatsanwalt vom Oberlandesgericht in Naumburg, schilderte seine furchtbaren Erlebnisse und machte hierfür den Chef des Konzentrationslagers und seine Mitgehilfen verantwortlich. Der Generalstaatsanwalt wollte seinen Augen nicht trauen. Er hielt die Schilderung für unglaubhaft und ließ ein Verfahren gegen den Briefschreiber wegen falscher Anschuldigung erheben. In diesem Ermittlungsverfahren kam die Wahrheit zutage. Bei den Vernehmungen der Wachbeamten des Konzentrationslagers leugneten diese ihre Untaten nicht, sondern rühmten sich ihrer. Der Generalstaatsanwalt waltete seines Amtes. Es kam zu einer Anklage gegen den Chef des Konzentrationslagers und seine Schergen. Freilich scheute man die Öffentlichkeit. Ein anderes Gericht wurde zur Aburteilung bestimmt. Es war das Landgericht in Magdeburg. Die Öffentlichkeit wurde wegen Gefährdung der Staatssicherheit ausgeschlossen. Aber das Gericht ermittelte die Wahrheit und sprach ein unerbittliches Urteil. Wer das miterlebt hat, der wußte nun, was sich hinter dem Schilde des Sozialismus eines Adolf Hitler verbarg. Es mag sein, daß viele Deutsche davon nichts erfahren haben und auch in Zukunft für längere Zeit nichts davon wußten. Aber mindestens ebenso wahr ist, daß manche Deutsche es nun doch wußten und nicht behaupten konnten, von den Konzentrationslagern habe man bis 1945 nichts geahnt. Wir, die wir es wußten, haben alles in unserer Kraft Stehende getan, um, entgegen dem Gesetz, aber getreu dem Recht, das zu verbreiten, was in Magdeburg zutage getreten war.

Auch Niekisch war in dieser Hinsicht ein eifriger Kämpe. Er sammelte alle Nachrichten von nationalsozialistischen Untaten. Es gab damals noch viele Berliner Notare, die solche Untaten in notariellen Urkunden festhielten und die Urkunden herausgaben, damit andere sie der Preußischen Polizei übergaben. Gewiß war die Preußische Polizei nicht immer in der Lage, dem Recht zum Siege zu verhelfen. Aber es geschah doch vieles, was mindestens den objektiven Behörden den Schleier der Entschuldigung entriß, man habe von nichts gewußt.

Am Anfang der nationalsozialistischen Zeit war es noch erlaubt, daß der Posten eines Landrates durch den Kreisleiter der Partei besetzt wurde. Diese so plötzlich zu Macht und Einfluß gelangten Kreisleiter verstanden zwar nichts von den Geschäften, die dem Landrat oblagen, aber sie verstanden diese Stellung auszunutzen.

Sie scheuten vor nichts zurück, nicht vor Nötigung, nicht vor Erpressung, nicht vor Körperverletzung und nicht vor Mißbrauch des Rechts. Besonders tat sich nach dieser Richtung ein Kreisleiter und Landrat in Nordhausen hervor. Er hieß Kaiser. Für ihn gab es keine Grenzen. So ereilte ihn eines Tages das Schicksal. Eine Anzeige erreichte die Staatsanwaltschaft. Diese erhob Anklage. Kaiser floh aus Nordhausen, das zur preußischen Provinz Sachsen gehörte, nach Thüringen und stellte sich dort unter den Schutz des thüringischen nationalsozialistischen Gauleiters Sauckel. Und nun geschah, was niemand der preußischen Regierung zugetraut hätte. Es kam zu Auslieferungsverhandlungen zwischen Preußen und Thüringen. Das Gericht in

Nordhausen gewährte dem Kreisleiter Kaiser freies Geleit. So erschien denn Kreisleiter Kaiser vor dem Landgericht in Nordhausen, nicht ahnend, daß freies Geleit eine Grenze hat. Es erlischt beim Betreten des Gerichtssaales. Der damalige Präsident des Landgerichtes Nordhausen, der spätere Senatspräsident Krantz vom Kammergericht, wußte, welche Gefahren dem Gericht bei der Durchführung dieser Verhandlung drohten. Denn natürlich hatte die Nationalsozialistische Partei in Nordhausen alles aufgeboten. Die Straßen wimmelten von SA und Angehörigen der NSDAP in braunen Uniformen. Wie ein Sieger fuhr der Kreisleiter Kaiser, begleitet von dem thüringischen Gauleiter Sauckel, im Auto in Nordhausen ein. Es war ein echter Triumphzug. Er endete an den Toren des Gerichts. Auf Wunsch des Landgerichtspräsidenten hatte das Militär eingegriffen. Es hatte das Gericht besetzt. Soldaten in Uniform mit Stahlhelm und scharfer Munition und aufgepflanztem Bajonett sicherten das Gericht. Mit einem Schlage wandelte sich die Szene. Aus dem sieghaften Kreisleiter wurde ein winselndes Tier. Die Verhandlung erbrachte alle Beweise im Sinne der Anklage. Zum Schluß aber trat als Entlastungszeuge der Gauleiter Sauckel auf. Seine Aussage war keine Aussage. Es war die Rede eines Schauspielers. Der Vorsitzende hörte sie nicht lange an und unterbrach ihn mit den Worten: »Herr Zeuge, Sie haben hier keine Rede zu halten, sondern nur auf die Fragen zu antworten, die ich Ihnen stelle.« Daraufhin erwiderte Sauckel: »Das lasse ich mir nicht gefallen. Ich fordere alle aufrichtigen Nationalsozialisten auf, mit mir die Gerichtsstätte zu verlassen.« Eine Anordnung des Vorsitzenden hinderte ihn. Zwei Soldaten setzten dem Gauleiter Sauckel die Bajonettspitzen auf die Brust. Unter diesem Eindruck verließ den Gauleiter der Schneid. Er blieb und erhielt dann durch das Gericht eine Strafe wegen Ungebühr vor Gericht. Eine Aburteilung blieb auch dem Kreisleiter Kaiser nicht erspart. Aus der mündlichen Urteilsbegründung des damaligen Landgerichtsdirektors Kastendiek ist mir noch der Satz erinnerlich: »Der Angeklagte war als Kreisleiter und Landrat eine Landplage.«

So sehr sich Niekisch noch mehrere Jahre seiner Freiheit erfreute und es genoß, unbehelligt zu bleiben, so sehr war es unvermeidlich, daß dem kleinen Paukenschlag vom Jahre 1933 im Jahre 1937 der große Paukenschlag folgte. Eines Tages fand man das Versteck des von ihm in der Zwischenzeit verfaßten Manuskriptes *Das Reich der niederen Dämonen*. Nun konnte ihn auch das Heer nicht mehr schützen, weil er in diesem Manuskript Hitler und dem Nationalsozialismus die Maske vom Gesicht gerissen hatte. Natürlich kam auch bald heraus, daß er immer noch in Fühlung mit gewissen Persönlichkeiten seiner früheren Umgebung war. Auch sie wurden, wie er, verhaftet. Nahezu zwei Jahre dauerte das Ermittlungsverfahren. Es wurde geführt durch den Oberreichsanwalt beim Volksgerichtshof. Es endete mit einer Anklage, die auf Hoch- und Landesverrat lautete. Die Hauptverhandlung wurde unter dem damaligen Präsidenten Thierack eröffnet. Schon bald kam es zu einem Zusammenstoß, und zwar zur Frage, ob Niekisch auch Landesverrat begangen habe. Hierzu wurde als Sachverständiger der Chef der Abwehr der Wehrmacht gehört, Admiral Canaris. Dieser legte in einem von ihm mündlich erstatteten Gutachten dar, daß von Landesverrat nicht die Rede sein könne. So wurde dieser Punkt der Anklage fallengelassen. Es lag zwar das von Niekisch verfaßte und von Frau Anna Niekisch mit der Schreibmaschine geschriebene Manuskript auf dem Richtertisch vor. Niekisch leugnete nichts. Aber er, der Nicht-Jurist, stellte dem Volksgerichtshof eine knifflige Frage. Sie lautete: »Wenn man eine der Regierung entgegengesetzte politische Meinung hat und sie für sich niederschreibt, aber nicht mehr tut, so stellt sich doch das Problem: Ist die nichtöffentliche Äußerung einer oppositionellen Meinung schon Hochverrat? Gehört nicht zum Hochverrat mehr? Gehört nicht zum Hochverrat, daß man etwas unternimmt? Ist das Vorhandensein einer gegen die Regierung gerichteten eigenen Meinung unter Ausschluß der öffentlichen Verbreitung schon Hochverrat?« Das Gericht hat schließlich diese Frage bejaht. Es konstruierte das Verhalten von Niekisch als Vorbereitung zur Vorbereitung zum Hochverrat. Die Auseinandersetzung mit diesem Problem ist durch den Volksgerichtshof nicht schlecht gelöst worden. Der volle Wortlaut des Urteils durch den Volksgerichtshof ist heute noch vorhanden. Liest man es unter dem Gesichtspunkt der Gegenwart, so muß man anerkennen, daß es juristisch turmhoch über den Gerichtsentscheiden steht, die später über den Fall Niekisch gefällt werden sollten.

Die Anhänger Niekischs kamen mit nach Zeit bemessenen Freiheitsstrafen davon, was nicht hinderte, daß sein Freund Joseph Drexel nach Abbüßung der vom Volksgerichtshof verhängten Strafe von sechs Jahren und drei Monaten sich nur kurze Zeit auf freiem Fuß befand und später erst in das große Konzentrationslager Mauthausen und dann in das Konzentrationslager Flossenbürg eingeliefert wurde. Hierüber hat Joseph Drexel, der mehr Dichter als Politiker war, nach 1945 ein Buch verfaßt. Es trägt den Titel *Die Reise nach Mauthausen.* Besseres ist niemals in deutscher Sprache über das Konzentrationslager-Unwesen gesagt worden. Wer dieses Buch gelesen hat, wird es nicht aus der Hand legen ohne die Überzeugung, daß die Generation, die zur Zeit des Dritten Reiches lebte und wirkte, ein Ereignis schaute, das anderen Generationen nicht nur fremd geblieben ist, sondern das auch gar nicht in den Gesichtskreis anderer Generationen trat. Schreckliches und Schönes mischt sich in diesem Buch zu einem einmaligen Komplex. Wer seinen Verfasser gekannt hat, weiß, daß dieser durch die von ihm durchlebten Ereignisse ein Mensch geworden ist, in dem sich Größe und Bescheidenheit vereinigen. Man kann beides nicht mehr voneinander trennen, sondern empfindet sie als eine Einheit.

Niekisch dagegen erhielt lebenslängliches Zuchthaus. Er wurde nach Brandenburg gebracht und dort von den Russen im Mai 1945 befreit. Aber er war ein anderer geworden. Er war in der Zwischenzeit erblindet. Doch das hat ihn nicht gehindert, die ihm angebotene Professur für Soziologie an der Berliner Universität anzunehmen und auch als Historiker zu wirken. Auch noch aus dieser Nachkriegszeit stammen Bücher und Schriften aus seiner Hand. Sein Stil war der alte. Aber die Lebenskraft, die Ursprünglichkeit waren nicht mehr vorhanden. Er konnte nicht mehr an Deutschlands Zukunft glauben. So prägte er denn das berühmte Wort von der politischen Daseinsverfehlung des deutschen Volkes. Dennoch rüstete er zu politischem Handeln. Seine alte Liebe zum Osten erwachte wieder. Eine Zeitlang gab er sich dem Gedanken hin, man könne aus der Deutschen Demokratischen Republik eine Art Preußen machen. Für diesen Gedanken suchte er auch Unterstützung aus dem Westen. Nach wie vor gehörten zu seinem Freundeskreis Männer, aus denen die Gestalt eines Ernst Jünger hervorragte. Aber nach einiger Zeit gab er diesen Gedanken wieder auf. Mit schmerzlichem Lächeln äußerte er mir gegenüber: »Der Versuch, aus der Deutschen Demokratischen Republik ein Preußen zu machen, wird uns mißlingen. Man braucht nur die Gesichter zu sehen und die Sprache zu hören. Das Beste, was man aus der Deutschen Demokratischen Republik machen kann, ist ein Sachsen.«

Niekisch gab sich bei all seiner Blindheit keinem Zweifel über die Hoffnungslosigkeit der Situation hin. Als ich ihn einmal fragte, wieviel Stimmen die Deutsche Demokratische Republik für sich erhalten werde, falls eine Abstimmung des Volkes ohne Beeinflussung möglich sei, meinte er: »Wenn es hoch kommt, werden es zehn Prozent sein.« Als sich dann in der DDR freiheitliche Tendenzen regten und es schließlich zu einem Aufstand kam, legte sich Niekisch keine Zurückhaltung mehr auf. Er schrieb einen Brief an den Vertreter der russischen Besatzungsmacht und ließ darin über eines keinen Zweifel, indem er sagte: »Die Basis der Deutschen Demokratischen Republik ist die Grundbefindlichkeit der Angst.« Aus Protest legte er seine Mitgliedschaft bei der Sozialistischen Einheitspartei nieder.

Im Jahre 1955 veranstaltete das Institut für Zeitgeschichte in München eine Anhörung. Im Mittelpunkt dieser Anhörung stand Ernst Niekisch. Außer ihm nahmen Joseph Drexel und ich an diesem Gespräch teil. Mit großer Behutsamkeit machten die Historiker des Instituts den Versuch, herauszudestillieren, welche Rolle eigentlich Ernst Niekisch vor und nach Hitler gespielt hatte. Sie gaben sich große Mühe, objektiv zu sein. Ihr Fleiß war nicht zu übertreffen. Trotzdem wurde man auch als Zuhörer das Gefühl nicht los, daß die Mitglieder des Instituts Ernst Niekisch nicht bis ins letzte verstanden. Es war ihnen zuviel Widersprüchliches im Leben von Ernst Niekisch vereint. Der dem Kommunismus nahestehende Ernst Niekisch aus der Zeit der bayrischen Räterepublik und der mit der Reichswehr befreundete Politiker waren in ihren Augen nur schwer zu vereinbarende Gegensätze.

In dem Ergebnis der Befragung kamen die Historiker des Instituts für Zeitgeschichte zu dem Schluß, Ernst Niekisch habe sich theoretisch zu gewissen Prinzipien bekannt, er habe sich aber jedesmal praktisch zurückgezogen, wenn ein Versuch gemacht worden sei, diese Prinzipien zu verwirklichen. Niekisch, der während der Befragung seine Erschütterung über sein ungeheures Erleben nicht verbarg, hat im September 1955 zu dem Ergebnis des Instituts für Zeitgeschichte Stellung genommen. Er hat sich zu dem Gutachten des Instituts wie folgt geäußert:

> »Ich forschte darin, ob ich erhellende Aufschlüsse über mich und meine politische Tätigkeit entdecken könnte; vor allem war ich neugierig, ob Sie mir auf die Schliche gekommen seien, und ob Sie den Schlüssel zu meinem Wesen und meiner Tätigkeit aufgespürt hätten. Wohl erkenne ich Ihren Fleiß, den Sie aufgewendet haben, mein Schrifttum durchzuarbeiten, und auch Ihren zähen Willen, zu einem Ergebnis zu gelangen, vorbehaltlos an. Vorwegnehmend möchte ich aber gleich sagen, daß mich der Erfolg Ihrer Bemühungen nicht befriedigt hat und daß ich nicht den Eindruck habe, ›durchschaut‹ und ›erkannt‹ worden zu sein...«

Nach dieser Vorbemerkung macht Niekisch darauf aufmerksam, wie unzuverlässig die zeitgenössischen Dokumente aus dem Jahre 1919 seien, und fährt fort:

> »So etwa sind alle jene Berichte falsch, die mich beschuldigen, die Räterepublik in Augsburg ausgerufen zu haben. Als Mitglied der Sozialdemokratischen Partei hatte ich mich für den 3. April 1919 zu einem Referat über die politische Lage ver-

pflichtet. Mit keinem Wort hatte ich in meiner Versammlungsrede den Plan zur Ausrufung einer Räterepublik berührt. Im Verlauf der Diskussion sprang plötzlich eine im Saal verteilte Gruppe auf, entfaltete rote Fahnen und forderte die Ausrufung der Räterepublik in Bayern. Einige der Demonstranten kannte ich; es waren Mitglieder der USPD, die sich später zur Kommunistischen Partei schlugen. Die anwesenden führenden Sozialdemokraten waren konsterniert, ohne zu wagen, dem Vorschlag entgegenzutreten, der, soweit man feststellen konnte, mit Beifall aufgenommen worden war. Der Forderung trat allein ich im Schlußwort entgegen. Ich sagte, es sei doch Unsinn, gegen den Zentralrat der Arbeiter-, Bauern- und Soldatenräte Bayerns Revolution zu machen. Es gelang mir, die Demonstranten so weit zu beruhigen, daß sie sich mit der Absendung einer Delegation an den Ministerrat begnügten...«

Weiter heißt es bei Niekisch:

»Es scheint Ihnen entgangen zu sein, daß der Zentralrat eine Institution war, die in der Provisorischen Verfassung Bayerns ›verankert‹ war. Als Vorsitzender des Zentralrats war ich auf Grund der Provisorischen Verfassung Mitglied des Ministerrats. Die Augsburger Delegation wurde nicht vom Zentralrat, sondern vom Ministerrat empfangen. Ich war dabei anwesend, hatte die Aufregung der Minister beschwichtigt und sie davon zu überzeugen versucht, daß die Augsburger Delegation nicht sehr ernst zu nehmen sei. In der Tat ließ die Delegation auch mit sich reden und kehrte friedlich nach Augsburg zurück. Inzwischen hatten freilich in München insbesondere die Arbeitslosen die Losung zur Ausrufung der Räterepublik aufgegriffen. Über die entstandene Unruhe sollte in einer Sitzung beraten werden, die am 4. April 1919 im bayrischen Kriegsministerium stattfand. Dort wurde der Beschluß gefaßt, Vertrauensleute in das Land hinauszusenden, um die Stimmung zu erkunden. Am Sonntagabend, dem 6. April 1919, sollten diese Vertrauensleute Bericht über ihre Erfahrungen erstatten. Die Tagesordnung der angesetzten Versammlung lautete: ›Vereinigung der sozialistischen Parteien‹. Der Umstand, daß auf Grund der umherschwirrenden Gerüchte die bayrischen Minister mir ihre Rücktrittserklärungen übersandt hatten, regte Gustav Landauer zu der Erklärung an, die Regierung sei in voller Auflösung begriffen, ein staatspolitisches Vakuum sei entstanden; dies sei eine revolutionäre Situation, die die Versammelten legitimiere, durch einen souveränen Beschluß eine neue Staatsgewalt zu konstituieren. Jetzt erst wurde der Antrag gestellt, die Räterepublik auszurufen. Ich gab zu vestehen, mit diesem Gang der Dinge nicht einverstanden zu sein, enthielt mich bei der Schlußabstimmung der Stimme und trat nach Ablauf der Sitzung von meinem Amt als Präsident des Zentralrates zurück. Verschiedene der Dokumente, die nunmehr veröffentlicht wurden, waren von mir nicht unterzeichnet; meine Unterschrift wurde aber ohne mein Einverständnis unter den Text gesetzt, weil, nach Auffassung Landauers, die Bekanntmachung meines Rücktritts schlecht gewirkt hätte. Dieser Sachverhalt wurde während meiner standgerichtlichen Verhandlung festgestellt und führte auch dazu, daß ich nur zu zwei Jahren Festungshaft verurteilt wurde. Während meiner Verhandlung war der damalige Chefredakteur des *Bayrischen Kurier*, Franz Osterhuber, anwesend. Er gratulierte mir nach der Urteilsverkündung, und in seinem Bericht, den er selbst verfaßt hatte, schloß er mit den Worten: ›Dieser ging gerechtfertigt von dannen, jener aber nicht.‹ ›Dieser‹ war ich, ›jener‹ aber war der damalige sozialdemokratische Kriegsminister Schneppenhorst...«

Später sagt Niekisch:

»Seit dem Jahre 1917 bin ich davon überzeugt, daß die bürgerliche Welt, das Abendland, der Zersetzung anheimfalle, daß Asien seine vorgeschobene Halbinsel Europa, die sich seit der Zeit der Perserkriege gegen Asien emanzipierte, wieder zurückhole. Dieser Vorgang trete, so meinte ich, auf den verschiedensten Lebensgebieten und in den mannigfachsten Formen in Erscheinung. In den Russen erblickte ich seitdem die Sachverwalter des großen asiatischen Anspruchs auf Europa. Eine Erscheinungsform des europäisch-asiatischen Gegensatzes schien mir der Widerspruch zwischen dem bürgerlichen Parlamentarismus und dem Rätesystem zu sein. Die parlamentarische Demokratie betrachte ich als eine Verfassungsform, in der die bürgerliche Elite ihre Vorherrschaft aufrechterhält und immer wieder erneuert. Es sind doch nur kleine Cliquen, die Parteiführer und Geldgeber, bei denen die Entscheidungen liegen; der Wahlakt, der sich lediglich alle vier Jahre vollzieht, ist eine Form wesenloser Akklamation. Das Räteprinzip dagegen wäre ein Versuch, die Masse, die durch die bürgerliche Elite sich hinters Licht geführt fühlt, unmittelbar ins Spiel zu bringen. Ob dies wirklich gelänge, steht hier nicht zur Frage; es handelt sich lediglich darum, daß es auf diesen Zweck durch die Räteinstitution abgesehen war... Aber wenn mir auch das Räteprinzip ›vernunftsgemäßer‹ und zukunftssicherer zu sein schien, so bedeutete dies keineswegs, es in der unmittelbaren Gegenwart durchsetzen zu wollen. Neben der entschlossenen Konsequenz meiner Reflexion stand ein sehr feines Gefühl für das realpolitisch Mögliche. Europa steckte noch voll Bürger; auf Jahrzehnte hinaus klammerten sich diese Bürger an das ihnen gemäße System der parlamentarischen Demokratie. Dieses System ließ sich erst beseitigen, wenn die Bürger schwach und ohnmächtig geworden waren. So hielt ich die Einführung des Rätesystems in diesem Zeitpunkt europäischer Entwicklung für eine Torheit. Die Situation war dafür 1919 nicht reif. Ich kann sagen, es war die typische Situation, die sich in meinem Leben mehrmals wiederholte; innerlich hatte ich mich für ein Prinzip entschieden, dem ich die Zukunft zubilligte; als Denkender war ich radikal und ging bis zur äußersten Konsequenz. Zugleich aber war ich mir dessen bewußt, daß für diese theoretische Konsequenz praktisch die Stunde noch nicht geschlagen hätte, daß man die Umstände betrachten müßte und daß es ein großer Fehler wäre, das prinzipiell Richtige praktisch realisieren zu wollen.

Hier bleibt nun noch eine besondere Nuance zu bedenken. Diese Entschlossenheit der Reflexion, bis an die äußerste Konsequenz zu gehen, dieser Mut der Erkenntnis, auch dem Letzten ins Gesicht zu blicken, war mit keiner Wertung verknüpft. Das, was als letzte Konsequenz erkannt worden war, sagte ich aus, ohne daß damit eine Billigung oder Mißbilligung verbunden gewesen wäre. Man hätte geirrt, wenn man die Aussage über das Letzte gleichzeitig als Wunsch, es zu erreichen oder zu verwirklichen, gedeutet hätte. Ich sah dieses Letzte herantreiben, sah die in ihm wirkende Notwendigkeit und verzichtete willentlich darauf, ihm den Weg zu verlegen. Doch war auch nicht eigentlich der Trieb damit verbunden, die Heraufkunft des Erkannten zu beschleunigen; meine Haltung wäre durch ein Wort zu kennzeichnen, das von Lenin stammt: ›Die Tatsachen sehen und nicht verzweifeln.‹«

Niekisch fährt später fort:

»Nun ist es meine Grundüberzeugung, daß es nur eine einzige Elite gibt, die zur Herrschaft wahrhaft legitimiert ist. Die Elite, die ich meine, ist die Elite des Geistes. Die Kraft des Geistes ist nicht äußerlich und materiell, wie es die Macht des Grundbesitzes oder des mobilen Vermögens ist. Sie trägt ihre Berufung in dem ausgezeichneten Menschen selbst. Sie ist eine schlechthin naturgegebene, unkorrigierbare und unveräußerliche Tatsache. Grundbesitzer und eigentumsfanatische Bürger versuchen die geistige Elite zu korrumpieren, in ihren Dienst zu nötigen, sie zu verleiten, ihr Herrschaftserbe für ein Linsengericht zu verkaufen. Platon hat diesen Sachverhalt scharf gesehen; er hat das Recht zur Herrschaft der geistigen Elite proklamiert. Die Katholische Kirche war ein Versuch, das Recht der geistigen Elite zur Geltung zu bringen... In der Katholischen Kirche bot die geistige Elite der Priester der Masse dieses Welt- und Gesellschaftsbild in der Gestalt religiöser Vorstellungen und beschenkte die Masse noch außerdem mit einem gewissen Maß von Selbstbewußtsein in der Form des ›Gotteskindschaftsbewußtseins‹...«

Weiter heißt es bei Niekisch:

»Das bolschewistische Rußland trat in die Geschichte ein als der große Konkurrent der Katholischen Kirche; der Bolschewismus wollte von Anfang an der geistigen Elite eine große Chance zur Errichtung ihrer Herrschaft bieten... Mit Hilfe der Masse kann sie die grundherrliche und geldmächtige Elite aus dem Sattel werfen. Aber sie hat einen gefährlichen Rivalen in geltungssüchtigen und ehrgeizigen Elementen, die sich auf dem Niveau der primitiven Masse festsetzen und die Masse nicht durch uneigennützige Fürsorge, sondern durch verantwortungslose Verheißungen und Glücksversprechungen hinter sich zu bringen imstande sind. Es sind die Demagogen, die mit Hilfe von Pseudodogmen und Pseudoideologien der Masse den Kopf verdrehen und der geistigen Elite ihr großes Anliegen, eine Herrschaft der Vernunft und Sittlichkeit zu errichten, verderben. Das Hitlerreich war ein Beispiel solchen Demagogentriumphes über geistige Eliten... So hat es die moderne geistige Elite mit zwei Gegnern zu tun: den religiösen Priestern und den pöbelhaften Demagogen. Ich stand auf der Seite dessen, was ich geistige Elite nannte, sah deren Werk immer unsagbar gefährdet und war mir ständig der Bedrohung durch die pöbelhaften Demagogen bewußt. In meinen Widerstandskreisen suchte ich eine solche geistige Elite heranzubilden; für eine unmittelbare Fühlung mit der Masse hielt ich die Zeit nicht für gekommen... Man kann finden, ein großer Teil des deutschen Volkes sei unter die Suggestion des preußischen Gedankens und der preußischen Institutionen geraten, weil er darin eine Erfüllung geheimer Neigungen und Bedürfnisse zu erkennen glaubte, so, als ob es sich dabei um Lebensformen gehandelt habe, auf welche man sich im Grunde seines Herzens von innen her angelegt fühlte. Daß die preußische Aristokratie ihre Führerstellung im wesentlichen auf Grundbesitz gestützt hatte, war verschleiert. Zugute kam ihr noch, daß sie mit der bürgerlichen Sozialordnung nicht verknüpft war. Der Schwertadel, die Kriegskaste, trugen sogar eine ausgesprochene Verachtung der Geldmacht und des bürgerlichen Eigentumsbegriffes zur Schau. So schien der Schwertadel eine von substantieller Grundlage losgelöste Elite zu sein. Der Schwertadel empfahl sich als Vorbild für eine Jugend, die der bürgerlichen Welt überdrüssig war; er bildete, da er sich jenseits aller materiellen Interessen zu behaupten schien, das Analogon einer geistigen Elite; man konnte ihn um so leichter als eine Spielart einer geistigen Elite verstehen, als er sich auf das Prinzip des soldatischen Geistes, ein pseudogeistiges Prinzip also, berief. Hier lag der Punkt, an dem die ›Idee von Potsdam‹ für meine Widerstandsbewegung bedeutsam wurde.«

Im Anschluß daran sagt Niekisch:

»Ein Überblick über die deutsche Geschichte hatte mich gelehrt, daß diese Geschichte recht unglücklich verlaufen sei. Das mittelalterliche Reich war zu einem jahrhundertelang bestehenden Monstrum entartet. Das neue Reich von 1871 war in das Unheil des Ersten Weltkrieges hineingetreten und trieb der Katastrophe, die 1945 eintrat, zu. War dies zufällig? Diese Frage verneinte ich. Das deutsche Volk war, so schien es mir, in soziologische Lebensformen hineingepreßt, die ihm nicht gemäß waren. Die adligen Verfassungsformen hatten ihm die Versumpfung und die Misere des alten Reiches eingebracht; die bürgerlichen Lebensformen hatten den Zusammenbruch von 1918 heraufbeschworen und enthüllten ihren verhängnisvollen Charakter in der Gestalt des Dritten Reiches. Das Abendland und die europäischen Werte waren für den deutschen Volkskörper, wie die Ereignisse von 1806 (Liquidierung des alten Reiches), 1918 und 1945 bewiesen, tödliches Gift.«

Niekisch schließt seinen Gedankengang mit folgenden Worten ab:

»Mit meiner Auffassung über das deutsche Schicksal der ›Daseinsverfehlung‹ hing meine außenpolitische Orientierung zusammen. Der Westen, das Abendland, brachte Deutschland erfahrungsgemäß Verhängnisse, Zusammenbrüche. Im Osten hatte ein Volk den Mut gefunden, Lebensformen zu ergreifen, die ihm eine große Zukunft eröffneten; schließlich sogar trug der Bolschewismus, der Inbegriff dieser neuen Lebensformen, das russische Volk zu einer Weltstellung empor. Ich war der Meinung, das deutsche Volk sollte die Verbindung mit einem Volke pflegen – auch Bismarck hatte ein Gefühl für diese Notwendigkeit gehabt –, das guten Instinkt für Wege zeigte, die eine große Verheißung in sich trugen... Ich suchte der Gesetzmäßigkeit, welche einer gesunden deutschen Existenz angemessen gewesen wäre, auf die Spur zu kommen. In jener Herrschaft einer geistigen Elite glaubte ich jene Gesetzmäßigkeit zu erkennen.

Ich weiß, daß diese Betrachtung der deutschen Dinge etwas Ungewöhnliches in sich birgt, aber ich kann ins Feld führen, daß der Verlauf der deutschen Geschichte bis 1945 so unglückselig gewesen ist, daß man daraus schließen muß, es sei im Grundlegenden etwas nicht in Ordnung.«

Ein besonderer Teil der Tragödie im Leben von Ernst Niekisch wurde sein nach 1945 angestrebtes Verfahren auf Ersatz des ihm durch seine Verurteilung im Jahre 1939 zu Zuchthaushaft entstandenen Schadens. Das Wiedergutmachungsamt des Landes Berlin verweigerte ihm jede Entschädigung, indem es darauf hinwies, daß laut Gesetz alle Personen von der Entschädigung ausgeschlossen seien, die als Anhänger eines totalitären Systems die demokratische Staatsform bekämpften. Die amtlichen Stellen konnten sich nicht vorstellen, daß ein Mann wie Ernst Niekisch trotz seines nach Osten gerichteten Blicks keine totalitäre Herrschaft anstrebte. So verweigerten sie ihm denn jegliche Entschädigung.

Gegen den abweisenden Beschluß wurde unter dem Datum des 15. Mai 1953 Klage beim Landgericht Berlin erhoben. Aber schon am 15. September 1953 wies das Landgericht Berlin den Antrag von Ernst Niekisch zurück. Das Landgericht stellte sich auf den Standpunkt, Ernst Niekisch stehe in geistiger und ideologischer Verbindung mit der Zielsetzung der die Demokratie bekämpfenden Vereinigungen. Nun griffen wir unter dem Da-

Carl von Schlabrendorff

Ludwig Grod

Baron Alfred von Stockmar

Elard von Oldenburg-Januschau

Sigismund Lauter

Nikolaus von Halem

Ernst Niekisch

Ewald von Kleist-Schmenzin

tum des 16. November 1953 den Beschluß des Landgerichts Berlin an, indem wir bestritten, daß Ernst Niekisch Anhänger eines totalitären Systems sei, daß er aber dem Glauben huldige, er könne vielleicht doch noch zu gegebener Zeit eine Mittlerrolle zwischen Ostdeutschland und Westdeutschland übernehmen. Unter dem Datum des 14. Juli 1954 wies das Kammergericht die Berufung gegen den landgerichtlichen Beschluß zurück. Die Zurückweisung wurde mit folgendem Hinweis begründet:

> Ernst Niekisch sei zwar tatsächlich als gefährlicher politischer Gegner des Nationalsozialismus anzusehen, habe aber dennoch keinen Anspruch auf Entschädigung, weil er nach dem Zusammenbruch der nationalsozialistischen Gewaltherrschaft einer anderen Gewaltherrschaft, nämlich der in der sowjetisch besetzten Zone herrschenden Gewalt Vorschub geleistet habe.

Gegen dieses Urteil riefen wir unter dem Datum des 10. November 1954 den Bundesgerichtshof in Karlsruhe an. Wir stellten uns auf den Standpunkt, daß Ernst Niekisch – abgesehen von bloßer Zugehörigkeit zu gewissen Organisationen – sich niemals für eine Gewaltherrschaft eingesetzt habe. Wir haben besonders darauf hingewiesen, daß Ernst Niekisch niemals auch nur ein Wort gegen die freiheitliche demokratische Grundordnung ausgesprochen, sondern sich sogar anläßlich eines Vortrags ausdrücklich zu dieser Ordnung bekannt habe. Diese Revision von Ernst Niekisch wurde durch Urteil des Bundesgerichtshofs vom 20. April 1955 zurückgewiesen. Der Bundesgerichtshof stellte sich auf den Standpunkt, das Kammergericht habe in rechtlich nicht zu beanstandender Weise festgestellt, daß Ernst Niekisch einer Gewaltherrschaft Vorschub geleistet habe.

Es kam nunmehr zu einer Entschädigungsklage von Ernst Niekisch an das Landgericht Berlin. Die Entschädigungsklage trug das Datum vom 14. Dezember 1959. Auch hier lautet die Entscheidung, die am 23. März 1960 gefällt wurde, gegen Niekisch mit der Begründung, er habe einen aktiven geistigen Kampf gegen die freiheitliche Grundordnung geführt. Erneut legte Niekisch Berufung ein, und zwar unter dem Datum des 13. Juli 1960. Wiederum stellte sich das Kammergericht auf einen ablehnenden Standpunkt in seinem Urteil vom 3. November 1960. Die Berufung von Ernst Niekisch wurde zurückgewiesen. Außerdem wurden ihm alle gerichtlichen und außergerichtlichen Kosten aufgebürdet. Da das Kammergericht die Revision nicht zuließ, legten wir unter dem Datum des 12. Januar 1961 die Nichtzulassungsbeschwerde ein. Unter dem Datum des 26. April 1961 ließ der IV. Zivilsenat des Bundesgerichtshofs die Revision zu. Unter dem Eindruck dieser gegensätzlichen Standpunkte des Kammergerichts und des Bundesgerichtshofs entstand in einer Theaterposse, die vom Berliner Publikum mit lautem Beifall begrüßt wurde, der entscheidende Vers:

Wer Deutschland gedient hat, kriegt keine Pension,
doch wer uns blamiert hat, der holt sie sich schon.
Dem Manne des Geistes, dem bleibt sie versagt,
vom Staatsfeind jedoch mit Erfolg eingeklagt.
Das ist für den Rechtsstaat nun mal ein Indiz,
er stützt sich dabei auf die »freie«Justiz,
so macht man aus unsrem Gesicht einen Po . . .,
na, da haperts, na, da haperts, na, da haperts doch wo . . .

Am 26. Juni 1961 begründeten wir die Revision mit dem Hinweis, daß Ernst Niekisch niemals die freiheitliche demokratische Grundordnung im Sinne des Grundgesetzes bekämpft habe. Unter dem Datum des 29. November 1961 fällte der Bundesgerichtshof sein Urteil. Er hob die Kostenentscheidung des Kammergerichts auf und änderte sie dahin ab, daß der Kläger nur die außergerichtlichen Kosten des Berufungsverfahrens zu tragen hätte, während er von gerichtlichen Gebühren und Auslagen frei blieb.

In der Hauptsache aber wies der Bundesgerichtshof die Revision von Ernst Niekisch zurück. Er ließ zwar gelten, daß Ernst Niekisch unter dem Eindruck der Erhebung des 17. Juni 1953 und ihrer blutigen Unterdrückung an der Politik der DDR Kritik geübt habe und für Recht und Freiheit eingetreten sei. Er habe aber die Politik der DDR, das Adenauer-Regime zu stürzen, gebilligt und unterstützt. Dadurch habe er die freiheitliche demokratische Grundordnung bekämpft und die Voraussetzungen für seinen Ausschluß von der Entschädigung geschaffen.

Damit haben wir uns natürlich nicht abgefunden, sondern haben unter dem Datum des 19. Mai 1962 die Europäische Menschenrechtskommission in Straßburg angerufen. Außerdem haben wir Verfassungsbeschwerde in Karlsruhe eingelegt, und zwar unter dem Datum des 10. März 1962. Das Bundesverfassungsgericht bejahte seine Zuständigkeit und erklärte die Verfassungsbeschwerde für zulässig. Gleichzeitig trat der Präsident des Bundesverfassungsgerichts an den Regierenden Bürgermeister der Stadt Berlin unter dem Datum des 9. Mai heran und führte aus, daß das Schicksal und die Person des Beschwerdeführers die Prüfung nahelegte, ob eine vergleichsweise Erledigung möglich erscheine. Zunächst lehnte die Stadt Berlin ab. Schließlich lenkte die Stadt Berlin aber ein, so daß es noch im Jahre 1964 zu einem Vergleich kam, auf Grund dessen Ernst Niekisch eine Entschädigung für die ungeheuren Nachteile erhielt, die ihm und seiner Frau durch den Nationalsozialismus zuteil geworden waren.

Niekisch hatte, wie nicht anders zu erwarten war, viele Feinde. Über einen seiner Berliner Gegner war Niekisch so empört, daß er eines Tages in einem Brief an seinen Verteidiger über diese Persönlichkeit den Satz schrieb: »Ich verachte ihn.«

Wer das Justizwesen in Deutschland wirklich kennt, weiß, daß die Unabhängigkeit des deutschen Richters sicher auf dem Papier steht, aber nicht bei allen Richtern innerlich und äußerlich wirklich eingewurzelt ist. Das beruht keineswegs auf dem Charakter des Deutschen. Es beruht einfach auf der Tatsache, daß politische Entscheidungen Tatsachen sind und gerichtliche Urteile nur Meinungen darstellen, über die die Welt der Tatsachen hinweggeht. Das zeigt sich am deutlichsten im Kriege. *Inter arma silent leges*. Gerade die Entscheidungen des Amerikanischen *Supreme Court* während eines Krieges beweisen, daß auch der Spruch des Gerichtes der Politik den Vorrang einräumt. Deshalb tun die Demokratien auf der westlichen Hälfte der Welt gut, wenn sie sich nicht allzusehr auf die Unabhängigkeit ihrer Justiz verlassen.

In seinen letzten Lebensjahren wurde Ernst Niekisch immer düsterer. Kam das Gespräch auf die Zukunft des deutschen Volkes, so begann er still vor sich hin zu weinen. Er hatte im Grunde alle Hoffnung aufgegeben.

VII. KAPITEL

Ewald von Kleist-Schmenzin

In meiner Studentenzeit gab es den »Hochschulring Deutscher Art«. Er war ein Zusammenschluß der verschiedensten studentischen Vereinigungen und hatte sich die Wiedererweckung des Geistes vom Hohen Meißner zum Ziele gesetzt, war also eine Renaissance der ursprünglich vor dem Ersten Weltkrieg entstandenen Jugendbewegung. Er war nach 1918 sowohl im Deutschen Reiche wie in Österreich gegründet worden. Sein leitendes Ziel war – hervorgerufen durch den verlorenen Weltkrieg – die Verbreitung einer nationalen Gesinnung. Dieser Hochschulring veranstaltete Tagungen in Freizeiten auf dem Lande. Hier wurden Vorträge gehalten, hier wurde diskutiert und hier wurde Wehrsport getrieben. Alles war von großem Idealismus getragen, ohne daß eine zielsichere Leitung eine reale Macht schuf. Es war eben ein Versuch, mit den Problemen der studentischen Jugend in der Nachkriegszeit fertigzuwerden.

Bei dem Versuch, einen Tagungsort auf dem Lande zu finden, stieß man auch auf Widerhall bei einem pommerschen Gutsbesitzer, der einen großen, wenn auch wirtschaftlich nicht sehr fundierten Besitz in Hinterpommern hatte. Es handelte sich um Ewald von Kleist, dessen Hauptsitz den Namen Schmenzin trug. Der Zufall wollte es, daß ich durch Vermittlung des Hochschulringes Deutscher Art zu einer solchen Tagung nach Schmenzin kam und auf diese Weise Ewald von Kleist-Schmenzin und seine Familie kennenlernte. Er selbst ließ den Hochschulring Deutscher Art treiben, sagen und tun, was die Studenten wollten, ohne sich einzumischen. Er blieb immer ein zurückhaltender Gastgeber. Trotzdem war man vom ersten Augenblick, in dem man ihm gegenübertrat, durch die geschlossene Persönlichkeit gefesselt, die er verkörperte. Er war Jahrgang 1890, hatte nach dem Abitur in Leipzig begonnen Jura zu studieren, gehörte dort einem nichtfarbentragenden Verbande, den sogenannten Canitzern, an, einer Gemeinschaft freier Studenten, die durch ihr Engagement am Leben des Staates, der Kultur und der Religion ebenso hervorragten wie durch die Sorgfalt, mit der sie die Manieren der guten Gesellschaft pflegten. Er schloß sein Studium mit dem Referendarexamen ab und widmete sich dann der Praxis der Gerichte und der inneren Verwaltung. Die Ablegung des Assessorexamens lehnte er ab. Es schien ihm sinnlos, Assessor zu werden. Schon vor 1914 erkannte er, daß die Dinge in Deutschland und auch die Dinge in Preußen eine andere Wendung genommen hatten. Er wollte kein Knecht einer verknöcherten Bürokratie werden und sah den eigentlichen Sinn seines Lebens in der Führung seiner umfangreichen Besitzungen. Er war ein leidenschaftlicher Jäger. Es gab weit und breit keinen eleganteren Schützen. Die Jagd bedeutete ihm mehr als alles andere, mehr auch als die Landwirtschaft, die er zwar später nach dem Ende des Ersten Weltkrieges in der Praxis erlernte, aber die er mehr aus Pflichtgefühl denn aus Neigung betrieb. 1914 wurde er Soldat. Er wurde wie sein Vater Grenadier zu Pferd in Bromberg.

Nach dem Kriege widmete er sich ganz der Führung seines Betriebes, vor allem der Pflege seines umfangreichen Waldes. In dieser Zeit wurde er zum Politiker, ohne daß er jemals sich um einen Sitz in einem Parlament beworben hätte. Der Vergangenheit seiner Familie gemäß war Ewald von Kleist ein Preuße und ein Konservativer. An beiden Punkten ließ er nicht rütteln. Mit ihnen stand und fiel er. In Preußen lagen die geschichtlichen Wurzeln der Kraft seiner Familie und seiner eigenen Kraft. Was konservativ war, wußte er besser als andere, nämlich nicht die Erhaltung des Bestehenden, sondern die Erhaltung dessen, was ewig ist, die Wahrung des von Gott erlassenen Gebotes.

Aus meinem ersten Aufenthalt wurde ein zweiter. Auf den zweiten Aufenthalt folgte eine Kette von vielwöchigen Besuchen in Schmenzin und von Zusammentreffen in Berlin und anderswo. So wurde aus dieser Beziehung im Laufe der Jahre eine Freundschaft, in der ich der Nehmende und Ewald von Kleist der Gebende war. Außer meinem Vater und außer Ernst Niekisch ist er derjenige, der den größten Einfluß auf mich ausgeübt und mich geformt hat. Die Geschlossenheit seiner Persönlichkeit beruhte nicht nur im Religiösen, sondern auch im Politischen auf seinem Glauben an Gott. Er war der strikten Auffassung, daß das Leben eine nur Gott zur Verantwortung stehende Einheit sei. Den Unterschied der Theologen zwischen den Regeln für das Leben auf dieser Welt und den Regeln für das innere Leben des Menschen im Hinblick auf das Jenseits ließ er nicht gelten. Er verfügte über eine tiefe Bildung und konnte sich mit Männern der Wissenschaft auf dem gleichen Niveau unterhalten, ebenso wie er es verstand, die Sprache seiner Landarbeiter zu sprechen. Zweifel plagten ihn nicht. Niemand, der ihn um Rat anging, verließ ihn, ohne daß er einen festen Richtungshinweis mitnahm. So war er schon in seiner Jugend gewesen. Damals spielte in Deutschland unter den »oberen Zehntausend« ja noch das Duell eine nicht unerhebliche Rolle. Der spätere Präsident des Deutschen Kirchentages, Reinhold von Thadden-Trieglaff, war in seiner Jugend in einen Ehrenhandel verwickelt, lehnte aber das Duell ab. Natürlich wußte Thadden, daß eine Ablehnung des Duells ihn persönlich in dem konkreten Fall der gesellschaftlichen Verfemung unrettbar zugeführt hätte. So fragte er Ewald von Kleist und bat ihn um Rat. Dieser überlegte nicht lange, sondern sagte: »Wenn es deiner innersten Überzeugung entspricht, zum Duell nein zu sagen, so mußt du nein sagen und alle etwaigen Folgen in Kauf nehmen.« Thadden handelte danach. Nur ein Eingreifen Kaiser Wilhelms II. bewahrte Thadden vor der gesellschaftlichen Deklassierung. Er konnte Offizier werden, im Kriege als solcher Dienst tun und war und blieb der Hauptvertreter des in Hinterpommern geborenen Pietismus. Ewald von Kleist war kein Pietist. Er gehörte zwar während der Hauptzeit seines Lebens der Altpreußischen Union an. Er war sogar Mitglied der Generalsynode. Aber er war innerhalb der Theologie das, was man einen Liberalen nennt. Er hielt Jesus Christus wohl für den Bringer der frohen Botschaft, für den Sohn Gottes, aber nicht für Gott selbst. Die Trinitätslehre ließ er nicht gelten. Sein Rückhalt war das Alte Testament. Das Neue Testament war für ihn nur ein Anhang des Alten Testamentes. Für Karl Barth hatte er mehr Spott als Verständnis. Seine Anerkennung galt Adolf von Harnack und Paul Althaus. Er lehnte alle Theologen ab, für die nur die Menschen, die nach Jesus Christus gelebt hatten, von Bedeutung waren. Ihm war gerade der Gottesglaube der Menschen, die vor Jesus Christus gelebt hatten, wichtig. In vielfachen Gesprächen wurde Ewald von Kleist nicht müde, darauf hinzuweisen, es sei doch angesichts der Fülle der Gestirne und der Möglichkeit, daß auf diesen Gestirnen Lebewesen existieren, die vielleicht den Menschen ähnlich oder sogar dem Menschen überlegen seien, nicht einzusehen, warum Gott gerade seinen einzigen Sohn ausschließlich zu den Menschen dieser Erde geschickt habe. Als die Altpreußische Union im Jahre 1930 ihren Vertrag mit dem Lande Preußen abschloß, trat Ewald von Kleist in der Generalsynode als Redner auf und sprach sich gegen eine Annahme des Vertrages aus, weil die Kirche nach seiner Auffassung eine Gemeinde sei und nichts mit dem Staate zu schaffen habe. Er war deshalb auch ein Gegner des Abschlusses von Konkordaten mit dem Vatikan. Er vertrat den Standpunkt, der Staat könne und müsse auch fähig sein, mit dem Vatikan in einem vertragslosen Zustand zu leben. Mit dieser Auffassung konnte Ewald von Kleist auf die Dauer nicht im Raume der Kirche existieren. Als der Staat nach 1933 den Versuch machte, sich mit Nachdruck, wenn auch langsam, der Macht innerhalb der protestantischen Kirche zu bemächtigen, fand er einen schroffen Gegner in Ewald von Kleist. Alle glaubten, er werde sich nunmehr der Bekennenden Kirche anschließen. Aber weit gefehlt. Kleist verurteilte den Rückzug der deutschen Anhänger von Karl Barth auf vergilbte Bekenntnisschriften, die zwar vielleicht den Theologen, aber keineswegs den evangelischen Laien bekannt oder bewußt waren. An einem Rückzug mit Worten beteiligte sich Kleist nicht. In diesen Jahren kam es einmal in Schmenzin zu einem Gespräch zwischen Kleist und Dietrich Bonhoeffer. Kleist gab sich nicht geschlagen, sondern focht seine Position gegenüber dem Vertreter des religionslosen Christentums durch, wollte nichts von der Freiheit des mündigen Menschen wissen und meinte, eine solche Auslegung des Christentums führe, zu Ende gedacht, zum Prinzip der Gottlosigkeit. Dietrich Bonhoeffer war klug und gewandt genug, um der Position seines junkerlichen Gesprächspartners den Respekt nicht zu versagen. Aber ein Mißklang blieb. Er wurde deutlich, als Kleist eines Tages das Band zwischen der evangelischen Kirche und sich zerschnitt und aus der Kirche austrat. Dieses Bild wäre unvollständig, wollte man nicht der Briefe Erwähnung tun, die Kleist im Oktober bis November 1944 aus dem Gestapo-Gefängnis an seine Frau geschrieben hat. Dort legte er das Bekenntnis ab, er habe in seinem Leben allzusehr den strengen Gott gesehen und nicht den Gott der Liebe. So sagt er selbst:

»Früher war ich auf das Überindividuelle, Allgemeine eingestellt, ich möchte fast sagen, ich selber wurde meinem eigenen Bewußtsein etwas entrückt . . . Es war eine zwar ideale – ich hoffe es wenigstens –, selbstlose Einstellung, aber mit der typisch männlichen Einseitigkeit des etwas Unpersönlichen. Wie arm wäre doch das Leben, wenn es keine Ergänzung gäbe, wie ohne Wärme, Liebe, Zartheit und Traulichkeit! In den letzten Jahren, von allem öffentlichen Leben abgekehrt, hat sich wohl eine Wandlung schon angebahnt . . . Ich kann mich über scheinbar Geringfügiges so tief und nachhaltig freuen, wie ich es früher nie gekonnt hätte.«

Ein anderes Mal sagte er:

»Aber so merkwürdig es klingt, eins habe ich im Gefängnis gelernt: mich zu freuen.«

Wiederum später sagte er seiner Frau:

»Auch meine Einstellung zum Gebet hat sich gewandelt. Ich hatte mich dem Standpunkt genähert, daß eigentlich nur für innere Gaben ein inständiges Gebet gesprochen werden sollte, weil Gott in seiner Weisheit, unbeeinflußbar durch ein Gebet, gäbe oder verweigere. Als junger Mensch habe ich über meine Großmutter manchmal etwas gelächelt – in diesem Lächeln war aber immer noch Ehrerbietung und Achtung, damals war man nicht so ehrfurchtslos wie heute –, wenn sie um die geringfügigsten Dinge mit kindlicher Gläubigkeit betete und dafür dankte. Ich denke jetzt doch ganz anders darüber. Ich weiß es nicht, und soll es wohl auch nicht wissen, wieweit Gott Gebete erhört. Die Erhörung einfach bestreiten, kann nur der dumme Verstand.«

Zum Schluß sei als letztes ein Brief aus dem Dezember 1944 zitiert:

»Das Glück auf Erden liegt in der Liebe zu Gott und den Menschen, in Selbstlosigkeit, Güte und Freundlichkeit, womit sich Ernst, Strenge, Schärfe, Kampfbereitschaft durchaus vereinigen lassen... Ich möchte, daß es recht viele hörten und in sich aufnehmen, daß das Glück im Innern liegt und nicht in äußeren Dingen; allein in der lebendigen Verbindung mit Gott... Wenn sich die Menschen doch von Jugend auf einleben wollten in die Wahrheit, daß unser Leben nur kurz und nur eine Vorbereitungszeit für das Jenseits ist und daß die Erde nur ein winziges Staubkörnchen ist... Das Schwere in der Lebensaufgabe liegt darin, daß wir gleichzeitig dem Jenseits und dem Diesseits angehören. Das ist eine Spannung, die nicht zu beseitigen ist. Nur im Glauben an Gott ist sie zu tragen und zu überwinden, im festen Glauben an die Gnade Gottes. Wir müssen uns ja auf Erden mit den irdischen Dingen befassen und dürfen sie nicht einfach gehen lassen. Wir müssen sie zu gestalten versuchen. Aber wir verlieren dabei so leicht den letzten Sinn des Lebens und aller, auch der größten irdischen Dinge aus dem Auge... Auch die christlichen Kirchen haben die Menschen nahezu führerlos gelassen. Jetzt stehen die Menschen vor dem Abgrund. Der Abfall von Gott offenbart sich auch in den äußeren irdischen Dingen als Torheit.«

In politischer Beziehung hatte sich Kleist eine gewisse Position geschaffen. Es gab in Preußen seit altersher den Hauptverein der Konservativen. In diesem Verein war er Vorsitzender. Diese Stellung benutzte er, um in der vom Hauptverein herausgegebenen Zeitschrift seine Meinung zu drucken und zu verbreiten, bis sie schließlich durch die Nazis verboten wurde. Auch mir hat er hin und wieder die Spalten dieses Blattes geöffnet. Mit seiner Erlaubnis durfte ich in dem Blatt, das ein öffentliches Organ war, noch nach 1933 Hitler kritisieren und die berühmte Reichstagssitzung vom 21. März 1933 attackieren. Meine Attacke erstreckte sich auch auf das Ermächtigungsgesetz, auf die Antwort Hitlers gegenüber dem sozialdemokratischen Abgeordneten Wels und auf den Hinauswurf der kommunistischen Abgeordneten als widerrechtlich. Mein damals von Kleist zugelassenes Lob auf die Haltung der sozialdemokratischen Fraktion war verfrüht. Denn am 17. Mai 1933 erklärten auch die sozialdemokratischen Abgeordneten einstimmig ihre Billigung der von Hitler abgegebenen Erklärung zur Außenpolitik.

Eine so ausschließlich auf Gott gegründete Persönlichkeit wie Kleist konnte niemals ein Mitläufer, geschweige denn ein Anhänger Adolf Hitlers werden. Aber er war weit davon entfernt, leichtfertige Vorwürfe zu erheben. So hat er denn eines Tages lange vor 1933 eine Begegnung mit Hitler gesucht und gefunden. In diesem Gespräch wurde aus Kleist ein unerbittlicher Feind des Mannes, der nicht nur Deutschland, sondern die ganze Welt in einen abgrundtiefen Krieg verwickeln sollte. Kurz vor 1933, während sich schon nicht nur in Deutschland, sondern auch außerhalb Deutschlands die Stimmen mehrten, die in Hitler eine mögliche Lösung der Problematik sahen, schrieb Kleist seine Schrift: *Der Nationalsozialismus – eine Gefahr*. In dieser kleinen Schrift steht alles als Prophetie, was sich in den Jahren 1933–1945 erfüllen sollte.

Aber schon vorher hatte Kleist gezeigt, daß er eine Persönlichkeit von unerbittlichem Rang war. In der Zeit zwischen dem Ende des Ersten Weltkrieges und 1933 fand, wie Kleist meinte, ein ungerechtfertigter, auf Aufhetzung zurückzuführender Landarbeiterstreik in Pommern statt. Die Gutsbesitzer taten sich zusammen und erkoren in Kleist ihren Sprecher. Auch gaben sie ihm *plein pouvoir*. Kleist verhandelte mit den streikenden Arbeitern und lehnte alle an ihn gestellten Forderungen ausnahmslos ab. Daraufhin setzten die Landarbeiter ihren Streik fort und waren des Glaubens, wenn die Zeit der Ernte herannahe, werde Kleist schon nachgeben. Aber weit gefehlt. Kleist ließ in ganz Hinterpommern die Ernte auf dem Felde verkommen. Mit dieser Hartnäckigkeit erreichte er, daß schließlich die Landarbeiter nachgaben und sich bereit erklärten, die Arbeit zu den alten Bedingungen wiederaufzunehmen. Nachdem das schriftlich festgelegt war, billigte Kleist den Landarbeitern eine Erhöhung ihrer Löhne zu. Von da ab wußte jeder in Hinterpommern: Wer mit Ewald von Kleist zu tun hat, hat mit einem Herrn zu tun, nicht mit jemandem, der große Worte macht und mit Konzessionen endet. Diese Geschichte kannte in früheren Jahren jeder Mensch in Hinterpommern. Nicht nur die Nazis hatten Respekt vor Ewald von Kleist, sondern auch alle anderen Menschen. Als Hugenberg eines Tages daran ging, zwar guten Willens, aber in völliger Verblendung, in Harzburg sein Bündnis mit Hitler zu schmieden, suchte Kleist ihn in Berlin auf. Er warnte Hugenberg vor Hitler und beschwor ihn, nicht zu Hitlers Steigbügelhalter zu werden. Hugenberg entgegnete damals: »Ohne Hitler komme ich nie in die Macht eines Reichsministeriums.« Kleist erwiderte: »Wenn Sie ein Bündnis mit Hitler eingehen, verspielen Sie Ihre Ehre.« Das war selbst für Hugenberg zuviel. Er sprang auf, und Kleist verließ wortlos das Zimmer. Schon vorher hatte Kleist Schritte unternommen, um die Machtübernahme durch Hitler zu verhindern. Er ging zu Generalen der Reichswehr. Dabei stieß er nur auf taube Ohren. Manche teilten Kleists Ansicht über die Gefahr. Aber sie hielten sich doch durch ihre Gehorsamspflicht für gebunden. Andere Generale wiederum meinten, die Reichswehr werde auch während der Herrschaft eines Adolf Hitler bestehen. Zu diesen zählte der General Kurt von Schleicher, den Kleist für einen Zyniker hielt und deshalb ablehnte. Kleist verschmähte auch den Weg zu Hindenburg nicht. Bei ihm fand er ein erstaunliches Entgegenkommen, das Kleist nicht vermutet hatte. Hindenburg lehnte Hitler aus nationalen und gesellschaftlichen Gründen ab. Er bezeichnete ihn als böhmischen Gefreiten und wollte ihn allenfalls als Postminister gelten lassen, aber niemals als Reichskanzler. Diese Besuche Kleists bei Hindenburg wurden durch einen Gutsbesitzer aus der Neumark, Oscar von der Osten-Warnitz, unterstützt. Dieser war der Schwiegervater von Ewald von Kleist und genoß das Vertrauen Hindenburgs. Das war deshalb eigentümlich, weil Hindenburg sonst nur Männer schätzte, die beim Militär gedient hatten, während Oscar von der Osten wegen einer verstümmelten Hand niemals Soldat gewesen war. Aber Osten war eine gewandte Persönlichkeit, die es verstand, bewährte Tradition mit großer Aufgeschlossenheit gegenüber der modernen Welt zu verbinden. Er war ein Meister des Gesprächs. Lange Zeit war er von Hindenburg ausersehen, Kommissar des Reiches für das Land Preußen zu werden. Warum es hierzu nicht gekommen ist, ist meiner Erinnerung entfallen. Ich weiß nur, daß politische Persönlichkeiten aller Richtungen lange Zeit mit dieser Möglichkeit als einer potentiellen Realität gerechnet haben. Osten hätte kein Bündnis mit den Nationalsozialisten geschlossen. Das sollte sich schon bald nach 1933 zeigen. Der alte Osten, der ehemalige Landrat des Kreises Königsberg in der Neumark, war empört über die unmenschliche Behandlung der Juden. Er suchte nach einer Gelegenheit, hiergegen zu protestieren. In seiner Nähe wohnte ein jüdischer Gutsbesitzer, mit dem ihn eigentlich nichts verband. Aber nun hielt Osten den Augenblick für gekommen, um seiner Überzeugung Ausdruck zu geben. Er ließ anspannen und machte, so daß alle Welt es sehen und davon Kenntnis nehmen mußte, seinem jüdischen Mitbürger einen Besuch. Auch pflegte er mehr als früher seinen Umgang und seinen Handel mit Juden, von denen er Vieh und Getreide kaufte. Sein Verhalten wurde in der nahegelegenen Stadt Küstrin ruchbar. Der Oberbürgermeister dieser Stadt, die in früheren Jahren den alten angesehenen Osten zum Ehrenbürger gemacht hatte, glaubte, eine schriftliche Ermahnung werde den Ehrenbürger wieder auf den rechten Weg bringen. Er schrieb ihm einen offiziellen Brief, in dem er ihn bat, seinen Umgang mit Juden einzustellen und sich der antisemitischen Linienführung anzuschließen. Was tat daraufhin Osten? Er antwortete dem Oberbürgermeister und reichte ihm den Ehrenbürgerbrief der Stadt Küstrin zurück mit dem Zusatz, unter diesen Umständen komme es ihm aus Gründen der Selbstachtung besser vor, auf das Ehrenbürgerrecht der Stadt Küstrin zu verzichten und seine Beziehungen zu Juden weiterhin zu pflegen. Diese Antwort brachte Unruhe in die ganze Neumark. Die Nazis mobilisierten die SA und bereiteten einen Marsch mit einer großen Menge von SA-Männern nach Warnitz vor. Man wollte dort Park und Haus umstellen und mit Gewalt Oscar von der Osten zwingen, die Nazi-Fahne auf seinem Haus zu hissen. Natürlich blieben diese Dinge schon zur Zeit der Vorbereitung nicht geheim. Osten gab zu erkennen, er werde sich nicht demütigen lassen, sondern sich zur Wehr setzen. Das erfuhr auch seine einzige Tochter, die Ehefrau von Ewald von Kleist-Schmenzin. Tag und Nacht sann sie darüber nach, wie man dem Vater helfen könne. Schließlich rief sie mich, der ich damals in Berlin war, telefonisch an und erzählte mir von den bevorstehenden Ereignissen, die in den Augen der Tochter mit einer gewaltsamen Tragödie enden würden. Was sollte ich tun? Ich wählte den simpelsten Weg, indem ich mich in die Wilhelmstraße begab und den Staatssekretär Meißner aufsuchte, der nicht nur unter Ebert, sondern auch unter Hindenburg das Amt des Staatssekretärs beim Reichspräsidenten bekleidet hatte. Meißner empfing mich, erfaßte sofort die Situation und sagte mir zu, er werde den Reichspräsidenten ins Bild setzen. Was geschah? Der von der öffentlichen Meinung nahezu vergessene Hindenburg entsann sich des Ermächtigungsgesetzes und wußte von dem dort festgelegten Vorbehalt der Kommandogewalt des Reichspräsidenten über die Reichswehr Gebrauch zu machen. Unter Umgehung aller vorgesetzten und nachgeordneten Dienststellen rief Hindenburg den Kommandeur des in Küstrin stationierten Infanterieregimentes an und gab ihm den Befehl, den Ort Warnitz und Oscar von der

Osten zu schützen. Zwei Kompanien erhielten scharfe Munition, wurden über Nacht nach Warnitz gefahren und besetzten bei Dunkelheit den Park und das Haus. Am Vormittag des nächsten Tages traf die SA zu Hunderten in Warnitz ein. Mit Musik und Fahnen sahen sie ihrem Triumph entgegen. Aber kaum waren sie vor dem Park angelangt, als sie mit einem Mal bewaffnete Soldaten erblickten und schon im nächsten Augenblick sich sicher waren, daß sie einem ungleichen Kampf entgegensahen. Die Einwohner des kleinen Dörfchens in der Mark Brandenburg behaupteten, sie hätten niemals Menschen so schnell den Ort wieder verlassen sehen. Nach weniger als einer Stunde war der Spuk vorüber. Oscar von der Osten blieb bis zu seinem Tode im Jahre 1943 unbehelligt und lebte sein Leben, wie er es für richtig hielt. Auch der Tod Hindenburgs im Jahre 1934 änderte an dieser Tatsache nichts.

Seinem Schwiegersohn, Ewald von Kleist, stand ein schweres Leben bevor. Noch im Jahre 1933 kam, anläßlich irgendeines von den Nationalsozialisten herausgehobenen Tages, die Anordnung, es seien alle Häuser und alle Kirchen zu beflaggen. Ganz in der Nähe von Schmenzin befand sich der Ort Naseband. Der dortige Pfarrer namens Reimer, der nach dem Zweiten Weltkrieg als evangelischer deutscher Pfarrer in London amtierte, fragte Ewald von Kleist als seinen Patron, was er tun solle. Kleist erwiderte, er solle natürlich nicht flaggen, und auch dann nicht, wenn eine Anordnung seiner vorgesetzten kirchlichen Behörde vorliege. Auch er werde in Schmenzin nicht flaggen. Das ließ die Angehörigen der Nationalsozialistischen Partei nicht ruhen. Sie formierten einen Zug, der Schmenzin besetzen und das Hissen der nationalsozialistischen Fahne mit Gewalt durchsetzen sollte. Aber Ewald von Kleist hatte auf dem Lande noch viele Getreue. Sie wurden zusammengerufen, ergriffen Waffen und Munition und besetzten das Schloß. Ihr Anführer war ein Förster mit Namen Willy Wetzel. Die SA kam und marschierte durch das Dorf. Sie zog auch am Schloß vorbei, marschierte aber wieder ab. Man sah es förmlich dem Schloß an: es war von mit Schußwaffen ausgerüsteten Männern besetzt. Diese Auseinandersetzung fürchtete die SA und ward nicht mehr gesehen. Inzwischen hatte der Landrat in Belgard an der Persante von dem Aufruhr gehört und schickte seine Polizei. Über Nacht übernahm die Polizei die Wache in Schmenzin. Es passierte nichts. Damals war noch die Autorität der Staatsorgane stärker als die Macht der Partei. Das sollte sich bald ändern. So kam es denn dazu, daß Ewald von Kleist in den folgenden Jahren mehrfach durch Organe der Partei verhört, festgenommen, aber immer wieder entlassen wurde. Es war wohl nur Schikane. Mit diesem Mittel aber konnte man einen Mann wie Kleist nicht brechen. Im Gegenteil! Dieser verstand es, seinen Gegnern Achtung abzunötigen. Leider blieb der staatstreue Landrat von Belgard nicht im Amt. Er war, wie man damals zu sagen pflegte, Halbjude und nahm sich das Leben, weil er keinen anderen Ausweg mehr sah.

Im Jahre 1934 kam es zu einem Ereignis, das beinahe zu einem Zusammenstoß geführt hätte. Ewald von Kleist hörte am 30. Juni 1934 am Rundfunk die deutschen Nachrichten und erfuhr auf diese Weise von dem Blutbad im Raume von Wiessee. Blitzartig erfaßte die ganze Familie die Situation. Niemand wußte besser als Kleist, daß Hitler die Eigenschaft hatte, wenn er zu einem seiner Mordausbrüche schritt, nach allen Seiten um sich zu schlagen. Schnell entschlossen rief Kleist seinen Chauffeur und ließ sich noch in der Nacht nach Bublitz fahren. Dies war nur ein kleiner Ort. Aber er hatte den Vorzug, eine Bahnstation zu haben. Dort hatte Kleist vor, abseits der großen Eisenbahnstrecke mit Personenzügen bis nach Berlin zu fahren, um sich zu verstecken. Kaum hatte er Schmenzin verlassen, kam schon die SA. Anning von Kleist erklärte kühl, ihr Mann sei nicht zugegen. Auf die Frage des SA-Führers, wo er sich denn befinde, antwortete sie: »Ich weiß es nicht.« Wütend erwiderte der SA-Führer: »Meine Frau weiß immer, wo ich bin.« Er erhielt die beißende Antwort: »Sie sind auch nicht mein Mann.« Nun schickte Anning von Kleist zum Förster. Dieser machte sich auf den Weg, um die Landstraße nach Bublitz zu erreichen, weil er den Chauffeur abfangen wollte, der den Auftrag hatte, von Bublitz wieder nach Schmenzin zurückzukehren. Es war ja mit Sicherheit zu erwarten, daß die SA den Chauffeur befragen würde. Der Fahrer, der nichts von den politischen Hintergründen wußte, befand sich schon auf der Rückfahrt. Leider sah er nicht den am Straßenrand wartenden Förster. Beinahe wäre er schon weitergefahren, als ein Dachs über die Landstraße lief und dadurch den Fahrer zum Anhalten nötigte. Im gleichen Augenblick sprang der Förster auf den Fahrer zu und gab ihm die Weisung, nach Bublitz zurückzufahren und seinen Herrn davon zu verständigen, daß nach ihm gesucht werde und er deswegen gut täte, so schnell wie möglich aus Pommern zu verschwinden. Gleichzeitig erhielt der Fahrer die Weisung, niemandem gegenüber, auch nicht der Polizei und den Organisationen der Partei, irgendeine Aussage zu machen. Der Fahrer befolgte die Anordnung, weckte Ewald von Kleist, der in einem kleinen Hotel übernachtete, aus dem Schlaf und unterrichtete ihn. Während der Fahrer sich mit Absicht Zeit ließ, nach Schmenzin zurückzukehren, fuhr Ewald von Kleist mit Kleinbahnen von Ort zu Ort. Keiner dieser Züge wurde überprüft, während die SA Ewald von Kleist in den großen Zügen vergeblich suchte. Schließlich traf er in Berlin ein und begab sich zu Ernst Niekisch. Dieser nahm ihn sofort auf. Noch funktionierte der Schutz der Reichswehr. Ernst Niekisch blieb unbehelligt. Niemand suchte bei diesem des Kommunismus verdächtigen Publizisten den preußischen Konservativen. Die Mordtage des 30. Juni 1934 gingen vorüber. Ewald von Kleist konnte eines Tages ohne Gefahr der Verhaftung nach Hause zurückkehren. In Schmenzin aber glaubte man seit jener Nacht, auch in einem über die Landstraße huschenden Dachs den rettenden Finger Gottes zu sehen.

In den Folgejahren traten sich Niekisch und Kleist immer näher. Der gemeinsame Gegner wurde zur Klammer ihres Bündnisses. Beide lernten voneinander, der eine den Primat der Außenpolitik, der andere den Wechsel der Gesellschaftsordnung. So unwahrscheinlich es klingen mag, weder die Partei noch die Gestapo haben von diesem Zusammenspiel zweier Persönlichkeiten, in denen sich Extreme verkörperten, jemals erfahren.

Was die Haltung eines Ewald von Kleist zu der Machtübernahme durch Hitler angeht, so kann man dies nicht besser wiedergeben als durch seine eigenen Worte. Er hat über seine Erlebnisse im Monat Januar 1933 eine Niederschrift gefertigt, die aus seinem Nachlaß gerettet werden konnte. Bei dieser Niederschrift hat die politische Leidenschaft die Feder geführt. Das darf nicht hindern, diese Aufzeichnung, die leider ohne Datum, aber wahrscheinlich Ende 1934 geschrieben worden ist, hier ohne jede Änderung und ohne Auslassungen wiederzugeben:

»Mitte Januar 1933 war ich beim Reichspräsidenten von Hindenburg. Ich führte aus, daß Hitler unter keinen Umständen Reichskanzler werden dürfe. Hindenburg stimmte zu und äußerte etwa einmal: ›Sehen Sie, das freut mich, daß Sie das auch sagen. Sagen Sie das doch auch meinem Kanzler (Kanzler war damals Schleicher, aber Hindenburg verstand unter ›meinem Kanzler‹ Papen), *er will ja,* daß ich Hitler zum Reichskanzler machen soll. Das kann und darf ich aber nicht. Das verbietet mir mein Pflichtgefühl und mein Verantwortungsbewußtsein. Er ist doch kein Staatsmann. Na, Postminister meinetwegen.‹

Vierzehn Tage später berief Hindenburg den Hitler zum Reichskanzler.

Kurz nach dieser Unterredung hatte ich eine Besprechung mit Hugenberg. Anlaß hierzu für mich war das Gerücht, Hugenberg und Seldte seien bereit, in ein Kabinett Hitler einzutreten. Ich bat Hugenberg, diesem Gerücht, das die eigene Gefolgschaft unsicher mache, entgegenzutreten. Hugenberg lehnte das ab mit der Begründung, vielleicht sei das die letzte Möglichkeit, noch etwas zu retten. Ich erwiderte, wir müßten ein von allen Parteien völlig unabhängiges Kabinett von Monarchisten und ohne Hitler erkämpfen. Wir müßten die andere Möglichkeit durch ein endgültiges, rechtzeitiges ›Nein‹ für immer ausschalten. Dadurch würden Papen und Hindenburg in eine Zwangslage versetzt, es bliebe dann nur ein ähnliches Kabinett, wie das von mir erstrebte, als einzige Möglichkeit übrig. Hugenberg lehnte das ab, man könne sich nicht so festlegen, er machte mir den Vorwurf, ich sei zu hundertprozentig. Ich erwiderte, mit Halbheit und einem bereits im Herzen schlummernden Verrat an den eigenen Ideen würde er scheitern und uns ins Unglück stürzen. Damit trennten wir uns.

Nunmehr versuchte ich bei verschiedenen anderen maßgebenden Deutschnationalen – auch bei einigen Stahlhelmführern – Alarm zu schlagen. Ich fand vielfach Zustimmung in der Verurteilung der Hugenbergschen Politik. Aber alle verweigerten es, sich an einer Aktion zu beteiligen oder überhaupt irgend etwas dagegen zu unternehmen, meistens mit der Begründung, Hugenberg sei Parteivorsitzender, und man könne sich nicht öffentlich zu ihm in Widerspruch setzen.

Seit November 1932 arbeitete Papen am Sturz von Schleicher. Den vaterländischen Kreisen gegenüber tat er immer so, als würde er dann die Kanzlerschaft übernehmen und ein wirklich autoritäres, von allen Parteien unabhängiges Kabinett – ohne Hitler – bilden. Seit Anfang Januar hatte ich starke Zweifel an Papens Aufrichtigkeit. Ich war der Überzeugung, er wollte uns nur zum Sturz von Schleicher benutzen und die Kanzlerschaft Hitler in die Hände spielen, weil ihm selbst dazu der Mut fehlte. Papen vermied es aalglatt, sich eindeutig für ein autoritäres Kabinett und gegen Hitler festzulegen.

Um einen verwertbaren Beweis für seine Unzuverlässigkeit zu haben, richtete ich es nach einem Essen beim Staatssekretär von Bismarck am 25. Januar 1933 so ein, daß ich mit Papen allein nach Hause fuhr. Unterwegs überfiel ich ihn plötzlich mit dem Vorwurf, warum er Hindenburg dahin bearbeite, daß er Hitler zum Kanzler machen solle. Papen ging in die Falle und sagte: ›Es bleibt doch nichts anderes übrig, als den alten Herrn dazu zu bewegen.‹ Damit steht fest, daß Papen alle Welt hintergangen hat, wenn er so tat, als ob er eine wirklich vaterländische, unabhängige Regierung anstrebe. Dabei war mit Papen die Besetzung aller Ministerposten dauernd

besprochen worden. Am 28. Januar und auch noch am 29. Januar 1933 hat Papen mir und anderen wiederholt erklärt, Hindenburg habe seine Einwilligung zu einem unabhängigen Kabinett, dessen Zusammensetzung für alle Ministerien namentlich feststände, erteilt für den Fall, daß Hitler sich nicht beteilige. Das Kabinett sollte so zusammengesetzt sein, wie es unter Hitler gebildet worden ist mit folgenden Ausnahmen: An Stelle von Hitler sollte Papen Reichskanzler sein und an Stelle von Frick sollte ich das Innenministerium übernehmen. Wer an Stelle von Seldte Arbeitsminister werden sollte, kann ich nicht mehr mit Bestimmtheit angeben. Natürlich hätte es auch in der preußischen Regierung keinen Nationalsozialisten gegeben.
Da ich das Schlimmste befürchtete, habe ich seit dem 28. Januar die Wohnung von Papen bis zum 30. Januar 1933 vormittags kaum verlassen. In ihr spielten sich alle entscheidenden Vorgänge ab, die zur Regierungsbildung durch Hitler geführt haben. So bin ich Zeuge des größten Unglücks unseres Vaterlandes geworden.

Etwa um 12 Uhr war Hitler bei Papen. Vorher sagte ich Papen, ich wolle fortgehen, um Mittag zu essen, worauf Papen erwiderte, ich müsse mich aber auf telefonischen Abruf bereit halten. Falls Hitler seine Beteiligung an der Regierung ablehne, müßte das ›Papenkabinett‹ sofort zu Hindenburg zur Amtsübernahme gehen. Er sagte: ›Dann muß die Regierung innerhalb von einer Stunde stehen.‹ Nach meiner Rückkehr teilte mir Papen mit, Hitler habe zur unabänderlichen Bedingung gemacht: sofortige Auflösung des Reichstages und sofortige Neuwahl. Am Nachmittag müsse sich Hugenberg noch erklären, und dann käme Göring, um Hugenbergs Erklärung Hitler zur endgültigen Entscheidung zu überbringen. Papen wollte nicht die Zeit der Besprechung mit Hugenberg nennen. Durch seinen Stab ermittelte ich es. Mit vieler Mühe gelang es mir, Schmidt-Hannover zu erreichen, von dem ich wußte, daß er gegen die Regierung Hitler war. Ich bat ihn, sofort in Papens Wohnung zu kommen, um Hugenberg abzufangen und gemeinsam zu versuchen, ihn umzustimmen. Dann war ich mit Hugenberg allein. Er war nicht dazu zu bewegen, seine Beteiligung an der Regierung Hitler abzulehnen. Gründe nannte er mir nicht. Was in dem Gehirn dieses Spießbürgers gespielt hat, weiß ich bis zum heutigen Tage nicht. Ich sagte ihm, es sei sicher, daß, wenn er ›nein‹ sagte, innerhalb einer Stunde das Kabinett im Amt sein würde, das so zusammengesetzt sein sollte, wie oben beschrieben, in dem er zwei Reichs- und zwei preußische Ministerien für seine Person erhalten würde. In wenigen Augenblicken könne er sich hierüber bei Papen und Hindenburg Gewißheit verschaffen. Er blieb dabei, er könne eine Beteiligung nicht einfach ablehnen. Die Mitteilung über die gesicherte unabhängige Regierung hat Hugenberg auch dem Vorstand der Deutschnationalen Volkspartei verschwiegen. Bis zum heutigen Tage wissen es nur die, denen ich es mitgeteilt habe.

Darauf schlug ich vor, er solle die Bedingung stellen, und zwar als *conditio sine qua non,* die er schon immer gestellt hätte – darum sei es so einfach für ihn –: sofortige Auflösung des Reichstages und keine Neuwahl. Unter Vorstellung des oben Geschilderten wies ich ihm nach, daß dann das Kabinett Hitler erledigt sei und das Kabinett käme, das er selber immer gefordert hätte. Hugenberg war auch in diesem Punkt zu keiner klaren Stellungnahme zu bringen. Da machte sich meine Erbitterung über solche politische Erbärmlichkeit und die Angst um das Vaterland Luft. Ich warf Hugenberg Entehrung, Verrat am Vaterland und seine Zerstörung vor. Gegen diese in gedämpftem Ton, aber in ungeheurer Erregung ins Gesicht geschleuderten Vorwürfe fand Hugenberg kein armseliges Wort – er schwieg. Dann ging er zu Papen. Als er wieder aus dessen Zimmer kam, fragte ich, ob er nicht doch wenigstens als Bedingung für seine Beteiligung an einer Regierung Hitler genannt habe: Auflösung des Reichstages und keine Neuwahl. Hugenberg darauf: ›Ja, ich habe es ihm gesagt.‹ Er vermied also das Wort: Bedingung. Darauf wollte er fortgehen. Ich hielt ihn zurück, denn Göring käme gleich, er müsse sich vergewissern, daß Papen seine, Hugenbergs, Erklärungen richtig übermittle. Ich kennte Papen als unwahr und wäre überzeugt, daß er an Göring kein Wort über die Nichtwiederwahl des Reichstages sagen würde. Hugenberg hielt das zwar für undenkbar, blieb aber. Nach der Unterredung mit Göring erschien Papen bei uns. Ich überfiel ihn mit der Frage: ›Was haben Sie Göring über Hugenbergs Bedingung: Auflösung und keine Neuwahl des Reichstags gesagt?‹ Papen bekam einen roten Kopf und stammelte: ›Ich habe Göring gesagt: Über die Frage der Neuwahl des Reichstages wollen wir nicht sprechen, das erschwert nur die Regierungsbildung.‹ Damit verließ er das Zimmer.

Mit Mühe war der schwerfällige Hugenberg dazu zu bringen, sofort noch einmal zu Papen zu gehen und auf vollständiger Übermittlung seiner Erklärung an Hitler zu bestehen. Hugenberg ging also zu Papen und blieb lange bei ihm. Schließlich erschienen beide, und Hugenberg diktierte in meiner Anwesenheit, ich glaube fünf Punkte, die seine ›Bedingungen‹ wären für eine Beteiligung an einem Kabinett Hitler. In einem Punkt hieß es: ›Auflösung des Reichstages und keine Neuwahl‹. In einem folgenden: Wenn es aber zu einer Neuwahl käme, dann müsse die kommunistische Partei aufgelöst werden! Echt Hugenberg, der spießbürgerliche, nationalliberale Parlamentarier! Damit war für mich die Endlösung klar, d.h. Diktatur Hitler und qualvoller Zusammenbruch des Vaterlandes. Dieser Weg der Halbheit würde die totale Herrschaft Hitlers auch auf seelischem Gebiet herbeiführen. Das Ende: ein schmachvoller Untergang des Vaterlandes, durch Entseelung, Gottlosigkeit, vielleicht erst nach langer Zeit. Der frivole Papen sagte mir noch, als ich ihm ähnliche Vorwürfe machte wie Hugenberg: ›Was wollen Sie denn, ich habe das Vertrauen Hindenburgs. In zwei Monaten haben wir Hitler in die Ecke gedrückt, daß er quietscht.‹ Ich entgegnete: ›Menschen, die nicht den Mut haben, einen Mann, dessen Partei zusammenbricht, wenn man sie rücksichtslos beiseite läßt, mit seinen wahnwitzigen Forderungen abzuweisen, sondern ihm aus Schwäche und Kurzsichtigkeit zu ungeahnter Macht verhelfen, werden nie die Kraft aufbringen, ihn erfolgreich zu bekämpfen. Nein, er wird sie in kurzer Zeit völlig erledigen und durch *Ihre* Schuld das Vaterland zerstören.‹ Damit schieden wir. Es war gegen acht Uhr abends. Das Vaterland war verloren, die Kanzlerschaft Hitlers sicher. Am 30. Januar 1933 besiegelten Deutschnationale und Stahlhelm ihren Verrat an Deutschland. Hitler war Kanzler und sehr bald Diktator. Auch der Stahlhelm hatte es in der Hand, durch ein ›Nein‹ die Regierung zu verhindern. So unwürdig, an solchen Kleinigkeiten entscheiden sich weltgeschichtliche Dinge.

Die Regierung Hitler war gebildet, der Reichstag neu gewählt. Ihm lag das Ermächtigungsgesetz vor, das die Aufhebung des Rechtsstaates und die Diktatur der Nationalsozialistischen Partei bedeutete. Ich war aus der Deutschnationalen Partei ausgetreten. Einige Zeit vor Zusammentritt des Reichstages ging ich zum Abgeordneten Schmidt-Hannover, um zu versuchen, die Grundlagen des Rechtsstaates zu retten, da ich niemand sah, der überhaupt noch einen ernsthaften Versuch machte, den Kampf fürs Vaterland aufzunehmen. Es war ja noch nicht alles verloren, wenn in der Regierung nur ein Mann mit staatsmännischem Blick und Entschlossenheit gewesen wäre. In der Regierung hatten ja die nichtnationalistischen Minister die erdrückende Mehrheit. Ich schlug vor, das Ermächtigungsgesetz sollte nur mit sechs Zusatzanträgen angenommen werden. Durch fünf Punkte, die ich im Wortlaut entworfen hatte, sollte der Rechtsstaat gesichert bleiben, in erster Linie sollte eine geheime Staatspolizei mit Schutzhaft usw. verhindert werden, der Grundsatz sollte gesetzlich verankert werden, daß behördliche Funktionen nur dem Staat, aber nicht der Nationalsozialistischen Partei zukommen usw. Der sechste Antrag besagte: Die Reichsfahne ist schwarzweiß-rot. Für diese Anträge war eine Mehrheit zu erreichen. Schmidt stimmte mir zu. Auf meine Frage bevollmächtigte er mich, vorbehaltlich der Zustimmung Hugenbergs, namens der Deutschnationalen Partei, entsprechende Verhandlungen mit dem Zentrum zu führen. Brüning, zu dem ich mich sofort begab, erklärte mir, nachdem er sich mit der Zentrumsfraktion besprochen hatte, das Zentrum würde für die sechs Anträge stimmen, und bevollmächtigte mich, dies offiziell den Deutschnationalen mitzuteilen. In einer weiteren Besprechung waren sich Schmidt und Brüning völlig einig, es fehlte nur noch die Zustimmung Hugenbergs, dann konnte die Grundlage eines Rechtsstaates gerettet werden. Hugenberg hat sich nie zu diesen Dingen geäußert. So fiel diese Aussicht durch seine Schuld ins Wasser.

Später hatte ich noch einmal versucht, entscheidend einzugreifen. Anfang Juni 1934, als ich wußte, daß Hindenburg bald sterben würde. Ich ging zum General von Fritsch. Wir waren uns einig, daß die Herrschaft Hitlers ein Verhängnis für Deutschland sei. Er sagte selber: Herrschaft der Minderwertigen und daß Hitlers Macht gebrochen werden müsse. Ich stellte ihm vor, daß nach dem Tode Hindenburgs Hitler sich zum Alleinherrscher aufschwingen und die Armee auf sich vereidigen würde. Fritsch leugnete diese Möglichkeit nicht. Ich versuchte, ihn an seinem Pflichtgefühl dem Vaterland gegenüber zu packen, er solle die obersten Generale anweisen, sich geschlossen der Vereidigung zu widersetzen. Das lehnte er ab, weil das eine Auflehnung gegen Blomberg wäre. Das ginge doch nicht. Den selbstverständlichen Gedanken, Blomberg festzunehmen, lehnte er ab. So ging auch diese große Gelegenheit ungenutzt vorüber, weil überall kleine Seelen waren. Fritsch war persönlich gewiß ein anständiger Mann, aber eine subalterne Natur, der sich nicht über die Auffassung eines Büroschreibers erheben konnte, der blind tut, was ihm befohlen wird, ob es nun der Rettung des Vaterlandes dient oder seiner Vernichtung.

Von all den geschilderten Begebenheiten habe ich mir sofort

Aufzeichnungen gemacht, weil sich sonst leicht Ungenauigkeiten einstellen. Ein großer Teil dieser Aufzeichnungen ist zwar bei Haussuchungen verlorengegangen oder ist von denen, die sie zur Aufbewahrung hatten, vernichtet worden. Doch habe ich sie so häufig vorgelesen und mündlich wiederholt, daß ich sie auch heute noch beinahe auswendig kann, so daß obige Schilderungen nicht nur sinngemäß, sondern beinahe wörtlich genau richtig sind.
Vielleicht sind sie später noch einmal von Wert.«

Aus jedem Wort der hier wiedergegebenen Aufzeichnungen erhellt, welch eine Leidenschaft in Ewald von Kleist lebte und webte. Nach so vielen Jahren ist unverkennbar, daß diese Leidenschaft ihn zu ungerechten Urteilen hinriß. Trotzdem ist der volle Wortlaut wiedergegeben, weil die von Kleist beurteilten Persönlichkeiten Menschen der Zeitgeschichte waren und sich deshalb dem Urteil der Öffentlichkeit stellen müssen. Es kommt aber noch hinzu, daß hinter dem häufig überscharfen Urteil doch ein hellseherischer Blick sichtbar wird, der erstaunlich ist, weil ein Mann wie Kleist ja nicht wie die heutigen Menschen ein Urteil gefällt hat, nachdem der geschichtliche Prozeß zu Ende gegangen ist, sondern schon in dem Augenblick, als der geschichtliche Prozeß erst seinen Anfang nahm. Das wurde auch im persönlichen Gespräch sichtbar, wenn ein Mann wie Kleist sich in der Casino-Gesellschaft in Berlin mit Menschen seiner Umgebung unterhielt. Die Casino-Gesellschaft zeichnete sich auch dadurch aus, daß in ihr Nichtdeutsche Mitglieder werden konnten und waren, so zum Beispiel der englische Journalist Ian Colvin. In seinem Buche *Vansittart in Office*, das im Jahre 1965 in London im Verlag von Victor Gollancz erschienen ist, schildert der Engländer Colvin solch ein Casino-Gespräch mit Kleist mit folgenden, von Kleist nach der Einverleibung Österreichs gesprochenen Worten:

»Sie glauben doch nicht etwa, daß es damit sein Bewenden hat? Hitler hat seine Pläne gegen Frankreich, Holland, Belgien, Dänemark, Rußland, gegen England und die Neue Welt.

Er will Kanada annektieren und Sibirien. Dies nebenbei bemerkt. Verrückt? Ja, er ist verrückt, aber er ist im Besitze seiner Geisteskräfte.

Denken wir nun an die Lage, wie sie sich jetzt darbietet. Die Tschechoslowakei ist der nächste Schritt. Die Armee besteht darauf, daß dies ein militärisches Unternehmen ist und zur Gänze allein durch die Armee organisiert werden muß. Hitler und seine Anhänger erwidern, daß die Partei das Tschechoslowakische Problem erledigen könne und die Armee nur den Befehlen zu gehorchen habe. Einer Sache bin ich mir sicher: Wenn England nein sagt, wenn auch nur durch diplomatische Kanäle, muß das Unternehmen aufgegeben werden. Hitler hat dies zugegeben, und was er wie die Pest fürchtet, ist, daß England ihn warnt. Denn er muß nachgeben. Das wird ein schwerer Schlag für sein Prestige in Deutschland sein. Sagen Sie ihren Freunden in London, daß wir jetzt noch nicht Krieg führen können. Die Armee hat wenig Reservisten und keine Reserven an Material. Das Volk ist gegen den Krieg. Die Befestigungen im Westen sind nicht zur Hälfte beendet. Die Nazis bluffen. Ihr Bluff führt sie weit, aber am Ende gibt es nur eine Möglichkeit: die Niederlage. Veröffentlichen Sie nicht, was ich Ihnen sage, aber lassen Sie England wissen, daß der Generalstab einen Notanker braucht. Nur die britische Regierung kann ihm diesen Anker zuwerfen durch ein mit Festigkeit gesprochenes Wort.«

In ganz Hinterpommern war es nur Ewald von Kleist, der ohne Maske vor dem Gesicht lebte. Für ihn gab es keine Flaggenhissung, keinen Hitlergruß, keine Konzession, auch nicht beim Winterhilfswerk. Kleist war alles andere als kleinlich. Was andere dem Winterhilfswerk – vielleicht auch nur zum Scheine – lieferten, um nicht unangenehm aufzufallen, gab Kleist an die Bodelschwinghschen Anstalten in Bethel. Was Kleist früher an Kirchensteuern gezahlt hatte, gab er jetzt der Bekennenden Kirche. Nicht weil er an die Bekennende Kirche glaubte, sondern weil er in der Bekennenden Kirche ein politisches Instrument sah, das geeignet war, der Herrschaft Hitlers Schwierigkeiten zu bereiten. Denn in geheimem Kreise äußerte sich Kleist mit der Übertreibung des Kämpfers über die damalige Zeit wie folgt: Charakterlos wie ein preußischer Beamter, glaubenslos wie ein protestantischer Pfaffe, feige wie ein deutscher General. In seinem Herzen war Kleist auch kein Freund der Weimarer Republik. Er hatte noch vor 1933 Brüning wiederholt darauf aufmerksam gemacht, daß die Republik keine geeignete Staatsform für Deutsche sei. Er war für die Monarchie. Aber er hatte, wie er selbst zugeben mußte, keinen Monarchen. Von Kaiser Wilhelm II., den er auch im vertrautesten Kreise aus Gründen der Tradition niemals attackierte, hielt er wenig. Etwaige nach dem Hausgesetz der Hohenzollern als Kaiser in Frage kommende Nachfolger bezeichnete er als Typen schlechter russischer Großfürsten. Sie hatten nach seiner Auffassung das Recht der Nachfolge verwirkt, weil das Recht zum Herrscher abhängig ist von der Fähigkeit, Herrscher zu sein, und nicht von der Fähigkeit, den Herrscher zu spielen. Mit seiner Schärfe und Unerbittlichkeit hat sich Kleist viele Feinde gemacht. Aber das kümmerte ihn wenig. Er wußte, daß Persönlichkeiten wie er im 20. Jahrhundert nicht gefragt waren. Deshalb zog er ein klares »Nein« einem »Ja – aber« vor.

Eines Tages kam sein Kreisleiter auf den Gedanken, man könne doch eine solche Persönlichkeit nicht sich selbst überlassen, sondern müsse ihm einen Weg ebnen, müsse ihm sozusagen die Möglichkeit geben, in der neuen Zeit zu existieren. Er bat ihn zu einer Rücksprache. Kleist weigerte sich, das Amtshaus des Kreisleiters zu betreten. So fand denn die Aussprache in einem kleinen Hotel in Belgard statt. Beide begrüßten sich mit »guten Tag«. Niemand von ihnen erhob die Hand zum Hitlergruß. Dann ergriff der Kreisleiter das Wort und bat Ewald von Kleist, er möge doch ein bißchen einlenken. Er habe sich zum Beispiel gedacht, man könne von der Partei einen Mann wie Kleist in Ruhe lassen, wenn er wenigstens einmal etwas zum Winterhilfswerk spende. Kleist erwiderte: »Sie kennen doch meine Einstellung. Meine Einstellung ist meine Überzeugung. Sie weichen ja auch von Ihrer Überzeugung nicht ab. Warum muten Sie das mir zu?« Der Kreisleiter antwortete: »Um des lieben Friedens willen.« Kleist antwortete: »An was denken Sie?« Der Kreisleiter sagte: »Wenn Sie nur einmal eine Mark zum Winterhilfswerk geben, so soll alles vergeben und vergessen sein.« Aber Kleists Erwiderung war unerbittlich. Er meinte: »Ein Mann von meinem Vermögen und meinem Einkommen kann sich nicht mit einer Mark loskaufen. Eine große, meinen Verhältnissen gemäße Summe fordern Sie selbst nicht von mir. Aber für eine Mark verkaufe ich meine Überzeugung nicht. Sie können mich auslöschen, das weiß ich. Aber Sie können mich nicht zwingen, meine Überzeugung aufzugeben.« So endete dieses Gespräch, das nicht nur für Kleist, sondern auch für den Kreisleiter ein Stück Zeitgeschichte und ein Stück echten Herrentums war. Es gibt eben Gegensätze, die sich nicht überbrücken lassen.

Andere Stellen der Partei erhöhten das Mittel der Schikane gegen Kleist. Weil sie seine Jagdleidenschaft kannten, entzogen sie ihm den Jagdschein. Auch das nahm Kleist hin. Manche seiner Nachbarn wunderten sich, daß trotzdem die Geweihe in den Räumen seines Landsitzes sich mehrten. Auf Fragen seiner Freunde, wie das zu erklären sei, pflegte Kleist mit der Gegenfrage zu erwidern: »Schießen Sie mit dem Jagdschein oder mit dem Gewehr?« Und nun warf die Zeit ihre Schatten des kommenden Weltkrieges voraus. Kleist war niemals ein Mann, der der nach dem Ersten Weltkrieg häufig aufgestellten These »im Felde unbesiegt« anhing. Sowenig wie er ein Anhänger der deutschen Flottenpolitik war, sowenig empfand er es als eine Notwendigkeit, die internationale Stellung Deutschlands durch einen Krieg wiederherzustellen. In dieser Auffassung traf er sich mit der Ansicht des deutschen Generalstabes. Mit dieser Gruppe hatte Kleist immer Fühlung gehalten, war er doch viele Wochen oder Monate des Jahres nicht in Schmenzin, sondern lebte in einem von der Öffentlichkeit nicht gekannten Zimmer in Berlin. Ein Schwager von Ewald von Kleist, ein Sohn des früher erwähnten Oscar von der Osten, war als Oberstleutnant bei der Abwehr unter Admiral Canaris. Beide Schwäger waren sich einig über die ungeheuren Gefahren, die ein neuer Weltkrieg heraufbeschwören würde. Sicher mußte ein solcher Weltkrieg zum Ende Hitlers, aber auch zum Tode des deutschen Volkes führen. Um dies zu verhindern, baten der Generalstab wie die Abwehr Ewald von Kleist, in London zu verhandeln. Dies geschah im August 1938.

Der bereits erwähnte englische Journalist aus der Casino-Gesellschaft, Ian Colvin, war intelligent und tatkräftig genug, um eine solche Reise zu fördern, und ebnete deshalb Ewald von Kleist den Weg, nach London zu reisen und dort mit maßgeblichen Politikern Fühlung aufzunehmen. Es mußte ein britisches Visum erteilt werden. Das war damals nicht einfach, weil die britischen Paßbeamten wissen wollten, wer Ewald von Kleist war und was er in England wollte. Diese Schwierigkeiten wurden alle durch Ian Colvin überwunden. Das Visum wurde erteilt. Der englische Botschafter in Berlin – Sir Nevile Henderson – telegrafierte am 16. August 1938 nach London, am 18. August 1938 werde Kleist nach England fliegen. In Ewald von Kleist werde man ein Sprachrohr der Gemäßigten im deutschen Generalstab treffen. Er habe Briefe bei sich. Außerdem suche Ewald von Kleist nach Material, mit dem der deutsche Reichskanzler von der großen Möglichkeit überzeugt werden könne, daß England eingreifen werde, falls Deutschland gegen die Tschechoslowakei gewaltsam vorgehen sollte. Ewald von Kleist kam schon am Abend des 17. August 1938 in London an. Er wohnte im Park Lane Hotel. Schon am 18. August 1938 gab es ein Gespräch zwischen Sir Robert Vansittart und Ewald von Kleist. Hierüber gibt es eine Aufzeichnung in Form eines Briefes, den Sir Robert Vansittart noch am gleichen Tag an den damaligen englischen Außenminister Lord Halifax abgesandt hat. Natürlich fand die Unterhaltung nicht im Foreign Office, sondern in einer Privatwohnung statt. Nach dem Bericht von Sir Robert Vansittart begann Kleist das Gespräch mit den Worten, der Krieg sei eine Gewißheit, wenn England ihn nicht stoppe. Vansittart stellte die Gegenfrage: »Meinen Sie eine äußerste Gefahr?« Kleist erwiderte:

»Nein, ich meine nicht eine äußerste Gefahr, ich meine eine vollständige Gewißheit.« Wiederum stellte Sir Robert Vansittart eine Gegenfrage: »Wollen Sie damit sagen, daß die Extremisten jetzt Hitler mit sich reißen?« Kleist antwortete: »Nein, das meine ich nicht. Es gibt nur einen wirklichen Extremisten, und das ist Hitler. Er ist die große Gefahr, und er tut das ganz selbständig. Er wird darin sehr ermutigt durch Herrn von Ribbentrop, der ihm ständig sagt, daß, wenn es zum Aufdecken der Karten komme, weder Frankreich noch England etwas unternehmen würden.« Nach den Angaben Vansittarts fügte Kleist hinzu: »Ich möchte mich nicht mit Herrn von Ribbentrop beschäftigen. Er ist nichts als ein Ja-Sager. Wenn sein Einfluß auch in die falsche Richtung gehen mag, indem er Hitler ermutigt, so hat er doch keine Wirkung von Bedeutung. Hitler hat seine eigene Meinung selbst gefaßt. Alle Generale der deutschen Armee, soweit sie meine Freunde sind, wissen dies. Nur sie *allein* wissen es mit Sicherheit und kennen das Datum, an welchem die Mine explodieren soll.«

Sir Robert Vansittart fragte zurück: »Meinen Sie, daß Leute wie Goebbels und Himmler Hitler nicht ebenso in diese Richtung treiben?« Kleist erwiderte: »Ich wiederhole: ich messe ihnen keine Bedeutung bei. Hitler hat diese Entscheidung selbst getroffen. Ich hege sogar Zweifel, ob Goebbels und Himmler wirklich in diese Richtung treiben. Es kommt deshalb auf beide nicht an.« Erneut fragte Sir Robert Vansittart: »Und Göring?« Kleist erwiderte: »Göring möchte lieber den Krieg vermeiden. Aber er wird und kann nichts tun, um ihn aufzuhalten. Das trifft auch auf meine Freunde in der Armee zu, obgleich sie viel stärker gegen den Krieg sind als Göring.« Frage Vansittarts: »Meinen Sie alle Generale?« Kleist gibt zur Antwort: »Ja, alle, ohne Ausnahme. Ich schließe dabei den General von Reichenau mit ein, der bisher als der extremste und draufgängerischste gegolten hat. Sie sind alle völlig gegen den Krieg. Aber sie werden nicht die Macht haben, ihn aufzuhalten, wenn sie nicht Ermutigung und Hilfe von außen erhalten. Sie kennen das Datum und werden verpflichtet sein, an diesem Datum zu marschieren.« Wiederum nahm Sir Robert Vansittart die Gelegenheit zurückzufragen: »Welches ist nach Ihrer Meinung das Datum?« Kleist lachte und sagte: »Aber Sie kennen es doch.« Sir Robert Vansittart bestritt diese Kenntnis, worauf Kleist erwiderte: »Jedenfalls kennt Ihr Premierminister das Datum.« Als Sir Robert Vansittart dies in Zweifel zog und hinzufügte, das Datum erscheine ihm wichtig, weil man die Zeitspanne kennen müsse, wenn das Abenteuer noch aufgehalten werden solle, äußerte Kleist auf wiederholtes Befragen: »Nach dem 27. September wird es zu spät sein.« Sir Robert Vansittart stellte daraufhin die Frage: »Wenn Sie sicher sind, daß das von Ihnen erwähnte Datum der festgesetzte Tag ist, so fragt sich, bis zu welchem Datum kann eine abschreckende Wirkung ausgeübt werden.« Kleists Erwiderung lautete: »Ich glaube, Sie könnten den Krieg bis Mitte September verhindern, aber sicherer ist es, ihn vor dem Parteitag aufzuhalten.«

Nunmehr stellte Sir Robert Vansittart die Frage: »Welche Wege empfehlen Sie, um den Krieg aufzuhalten?« Kleist antwortete: »Es gibt zwei Wege. Erstens: Da Hitler jetzt glaubt, daß die Haltung Englands und Frankreichs im Mai lediglich Bluff war, müssen Sie ihm zu verstehen geben, daß das nicht zutrifft. Frühere Äußerungen genügen nicht. Diese Eindrücke sind verblaßt. Zweitens müssen Sie folgendes bedenken: ein großer Teil des deutschen Volkes hat das jetzige Regime satt. Sogar ein Teil derer, die es nicht satt haben, sind zutiefst alarmiert über die Aussicht auf einen Krieg und über die Lage, in die ein Krieg führen würde. Die Armee ist einstimmig, einschließlich Reichenau, gegen den Krieg, wenn sie nur irgendwelche Unterstützung erhält. Ich möchte, daß einer Ihrer früheren Staatsmänner eine Rede hält, die diesem Faktor in Deutschland Rechnung trägt und die Schrecken des Krieges und die unvermeidlich allgemeine Katastrophe, zu welcher der Krieg führen wird, nachdrücklich hervorhebt.«

Als Sir Robert Vansittart Bedenken äußerte, ob nicht eine solche Rede einen gegenteiligen Erfolg haben werde, beharrte Ewald von Kleist auf seinem Standpunkt. Er fügte hinzu: »Wenn Hitler siegt und sein Land in den Krieg stürzt, werde ich sowieso umgebracht.« Er sei ohnehin mit einem Strick um den Hals nach England gekommen, um diese letzte Chance, das Abenteuer zu verhindern, zu nutzen. Er sei hergekommen, um zu warnen, daß England sich nun nicht mehr nur in Gefahr eines Krieges befinde, sondern sich seiner Gewißheit gegenübersehe. Nach seinem eigenen Standpunkt befragt, sagte Kleist, er sei ein Konservativer, ein Preuße und ein Christ. An dieser Stelle fügte er hinzu, daß es nach seiner Ansicht für eine vernünftige Politik keinerlei Aussicht gebe, solange Hitler an der Spitze des Geschehens stehe. Er – Kleist – glaube aber, daß, wenn der Krieg bei der jetzigen Gelegenheit, so wie im Mai, vermieden werde, dies ein Vorspiel vom Ende des Regimes Hitler sei, aber auch ein Vorspiel für die Wiedergeburt eines Deutschland, mit dem die Welt verhandeln könne.

Lord Halifax gab den Brief von Sir Robert Vansittart an den Premierminister Chamberlain weiter. Dieser antwortete am 19. August 1938 Lord Halifax. In diesem Briefe bringt Chamberlain zum Ausdruck, daß er auch von anderer Seite Nachricht bekommen habe, daß Hitler es diesmal ernst meine. Danach müsse sich Hitler über die Frage des Krieges entscheiden, bevor er am Parteitag in Nürnberg spreche. Dann sei es zum Intervenieren zu spät.

Erst nach Schilderung dieser zusätzlichen Nachricht kommt Chamberlain auf die Unterhaltung zwischen Sir Robert Vansittart und Kleist zu sprechen und kleidet seine Auffassung in folgende Worte:

»Ich nehme an, daß Kleist ein heftiger Gegner Hitlers und äußerst bestrebt ist, seine Freunde in Deutschland zu einem Versuch anzustacheln, ihn zu stürzen. Er erinnert mich an die Jacobiten am Hofe von Frankreich zur Zeit des Königs Wilhelm, und ich glaube, wir müssen vieles von dem, was er sagt, mit Vorsicht aufnehmen. Dennoch habe ich zugegebenermaßen ein gewisses Gefühl des Unbehagens und bin mir nicht sicher, ob wir nicht doch etwas unternehmen sollten. Seinen zweiten Weg, daß einer von uns eine Rede hält oder ein Interview geben sollte, in dem wir, um Vansittarts Ausdruck zu gebrauchen, deutlicher sein sollten als am 21. Mai, verwerfe ich, auf alle Fälle für jetzt. Der erste Weg ist weniger verpflichtend, und es gibt mehrere Möglichkeiten, mit denen wir Hitler überzeugen könnten, daß die Lage nicht weniger ernst ist als im Mai.«

Aus dem Brief Chamberlains ist bemerkenswert, daß Kleist ihn an die Jacobiten am Hofe von Frankreich in der Zeit von König William erinnert. Mit diesem Satz erinnert Chamberlain an Jacob II. von England, der in der Zeit von 1685–1688 in England regiert hat, mit der Absicht, in England die unumschränkte Königsgewalt wiederherzustellen. Die Geschichte weiß, daß dieser Versuch mißlungen ist. Jacob II. wurde ohne Schwertstreich abgesetzt. Sein Schwiegersohn Wilhelm III. von Oranien landete in England und übernahm mit nicht mehr als 14 000 Mann die Gewalt. Das Volk wandte sich von Jacob II. ab und anerkannte Wilhelm III. von Oranien. Jacob II. mußte fliehen. Er floh nach Frankreich. Dort wurde er von Ludwig XIV. mit allen einem König gebührenden Ehren empfangen und lebte auf dem Schloß in St. Germain bis zu seinem Tode. Diese nahezu unblutige Revolution bezeichnen die Engländer als *glorious revolution*. Das Parlament stellte sich auf die Seite Wilhelms von Oranien. Und dieser bestieg als Wilhelm III. den Thron von England. Die Engländer stellten damals die Lehre von einem Urvertrag auf. Diese Lehre beruht auf der Behauptung, daß die Königsgewalt auf göttlichem Recht beruhe. Das Parlament gab die Meinung kund, König Jacob habe den Urvertrag zwischen König und Volk gebrochen und dadurch auf den Thron tatsächlich verzichtet. Der Thron sei damit vakant. Auf diesen Thron beriefen die Engländer Wilhelm III. Dieser Vorgang wurde dadurch erleichtert, daß Wilhelm III. mit der Tochter Jacobs II. verheiratet war. Mit Jacob II. verließen auch viele seiner Anhänger England und lebten in Frankreich. Diese Anhänger meint Chamberlain, wenn er von den Jacobiten spricht. An diese Jacobiten erinnert Chamberlain in seinem Brief an Lord Halifax und schließt daran die Bemerkung über Kleist: »Ich denke, wir müssen ein gut Teil von dem, was er sagt, in Abzug bringen.« Er weist den Vorschlag Kleists zurück, daß ein englischer Staatsmann eine Rede halten oder ein Interview geben sollte, in welchem er der englischen Politik gegenüber Hitler einen stärkeren Ausdruck verleihen sollte. Chamberlain gibt der Überzeugung Ausdruck, daß die bisherige Haltung ausreichend gewesen sei, um Hitler davon zu überzeugen, daß der Standpunkt Englands nicht weniger ernsthaft sei als bisher. Er erklärt sich aber bereit, den englischen Botschafter in Berlin, Sir Nevile Henderson, zu informieren.

Die Geschichte weiß, daß Churchill später diese Haltung Chamberlains mit den Worten gekennzeichnet hat: »Er hatte die Wahl zwischen Ehre und Schande. Er wählte die Schande und erhielt dazu auch noch den Krieg.«

Im Anschluß an die Unterhaltung mit Sir Robert Vansittart hatte Ewald von Kleist noch zwei weitere Gespräche, eines mit Churchill und ein weiteres mit Lord Lloyd. Schon damals war man sich in englischen Kreisen darüber klar, daß, wenn es zu einem Krieg komme, nach einiger Zeit ein Wechsel in der Position des Premierministers eintreten würde. Der Rücktritt von Chamberlain galt als sicher. Mindestens ebenso sicher war seine Ersetzung durch Winston Churchill.

Über das Gespräch zwischen Churchill und Kleist gibt es einen Bericht, den Churchill selbst verfaßt hat. Hierin wird festgehalten, daß Kleist einen Angriff auf die Tschechoslowakei befürchte und daß ein solcher Angriff möglicherweise noch vor dem September erfolgen könne. Kleist habe zu einem Ultimatum geraten und dabei hinzugefügt, niemand in Deutschland wünsche den Krieg, mit Ausnahme von Hitler. Sogar Göring sei nicht für einen Krieg, obwohl er kein Wort gegen den Krieg offen aussprechen werde. Alle Generale seien für den Frieden. Nach dem Churchill-Bericht hat Kleist damals seinem Glauben Ausdruck gegeben, daß die Generale sich weigern würden zu marschieren, wenn sie nur eine kleine Ermutigung erführen, zumal sie überzeugt seien, daß ein Angriff gegen die Tschechei Deutschland in einen Krieg mit Frankreich und Großbritannien führen werde. Sie stünden aber unter dem Eindruck der Wildheit und Macht Hitlers. Churchill gab seiner Auffassung Ausdruck, daß diese Generale im Recht und daß viele Engländer nicht vorbereitet seien, diese Dinge kalten Blutes zu sehen, wenn es zu einem Angriff auf die Tschechei käme. Churchill meinte aber auch, die englische Geduld sei nicht so sehr ein Zeichen der Schwäche als der Versuch, alle Hilfsmittel auszuschöpfen, wenn es in Zentraleuropa zu einem offenen Krieg komme. Er fügte hinzu, daß die öffentliche Meinung in den Vereinigten Staaten ungewöhnlich stärker engagiert sei als 1914. Er betonte die Tatsache, daß diejenigen, die so dächten wie er, gegen die Nazis und gegen den Krieg seien, aber sie seien nicht gegen Deutschland. Kleist betonte, auch er glaube, daß das wahr sei, was Churchill sage, und daß er fortfahren werde, in diesem Sinne mit seinen Freunden zu sprechen. Es sei aber eine Geste notwendig, um dieser Ansicht Ausdruck zu geben, daß die Antikriegsstimmung in Deutschland allgemein verbreitet sei. Vor allem sei es notwendig, die Generale zu ermutigen. Denn letzten Endes hätten die Generale allein die Macht, den Krieg aufzuhalten. Er, Kleist, realisiere die Schwierigkeiten einer Geste durch eine demokratische Regierung, gäbe aber der Meinung Ausdruck, daß es doch möglich sein müsse für Private, Mitglieder des Parlamentes, durch Briefe in der Presse und durch private Verbindung gegenüber Freunden in Deutschland auf die Gefahr der Situation hinzuweisen und dadurch die friedlichen Elemente in Deutschland zu stärken. Er sei überzeugt, daß die Generale auf die Erhaltung des Friedens bedacht seien. Dann aber würde ein neues Regierungssystem innerhalb von 48 Stunden entstehen. Solch eine neue Regierung, wahrscheinlich eine Regierung von monarchischem Charakter, würde die Stabilität garantieren und den Krieg für immer bannen. Churchill erwiderte darauf, daß die Welt interessiert sei an einer friedlichen, toleranten und auf Recht gegründeten Regierung in Deutschland. Dann sei es auch möglich, die Frage der Kolonien und neue Handelsverträge zu erörtern. Weder Britannien noch Frankreich würden eine kleinliche Haltung an den Tag legen. Im Gegenteil, sie würden den herzlichen Wunsch haben, der gegenwärtigen Krise ein Ende zu bereiten und ein friedliches Regime zu unterstützen, sobald der Schatten einer Aggression und eines Krieges von Europa genommen sei. Bei dieser Gelegenheit erwähnte Kleist, seine Freunde wären an der Frage von Kolonien nicht besonders interessiert. Dagegen sei die Frage des Polnischen Korridors eine Angelegenheit von Bedeutung. Churchill erwiderte hierauf, er habe immer gewünscht, daß dieses Problem schon geklärt würde, bevor Hitler ans Ruder gekommen sei. Aber jetzt sei nicht der Moment, es zu diskutieren. Kleist erkannte dies an, wies aber darauf hin, daß dieser Punkt eine reale Schwierigkeit nach Auffassung des Militärs sei.

Zum Schluß erklärte Churchill, daß seine Unterhaltung mit Vansittart an das englische Auswärtige Amt und den Premierminister weitergegeben worden sei. Er, Churchill, sei ermächtigt, die Erklärung des Premierministers im Unterhaus zu unterstreichen. Er werde dies in Form eines Briefes zum Ausdruck bringen.

Am Ende der Unterhaltung wurde verabredet, daß Churchill einen Brief an Ewald von Kleist schreiben solle, den dieser dann an Admiral Canaris weitergeben werde. So geschah es auch. Eines Tages wurde ich in Berlin von der britischen Botschaft angerufen. Dabei wurde mir mitgeteilt, ich möge doch einen Brief aus der britischen Botschaft abholen. Obwohl ich über diese Unvorsichtigkeit nicht wenig erstaunt war, habe ich mich, nicht ohne Bangigkeit, dorthin begeben und habe den Brief, der an Ewald von Kleist adressiert war, in Empfang genommen. Die britische Botschaft in Berlin war über die Freundschaft zwischen Ewald von Kleist und mir unterrichtet. Sie hatte wohl Bedenken, mit dem in Hinterpommern auf dem Lande wohnenden Ewald von Kleist telefonische Beziehungen aufzunehmen und wählte deshalb den leichteren Weg des telefonischen Anrufes bei mir, der ich damals meinen Wohnsitz in Berlin hatte. Ich habe diesen Brief einige Tage bei mir aufgehoben und ihn dann Ewald von Kleist überreicht, als dieser etwas später nach Berlin kam.

Auch dieser Brief ist heute in vollem Wortlaut von den Engländern veröffentlicht. Churchill beginnt ihn mit den Worten, er habe es sehr begrüßt, Ewald von Kleist als eine Persönlichkeit willkommen zu heißen, die das Risiko auf sich genommen habe, dafür zu sorgen, daß der Friede in Europa aufrechterhalten und daß die Freundschaft zwischen den Briten, Franzosen und Deutschen auch unter veränderten Umständen erhalten bleibe. Churchill fügt hinzu, er sei sicher, daß die Überschreitung der Grenze der Tschechoslowakei durch deutsche Truppen den Ausbruch eines Weltkrieges bedeuten werde. Er sei auch sicher, daß England und Frankreich gemeinsam marschieren würden wie im Jahre 1914. Mit Sicherheit seien auch jetzt die Vereinigten Staaten ganz streng antinazistisch eingestellt. Die entscheidenden Sätze des Briefes lauten wie folgt:

»Es ist für Demokraten schwer, im voraus und kalten Blutes präzise Erklärungen abzugeben. Aber das Schauspiel eines bewaffneten Angriffes durch Deutschland auf einen kleinen Nachbarn und der blutigen Kämpfe, die folgen werden, wird das gesamte Britische Empire in Wut bringen und zu ernstesten Entschlüssen zwingen.

Lassen Sie sich, ich beschwöre Sie, nicht über diesen Punkt täuschen. Ein solcher Krieg, einmal begonnen, würde ausgefochten wie der letzte bis zum bitteren Ende, und man muß berücksichtigen nicht, was in den ersten paar Monaten geschehen mag, sondern wo wir alle stehen am Ende des dritten oder vierten Jahres.

Da ich der Meinung war, Sie sollten eine klare Botschaft zurückbringen können an Ihre Freunde in Deutschland, die die Erhaltung des Friedens wünschen und einem großen Europa entgegensehen, in dem England, Frankreich und Deutschland zusammenarbeiten zum Gedeihen der lohnempfangenden Massen, habe ich mich mit Lord Halifax besprochen. Seine Lordschaft hat mich gebeten, in seinem Namen zu sagen, daß die Haltung der Regierung Seiner Majestät hinsichtlich der Tschechoslowakei festgelegt ist durch die Ansprache des

Premierministers im Unterhaus am 24. März 1938. Die Ansprache muß als Ganzes gelesen werden, und ich bin nicht autorisiert, irgendeinen besonderen Passus aus dem Zusammenhang herauszureißen.
Wo es um Frieden oder Krieg geht, werden nicht rechtliche Verpflichtungen allein berührt, und wenn der Krieg ausbräche, wäre es unwahrscheinlich, daß er auf diejenigen begrenzt bliebe, die diese Verpflichtungen eingegangen sind.«

Ewald von Kleist brachte diesen Brief zu Admiral Canaris. Auch der Staatssekretär des Auswärtigen Amtes, Herr von Weizsäkker, wurde eingeschaltet. Dieser ließ einen Auszug des Churchill-Briefes herstellen, um ihn am 6. September 1938 in einem ausgewählten Kreise zirkulieren zu lassen.

Ewald von Kleist ließ sich durch die Londoner Gespräche und den Brief nicht täuschen. Er fand die Haltung der englischen Staatsmänner, die damals am Ruder waren, blamabel. Als er nach seinem Gesamteindruck auf Grund seines Londoner Besuches gefragt wurde, antwortete er: »Ich fand niemanden in London, der bereit ist, einen Präventivkrieg zu führen.« Viele Jahre später wurde der Brief im Original von der Gestapo bei einer Hausdurchsuchung gefunden. In voller Erkenntnis der Gefahr hatte Ewald von Kleist den Brief aufbewahrt. Wenn Kleist auch nach dem Ausbruch des Krieges mit den führenden Männern der Opposition in Kontakt blieb, insbesondere mit Carl Goerdeler und Ludwig Beck, so gehörte er dennoch nicht mehr zu den auf der Bühne handelnden Personen. Kleist mißtraute auch der deutschen Opposition. Er hegte Zweifel an ihrer Entschlußkraft, mißtraute zwar nicht der Ehrlichkeit des Willens, aber stieß sich an der Fülle der geheimnisvollen Unterredungen, die er als im schlechtesten Sinne deutsch empfand, weil der Deutsche das Wort der Tat vorzieht. Seine eigene Haltung wurde dadurch nicht berührt. Auch während des Krieges gestattete er sich selbst nicht die geringste Konzession gegenüber dem Nationalsozialismus. Im vertrauten Gespräch, vor allem gegenüber dem schwedischen Diplomaten Kurt Herbert Damgren, pflegte er seiner Resignation mit den Worten Ausdruck zu geben: »Ich habe nichts mehr anzubieten.«

Was das eben Geschilderte angeht, so gibt es hierüber eindeutige, für jedermann einsehbare Quellen. Wir finden sie in den *Documents on British Foreign Policy, Third Series, Volume II.* Sie sind 1949 in London erschienen und enthalten folgende Berichte:

(a) einen Bericht des damaligen ständigen Unterstaatssekretärs im englischen Auswärtigen Amt, Sir Robert Vansittart, an den damaligen englischen Außenminister Lord Halifax;

(b) einen Brief von Chamberlain an Lord Halifax;

(c) einen Bericht von Winston Churchill über seine Unterredung mit Kleist;

(d) einen Brief von Winston Churchill an Ewald von Kleist.

Alle Urkunden datieren vom August 1938.

Hitler aber trieb seine Politik gegen die Tschechei fort und hatte Erfolg, weil der von der englischen Regierung nach Prag entsandte Vermittler Lord Runciman im August 1938 seine Verhandlungen mit einem Bericht abschließt, der besagt, daß ein Zusammenleben der Deutschen und der Tschechen nicht mehr möglich sei. So läßt denn Lord Runciman die deutsche Botschaft in London wissen, daß Hitler sich von der Tschechei nehmen könne, was er wolle. Über diese schwache Haltung Englands in der damaligen Zeit wunderten sich auch die kleinen Mächte, insbesondere Schweden, das in seiner diplomatischen Mission in Berlin besonders gut vertreten war. Dort gab es den schon von mir erwähnten Diplomaten Kurt Herbert Damgren. Mit diesem haben Kleist und ich immer in mündlichem Kontakt gestanden. Wir trafen uns in aller Offenheit in Berlin. Diese Verbindung hat bis zur Eroberung Berlins durch die Russen gehalten. Sie ist niemals gestört worden. Wir wurden durch unseren Freund Kurt Herbert Damgren über alle Ereignisse von politischer Wichtigkeit auf dem laufenden gehalten. Das geschah noch mitten im Kriege. In dieser Zeit hat Kurt Herbert Damgren die Berichte entworfen, durch die der schwedische Gesandte seine Regierung in Stockholm unterrichtete. Sie sind alle später in einem Weißbuch veröffentlicht worden. Jeder kann sie noch heute lesen und sich daraus ein Bild machen, daß es nach dem Urteil dieses neutralen Diplomaten eine wirkliche Opposition in Deutschland gab und daß nach der Überzeugung dieser Opposition ohne die Beseitigung Hitlers eine Rettung Deutschlands vor den furchtbaren Folgen eines Weltkrieges unmöglich sei. Kurt Herbert Damgren hatte seine Laufbahn als schwedischer Diplomat im Jahre 1914 in Petersburg begonnen. Nach dem Ende des Ersten Weltkrieges kam er nach Berlin. Dort hat er bis 1945 ausgehalten, um dann den diplomatischen Dienst in Bern fortzusetzen. Nach dem Entstehen der Bundesrepublik kehrte er nach Deutschland zurück und hob dort eine neue schwedische Mission aus der Taufe. Er lebt heute nicht mehr. Wer das Leben dieses schwedischen Diplomaten durch viele Jahre hindurch vor, während und nach dem Kriege verfolgt hat, weiß, welch große Verdienste sich dieser Gesandte eines neutralen Landes in unermüdlicher Arbeit, allen Fehlschlägen zum Trotz, erworben hat. In der Außenwelt fiel er nicht auf. Aber in stiller Kleinarbeit hat er unendlich viel dazu beigetragen, daß Hitler ins Wanken geriet, daß Europa zu einem Teil am Leben blieb und daß Deutschland wieder eine Geltung erhielt, als die Öffentlichkeit schon längst den Löffel weggelegt hatte. Schweden kann auf einen solchen Diplomaten stolz sein.

Kleist wurde durch die Entwicklung in der zweiten Hälfte des Jahres 1938 und der ersten Hälfte des Jahres 1939 niedergedrückt. Er fühlte, daß sowohl in Frankreich wie in England die unentschlossenen Kräfte die Oberhand hatten und daß in Deutschland das Ansehen Hitlers dank der ihm vom Ausland gewährten Erfolge noch im Wachsen war. Manchmal war Kleist der Verzweiflung nahe. Im Innern gab er sich keinem Zweifel darüber hin, daß die große Katastrophe unvermeidlich wurde. Wir haben damals des öfteren mit einem jungen Engländer in Fühlung gestanden. Es war der schon erwähnte Ian Colvin, ein in Berlin akkreditierter Journalist. Wir hatten uns in der Casino-

Gesellschaft kennengelernt. Diese Casino-Gesellschaft war der älteste Club von Berlin. Er hatte seinen Sitz in der Bendlerstraße gegenüber dem Reichskriegsministerium. Seine Mitglieder waren alte hohe Ministerialbeamte, aktive oder schon im Ruhestand lebende Offiziere, Vertreter des Adels, aber auch Repräsentanten des gebildeten Bürgertums, wie Bankiers, Rechtsanwälte und Unternehmer. In diesem Club kam man ungestört zusammen und konnte sich unterhalten, wie man wollte. Die Bediensteten des Clubs waren ehemalige Wachtmeister aus den Regimentern der Gardekavallerie. Ihr Sinn für Disziplin und Autorität und nicht zuletzt ihre Taubheit machten es möglich, sich auch über heikle oder gar politisch verbotene Dinge zu unterhalten.

Am Abend des 1. September 1939 trafen Kleist und ich uns in den Räumen der Casino-Gesellschaft. Während dort beim Mittagessen an der Table d'hôte gespeist wurde, aß man abends an runden Tischen. Der Zufall wollte es, daß Kleist und ich an einen verhältnismäßig großen Tisch gerieten. Während des Essens machte Kleist in der ihm eigenen Schroffheit ein paar bissige Bemerkungen. Plötzlich wurde er durch einen Teilnehmer am Tisch unterbrochen. Es handelte sich um einen ehemaligen Ministerialbeamten. Dieser sagte zu Kleist: »Solange es Frieden war, habe ich Ihre politischen Bemerkungen hingenommen. Jetzt aber ist Krieg. Ich darf Sie daher darauf aufmerksam machen, daß ich ab sofort politische Bemerkungen aus Ihrem Munde nicht mehr hinnehme und auch nicht mehr für mich behalte.«

Das Gespräch erstarb. Alles hielt den Atem an. Nur Kleist verlor die Ruhe nicht. Er antwortete mit einer Gelassenheit sondergleichen: »Das ist mir klar. Ich habe Sie immer für einen Denunzianten gehalten.« Durch diese Antwort wurde die Situation noch mehr verschärft. Was aber geschah? Der ehemalige Ministerialbeamte erhob sich, verließ den Tisch und verließ den Club. Kaum hatte er sich erhoben, so sagten mehrere, daß man in der Casino-Gesellschaft als Mitglied sagen könne, was man wolle, denn hier sei man ja unter sich. Der Vorfall blieb ohne Folgen.

Doch zurück zu Colvin. Er kannte zwar die Schwächen seines eigenen Landes und zeigte auch hin und wieder seine Verachtung für die ihm devot scheinenden Deutschen. Aber er war doch bemüht, Fäden zu knüpfen und alle Menschen anzuspornen, die ihm geeignet erschienen, das kommende Unheil von Europa abzuwenden. In seinem Auftreten etwas lässig, war er in seinem Innern voller Tatkraft. Er brachte Kleist auf den Gedanken, er möge mich doch veranlassen, nach England zu kommen. Er, Colvin, werde es schon verstehen, mich mit Engländern von Einfluß zusammenzubringen. Das geschah. Im Juni 1939 fuhr ich nach London. Dort wurde ich durch Vermittlung von Colvin bei Lord Lloyd eingeladen. Dieser war damals Führer der Konservativen im Oberhaus. Er wirkte wie ein Tiger und saß immer auf dem Sprung, um das Geschick beim Schopf zu fassen. Seine Hauptrolle hatte er einst als Hoher Kommissar der Briten in Ägypten gespielt. Er war auch in England gefürchtet.

Sein beißender Spott und seine Schlagfertigkeit machten ihn zu einem gefährlichen Gegner. Das erste abendliche Gespräch in seinem Londoner Stadthaus zeigte mir den großen Realisten. Nur im Ton der Abneigung sprach er über Chamberlain. Den britischen Botschafter in Berlin, Sir Nevile Henderson, bezeichnete er als politischen Narren. Dieser hatte unter ihm in Ägypten gedient. Eine Persönlichkeit wie Lord Lloyd brauchte man nicht über die Lage, wie sie sich von Berlin ansah, zu unterrichten. Er gab sich keinem Zweifel hin. Zwei Dinge aus seinen Ausführungen sind mir im Gedächtnis geblieben: Vor allem wies er auf die militärisch mangelhafte Ausrüstung Englands hin. Aber noch mehr bedrückte ihn die innere Schwäche der britischen Nation. Hierfür machte er MacDonald verantwortlich. Seit diesem Mann habe England einen Schwächeanfall nach dem anderen erlitten. Ganz England sei nur eine Kulisse. Das Mark des britischen Volkes sei angenagt. Aber er setzte hinzu, es gebe noch eine Möglichkeit. Ein Mann der Opposition, Winston Churchill, sei bei aller Ungereimtheit im einzelnen ein ganzer Kerl. Falls es zu einem bewaffneten Konflikt käme, werde unweigerlich dieser und kein anderer Ministerpräsident. Er werde die wenigen noch in England schlummernden Kräfte zu wecken verstehen, werde Hitler entgegentreten und gleichzeitig mit List und brutaler Rücksichtslosigkeit Hitler bekämpfen, bis dieser am Boden vernichtet sei. An ihm werde sich die Wahrheit des Wortes erweisen: Männer machen die Geschichte. Vom Volk allein sei nichts zu erwarten. Wenn aber Winston Churchill an die Macht komme, würden Eigenschaften Englands wach werden, an deren Vorhandensein kein anderer mehr glaube. Es habe keinen Zweck, mit Chamberlain zu sprechen. Dieser sei ein ehrenwerter Kaufmann, aber kein Staatsmann. Der Hinweis von Lord Lloyd war nicht zu überhören. Durch seine Vermittlung kam dann ein Gespräch zwischen Winston Churchill und mir zustande. Es fand auf dem Landsitz von Churchill südlich von London statt. Ich bin niemals wieder einer größeren Persönlichkeit begegnet. Als ich bei ihm eintraf, war er gerade damit beschäftigt, eine Mauer zu bauen. Schnell legte er die Kelle aus der Hand und begrüßte mich mit einer Natürlichkeit, die ihresgleichen suchte. Nachdem er sich umgezogen hatte, sprach er vor allem mit meiner Frau, weil er wußte, daß sie aus der Familie Bismarck stammt. Er erzählte von seinen Besuchen in Deutschland, vor allem von seiner Teilnahme an deutschen Manövern. Dann holte er eine Fotografie Bismarcks, die dieser, mit eigenhändiger Unterschrift versehen, dem Vater von Winston Churchill geschenkt hatte. Churchill war von Statur klein und sehr korpulent. Nach dem Essen zogen wir uns in einen großen Salon zurück. Dort hing ein Bild seines berühmten Vorfahren, des Herzogs von Marlborough. Unter dem Bild stand ein riesiges Sofa. Auf dieses Sofa setzte er sich in die Mitte, bestellte und erhielt einen doppelten Whisky und ließ mich seine Verachtung spüren, als ich mich mit einem Glas Tomatensaft begnügen wollte. Sein Gesicht zeigte Entschlossenheit. Seine Stirn kennzeichnete den scharfen Denker. Aber seine ganze Gestalt verriet etwas anderes: einen Instinkt für das Wesentliche und unwiderstehlichen Drang nach Macht, unbekümmerte Kühnheit ohne Rücksicht auf das Risiko der Folgen und seine Geringschätzung aller Ideologien. In der Unterhaltung freilich erkannte man bald: er war ein Meister der

Sprache und wußte die Worte zu setzen. Er war kein Wissenschaftler, er war mehr. Er war ein Künstler und maß sich außerdem die Fertigkeit des Strategen bei. Ohne Umschweife begann er mit den Worten: »Und nun erinnern wir uns Ihres Urgroßvaters Stockmar, seiner großen Rolle in England und sprechen von nichts anderem als von Politik.« Er verfiel nicht in den Fehler zu dozieren, sondern verwickelte mich sofort in ein Spiel von Fragen und Antworten. Dabei war er der Frager. Als ich, eines solchen Spieles ungewohnt, mit einer Gegenfrage antwortete, meinte er kurz: »Ich habe zuerst gefragt.« Während unseres Gespräches rauchte er unentwegt eine lange dicke Zigarre. Als ich versuchte, ihn auf die große Gefahr durch Hitler hinzuweisen, winkte er ab mit den Worten: »Das weiß ich alles schon. Hitler ist der Weltkrieg.« Auf meinen vorsichtigen Hinweis, ob England dieser Gefahr gewachsen sei, erwiderte er im Gegensatz zu Lord Lloyd, England sei ein trefflicher Staat und verfüge über ein kräftiges, körperlich gestähltes Volk; es werde den Krieg auf sich nehmen, falls dies unvermeidlich sei, werde wie immer am Anfang einige Gefechte und Schlachten verlieren, um am Ende des Krieges auch als militärischer Sieger dazustehen. Da ich über einen Punkt keinen Zweifel aufkommen lassen wollte, sagte ich ihm ziemlich zu Anfang: »Ich bin kein Nazi, aber ich bin ein Patriot.« Wie aus der Pistole geschossen, antwortete Churchill: »Ich auch.« Aber immer kamen wir auf die Frage zurück: Wie kann man den Krieg vermeiden, zumal es ja einen Hitler gibt, der ihn will. Auf diese wiederholt von ihm gestellte Frage habe ich ihm geantwortet: »Hier hilft nur eine für die ganze Welt sichtbare Geste der Macht. Hitler weicht nicht vor einer Rede zurück. Macht wird ihn beeindrucken.« Auf seine Frage, welchen Weg man einschlagen sollte, habe ich ihm einen Aufmarsch der englischen Flotte im Nassen Dreieck empfohlen. Unter dem Ausdruck »Nasses Dreieck« verstanden die Seeleute aller Nationen die Nordsee zwischen England und Deutschland. Er wiegte bedenklich den Kopf und meinte, die gegenwärtige englische Regierung werde hierzu kaum zu bringen sein. Sie hoffe, den Frieden durch Nachgiebigkeit zu erreichen, werde aber den Krieg aufgezwungen bekommen. Natürlich habe ich von mir aus Churchill auch über die deutsche Opposition berichtet und die britische Haltung während des Ersten Weltkrieges und vor allem nach seiner Beendigung in Zweifel gezogen. Ohne mit der Wimper zu zucken, antwortete Churchill: »Der Sturz der Monarchie in Deutschland war unser größter politischer Fehler, ebenso die Zerschlagung der Österreichisch-Ungarischen Doppelmonarchie.« Obwohl Churchill offensichtlich nicht unbeeindruckt war durch das Vorhandensein einer deutschen Opposition und vor allem durch eine Opposition innerhalb der Armee, stellte er die Frage: »Können Sie für einen erfolgreichen Aufstand der Armee gegen Hitler garantieren?« Zunächst habe ich gezögert, diese Frage zu beantworten. Er bemerkte mein Zögern, wiegte den Kopf hin und her und lächelte. Dann habe ich mich zur folgenden Antwort entschlossen: »Ich kann weder ein Zuschlagen der Opposition noch einen Erfolg eines Staatsstreiches garantieren. Diese Dinge liegen im Schoße der Zukunft. Ich kann nur das Wissen um das Vorhandensein einer Opposition auf mein Gewissen nehmen.« Mit dieser Antwort war Churchill sichtlich zufrieden. Heute bin ich dankbar, daß ich nicht mehr geantwortet, sondern mir Zurückhaltung auferlegt habe.

Nach Berlin zurückgekehrt, blieb meine Darstellung über die Gespräche in London im engsten Kreis der Opposition nicht ohne Widerhall. Aber der Zweifel über die Wirkung der in London geführten Gespräche sollte sich bewahrheiten. Hitler war nicht mehr aufzuhalten. Am 1. September begann der Angriff des Dritten Reiches gegen Polen. England forderte den Rückzug der deutschen Truppen auf das Reichsgebiet. Die Forderung war auf den 3. September befristet. Einige Tage vorher hatten Kleist und ich noch einmal ein Gespräch. Die Frage eines Sonderfluges nach London wurde zwar erörtert, aber dann verworfen. Am 3. September hatte ich mich mit dem britischen Botschaftsrat Sir George Ogilvy Forbes zum Mittagessen im Hotel Adlon Unter den Linden verabredet. Als ich um 13 Uhr das Hotel Adlon betrat, wußte ich, daß inzwischen der Kriegszustand zwischen Hitler-Deutschland und England eingetreten war. In der Halle des Adlon war trotzdem Sir George Ogilvy Forbes zugegen. Er war umgeben von den Mitgliedern der englischen Botschaft, die schon alle ihre Koffer gepackt hatten und auf ihre Abreise über Dänemark warteten, weil damals auch im Kriegsfalle die Botschaftsmitglieder ausgetauscht wurden. Sachlich gab es nun nichts mehr zu besprechen. Aber die Form verlangte, daß Sir George Ogilvy Forbes und ich das Mittagessen gemeinsam einnahmen. Wir führten ein rein gesellschaftliches Gespräch in vollem Bewußtsein, daß viele Augen- und Ohrenpaare auf uns gerichtet waren. Plötzlich öffnete sich die Tür und mehrere SS-Offiziere betraten das Foyer des Hotels. Sie kamen sofort auf Sir George Ogilvy Forbes zu. Es kam zu einem kurzen Meinungsaustausch, der sich nur um die Frage drehte, wann und wo die englischen Mitglieder sich zur Abfahrt bereitfinden sollten. Um mich kümmerte sich niemand. Obwohl es sachlich nichts mehr zu besprechen gab, beschlich mich doch ein eigentümliches Gefühl, mit dem Vertreter einer ausländischen Macht nach Ausbruch des Krieges zu Mittag zu essen und so zu tun, als ob nichts geschehen sei. Unbehagen und Reiz waren die beiden Momente, die mich in dieser Stunde beherrschten. Aber es ging alles glatt vorbei.

Während des Krieges haben Kleist und ich uns nur noch selten gesehen und gesprochen. Das war eine Folge der Tatsache, daß ich nun so schnell wie möglich den grauen Rock anzog, um mich in das Refugium des Heeres zu flüchten. Das war damals trotz allem noch eine Stätte der Zuflucht. Man war bis zu einem gewissen Grade vor dem Zugriff der Gestapo gesichert. Bei den wenigen Malen, in denen Kleist und ich uns trafen, konnte ich Zusammenkünfte von Kleist mit Carl Goerdeler und Wirmer vermitteln. An den Zusammenkünften selbst habe ich nicht teilgenommen. Eines wurde mir deutlich: Kleist zog sich immer mehr in sich zurück. Er war manchmal wie ausgelöscht. Er sprach immer weniger und wirkte auf Dritte vielleicht ein wenig hochmütig. Für ihn gab es nur noch seine Familie und seine Freunde. Seine erste Frau war 1937, da sie sich bei der Pflege eines kranken Kindes angesteckt hatte, an Scharlach gestorben. Er hatte zum zweiten Mal geheiratet und ging ganz in dieser Ehe auf. Was sich nun ereignete, war für ihn ein Schicksal, das er lange vorausgesehen hatte und das ihn nicht schrecken konnte. Unmittelbar nach dem 20. Juli 1944 wurde er, zusammen mit seinem Vetter, der wenige Kilometer von ihm entfernt auch ein Gut besaß, verhaftet. Beide kamen zunächst nach Köslin. Auf dem Gang des Gefängnisses hatten sie noch einmal Gelegenheit, ein paar Worte zu wechseln. Ewald von Kleist sagte zu seinem Vetter: »Du wirst noch einmal mit dem Leben davonkommen. Aber ich verlasse das Gefängnis nach dem, was sich ereignet hat, nicht mehr lebend. Ich muß meinen Weg zu Ende gehen.«

Kleist wurde sehr bald nach Berlin gebracht. Dort habe ich ihn noch mehrfach gesehen. Das erste Mal erblickte ich ihn in der Schar der Gefangenen, die nachts bei einem Bombenangriff aus ihren Zellen geholt und in einen Bunker geführt wurden. Kleist hatte keine Krawatte um. Sein Blick war in sich gekehrt. Er sah niemanden und nahm von nichts in seiner Umwelt Notiz. In meinen Vernehmungen bin ich zu meinem eigenen Erstaunen niemals nach ihm gefragt worden. Die Gestapo war eben nur brutal, aber ohne Kenntnis der menschlichen Zusammenhänge. Dann sah ich ihn eines Tages wieder im Gerichtsgebäude des Volksgerichtshofes. Außer uns war noch der Kommandant des Invalidenhauses, Oberst Staehle, zugegen. Es war der 3. Februar 1945. Wir waren an Händen und Füßen gefesselt, wurden aber dem Gericht nach Abnahme der Fesseln als Angeklagte vorgeführt. Vorsitzender des Gerichtes war Roland Freisler. Als erster Angeklagter wurde Kleist aufgerufen. Die Verhandlung war nur kurz. Nach Verlesung der Anklage wurde Kleist gefragt, ob er etwas zu sagen habe. Kleist antwortete: »Ich habe Hitler und den Nationalsozialismus immer für den Erzfeind des Deutschen Reiches gehalten. Ich habe ihn immer bekämpft, soweit es meine Kräfte erlaubten.« Freisler und die anderen Mitglieder des Gerichtes erstarrten. So etwas hatten sie noch nie erlebt. Vor ihnen stand weder ein gebrochener noch ein geständiger Angeklagter, sondern ein Überzeugungstäter. Auf Einzelheiten ließ sich Kleist nicht ein. Roland Freisler war ein eigenartiger Vorsitzender. Er war eine Mischung aus Genie und Wahnsinn. Er hatte wohl vor, uns alle drei abzuurteilen, und rief deshalb meine Sache auf. Im gleichen Augenblick setzten die Sirenen ein. Freisler unterbrach seinen eigenen Redefluß, mit dem er jeden Angeklagten zu beschimpfen pflegte, bevor die Sache selbst erörtert wurde, und beauftragte einen Justizwachtmeister, sich zu erkundigen, ob es sich um eine Störaktion oder um einen größeren Angriff handle. Nach wenigen Minuten kam der Wachtmeister zurück. Ich sehe noch heute sein leichenblasses Gesicht vor mir. Er wandte sich an Freisler und sagte: »Bomberströme auf Berlin.« Freisler unterbrach die Sitzung und sagte: »Alle Prozeßbeteiligten begeben sich in den Luftschutzkeller.« Von Polizei geführt, wurden auch wir Angeklagten in den Keller gebracht. Er hieß zwar Luftschutzkeller, war aber nicht mehr als ein gewöhnlicher Keller. Unten wurden die Angeklagten wieder an Händen und Füßen gefesselt. Wir wurden voneinander getrennt, indem sich uniformierte Polizeibeamte zwischen uns setzten, so daß wir keine Fühlung miteinander aufnehmen konnten. Wenige Minuten später brach ein ohrenbetäubender Lärm los. Erst später sollten wir erfahren, daß dies der größte Angriff der amerikanischen Luftwaffe auf die City von Berlin war. Freisler war nervös, er ging immer wieder zur Tür und versuchte zu telefonieren und Erkundigungen einzuziehen. Er hatte meine Akten unter dem Arm. Plötzlich kam es zur Katastrophe: Eine Bombe traf das Gerichtsgebäude. Gleichzeitig löste sich ein T-Balken von der Decke. Man konnte gerade noch sehen, daß das eine Ende des Balkens einem Justizwachtmeister auf die Brust fiel, während das andere Ende Freisler niederschlug. Teile der Decke kamen herunter. Wir waren verschüttet. Nach geraumer Zeit hörten wir Geräusche, aus denen wir entnehmen konnten, daß der Eingang zu unserem Keller freigeschaufelt wurde. Das Licht war erloschen. Man sah höchstens noch Schatten. Als unsere Befreier die Eingangstüre zum Keller öffneten, betraten mehrere Personen den Raum. Man konnte sehen, wie sie auf den am Boden liegenden Freisler zugingen. Eine Stimme sagte: »Freisler ist tot.« Wenige Minuten spätei kam Polizei, nahm uns drei Angeklagten an der Hand und führte uns gefesselt aus dem Keller heraus. Wir betraten den Hof, in dem ein gewöhnlicher Volkswagen stand. Man wies uns drei Angeklagten den Rücksitz an. Einer der Gestapobeamten setzte sich ans Steuer, ein anderer neben ihn. Der Volkswagen verließ den lichterloh brennenden Volksgerichtshof, bog in die Bellevuestraße ein und fuhr in Richtung auf den Potsdamer Platz. Man konnte nichts erkennen. Man sah buchstäblich nicht die Hand vor Augen. Alles war schwarz vor Qualm. Nur hin und wieder riß ein Flammenstoß für kurze Zeit eine Lücke in die Rauchwand. Trotzdem fand der Fahrer über den Potsdamer Platz und gelangte schließlich in die Prinz-Albrecht-Straße, in der sich das Hausgefängnis der Gestapo befand. Aber es gab Schwierigkeiten, in den Hof hineinzufahren, weil auch das Gestapogebäude von Bomben getroffen war und lichterloh brannte. Im Hof angekommen, wurden wir Gefangenen ausgeladen und voneinander getrennt aufgestellt. Während der Fahrt hatte ich versucht, mit Ewald von Kleist zu sprechen. Aber er reagierte nicht. Besser als ich sah er die Gefahr, die für jeden von uns auch nur durch einen einzigen Satz heraufbeschworen werden könnte. Aber als wir nun so getrennt voneinander im Hofe aufgestellt waren, sah er mich noch einmal mit der ganzen Kraft, die in seinem Auge lag, an. Es war ein zugleich warmer, kräftiger und von Freundschaft getragener Blick. Es war unser Abschied, wie sich später herausstellen sollte. Ewald von Kleist und Oberst Staehle wurden in ein anderes Gefängnis gebracht, während man mich in den Hauptbunker der Gestapo brachte. Dort sah ich unter der Fülle der Gefangenen Generaloberst Franz Halder und General Oster. Nur die Naturgewalt der eben überstandenen Ereignisse läßt es erklären, warum ich ganz laut sagte: »Freisler ist tot.« Die Reaktion zeigte, daß nicht nur die Gefangenen, sondern auch unsere Wärter nun wußten, das Gottesgericht stehe unmittelbar bevor.

Einige Zeit später stand ich wieder vor den Schranken des Volksgerichtshofes, aber nicht in den ausgebrannten Räumen in der Bellevuestraße, sondern in einem Gerichtssaal des Kammergerichtes im Kleistpark. Vorsitzender war der Vizepräsident des

Volksgerichtshofes Krohne. Wir waren nur noch zwei Angeklagte, Oberst Staehle und ich. Wir saßen nebeneinander auf der Anklagebank. Staehle murmelte ganz leise: Kleist. Anschließend machte er das Zeichen des Kreuzes auf seinem Oberschenkel. Ich wußte, was es bedeutete. Kleist war zwar nicht erhängt, aber durch die Guillotine hingerichtet worden. Warum die Eröffnung der Verhandlung noch auf sich warten ließ, weiß ich nicht. Aber diese Pause gab Staehle und mir Gelegenheit, ein paar Worte zu wechseln. Staehle erklärte mir, Kleist habe in seiner zweiten Verhandlung vor dem neuen Vizepräsidenten nicht die gleiche Erklärung wie vor Freisler abgegeben. Er habe zwar nicht seine Gesinnung, wohl aber seine Täterschaft geleugnet. Unser Gespräch war beobachtet worden. Es hatte zur Folge, daß ich auf Geheiß des inzwischen in den Raum eingetretenen Vizepräsidenten Krohne aus dem Saal gebracht wurde. Man führte mich in ein Wartezimmer des Kammergerichtes. Dort saßen drei uniformierte Beamte der Schutzpolizei. Für sie war ich uninteressant. Sie spielten Skat. Wer das erlebt hat, weiß, daß das Nebeneinander von Tod und Leben auf der einen Seite und die banale Alltäglichkeit auf der anderen Seite, und alles zur gleichen Zeit, eine eigenartige Empfindung hervorruft. Dann wurde ich hereingerufen. Ich habe mich nach Kräften verteidigt und habe dies durch den Antrag unterstützt, man möge den Beamten der Gestapo herbeirufen, der meine Vernehmungen geleitet habe. Dieser werde gestehen müssen, daß meine Aussagen, soweit sie mich selbst belastet hätten, durch Anwendung brutaler Foltermittel erzwungen seien. Während ich diesen Antrag stellte, sprang der Vizepräsident erregt auf und sagte zu den im Zuschauerraum befindlichen Vertretern der Behörden: »Sie haben Schweigepflicht über alles, was hier gesagt wird, Sie dürfen auch nichts aufschreiben, weder jetzt noch nachher. Sie dürfen auch Ihren Vorgesetzten im Ministerium nichts berichten.« Alsbald wurde eine Mittagspause eingelegt, nachdem noch vor der Pause der von mir erwähnte Beamte der Gestapo eingetroffen war. Nach der Mittagspause erklärte Vizepräsident Krohne, der Senat habe es für richtig gehalten, den als Zeugen herbeigeholten

Gestapomann während der Pause außerhalb der Sitzung zu vernehmen. Dieser habe die Folterung eingestanden. Infolgedessen sei das Gericht über den Sachverhalt ausreichend informiert. Noch heute sehe ich das erschreckte Gesicht eines der Beisitzer vor mir. Er war ganz grau im Gesicht. Die Schrecken, von denen er gehört hatte, hatten sein Antlitz zerstört. So kam es, daß der Vertreter des Oberreichsanwaltes selbst Freispruch beantragte. Unter diesen Umständen war es kein Wunder, daß ich freigesprochen wurde und daß man mir eine Entschädigung für die erlittene Untersuchungshaft zubilligte. Erhalten habe ich freilich diese Entschädigung nie, weder vom Volksgerichtshof noch von der späteren Entschädigungsbehörde in der Bundesrepublik. Die Verhandlung wurde beendet. Der Vertreter des Reichskriegsministeriums kam auf mich zu, gab mir die Hand und beglückwünschte mich. Es darf nicht unerwähnt bleiben, daß in dieser Zeit schon das ferne Grollen der russischen Artillerie zu hören war. Nach meinem Dafürhalten hat der Donner der russischen Artillerie die »Rechtsfindung« des Volksgerichtshofes nicht unerheblich beeinflußt. Der Haftbefehl wurde sofort aufgehoben. Ich verließ den Gerichtssaal als freier Mann. Aber im Gang des Kammergerichtes stand schon die Gestapo, nahm mich in Schutzhaft, fesselte mich und brachte mich in das Hausgefängnis der Gestapo in meine alte Zelle zurück, die vom Bombenangriff verschont geblieben war, während das Hauptgebäude infolge der Bombenzerstörung kaum noch betreten werden konnte.

Erst sehr viel später habe ich den letzten Brief von Ewald von Kleist an seine Frau gelesen. Seine wichtigen Passagen lauten:

> »Seit längerer Zeit weiß ich, daß ich zum Tode verurteilt werde. Ich sterbe gerne, wenn Gott mich abruft. Schon immer habe ich den Tod als einen Freund und Erlöser angesehen und nicht als etwas Furchtbares und eine Strafe. Nur die Gewißheit des Todes macht das Leben erträglich. Nur durch den Tod können wir glücklich werden. Alles Irdische ist vergänglich, ist eitel. Man muß sich ganz frei machen von den Anschauungen, in denen in heutiger Zeit fast alle Menschen le-

ben, die dem Diesseits einen viel zu großen Wert beilegen. Diese Erde, auf der wir leben, ist, verglichen mit dem kleinen Teil der Welt, den wir kleine Menschen kennen und der unzählige Millionen Lichtjahre groß ist, ein unendlich winziges Staubkörnchen. Heute hat mir der Rechtsanwalt gesagt, voraussichtlich würde in etwa 14 Tagen gegen mich verhandelt. Die Todesstrafe wäre völlig sicher. Ich war ja darauf gefaßt. Aber ich wundere mich doch, einen wie geringen Eindruck diese Mitteilung auf mich gemacht hat. Nur der Gedanke an Euch ist mir schmerzlich. Sonst bin ich völlig ruhig. Es geht zum Vater.«

VIII. KAPITEL

Heinrich Claß

Als ich im Jahre 1929 an der Universität Berlin studierte, lernte ich eines Tages durch Rudolf Smend einen Lehrer des Öffentlichen Rechtes, der nicht nur in Deutschland, sondern in der ganzen Welt als ein Gelehrter großen Stils anerkannt war, den Justizrat Heinrich Claß, kennen. Claß war eine ungewöhnlich große und durch seine Art, sich zu geben, auffallende Erscheinung. Seinen Namen hatte ich schon früher gehört. Er war der Verfasser des vor dem Ersten Weltkrieg veröffentlichten Buches *Wenn ich der Kaiser wär*. In diesem Buch hatte Heinrich Claß sich als Gegner der Politik Kaiser Wilhelms II. offenbart. Hier hatte er die Forderung erhoben, das Deutsche Reich, das als konstitutionelle Monarchie bestand, müsse in eine parlamentarische Monarchie umgewandelt werden, um dadurch die Reichsregierung von der Zustimmung des Parlamentes abhängig zu machen. Ich wußte durch Hörensagen, daß Heinrich Claß schon vor dem Ersten Weltkrieg eine gewisse Rolle in der praktischen Politik gespielt hatte. Es sollte nicht bei einer Unterhaltung bleiben. Es folgten im Laufe der Jahre noch mannigfache Zusammenkünfte, ohne daß ich mir zu Beginn darüber im klaren war, daß ich hier einem Manne begegnet war, mit dem mich nicht nur gemeinsame, sondern mehr noch widersprüchliche Auffassungen verbanden. Er entstammte einer alten Familie aus der Mainzer Gegend. Lange Jahre war er als Rechtsanwalt in Mainz tätig gewesen und erwarb sich seine ersten Sporen, als er die Führung des Alldeutschen Verbandes übernahm. Wie der Name der Vereinigung besagt, war es das Ziel dieses Verbandes, alle Deutschen in der Mitte Europas in einem gemeinsamen Staatsverbande zusammenzuführen. Insbesondere hatte sich Claß die Vereinigung des Deutschen Reiches und Österreichs zum Ziele gesetzt. Hierdurch gab er offen zu erkennen, daß seine außenpolitische Linie eine Vergrößerung des von Bismarck geschaffenen Kleindeutschlands anstrebte. Seine Gefolgschaft fand er im wesentlichen in West- und Süddeutschland. Nach Ostdeutschland vorzudringen, gelang ihm nicht. Dort dachte man preußisch oder kleindeutsch. Das war der Grund, weshalb es zwar zu politischen Gesprächen zwischen Heinrich Claß und Vertretern des Landes Preußen kam, aber ein Einverständnis nicht erzielt wurde. Dazu waren die Unterschiede zu groß. Es liegt auf der Hand, daß mit dieser politischen Zielsetzung Heinrich Claß die deutsche Reichsregierung unter Bethmann-Hollweg zum Gegner hatte, ein Umstand, der sich besonders in der Zeit des Ersten Weltkrieges auswirken sollte. Nach dem Ersten Weltkrieg spielte Heinrich Claß eine weitaus geringere Rolle, obwohl er immer noch tätig war und obwohl man an sehr viel mehr Stellen, als nach außen sichtbar war, seine Hand hinter den Kulissen spürte. Was die Menschen aller politischen Richtungen bis ganz links dazu bewog, die Gesprächsführung nicht abreißen zu lassen, war die Persönlichkeit von Heinrich Claß. Seine ungewöhnliche Integrität und sein unwiderstehlicher Drang zur Wahrheit verschafften ihm zwar keine Anhänger, wohl aber die Achtung seiner Mitmenschen.

Wer ihm in den dreißiger Jahren in Berlin begegnete, merkte bald, daß er auch zu Adolf Hitler Beziehungen unterhielt, obwohl man gleichzeitig feststellen mußte, daß die Distanz zwischen Heinrich Claß und Adolf Hitler nicht zu übersehen war. Über diese Beziehungen hat Heinrich Claß selbst eine Niederschrift angefertigt. Er begab sich zu diesem Zweck im Jahre 1936, und zwar in den Monaten Oktober und November, in die Schweiz. Dort fertigte er die Niederschrift selbst an und hinterlegte sie in einem Banksafe. Nach Beendigung des Zweiten

Weltkrieges lebte Heinrich Claß in Jena. Seine politische Bedeutung war erloschen. Selbst die russische Besatzungsmacht nahm von Heinrich Claß keine Notiz mehr. Er blieb unangefochten. Einige Jahre nach Beendigung des Zweiten Weltkrieges starb er, hoch in den achtziger Jahren. Sein Leichnam wurde auf dem Mainzer Friedhof in der Gruft der Familie Claß beigesetzt. Niemand nahm daran Anteil, obwohl einst sein Name im In- und Ausland in allen Zeitungen vielfach genannt worden war. Eines Tages nahm seine Tochter die Verbindung mit mir auf. Sie bat mich im Namen ihres Vaters, alles zu unternehmen, um die in der Schweiz liegende Niederschrift wieder nach Deutschland zu bringen. Das war nicht ohne Schwierigkeiten möglich, weil die Schweiz damals alle Banksafes blockiert hatte, deren Eigentümer Deutsche waren. Nachdem sich aber die Schweizer Behörden davon überzeugt hatten, daß in dem Banksafe nur Manuskriptseiten und keine Geldwerte lagen, wurde das Safe freigegeben. So hatte ich bald nach 1945 das Glück, der Tochter von Heinrich Claß die Niederschrift ihres Vaters aus dem Jahre 1936 aushändigen zu können.

In dieser Niederschrift schildert Heinrich Claß eine Unterredung mit Adolf Hitler aus dem Jahre 1920. Dort heißt es:

> »Unsere Aussprache dauerte etwas über 2 Stunden. Das Wort Aussprache ist insofern unrichtig, als es sich zeitlich in der Hauptsache um Vorträge handelte, die Hitler mir hielt und die ich entgegenzunehmen hatte . . .
> Bei seinen Darlegungen behandelte Hitler mich als Volksversammlung, indem er nicht nur mit einem ungewöhnlichen Stimmaufwand auf mich einredete, sondern diese auch mit den lebhaftesten, ja stürmischen Bewegungen der Arme und Hände begleitete. Er war mir körperlich so nahe gerückt, daß er mir bei seinen Bewegungen mit der Hand so nahe ans Gesicht, besonders vor die Augen kam, daß ich manchmal so etwas wie Schwindel empfand. Dieser Mann war ein politischer Wildling, der das Bedürfnis hatte, die Überzeugungskraft dessen, was er vorbrachte, auch dem Einzelnen gegenüber durch

die Wucht seiner Stimme und durch Arm- oder Handbewegungen nachdrücklicher zu machen ...
Zweierlei machte mich stutzig: die unumwundene Erklärung, daß er sein Programm so, wie er es mir vorgetragen hatte, aus Rücksicht auf die erhoffte Gefolgschaft aus den Massen gestaltet hatte, und daß er bereit war, es nach erreichtem Erfolg preiszugeben. Dies schien mir in meiner altväterischen Meinung von den Pflichten eines politisch Tätigen, der seine Mitbürger aufklären wollte, ein Verstoß gegen die Wahrhaftigkeit. Sollte hier der Zweck das Mittel heiligen dürfen?

Das andere war der offenbar unbedingte Glaube an sich selbst und an die Überzeugungskraft seiner Person, sowie die ganze Art seines Auftretens. Nach der ersten Viertelstunde unserer Unterhaltung ward mit klar, daß ich es mit einem ausgesprochenen Hysteriker zu tun hatte, wobei ich nicht wissen konnte, ob seine Hysterie durch den Krieg veranlaßt oder sonstwie bedingt war. Ich hatte als Anwalt in den Rechtsstreitigkeiten, die ich für die Eisenbahndirektion Mainz zu führen hatte, sowie bei Ehescheidungen und in größeren Strafsachen so viel mit hysterischen Menschen zu tun, hatte so viel Gutachten kennengelernt und mich aus den wichtigsten Büchern unterrichtet, daß ich mir ein Urteil über den Gast zutrauen konnte, der eine neue Art der Politik im Vaterlande einführen wollte.

Mein Schlußurteil ging vorläufig dahin: es mag sein, ist sogar wahrscheinlich, daß die hysterische Beredsamkeit, die Hitler mir gegenüber angewandt hatte, auf Massen große Wirkung ausübt – ob er die Eigenschaften besitzt, die den politischen Führer im höheren Sinn, die den Staatsmann bilden, schien mir ausgeschlossen. Dieses mein ›nein‹ hing aufs engste damit zusammen, daß seine hysterische Veranlagung mir unzweifelhaft erschien.

Gleichwohl beschloß ich, soweit ich dabei in Betracht kam, die Fühlung mit Hitler aufrechtzuerhalten... Dies geschah von beiden Seiten, und ich hörte, daß die öffentlichen Versammlungen, die Hitler in den größten Sälen Münchens veranstaltete, ungeheuren Zulauf hatten. Freilich berichteten meine Gewährsleute, daß die Arbeiter nur spärlich erschienen; in der Hauptsache gehörten die Besucher zum kleinen Mittelstand oder zu der verarmten und entrechteten Schicht der Gebildeten. Aber es sei kein Zweifel, daß Hitlers Ansehen mit jedem dieser außerordentlichen Erfolge wachse, zumal da er fast allein als Redner der Partei auftrete.

Bei meinem nächsten Aufenthalt in München machte ich Hitler meinen Gegenbesuch. Dies geschah in einem Nebenraum des ›Sterneckerbräu‹, der als Geschäftsstelle der Partei diente. Diese Zusammenkunft verlief durchaus freundschaftlich. Ich beglückwünschte Hitler zu seinen Erfolgen und streifte die Frage, ob denn auch Arbeiter zu seinen Versammlungen kämen. Er antwortete, die Parteien, sowohl die Sozialdemokraten wie die Bayrische Volkspartei, täten alles, um ihre Anhänger fernzuhalten; er sei aber sicher, daß dies nicht auf die Dauer gelingen werde. Denn es spreche sich auch unter der Arbeiterschaft herum, was er sage, und wer erst einmal aus Neugierde gekommen sei, werde wiederkommen und schließlich gewonnen...

Als es offenkundig geworden war, daß Hitler auch auf einen wachsenden Teil der Münchener Arbeiterschaft Einfluß gewonnen hatte, kam ich auf den Gedanken, ihm nahezulegen, daß er auch in Berlin auftrete und suche, die Partei dort aufzumachen...

Einige Zeit später war Hitler in Berlin. Er besuchte mich, um meinen Vorschlag zu besprechen... Er habe sich die Sache genau überlegt und sei zu dem Ergebnis gekommen, daß er sie nicht machen dürfe. Zur Begründung führte er an: ›Es hat keinen Zweck, eine oder mehrere große Versammlungen in Berlin abzuhalten; ich müßte drei Wochen oder einen Monat dort sein, um die Anfänge einer arbeitsfähigen Parteigruppe zu schaffen. Das kann ich aber nicht, weil ich so lange in München nicht fehlen kann. Dort steht alles auf meinen zwei Augen, und ich habe niemand, der mich vertreten könnte, denn von den Parteigenossen, die mir helfen, ist keiner bekannt genug und keiner besitzt hinreichendes Ansehen. Dazu kommt, daß München nicht einen Monat lang ohne Massenversammlung bleiben darf, und die Partei hat außer mir keinen Redner. Wenn ich so lange von München fortbleibe, wird alles drunter und drüber gehen und verfallen, was ich bisher erreicht habe. Ich bin mir ganz klar darüber geworden, daß ich mir in München meine Hausmacht schaffen muß. Erst wenn diese unerschütterlich dasteht, kann ich über München hinausgreifen.‹ Ich erklärte, daß ich angenommen habe, er habe unter seiner begeisterten Gefolgschaft Gesinnungsgenossen, die ihn vertreten könnten und die auch rednerisch dieser Aufgabe gewachsen seien; er verneinte dies mit Nachdruck, und so mußte ich mich bescheiden und zugeben, daß unter solchen Umständen mein Vorschlag unausführbar sei, daß ich aber hoffe, daß Hitler bald in der Lage sein werde, nach der Reichshauptstadt überzugreifen. In der Folge sah ich ihn, der seit Ende Juli 1921 Vorsitzender der Partei geworden war, noch hie und da in München, in Berlin aber erst am Pfingstsonntag 1923...

Nicht allzu lange darauf erfuhr ich durch meine Mitgliedschaft beim ›Nationalen Klub‹, der auch eine der Gründungen des Alldeutschen Verbandes war, daß Hitler dort einen Vortrag halten werde. Ich war darauf gespannt, ob er mir bei dieser Gelegenheit ein Lebenszeichen geben würde. Das geschah – ich gestehe zu meiner Verwunderung – nicht. Ich gab es daraufhin auf, Hitler bei meinen Aufenthalten in München zu besuchen, obwohl ich jetzt häufig dorthin kam...«

Später, so fährt Claß fort, habe Pöhner – ein Anhänger Hitlers – ihn folgendes wissen lassen: Hitler habe sofort seine Bereitwilligkeit zugesagt, mit mir zu sprechen, und auch mitgeteilt, es treffe sich gut, daß er für Pfingsten die Einladung einer befreundeten Familie nach Berlin habe; er werde sich am Pfingstsonntag nachmittags gegen vier Uhr in meiner Wohnung einfinden. Wirklich tat er das…

»Ich schilderte ihm nun, wie unsere Vertrauensleute aus allen Teilen des Reiches berichteten, die allgemeine Verzweiflung sei bis zu einem Grade gediehen, daß überall eine rettende Handlung erwartet werde und daß man sich darüber wundere, daß sie noch nicht geschehen sei. Die Reichsregierung habe weder Ansehen noch Macht, die preußische Regierung werde verachtet und gehaßt und habe nicht einmal die Sozialdemokraten hinter sich. Die Reichswehr betrachte sicher ein Unternehmen wesentlich unter dem Gesichtspunkt des landesverräterischen Verhaltens der Marxisten in allen Heeresfragen; sie werde also für die Aufrechterhaltung der sozialdemokratischen Herrschaft nichts tun. Hier unterbrach mich Hitler und erzählte, daß General von Seeckt eine Unterredung mit ihm gehabt habe. Ihr Zweck sei gewesen, ein Zusammengehen zu erzielen, wobei der Chef der Heeresleitung verlangt habe, Hitler und seine Partei müßten sich ihm ›unterstellen‹; wenn dies geschähe, werde er sie stützen, wenn nicht, müsse er sie unterdrücken. Er – Hitler – habe sich hierzu Bedenkzeit ausgebeten und in einer zweiten Besprechung aufs bündigste erklärt, er denke nicht daran, seine Unabhängigkeit aufzugeben, worauf der General geantwortet habe, dann habe er ihn zum Gegner… Hitler stellte eine große Zahl von Fragen, die ich nach bestem Wissen beantwortete. Die Rückwirkung auf das Ausland und dessen Verhalten wurde auch eingehend besprochen, wobei ich auf unbedingt zuverlässige Berichte hinweisen konnte, die wir aus Frankreich hatten und die dem Chef der Heeresleitung zugänglich gemacht waren – ferner auch die Tatsache, daß die englischen Kronjuristen den französischen Einbruch in das Industriegebiet als Verstoß gegen den Versailler Vertrag erklärt hätten. Ich schloß damit, daß jeder in unserem Kreise sich darüber klar sei, welche Gefahren mit dem geplanten Unternehmen verbunden seien, welche Unsicherheiten dabei in Frage kämen. Aber wir seien im vollen Bewußtsein der ungeheuren Verantwortung, die auf denen laste, die handeln wollten, durchdrungen von der sittlichen Notwendigkeit, alles an den Versuch zu setzen, dem schändlichen Zustand ein Ende zu bereiten, in dem das deutsche Volk heute lebe, der es zum Gespött der Welt mache und der es an Leib und Seele zu Grunde richten müsse...

Hier sprang Hitler auf und rief mehr als er sprach: ›Sie haben mich überzeugt, Sie haben mich gewonnen. Ich bin Ihr Mann und gehe mit Ihnen durch dick und dünn.‹ Ich mußte diese Worte als echt und ernst hinnehmen, zumal da Hitler mir seine rechte Hand bot und die meine lange in der seinen hielt. Dabei schaute er mir lange in die Augen – eigentlich das einzige Mal, daß ich dies mit ihm erlebte; denn ich hatte die Wahrnehmung gemacht, daß er dem Blick des anderen nicht standhält. Mein Gesamteindruck war jedenfalls der, daß eine gewisse Ergriffenheit bei meinem Gaste vorhanden war. Ich sprach ihm meine Freude und meinen Dank aus, daß wir uns so gefunden hätten. Ich versicherte ihm, daß er sich auf mein treues Festhalten an diesem Bündnis unbedingt verlassen könne – ein Versprechen, das er mir gegenüber auch feierlich gab. Ich kam nun auf die bevorstehende Zusammenkunft in München zu sprechen und lud ihn – nach dem eben Erlebten – herzlich ein, am ganzen Verlaufe teilzunehmen, damit er ganz genau ins Bild komme. Er sagte dies in aller Form zu und versprach, am Pfingstdienstag, vormittags 10 Uhr, sich im ›Marienbad‹ einzufinden, wo ich damals immer wohnte und stets ein Zimmer für Sitzungen bereit hatte.
Als Hitler sich aufs herzlichste verabschiedet hatte, war ich überzeugt, daß er sein Wort halten werde.

Noch ein Wort über sein Verhalten bei jenem Besuch. Obwohl diesmal ich in der Hauptsache das Wort führte, behandelte Hitler mich, wenn er etwas zu sagen hatte, wie bei seinem ersten Besuch, als ›Volksversammlung‹, d.h. er redete mit dem größten Stimmaufwand. Dies tat er in solchem Maße, daß meine Schwester und Tochter, die ausgingen, im Treppenhaus jedes Wort von ihm verstehen konnten. Meine Tochter kam zurück, um mich zu warnen, und ich bat demgemäß meinen Besucher, weniger laut zu sprechen. Das tat er nur kurze Zeit. Als er wieder in seine Lautheit zurückfiel, blieb mir nichts übrig, als das Zimmer zu wechseln. Mein erster Eindruck, daß er Hysteriker sei, wurde durch dieses Erlebnis verstärkt...«

Weiterhin schildert Claß, daß Hitler am Pfingstdienstag der Besprechung in München ohne Entschuldigung fernblieb. Hierüber heißt es bei Claß:

»Ich habe Hitler nach dem Pfingstsonntag 1923 erst wieder am 9. Juli 1929 zu sehen bekommen...
Dazwischen liegt sein Unternehmen am 8. November mit der darauffolgenden Gerichtsverhandlung und Verurteilung; am Vormittag des 9. November war es am Odeonsplatz in München zu dem Zusammenstoß zwischen der Landespolizei und den auf dem Propaganda-Marsch durch die Stadt befindlichen Anhängern Hitlers gekommen, bei dem sechzehn von ihnen erschossen wurden. Hitler selbst war entkommen und hatte bei Freunden im Bayrischen Oberland Aufnahme gefunden; dort wurde er nach einigen Tagen verhaftet und in Untersuchungshaft genommen...«

In diesem Zusammenhang erwähnt Heinrich Claß einen Freund von sich, einen gewissen Heinrich Knirsch, der deutschböhmischer Reichsrat und böhmischer Landtagsabgeordneter war. Dieser hatte die Absicht, Hitler selbst zu sprechen, um von ihm zu erfahren, weshalb er den Putsch vom 8./9. November 1923 in Szene gesetzt hatte. Zu diesem Zweck begab sich Knirsch nach München. Claß fährt in seiner Schilderung wie folgt fort:

»Dort angekommen, begab er sich sofort ins Gerichtsgebäude, weil er aus den Zeitungen wußte, daß die Partei verboten

und ihre Geschäftsstelle aufgehoben war. Auf dem Gericht erfuhr er, daß ein Besuch Hitlers nur mit Genehmigung des Untersuchungsrichters geschehen könne. Bei diesem brachte er sein Anliegen vor; er war nicht abgeneigt, erklärte es aber für richtig, wenn die Sache vorher mit dem Generalstaatsanwalt besprochen würde. Dies geschah, und hierbei erlebte Knirsch, daß die beiden Beamten seinen Besuch bei dem Verhafteten als willkommen erklärten und ihm sogar eine Besprechung ohne Zeugen zusagten. Sie teilten ihm vertraulich mit, daß Hitler jede Nahrungsaufnahme verweigere, völlig verzweifelt sei und seinem Leben ein Ende bereiten wolle. Es sei selbstverständlich, daß die erregte Öffentlichkeit hiervon nichts erfahren dürfe.
So wurde Knirsch zu Hitler geführt, nachdem er versprochen hatte, alles zu tun, um ihn von seinem Entschluß abzubringen und ihm Mut zu machen.
Was nun folgte, war erschütternd zu hören.
Knirsch fand den Mann, der sich vor ein paar Tagen im Bürgerbräukeller als Führer des neuen Deutschlands ausgerufen hatte, in einem erbarmungsvollen Zustand, abgezehrt, in äußerster Verzweiflung. Als er damit begann, ihm zuzureden, bekam er zur Antwort: ›Wer die Blamage erlebt hat, wie ich, hat kein Recht weiterzuleben. Wer so viele Tote auf dem Gewissen hat, wie ich, muß selbst sterben. Ich habe keine andere Möglichkeit, als den Hungertod. Das werde ich ausführen.‹
Knirsch schilderte mir seine Bemühungen, den seelisch und körperlich ganz Zusammengebrochenen zu ermutigen, ihm vorzustellen, daß er noch eine Aufgabe zu erfüllen habe, für die er sich erhalten müsse. Vergebens. Er bekam immer dieselbe Antwort von Hitler, er habe kein Recht mehr zu leben.

Nach langem Kampfe stellte Knirsch dann die Frage, ob er – Hitler – gar nicht an seine Gesinnungsgenossen, an seine Getreuen denke, ob er die Sache im Stiche lassen wolle, für die er sich eingesetzt, für die er jene gewonnen habe. Es sei doch Fahnenflucht, wenn er nach dem verhängnisvollen Mißerfolg die Sache preisgebe, die ohne ihn verloren sei, und wenn er die so verzweifelten Getreuen auseinanderlaufen lasse. Wer könne wissen, welch ein größeres Unglück dann geschehe? Bei diesen Sätzen habe Hitler anfangs den Kopf geschüttelt und, als ihn Knirsch immer nachdrücklicher an seine Pflicht erinnerte, seine Gesinnungsgenossen nicht ohne Führer zu lassen, kleinlaut die Frage aufgeworfen, wer denn noch einem Menschen folgen werde, der einen solchen Zusammenbruch hinter sich habe. Nun habe er – Knirsch – dem anderen geschildert, daß die Begeisterung seiner Anhänger durch das Geschehene noch gesteigert sei. Mehr als einer der Männer, die später in der Geschichte eine große Rolle gespielt, hätte Schlimmeres erlebt. Er dürfe den Glauben an sich und seine Sache nicht aufgeben, und deshalb müsse er sich am Leben erhalten. Ganz langsam habe Hitler nun eingelenkt und nach langem Hin und Her endlich erklärt, er wolle Knirsch folgen, und diesen ermächtigt, die Verwaltung des Gefängnisses davon zu unterrichten. Es sei ein Arzt zugezogen worden, der als erste Mahlzeit Reis angeordnet habe; er selbst sei noch zugegen gewesen, wie Hitler diese Nahrung – offenbar mit Heißhunger – zu sich genommen. Er habe ihm versprochen, er wolle an seine Mahnung denken.

Knirsch hatte das Gefühl, daß den Herren der Gefängnisverwaltung ein Stein vom Herzen gefallen sei, als sie erfuhren, welchen Erfolg sein Zuspruch auf den Verhafteten hatte. Ich schildere diesen Vorgang genau so, wie ihn mir Knirsch erzählt hatte, und brauche nicht zu versichern, daß ich es nicht täte, wenn ich nicht von der unbedingten Zuverlässigkeit dieses Gesinnungsgenossen ganz durchdrungen gewesen wäre und auch heute noch bin…«

Nach einiger Zeit, so fährt Claß fort, habe ihn Knirsch in Berlin besucht. Dabei habe er ihm erzählt, ein guter Freund habe Hitler über die Beweggründe seines Handelns am 8. November 1923 zur Rede gestellt. Gefragt, weshalb er – offenbar ohne hinreichende Vorbereitung – so verfahren sei, habe er geantwortet:

»Ich mußte losschlagen und durfte nicht mehr warten. Denn ich habe gewußt, daß um dieselbe Zeit eine großagrarisch-schwerindustriell-alldeutsche Gruppe mit General von Seeckt an der Spitze ein Direktorium aufrichten wollte, das reaktionäre Politik gemacht hätte. Um dieses Direktorium zu verhindern, habe ich losschlagen müssen.«

So berichtete Knirsch. Claß widerspricht dieser Begründung und führt hierzu folgendes aus:

Er sei in der Nacht vom 8. auf den 9. November 1923 zwischen 3 und 4 Uhr von einem jungen Offizier angerufen worden. Dieser habe ihm über die Münchner Vorgänge berichtet. Er habe sich daraufhin entschlossen, sofort nach München zu fahren.

Claß schreibt weiter:

»In München kamen wir bei traurigstem November-Wetter an; es herrschte dichter Nebel. Als wir aus dem Bahnhof traten, der militärisch besetzt war, sahen wir ein kriegerisches Bild. Es waren Kanonen und Maschinengewehre aufgestellt, und starke Infanterie- und Reiterei-Streifen zeigten sich in den anstoßenden Straßen. Wir hörten auch, daß Schimpfworte gegen die Soldaten ausgestoßen wurden. Das Bild, das sich uns auf dem kurzen Weg zum Gasthof bot, war unendlich niederdrückend. Im ›Marienbad‹ erschien bald Kapitänleutnant Kautter, der uns über die Entwicklung seit dem Abend des 8. November unterrichtete und eine Einladung seines Chefs Kapitän Ehrhardt überbrachte, ihn möglichst bald aufzusuchen. Er war – ob zufällig oder herbeigerufen, weiß ich nicht – in München, und wir trafen ihn im Ringhotel. Er sowohl wie Kautter waren der Meinung, daß der sogenannte Hitler-Putsch von vorneherein zum Scheitern verurteilt gewesen sei, daß aber der Vorgang am Odeonsplatz ein nationales Unglück bedeute, indem es die ganze öffentliche Meinung bis zur Siedehitze gegen Kahr aufgebracht habe, der des schnöden Verrates beschuldigt werde. Es gebe nach ihrer Überzeugung nur eines, was ein Fortwirken der Volkswut vielleicht verhindern könne, und das sei die sofortige Verkündigung der Amnestie. Sie beschworen Bang und mich, den Versuch zu machen, Kahr hierzu zu veranlassen und ihn deshalb sofort aufzusuchen. Nach einer Erörterung, bei der das Für und Wider einer solchen Maßnahme besprochen wurde, erklärten wir uns hierzu bereit. Kautter verabredete mit der Umgebung des Generalstaatskommissars, daß wir um elf Uhr in der Kaserne erscheinen möchten, in der die ›Diktatur‹ ihren Sitz aufgeschlagen hatte.

Wir machten uns, von Kautter geleitet, sofort mit einem Kraftwagen auf den Weg, da man nicht wissen konnte, welche Schwierigkeiten etwa zu überwinden waren. Bis zu der Kaserne ging die Fahrt glatt. In deren Umgebung waren umfassende Absperrungsmaßnahmen getroffen, so daß wir mehrere Postenketten zu durchschreiten hatten, bis wir in die Kaserne vordringen konnten. Dort war der erste, der uns auf dem Flur begegnete, General Ritter von Epp in Zivil, den Kopf noch in Wickelbandage, da er vor kurzem eine schwere Ohrenoperation durchgemacht hatte. Mit ihm stand ich seit den ersten Aufenthalten in München besonders vertraut; ich war häufig in seinem Junggesellenheim im Palais J... am Karolinenplatz sein Gast. Nun nahm er uns zur Seite und schilderte in höchster Erregung, mit welcher Unverantwortlichkeit Hitler und Genossen vorgegangen seien. Es war ihm kein Wort hart genug, um sie zu kennzeichnen. Besonders erzählte er auch, welche Mühe es ihn persönlich gekostet habe, Hauptmann Röhm, der das Kriegsministerium besetzt halte, das nun von der anderen Seite der Ludwigstraße durch einen Artillerieangriff zur Übergabe gezwungen werden sollte, zur Streckung der Waffen zu veranlassen. In diesem Zeitpunkt trat Generalleutnant von Lossow, der Kommandeur der in Bayern liegenden 7. Division, zu uns und berichtete kurz von dem Geschehen im Kindlkeller am Abend des 8. November, wo er zusammen mit Kahr und Oberst von Seisser von Hitler gezwungen worden sei, mitzumachen und sich der neuen Regierung zur Verfügung zu stellen. Er erklärte, es gäbe keine Worte, um diesen Vorgang richtig zu kennzeichnen.

Darüber kam Kautter mit der Nachricht, daß Kahr uns erwarte. Wir begaben uns zu ihm und fanden ihn an einem hufeisenförmigen Tisch im Speiseraum der Unteroffiziere des Regimentes, der unordentlich genug aussah. Mein erster Gedanke war: ein gefangener Diktator!
Kahr empfing uns sehr freundlich und begrüßte es, daß er uns eine den Tatsachen entsprechende Schilderung dieser unglaublichen Sache geben könne. Er war von den Ereignissen offensichtlich sehr mitgenommen und erregt, verlor aber keinen Augenblick die Selbstbeherrschung. Es lag eine große Traurigkeit über ihm.

Er erzählte uns von dem Vorgang im Kindlkeller, den er einen räuberischen Überfall nannte, und wie er zusammen mit Lossow und Seisser im Nebenzimmer des Saales von Hitler mit der Pistole in der Hand zur Erklärung aufgefordert worden sei, ob er mitmache. Gegenüber solcher Gewalt habe es nur ein Mittel gegeben, sich einverstanden zu stellen, um unabsehbares Unheil zu verhindern. Das hätten er und die beiden anderen Herren getan – getan in der sittlichen Überzeugung, daß Erklärungen, die unter solchem Zwang abgegeben seien, nicht bindend seien. Er fühle sein Gewissen ganz rein und trage auch keine Verantwortung für den Tod der auf dem Odeonsplatz Erschossenen; die Verantwortung dafür laste auf denjenigen, die den ›Propagandamarsch‹ veranlaßt hätten, obwohl sie wußten, daß die Staatsgewalt sich an die erzwungenen Erklärungen im Kindlkeller nicht gebunden halte. Von Pöhners Verhalten sprach er mit großer Bitterkeit; er fühlte sich von ihm hintergangen. Ich trug ihm nun vor, welchen Eindruck wir während unserer kurzen Anwesenheit in München gewonnen hätten: der gehe dahin, daß infolge des Vorganges am Odeonsplatz die öffentliche Meinung offenbar in wütender Einmütigkeit gegen die Regierung, besonders gegen den Generalstaatskommissar stehe. Wie könne man sich die Wiederherstellung eines ruhigen Zustandes denken? Mir scheine, daß es dazu nur ein Mittel gebe: die möglichst rasche

Erklärung der Amnestie. Kahr antwortete – ich möchte sagen, mit traurigem Kopfschütteln: ›Das würden Sie nicht sagen, wenn Sie den ungeheuren Rechtsbruch am Abend des 8. November miterlebt hätten. Wer diese Ruchlosigkeit mitgemacht hat, kann nicht daran denken, ihr Straflosigkeit zu gewähren, weil es ohne meine Schuld am folgenden Morgen Tote gegeben hat.‹

Angesichts der Bestimmtheit, mit der Kahr die Amnestie ablehnte, machte ich keinen weiteren Versuch in dieser Richtung. Wir dankten ihm für seine Mitteilungen und wünschten, daß es ihm gelingen möge, der Schwierigkeiten schnell Herr zu werden. Er seinerseits bat, ihn und seine Schicksalsgenossen Lossow und Seisser vor dem Vorwurf des Wortbruches in Schutz zu nehmen.

Damit war die Unterredung zu Ende.«

Claß erwähnt dann, daß die Bewährungsfrist für Hitler schon Ende 1924 eingetreten sei. Daraufhin habe er sich mit Hugenberg in Verbindung gesetzt und ihm geraten, das Bündnis mit Adolf Hitler zu suchen. Hierbei habe er auf Grund seiner Erfahrung hinzugefügt, ein solches Bündnis werde kein reiner Genuß sein, sondern voller Schwierigkeiten und Gefahren stecken. Er müsse mit äußerster Vorsicht und Behutsamkeit vorgehen.

Claß fährt wie folgt fort:

»Dabei bezeichnete ich im Hinblick auf das Erlebnis am Pfingstsonntag 1923 Hitler als *homo afidelis* – als einen Menschen, der seinem Wesen nach gar nicht treu sein könne. Trotzdem wiederholte ich meinen Vorschlag...

Es geschah, wie verabredet, und von der ersten Aussprache kam Hugenberg mit dem Ergebnis zurück, daß eine dauernde Fühlungnahme vorgesehen ward; sein Eindruck von Hitler war damals durchaus günstig, und er nahm an, daß eine gewisse Zusammenarbeit wohl möglich sei.

Dies war der Ausgangspunkt für die persönlichen Beziehungen zwischen Hugenberg und Hitler, zwischen der Deutschnationalen Volkspartei und der Nationalsozialistischen Deutschen Arbeiterpartei. Sie waren außerordentlichen Schwankungen unterworfen ... Ich werde hier nur niederlegen, woran ich selbst beteiligt war. Immerhin will ich sagen, daß Hugenberg manchmal von Hitlers Einsicht und Verhalten so eingenommen war, daß er meinte, ich beurteile ihn falsch. Überwiegend waren aber die Krisen im Verhältnis beider Männer und Gruppen, und ich bekam mehr als einmal zu hören, was ich mit Hitler erlebt habe, sei nichts im Vergleich zu dem, was Hugenberg erlebte. Mein Gesamteindruck, der sich fast immer auf die Berichte gründete, die mir unter der frischen Wirkung des Vorgefallenen gemacht wurden, ging dahin, daß die Beziehung zwischen den beiden für Hugenberg ein Martyrium war.«

Im Anschluß daran sagte Heinrich Claß, er wolle einen Vorgang mitteilen, der sich am 9. Juli 1929, mittags gegen 1 Uhr, in Berlin abgespielt habe. Damals habe ihn sein Freund, der Verleger Lehmann aus München, besucht, um ihm zu erzählen, daß Hitler zu einer Einigung mit Hugenberg bereit sei. Claß fährt fort:

»Nachdem Lehmann mir diese Dinge erzählt hatte, fügte er hinzu, er habe in letzter Zeit wiederholt Gelegenheit gehabt, sich mit Hitler zu unterhalten. Er sei ganz durchdrungen von der Überzeugung, daß er und er allein Deutschland retten werde. Deshalb habe er beschlossen, seinen Verlag ganz in den Dienst der nationalsozialistischen Bewegung zu stellen. ›Freilich‹, fügte er hinzu, nachdem er in dieser Weise zu erkennen gegeben hatte, wie hoch er Hitler einschätze –, ›freilich müssen wir uns aber darüber klar sein, daß Hitler ein gemeingefährlicher Narr ist. Denken Sie immer daran.‹ Ich antwortete nur: ›Das sagen Sie‹, worauf er nur mit der Achsel zuckte. Bei diesen wenigen Worten seiner Zusatzerklärung war der vorher triumphierende Mann tiefernst geworden und hatte gewissermaßen drohend den Zeigefinger seiner rechten Hand erhoben. Dieser Gegensatz wirkte auf mich so, daß ich lachen mußte und ausrief: ›Lieber Lehmann, Sie sind und bleiben doch ein Kindskopf. Sie bringen es fertig, in einem Atem einen als einzigen Retter des Vaterlandes und als gemeingefährlichen Mann zu bezeichnen.‹ Die einzige Antwort war – wieder mit erhobenem Zeigefinger –: ›Denken Sie an mich!‹«

Schließlich schildert Heinrich Claß die Vorgänge des Jahres 1932, einer Zeit, in der er durch Krankheit zu längerer Abwesenheit von Berlin gezwungen war, so daß er nur durch die Zeitungen von der Berufung Hitlers zum Reichskanzler am 30. Januar 1933 erfuhr. Claß brach nunmehr seinen Kuraufenthalt ab. Im Anschluß daran heißt es in seiner Niederschrift:

»Nach Berlin zurückgekehrt, suchte ich mich bei allen mir greifbaren Freunden und Gesinnungsgenossen über den Verlauf jener Tage zu unterrichten. Ich war ziemlich im Bilde, als Hugenberg mich besuchte und mir erzählte, in welcher Weise das Kabinett Hitler zustande gekommen sei und unter welchen Bedingungen er sich bereit erklärt habe, in die Regierung einzutreten.

Als er fertig war, fragte er, was ich dazu sagte. Ich antwortete: ›Lieber Hugenberg, wenn ich hier gewesen wäre, hätte ich mich schwebend an Sie gehängt, um zu verhindern, daß Sie mitmachen.‹ Er sagte darauf nur: ›Jetzt bin ich ein Gefangener.‹

Mit diesen paar Worten ist mein Gesamteindruck geschildert, aber auch die Auffassung, die Hugenberg von seiner Ministerschaft sofort nach seiner Ernennung gewonnen.

Nur noch ein paar Worte über die Arbeitsweise des Mannes, der jetzt seit fast vier Jahren unbeschränkter Herr über das deutsche Volk ist, sowie über seine Gefolgschaft:

Wer Hitlers Buch ›*Mein Kampf*‹ gelesen hat, weiß, welche ausschlaggebende Bedeutung er der ›Propaganda‹ beimißt und was er von einer Propaganda verlangt, die wirksam sein soll.

Im Sinne dieser seiner Ausführungen, die für mich furchtbar zu lesen waren, und nach dem bisherigen Erfolg gemessen, ist Hitler der größte Propagandist, den meines Wissens die Weltgeschichte aufzuweisen hat. Er hatte das Glück, in den rechten Augenblicken zwei propagandistische Mitarbeiter zu finden,

die ihm fast oder ganz ebenbürtig waren: Gregor Strasser und Dr. Josef Goebbels. Es ist aber kein Zweifel, daß ihre Erfolge darauf beruhen, daß sie ihre ganze Tätigkeit wesentlich nach dem Beispiel eingerichtet haben, das ihr Herr und Meister ihnen gegeben hat, und nach den Grundsätzen, die sie aus seinem Buch ›*Mein Kampf*‹ übernommen haben.
Der Aufstieg Adolf Hitlers ist ohne Beispiel in der Weltgeschichte. Aber er ist aufgebaut auf der Propaganda und aus der instinktsicheren und rücksichtslosen Ausnützung der Gelegenheiten, die durch sie geschaffen worden waren. Das ändert nichts daran, daß Propaganda niemals etwas Schöpferisches ist . . . Nun die Gefolgschaft . . . Bei jenen – ich nenne sie weder Abtrünnige noch Überläufer – habe ich durchweg Erscheinungen festgestellt, die entweder auf seelische Abirrungen von ihrem Wesen schließen ließen, oder auf ausgesprochenstes Schwinden der Urteilskraft. Ich habe es öfter erlebt, daß solche ›Verirrten‹ nach längerer oder kürzerer Zeit zurückkehrten und mir erzählen wollten, daß und durch welche Umstände sie ›bekehrt‹ worden seien. Ich habe es immer abgelehnt, solche Berichte entgegenzunehmen.

Was nun den Reichstag betrifft, so ist anzunehmen, daß seine nationalsozialistischen Mitglieder – und er besteht ja mit ganz geringen Ausnahmen nur aus solchen – die Blüte der Partei darstellen, durchweg wohl alte Kämpfer sind und wichtige Stellen in der ungeheuren Bürokratie einnehmen, die die Partei sich geschaffen hat. Wenn man die Partei nach dieser ›Blüte‹ beurteilen darf, dann ist die Gefolgschaft Hitlers im engeren Sinn, d. h. diejenigen, die seine Sache tragen und vertreten, furchtbar. Ich muß sofort die einschränkende Bemerkung machen, daß dieses mein Urteil allein auf den Beobachtungen beruht, die ich durch die Teilnahme an Reichstagssitzungen gemacht habe. Diesen fast siebenhundert Volksvertretern fehlt jeder Sinn für die Überlieferung eines schwergeprüften Volkes, fehlt jedes Verständnis für die Unentbehrlichkeit politischer, geistiger Freiheit – diese Begriffe sittlich genommen –, ihnen fehlt ein festgegründetes Rechtsgefühl und die Wertung der in langer Geschichte erworbenen Kultur. Das, was das Wesen dieser Volksvertreter ausmacht und sie so fest an ihren Führer bindet, ist ein wilder Fanatismus – jener Fanatismus, den Adolf Hitler ja zur tragenden Kraft seiner Bewegung entwickelt hat. Die Zeit wird lehren, ob der Fanatismus auf die Dauer ein großes Staatswesen tragen kann oder ob die zerstörenden Kräfte, die er entbindet, nicht zum Verhängnis des deutschen Volkes werden.«

Dieser Schilderung ein Wort hinzufügen, hieße Eulen nach Athen tragen.

IX. KAPITEL

Hans Oster

Als Hitler im Jahre 1933 seine Regierung bildete, übernahm er als einzigen Staatssekretär aus der vormaligen Zeit Herbert von Bismarck, den damaligen Staatssekretär im Preußischen Ministerium des Innern. Nur wer den Aufbau des Deutschen Reiches kannte, wußte, welch eine Macht in diesem Ministerium konzentriert war. Hier in Preußen ballte sich alle Kraft zusammen, über die der größte Staat des Deutschen Reiches verfügte, ein Land, das größer war als die heutige Bundesrepublik, das von Memel bis Aachen und von Flensburg bis Naumburg reichte. Im Innenministerium dieses Landes war die gesamte innere Verwaltung und damit der Rückhalt Preußens zusammengefaßt. Hier konzentrierte sich auch die Polizeigewalt, eine Truppe von 80000 Mann, die gut ausgebildet und schlagkräftig genug war, um auch mit größeren Unruhen fertig zu werden. Nach dem 30. Januar 1933 war das Innenministerium des Landes Preußen das einzige Ministerium, in dem Minister und Staatssekretär nicht von der gleichen Partei her kamen. Man nannte es das Nahtministerium. Es war schon frühzeitig zu erkennen, daß diese Naht bald platzen werde. Hermann Göring als Minister des Inneren in Preußen kam aus Bayern und verstand natürlich nichts von innerer Verwaltung, wie sie im Lande Preußen seit vielen Jahrzehnten traditionsgemäß war. Die Persönlichkeiten von Minister und Staatssekretär waren außerdem von so verschiedenem Lebensstil, daß eine Zusammenarbeit für jeden

Kenner unmöglich schien. Göring war ein Draufgänger. Er war ohne Sachverstand. Ihm ging es noch nicht einmal um die Macht, sondern um die Pose, die ihn in die Lage versetzte, Hitler gegenüber zu beweisen, ein wie treuer Gefolgsmann er sei. Er war nicht ohne Jovialität, auch nicht ohne eine gewisse Portion von gesundem Menschenverstand. Aber er war den äußeren Genüssen des Lebens in einem Umfange verhaftet, der es ihm unmöglich machte, wirklich zu regieren. Er war ein Bramarbas. Gefährlich war er nur in einem Punkt. Um Hitler seine Vasallentreue zu beweisen, war er zu allem fähig. Wenn es hierum ging, war ihm jedes Mittel recht, und Bestechung bis Mord waren seine üblichen Werkzeuge. Staatssekretär Herbert von Bismarck war aus ganz anderem Holz. Er stammte vom Lande. Er besaß ein schönes Gut mit viel Wald in Hinterpommern, war ein gelernter Verwaltungsbeamter und von vornehmer Schlichtheit. Eine ungewöhnliche Menschenkenntnis befähigte ihn, sich mit jedermann zu verständigen. Das Wort Bestechung gab es nicht in dem Vokabularium seines Charakters. Obwohl er in wohlhabenden Verhältnissen groß geworden war, war er einfach und sparsam. Bildung und hohe Intelligenz gehörten zum Selbstverständnis seiner Natur. Er hatte echten Humor und war überall dafür bekannt, daß er es verstand, die guten Werte des Preußentums mit Liebenswürdigkeit zu verbinden. Lange Jahre war er Landrat in Hinterpommern gewesen und war durch seine gute Selbstverwaltung, seinen guten Instinkt, aber auch durch seine mündliche Schlagfertigkeit bekannt. Schriftlich äußerte er sich nur ungern. Mit seinem sozialdemokratischen Oberpräsidenten in Stettin hatte er ein zuverlässiges, aber schlechtes Verhältnis. Als dieser eines Tages die Landräte der Provinz Pommern zusammenrief, um sie in einer Tagung, bei der verschiedene Referate gehalten wurden, dem Minister des Innern vorzuführen, erschien Herbert von Bismarck mit einer Stunde Verspätung, weil er sich in der Uhrzeit geirrt hatte. Der Oberpräsident glaubte, dem Minister des Inneren seine eigene Autorität exemplifizieren zu müssen, und sagte zu Herbert von Bismarck vor aller Augen und Ohren: »Sie kommen wohl vom Monde.« Bismarck antwortete: »Verzeihung, Herr Oberpräsident, das ist ein Irrtum. Ich komme aus Labes, denn das ist der Sitz meines Landratsamtes.« Nur mühsam steckte der Oberpräsident das Gelächter der anwesenden Landräte ein. Bismarck war auch unerschrocken. Nach dem Ende des Ersten Weltkrieges versuchte eine Menge unzufriedener Menschen ihn in seinem Landratsamt zu bedrängen. Bismarck tat so, als ob nichts geschehen sei, verließ nach Dienstschluß sein Landratsamt und ging zu Fuß durch die zum Aufruhr geneigte, aber nicht entschlossene Masse der Belagerer hindurch, um nach Hause zu gelangen. Er hörte noch, wie einer aus der Menge sagte: »Kuck, der geht nun gemütlich nach Haus. Und wir stehen hier.« Während seiner Zeit als Staatssekretär hatte er den stärksten Umgang mit dem Ministerialdirektor Klausener, dem eigentlichen Schöpfer des Preußischen Polizeigesetzes, der auch noch nach 1933 Beamter blieb, aber in ein anderes Ministerium versetzt worden war. Klausener war eine Schlüsselfigur. Er war der Kopf der preußischen Beamtenschaft, soweit sie auf den Grundsätzen der katholischen Kirche fußte.

Bismarck brauchte nicht lange Zeit, um sich mit Göring zu überwerfen. Schon im ersten Gespräch zwischen beiden forderte Göring aus heiterem Himmel die Absetzung aller Landräte in Preußen. Von Bismarck darauf aufmerksam gemacht, daß in Preußen die Landräte das Rückgrat der inneren Verwaltung darstellten, erhielt er als Antwort nur ein Achselzucken. Trotzdem hat Bismarck alles getan, um die innere Verwaltung nicht vor die Hunde gehen zu lassen. Er hielt zu jedem Landrat, den er für einen tüchtigen und aufrechten Beamten hielt und verteidigte sein Verhalten gegenüber Göring mit dem Gedanken des Rechts. Mit dieser Bemerkung war er freilich bei Göring an den Falschen geraten. Er erhielt von Göring zur Antwort: »Ich bin stolz darauf, nicht zu wissen, was Recht ist.« Mit diesem Ausspruch war das Band zwischen Bismarck und Göring zerschnitten. Bismarck suchte nach Bundesgenossen. Er fand sie nicht, weder bei Hugenberg noch bei Papen, noch bei General von Blomberg, dem neuen Reichskriegsminister. Hugenberg erkannte wohl, was auf dem Spiele stand, aber er glaubte sich stärker, wenn er sich ausschließlich auf seine Bereiche als Wirtschaftsminister und Landwirtschaftsminister zurückzog. Mit Blomberg bekam Bismarck sofort Krach. Dieser erwiderte Bismarck, er sei General, habe zu gehorchen und Politik gehe ihn nichts an. Während er dies sagte, schlug er mit der Faust auf den Tisch, so daß die auf der Tischplatte stehenden Aschenbecher zu tanzen anfingen. Bismarck erwiderte nur: »Wenn Roon so gedacht hätte wie Sie, säßen Sie heute nicht an diesem Posten.« Sprach's und verließ wortlos das Zimmer. Zwischen Papen und Bismarck blieben Unterhaltungen ohne Ergebnis. Woran das lag, kennzeichnet sich am besten durch eine von Bismarck eingefädelte Rücksprache zwischen den Professoren Smend, Spranger und Seeberg einerseits und Papen andererseits.

Es ging um die Zukunft der Berliner Hochschule für Politik. Da die unmittelbare Gefahr bestand, daß die Nazis sich dieser Hochschule Berlins bemächtigen würden, wurden die drei Professoren gebeten, mit Papen zu verhandeln, der damals noch Vizekanzler war und das Amt des Preußischen Ministerpräsidenten verwaltete. Das Gespräch fand statt. Eduard Spranger erzählte mir einige Zeit nach dem Gespräch: »Die Unterhaltung hat stattgefunden. Aber ihr Ende war schlimmer, als wir es uns je vorgestellt haben. Wir sind unverstanden geblieben. Herr von Papen mag etwas von Pferden verstehen. Was eine Hochschule bedeutet, weiß er nicht.«

Am 28. Februar 1933 ging der Reichstag in Berlin in Flammen auf. Bismarck fuhr sofort zur Brandstätte. Er besichtigte den unterirdischen Gang, der von der Wohnung des Reichstagspräsidenten Göring zum Reichstag führte, sprach mit Beamten der Berliner Feuerwehr und hatte sofort die Vermutung, daß die Urheber des Brandes die Nazis selber gewesen seien. Noch in der Brandnacht nahm er an einer Besprechung teil, bei der neben vielen anderen auch Hitler, Göring und Goebbels anwesend waren. Später erzählte Bismarck, er habe in dem Verhalten der nationalsozialistischen Größen in dieser Nacht eine Bestätigung für seine

Vermutung gefunden. Göring habe ein Gesicht geschnitten, aus dem der Menschenkenner den unausgesprochenen Satz habe lesen können: Habe ich das nicht gut gemacht? Goebbels habe sich hocherfreut die Hände gerieben und sei nicht müde geworden zu wiederholen, daß dieses Ereignis eine ungeheure Propagandamöglichkeit eröffne. Hitler dagegen habe sein Erstaunen nicht verbergen können. Aber in seinen kalten und listigen Augen habe gestanden: Dieser Reichstagsbrand kommt mir sehr gelegen. Bismarck war ein zu guter Kenner der Realitäten des Lebens, um nicht zu wissen, daß Vermutungen keine Beweise für Tatsachen sind. Er war aber auch klug genug, um zu wissen, daß ohne Vermutungen keine Spur gefunden wird und daß der Reichstagsbrand Hitler und seinen Schergen gut in die politische Landschaft paßte. Natürlich war sich Bismarck darüber im klaren, daß seines Bleibens als Staatssekretär im Preußischen Ministerium des Inneren nicht mehr lange war. Ehe er schon im Frühjahr 1933 den Abschied nahm, suchte er noch einmal einen Freund aus seiner Jugendzeit auf, den Grafen Schwerin-Krosigk. Dieser war langjähriger Beamter im Reichsfinanzministerium gewesen und hatte durch Fleiß, Klugheit und Tüchtigkeit den Posten des Staatssekretärs erworben. Aber dieser wollte von den Abschiedsplänen des Staatssekretärs von Bismarck nichts wissen. Er reagierte mit den Worten: »Aus einem fahrenden Schnellzug kann man nicht abspringen.« Bismarck aber sprang ab. Göring versuchte den Sturz zu mildern. Er bot Bismarck zwei Positionen zur Auswahl an: die Position des Regierungspräsidenten in Köslin und die Position eines Mitgliedes im Preußischen Staatsrat. Bismarck lehnte beides ab und zog sich auf sein Gut in Hinterpommern zurück. Von dort aus kam er noch des öfteren nach Berlin, weil er wußte, daß man innerhalb des hohen Offizierskorps vielleicht noch Gesinnungsfreunde finden könne. So traf er über einen hohen Referenten im Reichsjustizministerium, den späteren Reichsgerichtsrat von Dohnanyi, mit dem damaligen Oberst, späteren Generalmajor Hans Oster zusammen. Dieser war Chef des Zentralamtes der Abwehr unter Admiral Canaris. Die persönliche Verbindung zwischen Bismarck und mir brachte es mit sich, daß mich Bismarck eines Tages Hans Oster vorstellte. Diese Beziehung nahm bald einen ständigen Charakter an. Sie hat bis zu dem gewaltsamen Tode, den Hans Oster am 9. April 1945 durch die Hand der Nazis im Konzentrationslager Flossenbürg erlitt, gehalten.

Von den Verhandlungen, die Hans Oster 1939 und 1940 mit dem holländischen Militärattaché Sas und anderen Persönlichkeiten geführt hat, habe ich nichts gewußt. Das gleiche gilt für die Staatsstreichpläne der Generalität im Jahre 1938. Hans Oster war als Erscheinung nicht mehr als mittelgroß. Er war gesellschaftlich aufgeschlossen, aber in allen politischen Fragen von einer Diskretion, die ihresgleichen suchte. Äußerlich gesehen war er unverkennbar der eleganteste Offizier Berlins. Er trat häufig in Zivil auf. Sein Auge war klar und fest. Er hatte eine sportlich gestählte Figur, war schlank wie eine Tanne und liebte es, im Tiergarten seine Pferde zu bewegen. Einen schneidigeren Reiter habe ich niemals wieder gesehen. Als er einmal mit mir über einen seiner Söhne sprach, sagte er nur: »Aus dem wird noch was. Ich habe inzwischen gesehen, daß er gelernt hat, dem Pferde seinen Willen zu lassen. Nur wer das kann, ist zum Reiter geboren.«

1938 wurde der Versuch unternommen, den Mann, der seit 1934 Chef der Heeresleitung war, den Generaloberst Freiherr von Fritsch, zu beseitigen. Himmler kaufte sich einen Zeugen, der bereit war zu beschwören, daß Fritsch mit ihm, dem Zeugen, homosexuellen Umgang gehabt habe. Natürlich war an der ganzen Geschichte kein wahres Wort. Fritsch, der um den Urheber Himmler wußte, ließ ihn auf Pistolen zum Duell fordern. Wie nicht anders zu erwarten war, verweigerte Himmler die Satisfaktion. Fritsch mußte erkennen, daß man mit den Mitteln der guten Gesellschaft keine Revolution zu ersticken vermag. Es kam aber zu einem Gespräch zwischen Fritsch und einem Vertreter der SS. Dieses Gespräch fand in einem Privathause statt. Oster spürte die damit verbundene Gefahr und veranlaßte, daß eine militärische Truppe in der unmittelbaren Nähe des bewußten

Hauses eine Übung abhielt, um im Fall der Fälle mit Waffengewalt einzugreifen. In dieser Angelegenheit spielte auch der spätere Generalstabsrichter des Heeres, Dr. Karl Sack, eine gewisse Rolle. Er war damals Reichskriegsgerichtsrat und hat im Bunde mit dem späteren Leiter des Reichskriminalpolizeiamtes, Arthur Nebe, das ganze Lügengespinst gegen Fritsch aufgedeckt und entlarvt. Diese mutige Tat des damaligen Reichskriegsgerichtsrates Karl Sack sollten die Nazis nicht vergessen. Sie haben sich später an ihm gerächt und ihn zusammen mit Hans Oster am gleichen Tage im Konzentrationslager Flossenbürg durch Erhängen getötet.

Will man die Persönlichkeit eines Mannes wie Hans Oster erfassen, so gibt es einen guten Hinweis hierfür. Im Dienstzimmer von Hans Oster hing hinter seinem Rücken ein Spruch. Dieser lautete: Ein Adler fängt keine Fliegen. Und so war es auch. Für Unwichtigkeiten hatte Oster keinen Sinn. Für wichtige Dinge hatte er immer Zeit. Es gab keine Kühnheit, die er im Kampf gegen die Nazis nicht aufgebracht hätte. Er ging bis zur Verwegenheit. Sein Vorgesetzter – Admiral Canaris – wußte von diesen Dingen. Er griff aber nur ein, wenn es sein mußte. Sonst hielt er sich zurück. Hans Oster genügte es, daß Admiral Canaris sein Handeln stillschweigend duldete. Fritsch wurde später durch ein militärisches Gericht, bei dem Göring präsidierte und kein geringerer als der damalige Reichskriegsgerichtsrat Dr. Karl Sack als Urkundsbeamter der Geschäftsstelle fungierte, wegen erwiesener Unschuld von dem Vorwurf der Homosexualität freigesprochen. Dennoch verlor er seine militärische Position, nachdem General von Blomberg wegen einer Frauenaffäre ebenfalls in die Wüste geschickt worden war. Fritsch war kein Revolutionär. Aber er verstand schon die Zeichen der Zeit. Er hoffte auf ein rechtzeitiges Eingreifen der Weltmächte und meinte, daß es richtig sei, für diesen Augenblick die Waffenmacht der Reichswehr gesund zu erhalten. Als freilich Hitler im November 1937 seinen Willen zum Angriffskrieg offenbarte, widersprach Fritsch mit Nachdruck. Viele von uns haben damals die äußere Passivität eines Mannes wie Fritsch getadelt. Vielleicht muß erst ein Jahrhundert ins Land gehen, um zu verstehen, daß Fritsch recht hatte, als er sagte: »Hitler ist unser Schicksal.« Er meinte das nicht als Zustimmung zu Hitler. Aber er wußte, daß die Weltgeschichte ihren Gang geht und nicht durch Ideen und Menschen aufgehalten wird, sondern das Fatum die Menschen zwingt.

Was im Jahre 1938 geschehen konnte, um Leben und Ehre des Freiherrn von Fritsch zu retten, hat Oster getan, ohne mit der Wimper zu zucken und ohne eine Spur von Furcht an den Tag zu legen. Er war eben – wie ich es schon an anderer Stelle gesagt habe – ein Mann nach dem Herzen Gottes.

Auch für den Nichteingeweihten wurde es immer klarer, daß sich innerhalb des Militärs eine Fronde bildete, deren Ziel es war, Hitler zu stürzen. In den Tagen der Vorbereitung zu diesem Ziel wurde Hans Oster mehr und mehr der Geschäftsführer des Widerstandes. Bei ihm kreuzten sich alle Pläne und alle Menschen. Er war es, der diese Menschen und Pläne, so verschieden sie waren, zu einer Einheit verband und alle zwang, sich unter die Leitung des Generalobersten Ludwig Beck zu fügen.

Oster hatte die große Gabe, Persönlichkeiten von menschlichem und sachlichem Rang an sich zu ziehen. So wurde im Kriege der Reichsgerichtsrat Hans von Dohnanyi sein erster Mitarbeiter. Ein Mann von ungewöhnlichem Scharfsinn. Oster fühlte, daß er eine zivile Ergänzung brauchte. Wer damals als Soldat mit Oster in Berührung kam, der mochte freilich bezweifeln, ob diese Ergänzung in allen Punkten adäquat war, weil Hans von Dohnanyi nicht über militärisches Denkvermögen verfügte und sich als begeisterter Zivilist so in eine Abneigung gegen das militärische Wesen hineinsteigerte, daß es nicht immer leicht war, mit dem ungeduldigen Reichsgerichtsrat im Gespräch zu bleiben. Unter den Mitarbeitern von Oster befanden sich aber noch andere bemerkenswerte Figuren. So der Baron Karl-Ludwig Guttenberg, dessen süddeutsche Liebenswürdigkeit mit entschlossener Klarheit gepaart war. Er saß am Tirpitzufer im Reichskriegsministerium in den Räumen der Abwehr in einem Zimmer mit Justus Delbrück, dem Sohn des großen Historikers. Im Gegensatz zu Guttenberg war Delbrück ohne gesellschaftliche Gaben, ganz schweigsam, aber von einer inneren Festigkeit, die dem Menschenkenner über seinen Wert als Mensch keinen Zweifel ließ. In dem Arbeitszimmer von Guttenberg und Delbrück fanden mannigfache Gespräche statt, die den Besucher darüber informierten, wie er sich gegenüber dem General Hans Oster zu verhalten habe. Auf diese Weise habe ich auch einmal den Kopf des Kreisauer Kreises, den Grafen Helmuth James von Moltke, kennengelernt. Dieser war während des Krieges Leiter der Völkerrechtsabteilung im Oberkommando der Wehrmacht und übte in der ihm eigenen kühlen und überlegenen Weise einen beachtlichen Einfluß auf die Bearbeitung der völkerrechtlichen Fragen aus, die tagtäglich während des Weltkrieges in Deutschland auftauchten. Unter den Mitarbeitern Moltkes war der spätere Universitätsprofessor Wilhelm Wengler mit Abstand die bedeutendste und scharfsinnigste Persönlichkeit. Er war gegenüber den Nazis bis an den Rand mit Bissigkeit erfüllt. Jedes Jahr kam Hitler auf den Gedanken, man könne die Millionenzahl der russischen Gefangenen dadurch vermindern, daß man sie einfach füsiliere. Dies jedesmal verhindert zu haben, ist das von der Mit- und Nachwelt längst vergessene Verdienst von Wengler und Moltke. Der von Moltke gegründete und geführte Kreisauer Kreis wurde so genannt, weil Kreisau die Dotation an den großen Feldmarschall war und weil Graf Helmuth James von Moltke den Besitz geerbt hatte. Moltke verfocht die These, man müsse keine Gewalt anwenden und alles seinen Gang gehen lassen, weil andernfalls die Legende entstehen werde, mit Hitler hätte das Dritte Reich den Weltkrieg vielleicht doch gewonnen. Diesen Gedankengang konnte ich mir nicht zu eigen machen. Aber eines sah man der großen und stattlichen Figur des Grafen Moltke an: er war ein Charakter, wie er einem im Leben nur selten begegnet. Mir ist er bei allem Respekt fremd geblieben. Guttenberg, den ich auch schon länger kannte, schon aus der Zeit der Weißen Blätter, einer Zeitschrift, die Guttenberg herausgab und redigierte, lag mir mehr. In dieser Zeitschrift hatte er sich zum Ziel gesetzt, niemals ein Wort zu Gunsten des Nationalsozialismus zu veröffentlichen. Das ist ihm auch gelungen, obwohl er durch peinliche Unterhaltungen im Propagandaministerium wieder und wieder behelligt wurde. Der Krieg setzte dem Erscheinen der Weißen Blätter ein Ende.

Osters Tätigkeit erstreckte sich nicht nur auf Sammlung tüchtiger Männer, sondern auch auf den Schutz von Menschen, die für die Gestapo Freiwild waren. Gerade in diesem Punkte war er der Hilfe des Admirals Canaris sicher. So hatte einst die Gestapo sieben deutsche Staatsbürger jüdischen Glaubens verhaftet. Ein Geistlicher meldete dies bei Canaris und Oster. Beide, die tief in der Arbeit steckten, hatten sofort Zeit, obwohl wir mitten im Kriege standen. Canaris selbst wurde bei Himmler vorstellig. Er erreichte unter einem Vorwande die Herausgabe der sieben Juden, indem er Himmler vorspiegelte, er brauche diese sieben Juden zu Abwehrzwecken in der Schweiz. So wurden diese sieben Unglücklichen nach einer kurzen Ausbildung in Abwehrangelegenheiten mit Pässen und Geld versehen und gelangten in die Schweiz, wo einige von ihnen den Krieg und den Zusammenbruch des Dritten Reiches überlebten.

Im Frühjahr 1943 ereignete sich der erste große politische Unglücksfall. Irgendein V-Mann der Abwehr hatte geplaudert. So kam der Reichsgerichtsrat Hans von Dohnanyi in den Verdacht politischer Unzuverlässigkeit. Es wurde gegen ihn ein Verfahren anhängig gemacht, das in die Hand des Oberst-Kriegsgerichtsrats Manfred Roeder gelegt wurde. Roeder nahm eine Durchsuchung im Dienstzimmer des Reichsgerichtsrates von Dohnanyi vor. Bei dieser Durchsuchung war Generalmajor Oster zugegen. In dem Zimmer befand sich ein Panzerschrank mit Aufzeichnungen, die nicht für die Gestapo bestimmt waren. Der Versuch Osters, während der Durchsuchung ein geheimes Papier verschwinden zu lassen, mißglückte. Reichsgerichtsrat von Dohnanyi wurde verhaftet. Diese Haft hat er mit Bravour durchgestanden, wie jeder bezeugen kann, der ihn als Häftling der Gestapo gesehen und erlebt hat. Die Gestapo setzte seinem Leben schließlich ein gewaltsames Ende. Was aber geschah mit Oster? Wider Erwarten wurde er zunächst nicht verhaftet. Aber er konnte auf die Dauer seine bisherige Position nicht behaupten. So wurde er denn beurlaubt und am 19. Juni 1943 in die Führerreserve versetzt. Er zog von Berlin fort und begab sich nach Dresden, bis er durch Verfügung vom 3. März 1944 unter Verleihung des Rechts zum Tragen der bisherigen Uniform aus dem aktiven Wehrdienst entlassen wurde. Natürlich war Oster in der Zwischenzeit nicht untätig, sondern versuchte, über den Generalstabsrichter Sack auf das Verfahren gegen seinen Mitarbeiter Hans von Dohnanyi Einfluß zu nehmen. Sack sprach mit Admiral Canaris. Dieser wiederum ließ sich den Kommandeur der der Abwehr unterstellten Sonderdivision kommen und erzählte ihm, der Luftwaffenrichter Roeder habe sich schon mehrfach in militärischen Gerichtsverhandlungen abfällig über kleine Mißhelligkeiten innerhalb der Division geäußert. Als der Kommandeur der Abwehrdivision zurückfragte, was man dagegen machen könne, meinte Admiral Canaris so nebenbei: »In meiner Jugend wäre ich hingegangen und hätte einen solchen Richter in öffentlicher Verhandlung geohrfeigt.« Der Kommandeur der Abwehrdivision nahm sich aus diesem Hinweis ein Beispiel. Er ging in eine durch Roeder geleitete Gerichtsverhandlung und fragte, indem er auf den Vorsitzenden zutrat, ob dieser der Luftwaffenrichter Roeder sei. Roeder bejahte. Und schon hatte er rechts und links eine Ohrfeige sitzen. Das hatte für den Kommandeur der Abwehrdivision und den Admiral Canaris unangenehme Folgen. So wurde Admiral Canaris mitten im Kriege mit drei Wochen Stubenarrest bestraft. Aber er hatte alle Lacher auf seiner Seite. Das deutsche Militär platzte vor Freude. Und nun trat die vom Generalstabsrichter Sack angezielte Möglichkeit zutage. Er ließ Roeder wissen, daß hier in Berlin seines Bleibens nicht mehr sei. So wurde Roeder auf den Balkan versetzt. Dort war er für die Abwehr und für den Widerstand ungefährlich.

Nach dem 20. Juli 1944 dauerte es nicht lange, bis General Hans Oster in Dresden verhaftet und in das Gefängnis des Reichssicherheitshauptamtes der Gestapo in Berlin in der Prinz-Albrecht-Straße verbracht wurde. Dort habe ich ihn wiedergesehen. Seine Zelle lag von der meinigen nur wenige Schritte entfernt. Wir haben uns monatelang jeden Morgen gesehen. Wir wurden immer zu früher Stunde in den Waschraum geführt. Ein Gespräch war natürlich verboten und konnte, da wir unter Aufsicht standen, auch nur schwer durchgeführt werden. Das hinderte den General Hans Oster nicht, zu mir am 1. Januar 1945 zum Erstaunen der Gestapo ganz laut zu sagen: »Ich wünsche Ihnen ein gutes und glückliches neues Jahr.« Dieser ganz laut zu mir hin gesprochene Satz verblüffte die Gestapo-Aufseher so, daß sie mit keiner Silbe reagierten. Osters Verhalten in dem Waschraum verriet eine Freiheit, wie ich sie bei keinem anderen Menschen wieder erlebt habe. Er bewegte sich völlig nackt, als ob das alles eine Selbstverständlichkeit sei. Selbst die Gestapo konnte dieser selbstverständlichen und unbekümmerten Haltung ihren Respekt nicht versagen. Um seine Bewacher kümmerte sich Oster überhaupt nicht. Sie waren Luft für ihn. Oster benutzte gerne im Waschraum die Brause und machte aus jeder Waschgelegenheit ein Fest zum Ärger der Gestapo und zur Freude seiner Mitgefangenen. Einmal habe ich sogar erlebt, wie er auf dem Flur des Gefängnisses im Kellergeschoß vernommen wurde. Oster war gefesselt. Sein Gesicht zeigte Unbekümmertheit. Wie oft habe ich in meiner Jugend als Schüler gelesen: »Frei ist der Mensch, frei, und wäre er in Ketten geboren.« Was hinter diesem Satz steckt, habe ich erst damals wirklich begriffen. Das Ganze sah gar nicht aus wie eine Vernehmung. Es sah so aus, als ob ein Kavalier alter Schule sich in ein Gespräch mit einem wurmstichigen Schergen eingelassen hätte. Wenn überhaupt etwas auf den Zügen von Oster zu erblicken war, so nur das Gefühl abgrundtiefer Verachtung für seinen Gesprächspartner und für alles das, was hinter diesem Gesprächspartner stand.

Zweimal hatten wir Gelegenheit, ganz kurz miteinander zu

sprechen. Oster stand in der Tür seiner Zelle. Er hatte das Gesicht dem Gang zugewandt. Als ich vorbei kam, rief er mir ganz leise zu: »Die Gestapo hat Nebe erwischt.« Das bedeutete viel für ihn und auch für mich. Denn Arthur Nebe, aus der preußischen Polizei stammend, war frühzeitig zur SS gestoßen. Man hatte ihn befördert. Schließlich war er sogar Leiter des Reichskriminalpolizeihauptamtes in Berlin am Werderschen Markt geworden und verfügte über viel Macht. Obwohl er nur gegen unpolitische Kriminalität vorging, und zwar mit großem Erfolge, weil er listig war und auch, im Gegensatz zum modernen demokratischen Staatswesen, von der Härte der Staatsgewalt Gebrauch zu machen verstand, um die ehrsame Bevölkerung zu schützen, hatte er Gelegenheit, solange er in Berlin war, jeden Tag das Mittagessen mit Kaltenbrunner und Heinrich Müller einzunehmen. Dort erfuhr er viel von dem, was die Gestapo zu wissen glaubte und im Schilde führte. Nie war er müde geworden, dies dem General Hans Oster anzuvertrauen. Auch mir hat er davon erzählt, sobald ich ihn in Berlin in seinen Diensträumen aufsuchte. Außerdem gab es eine Korrespondenz zwischen Arthur Nebe und mir, in welcher wir uns gegenseitig unterrichteten. Er, indem er die Vorhaben der Nazis bekanntgab, und ich, indem ich ihn über die sich mehr und mehr zu Ungunsten Deutschlands entwickelnden Verhältnisse an der Front unterrichtete. Seine Briefe hatte ich rechtzeitig vernichtet. Er hatte meine Briefe aufgehoben. Aber wir hatten uns auf einen Code geeinigt. Er war ganz simpel. Man brauchte nur jeden fünften Buchstaben aneinanderzureihen und kannte den wahren Inhalt. Es spricht nicht für die Pfiffigkeit der Gestapo, daß sie diesem Code nicht auf die Spur kam. Nach Nebes Verhaftung wurden mir meine eigenen Briefe vorgelegt. Jeder dieser Briefe schloß mit dem immer wiederholten Satz: »Im steten Glauben an den Endsieg verbleibe ich mit Heil Hitler Ihr Ihnen, sehr verehrter Herr Gruppenführer, ganz ergebener.« Auf diesen Schlußsatz verwies ich bei meiner Vernehmung. »Ja«, sagte der Vernehmende, »da haben Sie eigentlich recht. Sie haben offenbar immer an den Endsieg unseres Führers geglaubt.« An so viel Dummheit der

Gestapo freilich hatte ich nicht gedacht. Aber ich nahm diese Dummheit dankbar entgegen. Man hat mir Nebe auch niemals gegenübergestellt. Er ist von den Nazis hingerichtet worden. Über mich kann er kein Wort gesagt haben, sonst hätte man mir dies vorgehalten. Wie sich die Festnahme von Nebe auf Hans Oster ausgewirkt hat, weiß ich nicht. Aber ich verdanke dem Hinweis der Festnahme Arthur Nebes viel. Manche Häftlinge dachten in ihrer Gefängniszeit nur an sich. Hans Oster dachte auch an seine Freunde. Das gehörte zu seinem Charakter.

Ein andernmal kam ein etwas längeres Gespräch zwischen Hans Oster und mir zustande. Ich sprach Oster von mir aus an und erzählte ihm, daß ich noch niemals in meinen Vernehmungen nach ihm gefragt worden sei. Ich hielte es für richtig, fügte ich hinzu, falls die Gestapo auf unsere Verbindung komme, die gegenseitige Kenntnis zu leugnen. Hans Oster war nicht dieser Meinung. Er gab seinem Zweifel mit den Worten Ausdruck: »Ob wir diese Version durchstehen werden?« Damit endete das Gespräch, weil wir an der Weiterführung der eben begonnenen Unterhaltung durch das Erscheinen des Gestapomannes gehindert wurden. Die Tatsache bleibt, die Gestapo ist niemals auf die Verbindung zwischen Hans Oster und mir gekommen. Schriftstücke zwischen ihm und mir gab es nicht. Aber es gab so viele andere Gesinnungsgenossen, die von unserer Gemeinsamkeit wußten. Sie haben alle offenbar die Kraft gehabt, den Mund zu halten.

Ich habe Hans Oster nicht wiedergesehen. Aber ich habe ihn gespürt, und zwar im Konzentrationslager Flossenbürg. Eines Tages wurde ich dorthin mit wenigen anderen Gefangenen überführt. Sie waren mir alle unbekannt. Wir saßen in einem Polizeiwagen, den der Berliner Volksmund bis auf den heutigen Tag »die grüne Minna« zu nennen pflegt. Das tat aber unserem Wohlbefinden keinen Abbruch. Einmal wurde eine Pause gemacht. Wir durften für wenige Minuten aussteigen. Ich sah zwei Dinge, die mir wesentlich waren. Einmal einen Wegweiser mit dem Namen Bayreuth, und ein zweites: einen Personenkraftwagen, in dem der SS-Standartenführer Huppenkothen mit seiner Frau saß. Daraus habe ich geschlossen, daß auch für die Gestapo der Aufenthalt in Berlin wohl nicht mehr ganz sicher war, welcher Umstand sowohl außenpolitische wie militärische Gründe haben mußte. Der Wegweiser mit der Aufschrift Bayreuth erweckte in mir die Vorstellung: da bin ich doch ganz in der Nähe von meinem mütterlichen Besitz. Ich nahm mir vor, falls die geringste Möglichkeit sich zeigen sollte, auszureißen und durch den mir seit meiner Jugend wohlbekannten Wald nach Buch am Forst zu fliehen. Aber noch war ich in den Händen der Gestapo. Sie hat mich gut bewacht. Eine Möglichkeit der Flucht ergab sich nicht. Wir erreichten das Konzentrationslager Flossenbürg. Damals kannte ich dieses Lager noch nicht einmal seinem Namen nach. Man sperrte mich in eine Zelle des Lagerbaus. Ich war ganz allein und habe unter der Isolierhaft nicht eine Minute gelitten. Auch war ich an einer Hand gefesselt, aber die Kette war so lang, daß ich doch ein paar Schritte gehen konnte. Ja, ich konnte sogar einen Blick aus dem hochgelegenen Kellerfenster tun und sah etwas von meiner Umgebung. Jeden zweiten Tag erhielt ich die Erlaubnis, auf den Hof zu gehen, vielleicht für eine halbe Stunde. Immer war ich von zwei SS-Männern, die beide mit einem Gewehr bewaffnet waren, begleitet. Man ging »auf dem Hufschlag«. Meine Bewacher waren ungefährliche Bauernburschen. Sie sprachen fränkisch. Auch waren sie neugierig und wollten wissen, wer ich sei. Das habe ich ihnen ruhig gesagt. »Oh«, meinten sie, »von Ihrer Sorte haben wir mehrere, einen Admiral, einen General und einen hohen Militärrichter.« Es war nicht schwer zu erraten, um wen es sich dabei handelte. Schon bald erschien der Adjutant des Lagerkommandanten. Er war nicht unhöflich, aber er kündigte mir mit dürren Worten den alsbaldigen Tod durch Erschießen an. Von den mir bekannten Gefangenen selbst habe ich bis zu meiner Verfrachtung aus Flossenbürg nach Dachau niemanden gesehen. Aber andere Gefangene konnte ich hören. Es waren hauptsächlich Engländer. Jeden Abend sangen sie ihr aus dem Ersten Weltkrieg berühmt gewordenes Lied: »It's a long way to Tipperary . . .«

Erst Anfang 1945 wurde im Konzentrationslager Flossenbürg durch ein SS-Standgericht der General Oster zusammen mit Admiral Canaris wegen angeblichen Kriegsverrats zur Rechenschaft gezogen. Auch die Affaire Fritsch spielte eine Rolle. Canaris versuchte noch immer, die SS zu täuschen. Oster erklärte, er habe die Sache Fritsch zu einer eigenen gemacht, weil dieser alle religiösen und ethischen Werte repräsentiere, die ihm selbst etwas bedeuteten. Er bekannte in aller Offenheit, erkannt zu haben, daß der Angriff auf Fritsch in Wahrheit den eben erwähnten hohen Werten gegolten habe. Er habe deshalb während der Fritsch-Krise die Absicht gehabt, »den Reichsführer SS und die Geheime Staatspolizei auszuschalten, weil wir ihren Einfluß für verderblich hielten«. Durch den Verteidiger von Fritsch wissen wir, daß Oster schon früher seinen Standpunkt in die Worte gekleidet hat: »Man muß den ganzen Laden der Gestapo ausheben und besetzen. Hitler hat immer vollzogene Tatsachen anerkannt.« Vor dem SS-Standgericht hat Oster auch zugegeben und ohne Einschränkung gesagt, daß die Judenverfolgung und die Ausrottungspolitik, aber auch der Krieg und die unvermeidliche deutsche Niederlage ihn zu der Erkenntnis gebracht haben, daß zur Reinigung Deutschlands die Beseitigung der SS und der Gestapo nicht genüge. Der Kern des Übels stecke – nach Oster – nicht hinter Heydrich und Himmler. Der Kern des Übels sei Hitler selbst. Deshalb habe er sich Generaloberst Beck zur Verfügung gestellt. Man habe damals auf ein gemeinsames Vorgehen der Armee gehofft mit dem Ziel eines Staatsstreiches gegen Hitler selbst. Diese Hoffnung aber habe sich als Illusion erwiesen. So hat Oster auch nicht gezögert zuzugeben, daß er bei allen Vorbereitungen zur Niederwerfung der Hitler-Herrschaft an zentraler Stelle bereit gewesen sei, sowohl 1938 wie 1939 wie auch in der Zeit von 1943.

Den entscheidenden Punkt des von Oster selbst zugegebenen Handelns aber stellt die Zeit von 1939/1940 dar. Um den von Hitler geplanten Krieg zu verhindern, setzte sich Oster mit dem holländischen Militär-Attaché Oberst Sas im April 1939 in Verbindung und gab diesem die Termine der von Hitler geplanten Offensive bekannt, wobei zu berücksichtigen ist, daß diese Termine von Hitler ständig verschoben wurden. Dabei stand im Vordergrund der von Hitler geplante Angriff auf Holland. Hierüber setzte der holländische Oberst Sas seine Regierung in Kenntnis. Das geschah nicht nur gegenüber Holland, sondern auch durch Oster gegenüber Dänemark und Norwegen. Oster war damals zu der Überzeugung gelangt, daß in einer so ungewöhnlichen Situation etwas Entscheidendes zur Rettung Deutschlands, Europas und der Welt unternommen werden müsse. Nach Oster trug der deutsche Offizier auch Verantwortung für Europa. Er war darüber hinaus der Meinung, daß der Hitler-Angriff nach gewissen Anfangserfolgen sich schließlich festlaufen würde. Dabei wären nach der Ansicht Osters die deutschen Verluste unabsehbar. So führte er denn seine Unterhaltungen mit dem holländischen Oberst Sas mit dem Ziel, den deutschen Angriff unmöglich zu machen. Beide waren der Auffassung, daß durch für jedermann sichtbare Gegenmaßnahmen der Holländer Hitler davon abgehalten werde, von sich aus anzugreifen. Oster war Realist genug, um sich zu sagen, daß die Staatsstreichpläne der Generalität keine absolute Sicherheit seien. Aus diesem Grunde war er um so mehr der Auffassung, daß ein Rückschlag Hitlers, sei er politisch oder sei er militärisch, die Generalität dazu bringen werde, den schon seit langem geplanten Staatsstreich in die Tat umzusetzen. Oster wurde in diesen Überlegungen durch das Argument bestärkt, daß die Vereinigten Staaten noch immer nicht in den Krieg eingetreten waren und daß der langsam aufkeimende Haß gegen Deutschland noch nicht seinen Höhepunkt erreicht hatte, so daß durch eine Verhinderung des Hitler-Angriffs oder auch durch ein Scheitern des Hitler-Angriffs die grundsätzliche Wendung durchaus im Bereich des Möglichen liege. Der holländische Oberst Sas hat deshalb auch nach dem Kriege von Oster gesprochen als »einem Charakter, wie ich ihn bisher noch nicht getroffen habe, so mutig und tollkühn wie niemand anders«. Oster selbst hat dem SS-Standgericht eindeutig gesagt: »Man kann nun sagen, daß ich

Landesverräter bin. Aber das bin ich in Wirklichkeit nicht. Ich halte mich für einen besseren Deutschen als alle, die hinter Hitler herlaufen. Mein Plan und meine Pflicht ist es, Deutschland und damit die Welt von dieser Pest zu befreien.«

So hat sich Oster in dieser schweren Stunde voll Stolz zu seiner Haltung bekannt und hat das Todesurteil hingenommen, das entgegen dem Gesetz niemals bestätigt worden ist. Wer mit Oster zusammen im Gestapo-Gefängnis und im Konzentrationslager Flossenbürg war, weiß: Mit Hans Oster ist ein Held gestorben.

X. KAPITEL

Henning von Tresckow

Mitte August 1939 nahm ich an einer Hochzeit auf dem Lande teil. Auf dieser Hochzeit begegnete mir Gerd von Tresckow. Eine große, vierschrötige Gestalt. Er hatte am Ersten Weltkrieg im Ersten Garderegiment zu Fuß teilgenommen, war mehrfach verwundet worden und hochdekoriert. Er bewirtschaftete damals ein kleines Gut, das aber keinen großen Ertrag abwarf, und wurde im Zuge der Heeresvermehrung wieder aktiver Offizier. Er war ein klarer und grader Mensch, ohne Falsch und ohne Winkelzüge. Er war nicht ohne Tiefsinn. Schon als junger Mensch, erzählte man sich, sei er stundenlang in einer Stube auf und ab gegangen und habe auf die erstaunte Frage, was er denn eigentlich tue, mit dunkler Stimme geantwortet: Ich denke über Deutschland nach. Eine umfassende Bildung zeichnete ihn aus. Darüber hinaus verfügte er über die Gabe des Humors. Wer sein Herz gewonnen hatte, konnte sich der Unerschütterlichkeit seiner Freundestreue auch in den schlimmsten Lagen für versichert halten. Alle diese Gaben habe ich in ihm in späterer Zeit wieder und wieder erproben können, als er nach Beginn des Krieges durch die Würfel des Schicksals mein Bataillonskommandeur wurde. Beliebt war er nicht, weder bei Vorgesetzten noch bei Untergebenen. Dazu war er zu offen und zu schroff. Auch im Zweiten Weltkrieg zeichnete er sich durch Bravour und Tapferkeit aus. Im Haß gegen die Nazis war er zuverlässig. Durch die Offenheit, mit der er sich zu äußern pflegte, machte er sich gleichzeitig Feinde und Freunde. Bei der Durchsetzung seiner Befehle konnte er rücksichtslos sein. In der zweiten Hälfte des Krieges lehrte er die italienischen Partisanen, was Furcht ist. Er konnte auf eine italienische Menschengruppe zugehen und sie unbekümmert auf italienisch fragen: »Seid ihr Partisanen?« Eine Minute reichte nicht, um alle anwesenden Italiener zum Verschwinden zu bringen. Ihm selbst geschah nie etwas. Er hatte im Zweiten Weltkrieg den Ruf der Kugelfestigkeit. Nach dem 20. Juli 1944 stellte er sich selbst seinem damaligen Vorgesetzten und bekannte sich als Teilnehmer des Widerstandes. Der Kommandeur, ein Offizier alter Schule, sagte ihm deshalb: »Ich habe Ihre Meldung nicht verstanden. Schlafen Sie sich heute nacht gründlich aus. Sollte Ihnen der morgige Tag keine Ruhe lassen, so stehe ich Ihnen zu einer neuen Rücksprache zur Verfügung.« Nach weniger als vierundzwanzig Stunden wiederholte Gerd von Tresckow seine Meldung. So ließ sich sein Schicksal nicht aufhalten. Er wurde verhaftet und nach Berlin in ein Gefängnis überführt. Dort schnitt er sich die Pulsadern auf. Alle Bemühungen der Ärzte, sein Leben zu erhalten, scheiterten. Er starb, ohne vor den Schranken des Gerichtes gestanden zu haben. Er wollte die Hitlerzeit nicht überleben. Für die Falschheit dieser Welt hatte er nur Verachtung.

An dieser ländlichen Hochzeit Mitte August kam er auf mich zu und sagte ohne Einleitung zu mir: »Mein Bruder Henning ist in Wartenberg« – so hieß das Gut der Familie Tresckow in der Neumark –, »er muß dich sprechen. Ich weiß, daß du im Juni in London gewesen bist und mit mehreren Personen von Rang gesprochen hast.« Dann legte er noch die Uhrzeit meiner Ankunft in Wartenberg fest, und schon war seine Unterhaltung mit mir beendet. Pünktlich auf die Minute stand ich am anderen Tage an den Toren von Wartenberg. Dort empfing mich Henning von Tresckow mit den Worten: »Wir müssen ganz allein unter vier Augen miteinander sprechen. Wir müssen uns so sprechen, als ob wir uns schon zehn Jahre kennten und keine Geheimnisse voreinander hätten. Bist du dazu bereit?« Ich bejahte. Henning von Tresckow war in Zivil. Eine hochaufragende Gestalt. Das Gesicht, die kraftvollen Augen, sein Handdruck und seine Art zu sprechen und zu schweigen verrieten dem Menschenkenner, daß es sich bei Henning von Tresckow um einen ganz außergewöhnlichen Menschen handelte. Er war Jahrgang 1901. Trotzdem hatte er es durchgesetzt, daß er im Jahre 1917 Soldat wurde. So hat er denn noch den letzten Teil des Ersten Weltkrieges mitgemacht. Zum Schluß war er der jüngste Offizier der preußischen Armee im Ersten Garderegiment zu Fuß. Die Schulzeit hatte er in einer Oberrealschule durchgemacht. Er konnte also wohl Latein, aber kein Griechisch. An diesem Bildungsmangel, den er selbst als solchen bezeichnete, litt er sein Leben lang. Bis zu seinem Tode kam er immer wieder auf diesen Punkt zurück. Er vergaß dabei nicht hinzuzufügen, daß man diesen Mangel auch in späteren Jahren nie ganz ausgleichen könne. Er wußte die Vorzüge der englischen Sprache und den englischen Lebensstil zu schätzen. Das Vorbild des englischen Gentleman hat ihn bis zu seinem Tode begleitet. Aber er war kühn und aufrecht genug, um auch gelegentlich auszusprechen, daß der englische Lebensstil nicht das Letzte sei. Die Welt der Antike sei doch ein *non plus ultra*.

Nach dem Ersten Weltkrieg hatte er noch an der Niederkämpfung der bolschewistischen Unruhen in Berlin teilgenommen. Er erzählte gern, wie die Reste seines zusammengeschmolzenen Regimentes unter ihrem Kommandeur, dem Grafen Eulenburg, nach Potsdam zurückgekehrt seien. Dort habe der Soldatenrat seinem Respekt vor der Würde und der Tapferkeit des Grafen Eulenburg Ausdruck gegeben. Aber Graf Eulenburg habe dem Soldatenrat nur kurz geantwortet: »Ich verbitte mir jede Kritik, auch jede anerkennende.« Dann hatte Henning von Tresckow seinen Abschied genommen und angefangen, Bankfach zu studieren. Er ging in die Lehre bei einer jüdischen Bank in Potsdam. Sein Lehrherr erkannte bald seine ungewöhnliche Fähigkeit und förderte ihn. So wurde Henning von Tresckow Börsenmakler in Berlin. Sein Lehrherr hatte sein Wohlwollen nicht zu bereuen.

Henning von Tresckow hat dem jüdischen Bankier bis kurz vor seinem Tode geholfen und ihn nach Kräften unterstützt, wobei er einen Einfallsreichtum erkennen ließ, um den ihn jeder phantasievolle Künstler hätte beneiden können. Dann begab er sich auf eine Weltreise und fuhr ein Jahr lang kreuz und quer durch die Erdteile, um so viele Länder und viele Menschen und viele Völker kennenzulernen. Alles dies ist seinem Horizont, seinem scharfen Verstand, seinem zähen und unerbittlichen Fleiß auch in den späteren Jahren zustatten gekommen. 1926 übte zwar nicht der bunte, aber der graue Rock der Reichswehr eine unwiderstehliche Anziehungskraft auf ihn aus. Er wurde wieder aktiver Offizier im Infanterieregiment 9. Das Regiment lag in Potsdam und hatte in ganz Deutschland den Spitznamen »Infanterieregiment Graf 9«, weil sein Offizierskorps durch die Welt des preußischen Adels äußerlich und innerlich charakterisiert war.

Bald kam Henning von Tresckow auf die Kriegsschule, verließ sie als Bester seines Jahrganges und wurde Generalstabsoffizier. Noch in Potsdam erlebte er das Jahr 1933. In dieser Zeit sah er in Hitler und im Nationalsozialismus noch eine Möglichkeit. Was man heute so leicht vergißt, war die damals von niemandem angezweifelte Tatsache, daß die Weimarer Republik ohne Musik war. Dieser Umstand hat wohl das meiste zu den Erfolgen Hitlers innerhalb Deutschlands beigetragen. Henning von Tresckow hatte die Tochter des Preußischen Kriegsministers von Falkenhayn – Erika von Falkenhayn – zur Frau. Dieses preußische Element ließ in Henning von Tresckow bald den Zweifel aufkommen, ob nicht der Nationalsozialismus nur ein Wahngebilde sei. Das proletarische Element im Wesen Hitlers wurde ihm von Tag zu Tag klarer. Deshalb wandte er dem Nationalsozialismus den Rücken. Im Laufe der Zeit wurde er mehr und mehr zum Gegner des Nationalsozialismus und endete schließlich als sein unversöhnlicher Feind. Den letzten Ausschlag hierfür gab die Tatsache, daß Henning von Tresckow erkannte und wußte, Hitler will den Krieg, Hitler steuert den Weltkrieg an. Der Weltkrieg aber war der Tod Deutschlands.

Allen diesen Gedankengängen gab Henning von Tresckow in dem Augustgespräch in Wartenberg klar und zielsicher Ausdruck. Er hatte für alles Verständnis, nur nicht für Illusionen und Entschlußlosigkeit. Von seinem Bruder Gerd unterschied ihn die Erkenntnis, daß Bekennertum allein nicht der Weg zum Sturze eines Tyrannen ist, sondern daß man sich dabei auch der List, ja sogar der Falschheit und der Maske bedienen muß. Man darf die Waffen nicht selbst bestimmen. Sie werden durch den skrupellosen Gegner bestimmt. Wer den Tyrannen stürzen will, darf sich in der Wahl der Waffen keine Scheu auferlegen. Damals fragte mich Henning von Tresckow vor allem nach der Auffassung der Engländer, ob der Krieg noch vermieden werden könne. Ich habe ihm etwa wie folgt geantwortet: Die ursprünglichen Illusionen sind selbst bei Chamberlain im Schwinden. Aber er ist nur noch dem Namen nach Premierminister. Wenige Wochen nach dem Ausbruch des Krieges wird er durch niemand anderen als durch Winston Churchill abgelöst werden. Dieser hat keinen Zweifel, daß Hitler den Krieg will. Als Führer der Opposition aber kann Winston Churchill den Krieg nicht verhindern. Er wird den von Hitler gewollten Krieg annehmen und wird ihn durchführen, koste es, was es wolle. Winston Churchill ist überzeugt, daß keiner anderen Macht als England die geschichtliche Mission aufgetragen ist, Hitler den Garaus zu machen. Er sieht in Frankreich einen Bundesgenossen, der in einem etwaigen Kriege eine ebenso rühmliche Rolle spielen wird wie zu den Zeiten der Kämpfe um Verdun. Seine Haupthoffnung aber setzt er auf die Vereinigten Staaten von Amerika. Churchill glaubt an die schier unerschöpflichen Kräfte dieses Imperiums. Was Rußland angeht, so setzt er seine Hoffnung auf die schon frühzeitig von Hitler aller Welt offenbarte Rußland-Feindschaft. Henning von Tresckow ließ in seiner Antwort keinen Zweifel, daß nach seiner Ansicht Hitler den Krieg unter allen Umständen wolle. Jetzt schon sei der Krieg unvermeidlich. Es werde große Anfangserfolge geben. Dann aber werde wie im Ersten Weltkrieg eine Stagnation eintreten. Während dieser Zeit würden unsere Kriegsgegner ihre Kräfte verstärken und konzentrieren. Schließlich werde Amerika, wie schon im Ersten Weltkrieg, den Ausschlag geben. Was Amerika bedeute, das wisse kein Hitler, das wisse auch kein Auswärtiges Amt, das wisse auch der deutsche Generalstab nicht. Er aber kenne dieses Imperium und habe eine Vorstellung von der ungeheuren Auswirkung wirtschaftlicher Mittel in einem Weltenbrand des zwanzigsten Jahrhunderts.

Wir kamen überein, nach Möglichkeit Fühlung miteinander zu halten, weil es in keinem Kriege ausgeschlossen sei, eines Tages doch noch zu einem Remis zu kommen. Schon ein Remis werde Hitler stürzen, weil dieser, wie jeder Wahnsinnige, nur die Parole kenne: Alles oder nichts.

Von diesem Tage an hatte ich wieder einen Funken Hoffnung. Da war nicht nur jemand, der das Gute wollte und gleichzeitig meinte, man könne Hitler beschwatzen oder sich hinter die Phrase flüchten, nichts wird so heiß gegessen, wie es gekocht wird. Hier war ich jemandem begegnet, der die Zeichen der Zeit erkannt hatte, der frei von Illusionen war, der aber auch den Willen zur Macht hatte, um mit dem einzigen geeigneten Instrument, das es damals noch in Deutschland gab, nämlich dem Heer, die Karte auszuspielen, die allein imstande war, die Karte Hitlers zu stechen. Was bedeutete schon auf dem Felde der Macht die ehrbare Bekennende Kirche oder die doppeldeutige Sprache der katholischen Bischöfe, oder die aufrechte Haltung liberaler Professoren, oder die nicht vorhandene Macht der Gewerkschaften, die sich inzwischen an »Kraft durch Freude« ergötzten. Gewiß, da waren brave, tüchtige Leute, persönlich tapfere Menschen, die bis zum Martyrium entschlossen waren. Aber mit Flugblättern ließ sich eben ein Tyrann wie Hitler nicht stürzen. Weltverbesserer muß es geben. Aber man darf sich nicht einbilden, daß die Magie der Transzendenz imstande ist, die Realitäten dieser Welt in ihr Gegenteil zu verwandeln. Niemand verzichtet ungestraft auf die Macht. Tut er das dennoch, so überläßt er die Herrschaft auf dieser Welt denen, die entschlossene Nichtpazifisten sind. Ohne einen Schuß von Macchiavellismus geht die beste Sache zu Grunde.

Am 1. September 1939 brach der Zweite Weltkrieg aus. Wenige Wochen später befand ich mich wieder als Soldat beim Infanterieregiment 230, das in Brandenburg aufgestellt worden war. Mein Kommandeur war Prinz Oskar von Preußen. Er war der zweitjüngste Sohn Kaiser Wilhelms II. Zum Glück war er kein leichter Kommandeur. Er verfügte über eine gesunde Mischung von Strenge und Güte und scheute sich nicht, mit dem Mittel des Sattelbefehles Verletzungen der Manneszucht durch Arrest zu bestrafen. Zunächst lagen wir noch auf deutschem Boden im Raum Trier und bereiteten uns auf den Ernstfall vor. Dann wurde das Regiment über die Grenze nach Lothringen versetzt. Die Franzosen hatten weite Gebiete, die sie für verteidigungsunfähig hielten, geräumt, hatten sich auf die Maginotlinie zurückgezogen und überließen Hitler die Initiative. Warum die Franzosen so gehandelt haben, warum sie nicht schon während des Polenfeldzuges in die Westflanke des Deutschen Reiches vorstießen, läßt sich nur durch die damals in ganz Frankreich vorhandene Passivität erklären. Das französische Volk wollte damals nicht kämpfen. Seine politische Führung war schwach. Seine Generalität litt unter einem Mangel an strategischen Ideen und dem Fehlen des Willens zur Durchführung einer solchen Idee. So fiel denn Polen als das erste Opfer Hitlers sozusagen in den Schoß des Angreifers. Das erst in der Wiederaufrüstung befindliche England konnte Polen nicht helfen. Frankreich hätte es gekonnt, aber es wollte nicht. Es bestand, wie auch das deutsche Volk, in der Mehrzahl aus Menschen, die nicht wußten, daß man, will man den lieben Gott auf seiner Seite haben, ihn auch ein wenig unterstützen muß. Die Feindberührung in Lothringen war gering. Tagsüber sah man einander nicht. Nur zu ganz bestimmten Stunden feuerte die Artillerie einige Salven. Im übrigen blieb der Krieg auf nächtliche Patrouillen beschränkt, bei denen sich Franzosen und Deutsche wohl sahen und auch einige Schüsse aufeinander abgaben. Aber das Ganze erinnerte im Grunde an das Wort von Ringelnatz: Sie flohen einander mit drohenden Reden. Prinz Oskar von Preußen hat in dieser Zeit das Herz seines Regimentes gewonnen. Er führte es. Es gab keine

Hans Oster

Herbert von Bismarck-Lasbeck

Henning von Tresckow

William Donovan

Graf Carl Hans von Hardenberg

Carl Goerdeler

Rudolf Schmidt (stehend im Vordergrund)

Karl Sack

Stunde des Tages und keine Stunde der Nacht, in der man sicher war, daß er nicht plötzlich irgendwo auftauchen und sich davon überzeugen werde, daß im Rahmen seines Regimentsabschnittes alles in Ordnung war. Überraschend zu kontrollieren, das war seine von allen Untergebenen gefürchtete Eigenart. Die ganze Überlegenheit seiner Persönlichkeit, seine Erfahrung des Ersten Weltkrieges, sein ihm seit Jahren gewohnter Umgang mit Hoch und Niedrig machten es ihm leicht, das Regiment in die Hand zu bekommen. Wir alle haben viel von ihm gelernt. Da es mir auffiel, daß er sich ausschließlich durch die Truppenverpflegung ernährte und alles ablehnte, was nicht auch dem einfachen Soldaten zustand, habe ich mir einmal ihm gegenüber die Frage erlaubt, ob er denn nicht besser daran täte, sich der Fülle der allenthalben vorhandenen Möglichkeiten zu bedienen, um sich eine ihm zusagendere Verpflegung zu sichern; er verneinte hart. Nie werde ich seine Begründung vergessen: »An Ihnen sieht man, daß Sie den Ersten Weltkrieg nicht miterlebt haben. Denn der Erste Weltkrieg ist durch den Hunger entschieden worden. Wer aber die Macht des Hungers kennt, der weiß, daß man auch als Vorgesetzter niemals mehr oder anderes essen darf als der geringste Untergebene.« Das Quartier des Prinzen, ebenso wie sein späterer Gefechtsstand, waren von einer nicht wiederzugebenden Einfachheit und Kargheit. Ihn beherrschte keine falsche Forschheit. Dafür kannte er die Menschen zu gut, um nicht zu wissen, daß auf die Dauer nur die vornehme Schlichtheit den Erfolg in der Menschenführung verbürgt. Eines Tages trat eine Änderung ein. Prinz Oskar von Preußen wurde zum Generalmajor befördert, verlor dadurch die Regimentsführung und kam nach Potsdam zurück. Was das bedeuten sollte, hatte er früher erfaßt als der spätere Feldmarschall Busch, der ihm seine Beförderung mitteilte. Unmittelbar nach Bekanntgabe der Beförderung fragte der Prinz: »Soll diese Beförderung eine Kaltstellung sein?« Busch erwiderte: »Wenn das so wäre, hätte ich mich nicht dazu hergegeben, Euer Königlichen Hoheit diese Beförderung mitzuteilen.« Aber der Prinz behielt recht. Aus Potsdam ist er nie wieder in den aktiven Dienst zurückgerufen worden. Das ganze

Regiment hat ihm nachgetrauert. Keiner seiner Nachfolger erreichte ihn weder in der Menschenführung noch in der Befehlsgebung auf der Regimentsebene. Unter einem solchen Mann muß man einmal Dienst getan haben, um am eigenen Leibe zu erfahren, daß es Vorgesetzte gibt, denen zu gehorchen eine Sache des eigenen Stolzes ist.

Es kam der Westfeldzug. Von ihm weiß jeder, daß die deutsche militärische Führung allen anderen haushoch überlegen war, daß er aber letzten Endes gegen ein Volk geführt wurde, das sich nicht verteidigen wollte. Aus der Fülle der damaligen Beispiele sei nur eines wiedergegeben. Eine Infanteriedivision stieß auf dem Vormarsch an einen von den Franzosen besetzten und zur Verteidigung bestimmten Punkt. Der Führer der Reiterspitze wurde als Parlamentär zu den Franzosen geschickt. Die Franzosen gaben zur Antwort, sie seien zur Übergabe bereit, aber sie brauchten dazu die Genehmigung ihrer vorgesetzten Dienststelle. Bis zum Eintreffen dieser Genehmigung würden zwei Stunden vergehen. Die Division hielt an und wartete, weil, wie sich auch später als wahr herausstellen sollte, ein verlustreiches Gefecht vermieden werden konnte, da die Franzosen die Übergabe genehmigten. Aber der Kommandeur dieser deutschen Division, ein früherer österreichischer Offizier, hatte dafür kein Verständnis. Er fuhr mit seinem Auto bis an die Spitze der Division. Dort wurden ihm die Gründe für das Verhalten der Spitze gemeldet. Er sagte dazu: »Was schert mich eure Abmachung. Wo ist die nächste Batterie? Sie soll sofort das Feuer auf den Feind eröffnen.« In diesem Augenblick trat der Führer der Reiterspitze, ein junger Leutnant aus dem rheinischen Adel – groß geworden bei den Papsthusaren in Paderborn – an den General heran und sagte zu ihm: »Diesen Befehl geben Sie nur über meine Leiche. Das Ehrenwort des Offiziers bleibt ein Ehrenwort auch gegenüber dem Kriegsgegner.« Der Divisionskommandeur wurde leichenblaß, schwieg, setzte sich in sein Auto und fuhr wieder zurück. Auch das hat es im Dritten Reich gegeben. Herren und Ritterlichkeit im deutschen Volk waren auch während des Krieges nicht ausgestorben.

War Henning von Tresckow im Polenfeldzug Erster Generalstabsoffizier einer Infanteriedivision gewesen, so wurde er jetzt Zweiter Generalstabsoffizier bei der Heeresgruppe des späteren Feldmarschalls von Rundstedt. Er hatte damals, wie er mir später erzählte, mit der Frage zu tun, was denn mit dem englischen Landungskorps in Belgien geschehen solle. Er war froh, daß Hermann Göring sich rühmte, er werde durch seine Luftwaffe dieses Korps vernichten, weshalb es nicht nötig sei, Kräfte der Armee gegen das von Lord Gort geführte englische Landungskorps einzusetzen. Henning von Tresckow hat den Mut der englischen Soldaten gerade in dieser Zeit immer bewundert. Die meisten Gefangenen waren schwer verwundet. Was aber Henning von Tresckow nicht verstand, war die englische Führung. Nach seiner Ansicht hätte Lord Gort nach dem Süden Frankreichs stoßen müssen, um sich mit den dort stehenden französischen Truppen zu vereinigen, weil es auf diese Weise möglich gewesen wäre, den südwestlichen Teil Frankreichs mit Aussicht auf Erfolg zu verteidigen. Den englischen Rückzugsbefehl, der Göring zum Trotz mit Bravour erfolgreich durchgeführt wurde, wenn auch unter Verlust der schweren Waffen, hielt Henning von Tresckow für das Zeichen eines kurzsichtigen Egoismus. Schlimmer, er hielt ihn für einen strategischen Fehler erster Ordnung. Wenn er von dieser Zeit erzählte, pflegte er hinzuzufügen: »Hätte ich auf englischer Seite geführt, ich hätte damals Südfrankreich und damit einen strategisch wichtigen Teil Europas vor Hitler gerettet.« Später, während des Rußland-Feldzuges, wandelte er diesen Spruch ab und pflegte scherzhaft zu sagen: »Warum gibt mir das Schicksal nicht die Gelegenheit, auf russischer Seite zu führen. Ich hätte Hitler schon längst geschlagen. Aber die Russen verlassen sich ausschließlich auf den Mut und die Fähigkeit ihrer Soldaten, Entbehrungen zu ertragen. Das ist zu wenig. Man muß im modernen Krieg auch etwas vom Nachschub verstehen, und schließlich darf man nicht glauben, daß einem das Glück hold ist, wenn man ganz auf operative Ideen verzichtet.« Henning von Tresckow hielt die russische, aber auch die englische Truppenführung für ausgesprochen phantasielos und schlecht, weil gerade der Beruf des Soldaten die Gabe der Phantasie erfordere. Ähnliches befürchtete er – leider mit Recht – auch von der amerikanischen militärischen Führung. Er meinte, daß es auch für die Amerikaner schlecht sei, sich nur auf ihr überlegenes Material und ihre Fähigkeit zum Nachschub zu verlassen. Rückblickend möchte ich sagen: Hätte es Tresckow erlebt, wie die Amerikaner die deutschen ausgebrannten Truppen wie mit einem Lineal vor sich herschoben und bei Aachen eine wochenlange Pause einlegten, bis schließlich General Patton den Durchbruch im Süden durchsetzte und damit den Amerikanern auch zu einem militärischen Erfolge verhalf, so wäre er verzweifelt.

Wer die Zeit des Waffenstillstands zwischen Deutschland und Frankreich im Juni 1940 mitgemacht hat, lernte, wenn er es nicht schon wußte, daß der Mensch nach der Sonne geht. Die Anhängerschaft Hitlers vergrößerte sich ins Unermeßliche. Er hatte eben das Glück auf seiner Seite. Wer damals als Soldat in Frankreich stand und sich durch die Anfangserfolge nicht blenden ließ, der wußte mit einem Mal, was es heißt, ganz einsam zu sein. Und nun glaubten auch plötzlich viele ehemalige Skeptiker, daß der nächste Schlag Hitlers gegen England zur Luft und vielleicht auch zur See gelingen werde. Tresckow erzählte mir später, er habe auf Grund seiner Position schon bald gesehen, daß die Marine nicht an einen durchschlagenden Landungserfolg glaubte. Sie hielt vielleicht eine Landung auf einem schmalen Abschnitt für denkbar, aber war nicht der Meinung, daß man dort gelandete Truppen auf die Dauer versorgen könne. Ein früherer österreichischer Genie-Offizier, also ein Offizier der technischen Truppengattung, der aber seiner Bezeichnung als Genie-Offizier alle Ehre machte, begann nun mit der Auswertung der Luftaufnahmen, die täglich von deutschen Flugzeugen über England gemacht wurden. Diese zeigten, daß die englische Abwehr von Woche zu Woche stärker wurde. Die Öffentlichkeit glaubte anfänglich an die Erfolgsmeldungen der deutschen Luftwaffe. Aber Tresckow sollte mit seiner Skepsis recht behalten. Die Verluste auf der deutschen Seite nahmen zu. Die englische Abwehr, auch zur Luft, gewann die Oberhand. Der Angriff auf England mußte abgeblasen werden. Und nun geschah das, was nur wenige vermutet hatten: Hitler begann den Aufmarsch gegen Rußland vorzubereiten. In Posen wurde die spätere Führungsabteilung der Heeresgruppe Mitte zusammengesetzt. Diese nur aus wenigen Offizieren bestehende Kommandobehörde arbeitete die Einzelheiten der gegen Rußland gerichteten Angriffspläne aus. Tresckow wurde Erster Generalstabsoffizier dieser Heeresgruppe. Er veranlaßte, daß ich als sein Ordonnanzoffizier zu ihm kam. Unser tägliches Gespräch in Posen drehte sich immer wieder um die Frage: Warum will Hitler den Angriff gegen Rußland? War es nur der Wille des die Vorherrschaft in der Welt anstrebenden Diktators? Oder glaubte Hitler, er bedürfe des in Rußland gelegenen Reservoirs, wie es England in Amerika hatte? Hitler mußte aber ein solches Reservoir erst in einem Kriege erobern. Tresckow gehörte von Anfang an zu denen, die der Auffassung waren, Deutschland werde auch in Rußland am Anfang militärische Erfolge erzielen. Aber dann werde sich wiederholen, was sich schon zur Zeit Karls XII. und später zur Zeit Napoleons I. ereignet hatte. Die Weite des Raumes, die Leidensfähigkeit des Russen, die klimatischen Verhältnisse sprachen auf lange Sicht gesehen nicht für Hitlerdeutschland, sondern für Rußland. Deutschland, so meinte Tresckow, gleiche einem Elefanten, der einer Ameisenherde begegnet. Gewiß werde der Elefant Tausende und Abertausende von Ameisen töten. Aber die Vielzahl der Ameisen werde den Elefanten angreifen und ihn schließlich bei lebendigem Leibe auffressen. Der Oberbefehlshaber der Heeresgruppe war der Generalfeldmarschall Fedor von Bock. Er war ein Soldat von Rang, aber den mit Sicherheit auf ihn zukommenden Schwierigkeiten, schon infolge seines Magenleidens, nicht gewachsen. Auf höhere Anordnung hin wurden den Offizieren der Führungsabteilung und der später hinzutretenden Gruppen Vorträge von Personen aus dem Hauptquartier Hitlers gehalten. Tresckow selbst besuchte diese Vorträge nur selten. Auch für den nicht mit dem Kräftereservoir in Rußland Kundigen wurde bald klar, daß in diesen Vorträgen ein Wunschbild gezeichnet wurde. Eines Abends nahm auch Admiral Canaris an einem dieser Vorträge teil. Es bestand in der Führungsabteilung die Gewohnheit, dem Vortragenden zu danken und ihm mit Rücksicht auf die angebliche Unsicherheit in Posen bei Nacht eine baldige Rückkehr in sein Quartier zu empfehlen. Das geschah denn auch. An einem dieser Abende fragte Canaris, nachdem der Vortragende sich entfernt hatte, ob wir an die Wahrheit dessen auch glaubten, was uns der Redner gesagt habe, daß nämlich das russische Kräftereservoir unmittelbar an der Westgrenze Rußlands läge und daß es deshalb nur darauf ankomme, bis an die Höhe von Moskau vorzustoßen, um Rußland wehrlos zu machen. Viele von uns verneinten. Andere gaben ihrem Zweifel Ausdruck. Darauf meinte Canaris: »Dann werde ich Euch einmal sagen, daß das alles ganz anders ist. Das russische Kräftereservoir liegt weit hinter Moskau.« Der Russe werde in der Lage sein, mit der ihm eigenen Langsamkeit alle diese Kräfte zu mobilisieren. Er verfüge auch über genug Menschen, um sie uns als Soldaten entgegenzuwerfen. Die Aussicht, den Krieg gegen Rußland zu gewinnen, könne nur jemand als günstig bezeichnen, der über die wirkliche Situation Rußlands nicht Bescheid wisse und auch nicht einkalkuliere, daß auf die Dauer gesehen Amerika in den Krieg auf der Seite Englands eintreten werde. Gewiß sei Amerika nicht gerüstet. Aber die wirtschaftlich-technische Fähigkeit Amerikas, Riesentransporte durchzuführen und seine Bundesgenossen mit allen Kriegsmitteln zu unterstützen, habe den Charakter eines eigenen Wehrmachtteiles. Tresckow stimmte den Ausführungen des Admirals Canaris nicht mit Worten zu, aber seine Haltung ließ keinen Zweifel, daß er sich über die Schwierigkeiten dieses neuen Kriegsschauplatzes keinen Illusionen hingab. Der von Hitler herausgegebene Kommissarbefehl war für die Führungsabteilung ein großer Schock. Nach diesem Befehl sollten die den russischen Truppen beigegebenen politischen Kommissare nach ihrer Gefangennahme ohne Gnade erschossen werden. Tresckow tobte. Das ihm angeborene Gefühl der Ritterlichkeit wehrte sich gegen eine solche Kriegführung. Er wurde beim Feldmarschall von Bock vorstellig und verlangte von diesem, er solle bei Adolf Hitler selbst die Rücknahme dieses Befehles erwirken. Bock aber ließ es bei einem lahmen Protest bewenden. Immerhin billigte er, daß ein Generalstabsoffizier der Führungsabteilung beim Oberkommando des Heeres vorstellig wurde und die Zurücknahme des Befehles zur Erschießung der Kommissare forderte. Der Erfolg war gering. Es gab einige zusätzliche Weisungen, die aber den Erschießungsbefehl selbst in seinem Kern nicht berührten. Damals sagte Tresckow zu dem späteren General Freiherr von Gersdorff, der als Ic die Feindlage bearbeitete und mit dem er in allen wesentlichen Fragen des Lebens einig war, ohne daß darüber diskutiert werden mußte: »Dieser Befehl ist unser Untergang. Die Geschichte wird sich an uns, aber auch an unseren Frauen und unseren Kindern rächen. Wir müssen alles tun, um die Durchführung dieses Befehles zu verhindern.« Dann kam der Angriff am 22. Juni 1941. Schon vorher hatten die von uns aufgenommenen Luftbilder gezeigt, daß die Russen einen Angriff offenbar nicht befürchteten. Obwohl es doch für die Russen nahegelegen hätte, die eigenen Truppen zurückzuziehen und damit die Deutschen zu zwingen, immer weiter nach Rußland vorzudringen und damit dem Gesetz von der abnehmenden Kraft des Angriffes ihren Tribut zu zollen, blieben sie dort, wo sie standen. Nun wußte schon damals jeder Kenner der militärischen Verhältnisse, daß es unmöglich ist, einen durch Millionen beabsichtigten Angriff mit gleichzeitigem Aufmarsch der Armeen und Heeresgruppen zu verheimlichen. Man kann einen solchen Plan tarnen, aber man kann ihn nicht vollständig verbergen. Historisierende Publizisten haben immer wieder behauptet, Stalin sei auch damals von verschiedenen Seiten vom bevorstehenden Angriff auf Rußland unterrichtet gewesen, aber er habe es einfach nicht geglaubt. Wohl alle Staatsformen haben Vorteile und Nachteile. Der Nachteil der Diktatur liegt auf der Hand. Was der Diktator nicht glauben will, gilt nicht als Tatsache. Das sollten damals Stalin und später Hitler erfahren. Der deutsche Anfangserfolg war überraschend groß. Am ersten Tage des Rußlandfeldzuges wurde das Hauptquartier der Heeresgruppe Mitte von Posen nach Rembertow bei Warschau verlegt. Schon im Juli ging es weiter, erst nach Baronowisce, wenige Tage später schon nach Borissow.

Als die Heeresgruppe Mitte ihr Hauptquartier in Borissow hatte, begann schon die Unsicherheit, ob es noch möglich sein werde, im Jahre 1941 Moskau zu erreichen. Da Hitler sich mit der Absicht trug, diese Offensive zu erzwingen, sagte er sich zu einem Besuch in Borissow an. Es blieb zunächst bei der Ansage, weil er seinen Besuch wieder und wieder hinausschob. Schließlich aber kam er. Einige Tage vorher hatte er eine Autokolonne von seinem Hauptquartier in Ostpreußen nach Borissow geschickt. Er selber legte die Reise im Flugzeug zurück. Diese Autokolonne hatte nur die Aufgabe, ihn vom Flugplatz Borissow zum Feldmarschall von Bock und wieder zurück zu bringen, obwohl der Weg vom Flugplatz bis zum Hauptquartier nicht länger als vier Kilometer war.

Bei dieser Besprechung in Borissow bekam Hitler einen seiner Wutanfälle. Diesmal richtete sich der Wutanfall gegen den Generalstab überhaupt. Hitler erklärte:

»Als ich noch nicht Reichskanzler war, habe ich gemeint, der Generalstab gleiche einem Fleischerhund, den man fest am Halsband haben müsse, weil er sonst jeden Menschen anzufallen drohe. Nachdem ich Führer des Deutschen Reiches geworden war, habe ich feststellen müssen, daß der deutsche Generalstab alles andere als ein Fleischerhund ist. Dieser Generalstab hat mich immer gehindert, das zu tun, was ich für notwendig hielt. Der Generalstab hat der Aufrüstung, der Rheinlandbesetzung, dem Einmarsch in Österreich, der Besetzung der Tschechei und schließlich sogar dem Krieg gegen Polen widersprochen. Der Generalstab hat mir abgeraten, gegen Frankreich offensiv vorzugehen, der Generalstab hat mich hindern wollen, gegen Rußland Krieg zu führen. Ich, ich allein bin es, der diesen ›Fleischerhund‹ immer erst antreiben muß.«

Nach dem Besuch erzählte mir Tresckow, er habe der Besprechung nicht nur aus militärischen, sondern auch aus politischen Beweggründen beigewohnt. Er habe nämlich festgestellt, daß man beim Hantieren mit Landkarten unschwer, ohne daß die Vorbereitungen groß auffielen, einen Menschen erschießen könne. Das war das erste Mal, daß aus dem Munde von Tresckow dieser Gedanke formuliert herausbrach. Als ich erstaunt zurückfragte, was es mit dieser Bemerkung für ein Bewenden habe, meinte er: »Du wirst sehen, wenn wir Deutschland retten wollen, wird es keinen anderen Weg mehr geben, als diesen Mann mit Gewalt zu töten.« Aber erst, nachdem eineinhalb Jahre vergangen waren, reifte diese Erwägung in Tresckow zu einem Entschluß.

Noch eines anderen Umstandes muß bei der Erwähnung des Ortes Borissow gedacht werden.

Tresckow wurde nicht müde, durch Augenschein sich ein Bild von dem Ergebnis der großen Schlachten zu machen. Das Ergebnis war: Rußland hat eine wirkliche Niederlage erlitten, aber Rußland ist noch nicht besiegt.

Bald kam die erste Meldung, es sei ein russischer Kommissar gefangengenommen worden. An Tresckow richtete sich die Frage: »Was soll nun mit diesem Kommissar geschehen?« Mit hochrotem Kopf antwortete Tresckow: »Der Kommissar bleibt am Leben. Ich verbiete seine Erschießung.« Diese Reaktion verbreitete sich mit Windeseile. Darauf ist es zurückzuführen, daß es zwar den Befehl zur Erschießung der Kommissare gab, daß er aber in der großen Mehrzahl der Fälle nicht befolgt worden ist.

Der Ort Borissow sollte bald, nachdem wir ihn verlassen hatten, eine traurige Berühmtheit erlangen. Litauische SS, die von Deutschen geführt wurde, rückte eines Tages in Borissow ein. Im Morgengrauen wurden Tausende von Juden, die in Borissow als Handwerker lebten, aus dem Schlaf gerissen, auf das freie Feld getrieben, nach Geschlechtern getrennt und gezwungen, sich auszuziehen. Nackt mußten sie ihr eigenes Grab schaufeln. Sie wurden ausnahmslos von der SS erschossen. Die litauische SS wandte sich auch an die noch in Borissow verbliebenen Nachschubtruppen und forderte einzelne Soldaten auf, sich an der Erschießung zu beteiligen. Kein deutscher Soldat hat dieser Aufforderung Folge geleistet. Die Heeresgruppe erfuhr von diesem vieltausendfachen Mord durch einen Flieger, der Borissow überflog und dem es auffiel, daß dort Tausende von nackten Menschen auf freiem Felde herumstanden. Erst die Rückfrage der Heeresgruppe an den Feldkommandanten von Borissow förderte die Wahrheit zutage. Sie rief bei der Führungsabteilung der Heeresgruppe Mitte einen Aufruhr hervor. Alle waren empört. Tresckow ging zum Feldmarschall von Bock und forderte von ihm, er solle Befehl geben, die SS sofort füsilieren zu lassen. Zur Durchführung dieses Befehles war die Heeresgruppe stark genug, und Adolf Hitler war weit von Borissow entfernt. Aber Bock weigerte sich. Er mißbilligte zwar das Verhalten der SS, aber er ließ es bei einem lendenlahmen Protest an Hitler bewenden. Schließlich tat er noch ein weiteres. Er gab dem Feldkommandanten von Borissow den Befehl, zu ihm zu kommen und bei ihm Meldung zu erstatten. Natürlich kam der Feldkommandant dem Befehl nach. Auf dem Wege zum Hauptquartier des Feldmarschalls von Bock setzte er seinem Leben durch einen Pistolenschuß ein Ende. Der Grund hierfür stellte sich erst später heraus. Die Juden in Borissow hatten von dem Vorhaben der SS rechtzeitig Lunte gerochen. Der jüdische Gemeindevorsteher war bei dem Feldkommandanten vorstellig geworden und hatte um Schutz gebeten. Dabei hatte er folgendes hinzugefügt: »Wenn ich eine solche Bitte an einen deutschen General richte, so weiß ich, daß meine Bitte von Erfolg sein wird.« Die Passivität des Feldkommandanten, aber auch des Feldmarschalls von Bock empfanden die Offiziere der Führungsabteilung der Heeresgruppe Mitte als eine Verletzung ihrer Ehre. Von diesem Tage ab, an dem es zu einer heftigen Auseinandersetzung zwischen dem Feldmarschall von Bock und Tresckow kam, war das bisher bestehende gemeinsame Band zerschnitten. In den folgenden Monaten sollte es schlimmer und schlimmer werden.

Als das Oberkommando der Heeresgruppe Mitte noch in Borissow lag, erschien eines Tages im Auftrag der Organisationsabteilung vom Oberkommando des Heeres Graf Stauffenberg. So lernten sich Tresckow und Stauffenberg kennen. Vom ersten Augenblick an wußten sie, was sie voneinander zu halten hatten. Stauffenberg verriet in jeder Bewegung den Kavalleristen. Er war ursprünglich bei den Bamberger Reitern eingetreten, hatte aber bald Karriere gemacht, die seine Versetzung in den Generalstab zur Folge hatte. Er erkannte das Verhängnis, das Deutschland drohte, und war von ungewöhnlicher Konsequenz, die ihn die Beseitigung Hitlers fordern ließ. Das war 1941 noch nicht der Fall. Ab 1943 trat es offen zutage, als der Chef des Allgemeinen Heeresamtes in Berlin, General Olbricht, Stauffenberg zu seinem ersten Mitarbeiter machte. In der Zwischenzeit hatte Stauffenberg an dem Feldzug in Nordafrika teilgenommen, war dort schwer verwundet worden und fand nun wieder Verwendung in dem Fragenbereich der Organisation. Er war immer fröhlich und ließ erkennen, daß im Grunde in ihm ein musischer Mensch verborgen war. Schon frühzeitig hatten ihn seine künstlerischen Anlagen in den Kreis des Dichters Stefan George geführt. In langen Abendstunden liebte es Stauffenberg, Gedichte von Stefan George zu rezitieren. Er beherrschte diese Gedichte auswendig. Auch verstand er es, mit diesen Deklamationen auf seine Umwelt Einfluß auszuüben. Das wirkte sich auch bei Henning von Tresckow aus. Dieser war tief beeindruckt, als Stauffenberg eines Tages drei Strophen aus der Feder von Stefan George vortrug, um Hitler zu charakterisieren. Hierzu bediente sich Stauffenberg der folgenden Verse:

»der fürst des geziefers verbreitet sein reich.
kein schatz, der ihm mangelt; kein glück, das ihm weicht.
zu grund mit dem rest der empörer!

ihr jauchzet, entzückt von dem teuflischen schein,
verprasset, was blieb von dem früheren seim
und fühlt erst die not vor dem ende.

dann hängt ihr die zunge am trocknenden trog,
irrt ratlos wie vieh durch den brennenden hof…
und schrecklich erschallt die posaune.«

Stauffenberg sollte mit der Zeit avancieren. War er seit Mitte 1943 Chef des Allgemeinen Heeresamtes gewesen, so sollte er 1944 Chef beim Befehlshaber des Ersatzheeres werden. Dadurch wurde seine Befehlsgewalt, was die militärischen Dinge in der Heimat anging, erheblich vergrößert. Diese Veränderung war nicht ganz einfach durchzusetzen, weil Hitler inzwischen einen Befehl erlassen hatte. Hiernach wurde jede personelle Veränderung davon abhängig gemacht, daß der Chef des Generalstabes des Heeres den Auserkorenen persönlich darüber zu befragen habe, ob er auch an den Sieg Hitlers und an die gute Sache des Nationalsozialismus glaube. Natürlich waren Lippenbekenntnisse leicht abzulegen. Aber eine Klippe war es doch. Stauffenberg überwand diese Schwierigkeit, indem er sich beim Generaloberst Zeitzler, dem damaligen Chef des Generalstabes des Heeres, meldete und auf die beiden an ihn gestellten Fragen erklärte: »Weder glaube ich an den Sieg Hitlers noch glaube ich an die gute Sache des Nationalsozialismus.« Es stellt dem Generaloberst Zeitzler ein gutes Zeugnis aus, daß er daraufhin erwiderte: »Diese ehrliche Art gefällt mir. Nun bin auch ich davon überzeugt, daß Sie der richtige Chef sind, um die Geschäfte beim Befehlshaber des Ersatzheeres zu übernehmen.« Zwei Jahre vorher wäre eine solche Unterhaltung noch eine Unmöglichkeit gewesen. So hatten sich die Verhältnisse gewandelt. Aber die veränderten Verhältnisse fanden auch, wie das Beispiel Stauffenberg zeigt, Persönlichkeiten, die der Veränderung gewachsen waren. Zum letzten Mal habe ich Stauffenberg zusammen mit General Olbricht gesehen. Beide waren damals nicht mehr im Reichskriegsministerium in Berlin am Admiral-Tirpitz-Ufer, sondern arbeiteten in einer zweistöckigen Baracke, die außerhalb Berlins in Zossen errichtet war, um nicht den dauernden alliierten Luftangriffen ausgesetzt zu sein und um der Überwachung durch die Gestapo besser zu entgehen. Olbrichts hervorragender Charakter, seine Standhaftigkeit und Zielsicherheit wurden nur durch die Freiheit des Geistes und die Freiheit der Form überragt, die Stauffenberg an den Tag legte. Wir unterhielten uns, ohne ein Blatt vor den Mund zu nehmen. Damals kam mir unwillkürlich ein anderer Vers von Stefan George in den Sinn:

»und ihr kennt die mitgeburten an der augen wahrer glut...«

Doch zurück zur Heeresgruppe Mitte in das Jahr 1941. Ehe die Heeresgruppe im September 1941 ihr Hauptquartier nach Krassny-Bor verlegte, ereignete sich die entscheidende Wendung im August, als das Oberkommando seinen Sitz noch in Borissow hatte. Während die Heeresgruppe Mitte im Begriff war, ihre Offensive in Richtung Moskau fortzusetzen, weil Moskau der Schnittpunkt aller Eisenbahnen und Straßen und sonstigen Verkehrswege war, befahl Hitler eine Abzweigung der Panzergruppe 2 nach Süden in Richtung Kiew, so daß der Angriff auf Moskau mit ungenügenden Kräften nahezu zum Stillstand verurteilt war. Hitler kam es nicht auf Moskau an, dessen Erreichung nicht nur die Generale der Heeresgruppe Mitte, sondern auch die führenden Köpfe vom Oberkommando des Heeres für das entscheidende Ziel hielten, sondern auf die Inbesitznahme des Donezbeckens und der Krim. Hitler fürchtete russische Luftangriffe auf das rumänische Erdölgebiet. Mit seinem Vorstoß nach Süden wollte er aber gleichzeitig die Russen von ihrem eigenen Erdölvorkommen abschneiden. Sein Ziel war das Öl von Baku, das Erz des Donezbeckens und der Weizen der Ukraine. Damals gab es schon ein in Schlesien aufgestelltes Vorauskommando Tiflis. Aus der Aufstellung dieses Kommandos zogen manche den Schluß, daß Hitler, ohne daß er es je ausgesprochen hatte, einen Vorstoß nach Persien beabsichtigte, um den Weg nach Indien zu öffnen. Die Generale der Heeresgruppe Mitte scheuten sich vor solchen Phantasieplänen. Ihnen war das Hemd näher als der Rock. Deshalb standen sie der beabsichtigten Abzweigung maßgeblicher Kräfte nach Süden geradezu feindselig gegenüber und hielten an ihrem Angriffsziel Moskau fest.

Um Hitler vielleicht doch von seinen in Borissow entwickelten Plänen abzubringen, berief Generalfeldmarschall von Bock zu einer Besprechung zu sich ein, und zwar für den 23. August 1941. Hierzu erschien auch Generaloberst Halder, der Chef des Generalstabes. Weiter nahm an dieser Besprechung Generaloberst Guderian teil, der Oberbefehlshaber der Panzergruppe 2. In dem Kriegstagebuch des Generalfeldmarschalls von Bock heißt es über den 23. August 1941 wie folgt:

»Nachmittags kommt Halder. Ich bestelle Guderian dazu, weil es sich um Besprechung des Abdrehens für den Angriff nach Süden handelt. Halder ist außer sich. Er zeigt eine Denkschrift des Führers, die die Notwendigkeit des Stoßes damit begründet, daß die dringendste Aufgabe die Wegnahme der Krim als Flugbasis gegen die rumänischen Ölfelder und das Abschneiden der Russen von ihrer eigenen Ölzufuhr sei. Hierzu müsse, die ungewöhnlich günstige Lage an den inneren Heeresgruppenflügeln ausnützend, die Heeresgruppe Mitte mit ihrem rechten Flügel zunächst nach Süden vorstoßen, um den zwischen den inneren Heeresgruppenflügeln stehenden Feind abzuschneiden und der Heeresgruppe Süd das Vorgehen über den Dnjepr zu ermöglichen. Die Denkschrift betont weiter, daß es notwendig sei, das russiche Heer zu zerschlagen. Die Masse des russischen Heeres steht aber vor meiner Ostfront, und die Möglichkeit, sie zu zerschlagen, wird mir durch den Angriff nach Süden genommen. Dazu kommt, daß Guderian es für unmöglich erklärt, auf den Wegen, auf denen das erschöpfte XXIV. Panzerkorps sich hoffnungslos festgefahren habe, eine Operation nach Süden einzuleiten und zu nähren. Er bezeichnete den Angriff, der noch dazu mit der linken Schulter an der Südost-Desna Stellung entlangführe, als ein ›Verbrechen‹... Ich rufe deshalb Schmundt an und bitte ihn, dem Führer vorzuschlagen, daß er Guderian empfängt, um sich selbst ein Bild von der Lage zu machen... Am 24. August morgens hören wir vom Oberkommando des Heeres, daß Guderian dem Führer gegenüber ein sofortiges Vorgehen des XXIV. Panzerkorps und noch weiterer Panzerkräfte nach

Süden doch für möglich erklärt hat! Nachmittags kommt er zurück und erzählt, daß Brauchitsch ihn mit den Worten empfangen habe: ›Es ist alles entschieden und Herummeckern ist zwecklos.‹ Als nun der Führer, dem er die Schwierigkeiten der Lage dargelegt habe, ihm erklärte, wie kriegsentscheidend und eilig der Vorstoß nach Süden sei, habe er schließlich in das Antreten aus dem Raum des XXIV. Panzerkorps heraus eingewilligt.«

Wie sich aus einer Anlage des Kriegstagebuches der Panzergruppe 2 ergibt, hatte Generaloberst Guderian noch am 22. August 1941 am Telefon gegenüber dem Chef der Heeresgruppe Mitte erklärt, er werde am 23. August 1941 zur Heeresgruppe kommen und seine Ansicht erläutern. Die geplante Operation hätte zur Folge, daß das Wenige, was bisher erreicht sei, wieder ruiniert werde. »Das XXIV. Panzerkorps ist so abgekämpft, daß es für eine Operation sowieso nicht in Frage kommt.« Am folgenden Tag fand noch einmal, laut Kriegstagebuch, ein Telefonat zwischen dem Chef der Heeresgruppe Mitte und dem Generaloberst Guderian statt. Nach diesem Gespräch hat Guderian sich gegen die geplante Südwendung ausgesprochen, weil die Entfernungen zu groß seien. »Das XXIV. Panzerkorps kommt nicht in Frage. . . Das ist doch nicht durchführbar. Wir haben in diesem Raum keine festen Straßen. Infolgedessen muß ich melden, daß ich dieses Unternehmen nicht machen kann.« Als daraufhin der Chef der Heeresgruppe Mitte zurückfragt: »Wenn es aber verlangt wird?« antwortet Guderian: »Dann bitte ich, mich zu beurlauben.«

Laut Kriegstagebuch der Heeresgruppe Mitte beginnt am gleichen Tag – 23. August 1941 – eine Besprechung, die von 16.00–17.30 Uhr dauert. An ihr nahmen Generalfeldmarschall von Bock, General von Greiffenberg und Oberst von Tresckow von der Heeresgruppe Mitte, Generaloberst Halder als damaliger Chef des Generalstabes und sein Mitarbeiter, der damalige Oberst Heusinger, sowie Generaloberst Guderian von der Panzergruppe 2 teil. Generaloberst Halder trug zunächst vor, daß nach Ansicht Hitlers die Operation in südöstlicher Richtung fortgesetzt werden sollte. Das Wichtigste sei eine möglichst rasche Besetzung der Krim. Es müsse das Industrie- und Kohlengebiet im Donezbecken in Besitz genommen werden. Außerdem sei es das Ziel dieser Operation, die russische Ölzufuhr aus dem Kaukasus abzuschnüren. Dies Ziel sei so wichtig, daß nach Ansicht Hitlers das bisherige Ziel der Zerschlagung der russischen Wehrmacht noch vor Einbruch des Winters zurücktreten müsse. Nach dem Kriegstagebuch der Heeresgruppe Mitte hat hierzu Generaloberst Guderian folgendes gemeldet: Der weitaus größte Teil seiner Divisionen stehe seit neun Wochen ununterbrochen im Kampf. Sie bedürften unbedingt der Ruhe. Es sei auch eine Woche notwendig, um das Material auf etwa neunzig Prozent der Ausrückstärke zu bringen. Schließlich stellt Oberst Heusinger die Frage, ob die Ostfront der Heeresgruppe Mitte bei Durchführung der geplanten Südoperation den Winter über halten könne. Laut Kriegstagebuch erwiderte Generalfeldmarschall von Bock: Wenn der Russe an einer Stelle stark angreift, kann die Front mit den zur Verfügung stehenden Kräften nicht gehalten werden. Eine Verbesserung der Lage kann nur im Angriff nach Osten gesucht werden. Man solle auch keinesfalls die Stimme der Truppe unbeachtet lassen: »Wann wird nach Moskau marschiert? Wir wollen im Winter hier nicht liegenbleiben.«

Das Kriegstagebuch fährt dann fort: »Nach Abschluß der Besprechung wird entschieden, daß Generaloberst Guderian zum Oberbefehlshaber des Heeres und dann zum Führer fliegt, um dort die nach seiner Ansicht vorhandenen technischen Schwierigkeiten für den Ansatz von Panzern in der geplanten Richtung persönlich darzulegen.«

Am anderen Tag – 24. August 1941 – rief um 10 Uhr Generaloberst Halder den Chef der Heeresgruppe Mitte – General von Greiffenberg – an. Halder teilte mit, daß Generaloberst Guderian gestern abend beim Führer gewesen sei. Guderian habe dem Führer erklärt, daß er mit dem XXIV. Panzerkorps von da, wo er jetzt stehe, sofort nach Süden angreifen könne. Das Kriegstagebuch fährt fort: »Generaloberst Guderian wäre sich beim Führer darüber klar geworden, daß die Operation nach Süden durchgeführt werden müsse.« Nach dem Kriegstagebuch fügte Halder noch hinzu, die Heeresgruppe stehe vor einer völlig neuen Situation, »da auf einmal alles ginge, was gestern als unmöglich bezeichnet wurde«. Weiter heißt es im Kriegstagebuch: »Generaloberst Guderian sei erst hinterher um 23 Uhr vom Führer empfangen worden, der sich auf den Standpunkt stellte, daß es notwendig sei – wenn auch mit schwachen Kräften –, so schnell wie möglich an die Desna zu kommen. Hierauf habe dann Generaloberst Guderian seinen Standpunkt wie oben geschildert geändert.« Um 16 Uhr gleichen Tages verzeichnet das Kriegstagebuch der Heeresgruppe Mitte folgendes: »Generaloberst Guderian meldet sich beim Oberbefehlshaber der Heeresgruppe auf seinem Rückfluge vom Führer. Er berichtet, daß er keine Möglichkeit gefunden habe, seinen persönlich gestern bei der Heeresgruppe geschilderten Standpunkt zu vertreten, da die oberste Führung erklärt habe, ein anderer Ansatz der Kräfte wie bisher vorgesehen, käme nicht in Frage. Generaloberst Guderian hat daher nur auf die Schwierigkeiten hinweisen können und erläutert, wie er aus der gegebenen Lage das Beste herausholen könne.«

Bei der Führungsabteilung der Heeresgruppe Mitte wirkte die Nachricht über den Ausgang des Gespräches zwischen Hitler und Guderian wie eine Niederlage. Die Ereignisse des 23. und 24. August 1941 fanden in dem Tagebuch, das der Chef des Generalstabes – Generaloberst Franz Halder – führte, ihren Niederschlag. Seine Notiz lautet wie folgt: »Guderian war gestern abend durch meine Vermittlung beim Führer. Während er bei der Besprechung bei H. Gr. Mitte erklärt hat, daß ein Ansatz des XXIV. AK nach Süden über Starodub nicht möglich sei

1. wegen der ganz unmöglichen Straßenverhältnisse, die die Nachführung von Betriebsstoff nicht ermöglichen,

2. dann wegen des Zustandes der Truppe, die selbst zu einem Angriff ohne vorhergehende Ruhe und Auffrischung nicht befähigt sei – erklärt er nun heute morgen, angesichts der bindenden

Forderung des Führers, so schnell wie möglich nach Süden zur Wirkung zu kommen, könne nun das XXIV. AK doch über Starodub nach Süden angesetzt werden. Er müsse seine Bedenken zurückstellen. Ich habe ihm darauf erklärt, daß ich für einen solchen plötzlichen Umschlag ins Gegenteil kein Verständnis hätte.

Antwort: Die gestrige Darstellung sei von dem Gesichtspunkt aus erfolgt, dem OKH eine Handhabe zu geben, um die geforderte Operation nach Süden verhindern zu können. Nachdem er sich beim Führer selbst davon überzeugt hat, daß er zu dieser Operation nach Süden fest entschlossen sei, sei es seine Pflicht, auch das Unmögliche möglich zu machen, um diesen Gedanken durchzuführen.«

Im September 1941 verlegte die Heeresgruppe ihr Hauptquartier nach Krassny-Bor. Jetzt im Herbst zeichnete sich die erste Wende ab. Die Truppe blieb in dem sumpfigen Boden stecken. Es kam vor, daß Pferde auf einer Straße ertranken, obwohl die Deutschen diese Straßen stolz Panzerrollbahn nannten. Der früh einsetzende Winter ließ den Boden erstarren, die nicht für den Winter ausgerüstete Truppe war den Unbilden der Witterung nicht mehr gewachsen. Der deutsche Aufmarsch kam zum Stehen. In diesem Augenblick war Hitler der Meinung, man solle nicht nur auf Moskau zustoßen, sondern auch einen Keil nach Stalingrad vortragen. Tresckow war verzweifelt. Hatte er doch einige Zeit vorher den späteren Generalfeldmarschall Paulus auf das Widernatürliche dieses Planes hingewiesen und dabei erklärt: »Es ist eine alte Erfahrung auf der Jagd: wenn man gleichzeitig zwei Hasen schießen will, trifft man keinen.« Auf Grund dieser Bemerkung hatte sich ein Disput zwischen Paulus und Tresckow erhoben, der noch lange Zeit brauchte, bis er verebbte, weil Tresckow seinen Widerspruch gegen Paulus auch schriftlich aufrecht erhielt.

Noch aber machte die Dezemberkälte des Jahres 1941 eine Truppenumgruppierung unmöglich. Wie eine Bombe schlug bei uns die Nachricht ein, daß ein Angriff der Japaner auf die amerikanische Flotte bei Pearl Harbour den Eintritt Amerikas in den Krieg gegen Japan herbeigeführt hatte. Noch erstaunter war Tresckow, als er hörte, daß daraufhin Hitler seinerseits Amerika den Krieg erklärt habe. Es wollte nicht in seinen Kopf, daß ein in einen wirklichen Krieg verwickelter Diktator sich noch zusätzlich einen Gegner schuf, der notwendigerweise bei der Beendigung des Krieges den Ausschlag geben konnte, war doch Amerika ein Imperium, das schon im Ersten Weltkrieg Deutschland den Fangstoß gegeben hatte. Über alle diese Fragen kam es in dem von Feldmarschall von Bock bewohnten Blockhaus zu einem Disput. Im Vorzimmer saßen die beiden Adjutanten des Feldmarschalls, Graf Hardenberg und Graf Lehndorff. Ich selber hatte Tresckow auf dem Weg zu diesem Blockhaus begleitet und wartete mit im Vorzimmer. Wir alle konnten der Unterhaltung, die im Nebenzimmer stattfand, folgen, weil die Tür geöffnet blieb. Zunächst begann das Gespräch in einer gewissen Ruhe. Feldmarschall von Bock war klug genug, um zu erkennen, daß die politische und militärische Situation sich zu Ungunsten des Deutschen Reiches gewendet hatte. Aber er stellte gleichzeitig Erwägungen an, die sich auf rein militärischem Gebiet bewegten, um nach einer Möglichkeit zu suchen, die man empfehlen könne, um aus diesem Desaster wieder herauszukommen. Tresckow ließ sich auf diese Erwägungen nicht ein. Bock merkte dies und fragte zurück: »Was hast Du denn für einen Vorschlag?« Darauf antwortete Tresckow kühl und gelassen: »Es gibt nur einen Weg. Wir müssen Hitler beseitigen.« Wie von der Tarantel gestochen sprang der Feldmarschall auf und schrie überlaut: »So etwas lasse ich mir nicht sagen. Das höre ich mir unter gar keinen Umständen an.« Er verließ das Zimmer, ging durch das Vorzimmer und begab sich ins Freie. Nun erschien auch Tresckow wieder im Vorzimmer. Die Grafen Hardenberg und Lehndorff ließen erkennen, daß auch nach ihrer Ansicht der Feldmarschall für ein solches Gespräch nicht reif sei. Tresckow lachte nur und sagte: »Wenn er es jetzt nicht hören will, wird er es später fühlen müssen. Es geht hier um mehr als um eine Schlacht. Es geht auch um mehr als um einen Feldzug. Es geht schlechthin um unser Vaterland. Wer die Notwendigkeit zu spät einsieht und zu spät handelt, von dem wird die Geschichte einmal sagen: Gewogen und zu leicht befunden.« Ich begleitete Tresckow zu seinen Diensträumen zurück. Auf dem Weg dahin, der durch einen Wald führte, fiel von Tresckow die bisherige Kühle ab. Seine ganze innere Erregung machte sich Luft. Er sagte: »Zivilisten sind in der Masse urteilslos. Ihr Feld ist die Innenpolitik. Von Außenpolitik und vom Krieg verstehen sie nichts. Von uns, den Soldaten, die wir noch die Gewalt haben, wird die Geschichte alles fordern und alles erwarten. Wehe uns, wenn wir der Forderung der Geschichte nicht genügen.« Ehe Tresckow seinen Dienstraum betrat, hatte er sich wieder gefaßt. Nichts war ihm anzumerken. Auf meine noch im Wald hingeworfene Bemerkung, ob der Feldmarschall nun für uns nicht doch eine Gefahr sei, weil er diese Unterhaltung vielleicht höheren Ortes melden könne, meinte Tresckow: »Ich kenne Bock gut genug. Soweit wird er nicht gehen. Er wird keinen anderen Offizier ans Messer liefern. Außerdem spielt er bei einer Meldung über diese Unterhaltung eine verdächtige Rolle, wenn er diese Meldung auch nur um wenige Stunden zu spät macht. Er hat mich ja laufen lassen. Den Mut zur Festnahme hat er nicht. Du wirst sehen, er wird in Kürze den Befehl über die Heeresgruppe Mitte verlieren.« Und so geschah es.

Neuer Oberbefehlshaber der Heeresgruppe Mitte wurde Generalfeldmarschall Günter von Kluge. Tresckow begann sozusagen mit dem ersten Tage seines Oberbefehles um diesen Mann zu kämpfen. Kluge verfügte über eine gehörige Portion von gesundem Menschenverstand. Er war nicht ohne Witz und durchschaute Menschen und Dinge. Einen nicht geringen Einfluß auf ihn hatte sein Adjutant, der damalige Rittmeister Freiherr Philipp von Boeselager. Da Kluge vorher Oberbefehlshaber der 4. Armee an der Ostfront gewesen war, bereitete ihm die Beurteilung der militärischen Situation keine Schwierigkeiten. Er überwarf sich sehr bald mit dem Oberbefehlshaber der 2. Panzerarmee, dem Generaloberst Guderian. Zwischen beiden kam es zu einer harten Auseinandersetzung am Telefon, mit dem Erfolg, daß Guderian selbst um seine Ablösung bat.

Auch über einen anderen Armeeoberbefehlshaber im Raume der Heeresgruppe Mitte kam es zu einem Zweikampf zwischen Hitler und dem Heere. Es handelte sich um den Generaloberst Erich Hoepner. Er führte die 9. Armee. Diese Armee war durch unglückselige Umstände in eine schwierige militärische Lage geraten. Man mußte befürchten, daß der Armee nicht nur eine verlorene Schlacht, sondern vielleicht sogar ihre Vernichtung bevorstände. Hoepner forderte deshalb die Erlaubnis zur Zurücknahme der Armee auf eine rückwärtige Linie. Aller Vernunft zum Trotz befahl Hitler, die Armee habe dort stehen zu bleiben, wo sie sich befinde. Da aber hatte sich Hitler in Hoepner verrechnet, der schon lange vor dem Kriege ein entschlossener Gegner Hitlers war und von militärischer Führung mehr verstand als mancher andere. Entgegen dem Befehl Hitlers nahm er ein Korps seiner Armee auf die von ihm vorgeschlagene rückwärtige Linie zurück. Nach vollzogener Durchführung meldete Hoepner auf dem Dienstwege die von ihm eigenständig vorgenommene Maßnahme. Hitler tobte, während Tresckow das Verhalten Hoepners in vollem Umfange billigte. Eines Nachts erhielten wir einen Anruf aus dem Führerhauptquartier. Unser Gesprächspartner erklärte mir, es sei ein Befehl Hitlers auf dem Wege des Fernschreibers an den Feldmarschall von Kluge unterwegs. Sobald der Befehl angekommen und entschlüsselt sei, solle der Befehl dem Feldmarschall von Kluge vorgelegt werden. Ich tat dies und benutzte in der Nacht ein Motorrad von der Führungsabteilung zum Blockhaus des Feldmarschalls von Kluge. Dieser wurde geweckt. So ein Feldmarschall ist eine Achtung gebietende Persönlichkeit. Aber im Nachthemd verlor er doch etwas von seiner sonst gern an den Tag gelegten äußeren Würde. Er ließ sich das Fernschreiben vorlesen. Darin stand: »Ich stoße den bisherigen Generaloberst Hoepner aus der Wehrmacht mit allen sich daraus ergebenden Folgen aus. Sie, Feldmarschall von Kluge, haben Hoepner seiner Orden und Rangabzeichen zu entkleiden und haben ihn zu meinem Hauptquartier in Marsch zu setzen. Der Vollzug ist zu melden.« Kluge blieb ganz ruhig. Dann sagte er zu mir: »Lesen Sie mir das Fernschreiben noch einmal ganz langsam vor.« Ich tat es. Nun erbat sich Kluge das Fernschreiben aus, nahm es an sich und sagte zu mir: »Sie sprechen über die Tatsache und den Inhalt dieses Fernschreibens mit niemandem, auch nicht mit dem Chef des Stabes der Heeresgruppe.« Außerdem befahl er mir, am anderen Tag um 10 Uhr zu ihm zu kommen. Da ich wußte, worauf Kluge aus war, brachte ich am nächsten Tag die gesetzlichen Unterlagen mit. Die erste Frage von Kluge an mich konnte nur lauten: »Kann der Führer einen Generaloberst aus der Wehrmacht ausstoßen?« Ich verneinte diese Frage. Unter Hinweis auf die gesetzlichen Unterlagen machte ich darauf aufmerksam, Adolf Hitler könne wohl jedermann aus seiner Nationalsozialistischen Partei ausschließen, aber bei einem Offizier müsse er entweder den Beschuldigten vor einem Militärgericht anklagen oder den Beschuldigten vor ein Ehrengericht stellen. Nur auf einem dieser beiden Wege sei es möglich, einen Offizier zwar nicht aus der Wehrmacht auszustoßen, aber ihn aus der Wehrmacht zu entfernen. Kluge sah die ganze Bedeutung der Situation. Er erkannte die unausweichliche Notwendigkeit eines Zweikampfes zwischen Wehrmacht einerseits und Adolf Hitler anderseits. Er erklärte, er wolle über die Angelegenheit noch einmal vierundzwanzig Stunden in Ruhe nachdenken. In diesen vierundzwanzig Stunden erfuhr auch Tresckow durch den Feldmarschall von dem neuen Ereignis. Er bestürmte Kluge, unter keinen Umständen nachzugeben, sondern an diesem Ereignis klarzumachen, daß Hitler nachgeben müsse, um dadurch das Schwergewicht der Macht auf die Schultern der Wehrmacht zu bürden. Kluge war zu vielem bereit, aber nicht zu allem. Nach Ablauf der vierundzwanzig Stunden wurde ich ausersehen, das Telefongespräch zwischen Kluge und Adolf Hitler mitanzuhören. Zunächst erklärte Kluge, er könne den Befehl nicht ausführen. Dieser Befehl verstoße gegen seine Ehre. Er habe auch keine gesetzliche Grundlage. Man könne einen Offizier nicht aus der Wehrmacht ausstoßen. Dazu bedürfe es des rechtskräftigen Spruches eines unabhängigen richterlichen

Gremiums. Kluge sprach so klar und überzeugend, daß Hitler zunächst zurückwich. Die ersten Einwendungen Hitlers überhörte Kluge. In dieser Behandlung der Dinge wurde er durch eine gewisse Schwerhörigkeit unterstützt, wie sie bei Artilleristen nicht selten auftritt. Aber dann gebrauchte Kluge ein falsches Argument. Er appellierte an die Menschlichkeit Hitlers, indem er sagte: »Sie können doch einen Mann wie Hoepner und seine ganze Familie nicht *vis-à-vis de rien* stellen.« Von diesem Augenblick an hatte Hitler in diesem Gespräch die Oberhand. Er erklärte kühl: »Ich werde Hoepner und seine Familie aus meiner Privatschatulle schadlos halten.« Noch einmal griff Kluge an und sagte: »Unter diesen Umständen muß ich mir es überlegen, ob ich nicht als Oberbefehlshaber der Heeresgruppe Mitte um meine Ablösung bitten muß.« Mit barscher Stimme gab Hitler zur Antwort: »Das macht mir nichts aus. Ich werde zu jeder Stunde eine andere Persönlichkeit zum Oberbefehlshaber zu ernennen wissen.« Damit war das Spiel verloren, und das Telefonat war beendet. Wieder überlegte sich Kluge sein Handeln. Aber wer lange überlegt, kommt erfahrungsgemäß zu dem Entschluß: Der Klügere gibt nach. Also wurde Hoepner telefonisch befohlen, sich beim Feldmarschall von Kluge so schnell wie möglich persönlich zu melden. Hoepner kam. Er sah aus wie immer. Nichts in seiner Haltung, kein Zug in seinem Gesicht verriet, daß er ahnte, was ihm bevorstand. Kluge und Hoepner schlossen sich in dem Dienstzimmer des Feldmarschalls ein. Sie mögen wohl gut über eine Stunde miteinander gesprochen haben. Niemand weiß, was in diesem Gespräch an Worten ausgetauscht worden ist. Hoepner verließ das Zimmer des Feldmarschalls. Er trug immer noch seine Rangabzeichen und seine Orden und machte ein Gesicht, als ob nichts geschehen wäre. Für die Nacht wurde er in einem Schlafwagenzug untergebracht, der ganz in der Nähe mitten im Wald, versteckt gegen jede Sicht, auf einem Sondergeleise stand. Kurz bevor Hoepner sein Schlafwagenabteil bestieg, fragte er zurück, was er an alkoholischen Getränken bei der Heeresgruppe für diese ihm bevorstehende Nacht erbitten könne, und erhielt zur Antwort: alles. Hoepner bestellte zwei Flaschen schweren französischen Burgunder, eine Flasche Cognac und eine Flasche Champagner. Tresckow und ich haben damals geglaubt, Hoepner werde sich in der Nacht das Leben nehmen. Aber es geschah nicht. Am anderen Tage wurde er mit allen Ehren, wie sie einem Generaloberst zukommen, in das Hauptquartier Hitlers in Marsch gesetzt. Tresckow quittierte diesen Abgang mit dem Satz: »Die Wehrmacht hat eine Schlacht verloren.« Später hat Hoepner in Berlin gelebt, um erst am 20. Juli 1944 wieder in der Geschichte aufzutauchen.

Aber eines hatte sich in all diesen Monaten mit aller Klarheit und Schärfe herausgestellt. Es kam darauf an, im Raum der Heeresgruppe Mitte standhafte Männer zu sammeln, deren man sicher war. Und dafür gab es keine geschicktere Hand als die Hand Tresckows. Er wußte, daß Menschen und nicht Dinge das Schicksal dieser Welt bestimmen. Er wußte aber auch, wie man Menschen um sich sammelt. Dabei kam ihm vor allem ein Umstand jetzt zustatten: Ein äußerliches Band der Kameradschaft verband ihn mit dem späteren General Schmundt, weil beide im gleichen Reichswehrregiment lange Zeit nebeneinander gedient hatten. Schmundt aber war inzwischen zum Persönlichen Adjutanten Adolf Hitlers aufgestiegen. Gegenüber Schmundt trug Tresckow eine Maske. Er gab sich ihm gegenüber als ein glühender Bewunderer Adolf Hitlers und veranlaßte auf diesem Wege, daß dieser und jener Offizier in seine Nähe versetzt wurde. Es handelte sich immer um Persönlichkeiten, deren sich Tresckow sicher war, worüber aber Schmundt keine Vorstellung besaß. So gelang es denn Tresckow, einen Stab zusammenzusetzen, der – von wenigen Ausnahmen abgesehen – homogen war. Homogen in militärischer Beziehung, homogen in politischer Beziehung und auch homogen in gesellschaftlicher Beziehung. Das haben manche schon damals und später auch andere kritisiert und Tresckow zum Vorwurf gemacht. Sie haben alle nicht begriffen, daß, wer dem Rad des Schicksals in die Speichen greifen will, Männer um sich haben muß, die aus der gleichen Kiste sind wie er. Um nicht in den Fehler der Ungerechtigkeit zu verfallen, sollen an dieser Stelle die Namen und Schicksale aus dem Kreise um Tresckow unerwähnt bleiben. Nicht nur für Generalstabsoffiziere, sondern überhaupt für Offiziere hat der Satz Gültigkeit: Offiziere haben keine Namen.

Auf die Frage, wer innerhalb der Heeresgruppe Mitte Oberbefehlshaber der Armeen werden sollte, hatte Tresckow nur geringen Einfluß. Das gleiche gilt für die Zeit, in der Tresckow Erster Generalstabsoffizier der Heeresgruppe Mitte war, für diejenigen Persönlichkeiten, die den Posten des Chefs des Generalstabes der Heeresgruppe bekleideten. Über die Generale von Salmuth und von Greiffenberg ist kein Wort zu verlieren. Dann kam General Wöhler. Er war ein tüchtiger Offizier. Aber er paßte nicht in den gewachsenen Rahmen der Heeresgruppe. Was er politisch dachte und wußte, ließ er nicht erkennen. Am Anfang versuchte er, auf die Angehörigen des Stabes im Befehlston einzuwirken. Aber das mißlang. Schließlich fügte er sich und tat das Vernünftigste, was er tun konnte: Er überließ Tresckow die Führung. Auf Wöhler folgte General Krebs. Dieser war aus den Goslarer Jägern hervorgegangen, war bald in den Generalstab gekommen, spielte später eine große Rolle auf der deutschen Botschaft in Moskau, wo er die Position des ersten Gehilfen des Militärattachés bekleidete. Krebs sprach wie ein Maschinengewehr. Er war nicht ohne Ehrgeiz. Aber er blieb in allen Situationen ein Mensch und wußte mit Vorgesetzten und Untergebenen umzugehen. Er hatte wohl ursprünglich an Hitler geglaubt. Aber mit der Zeit hatte dieser Glaube Sprünge bekommen. Krebs war viel zu schlau, um diesen Veränderungen Ausdruck zu verleihen. Aber er überhörte so manches kritische Wort. Entweder tat er so, als ob er es nicht gehört habe, oder er lächelte, als ob es sich um einen aus Unmut geborenen Witz handelte. Eines darf diesem Manne nicht vergessen werden: Nach dem 20. Juli 1944 hat er die Führungsabteilung der Heeresgruppe Mitte vor der Verfolgung bewahrt. Er war von ungewöhnlicher Wendigkeit, konnte blitzartig schalten und war nie um eine schlagfertige Antwort verlegen. Schnell hatte er heraus, wes Geistes Kind Tresckow war. So fragte er ihn einmal nicht spitz, sondern gutmütig: »Warum haben Sie eigentlich in Ihrem Zimmer das Bild Adolf Hitlers hängen?« Diese einmalige Gelegenheit ließ Tresckow nicht vorübergehen und fragte zurück: »Wissen Sie nicht, daß der große Moltke in seinen großen Kriegen immer ein Bild seines militärischen Gegners an der Wand hängen hatte? Wissen Sie es wirklich nicht? Moltke wollte aus dem Gesicht seines Gegners herauslesen, zu welchen Entschlüssen er sich durchringen werde.« Krebs antwortete mit schallendem Gelächter. Wer ihm tiefer ins Herz geblickt hat, der wußte trotzdem, daß sich hinter diesem Gelächter eine gehörige Portion an Erkenntnis verbarg. Aber Krebs war zu anständig, um von solchen Erkenntnissen Gebrauch zu machen. Er war auch zu klug dafür, weil ihm klar war, wie dieser Krieg enden werde. Im März 1944 habe ich, aus Westdeutschland kommend, mich bei Krebs zurückgemeldet. Er fragte mich damals: »Was haben Sie für einen Eindruck von der Heimat?« Ich erzählte ihm von einem Spaziergang, den ich damals im Teutoburger Wald zum Hermannsdenkmal gemacht hatte. Plötzlich seien am hellichten Tag Hunderte und Aberhunderte von amerikanischen Flugzeugen am Himmel erschienen mit dem Kurs nach Osten. Kein Schuß sei gefallen, keine deutschen Jäger hätten sich blicken lassen. Man habe sich des Eindrucks nicht erwehren können, die amerikanische Luftwaffe habe in der Luft schon die Herrschaft an sich gerissen. Wie aus der Pistole geschossen antwortete Krebs: »Ja, ich weiß es wohl, der Krieg ist für Deutschland verloren. Aber wir müssen ausharren.« Warum Krebs später im Bunker Adolf Hitlers in Berlin als praktischer Chef des Generalstabes des Heeres aushielt und dort irgendwie unter heute noch unbekannten Umständen den Tod fand, weiß niemand. Er war kein Zyniker, aber er war Fatalist. Und hieraus zog er die Konsequenz.

Im Rahmen der Heeresgruppe Mitte gab es noch eine andere wichtige Position, auf deren Besetzung Tresckow keinen Einfluß hatte und auch keinen Einfluß haben konnte. Es war die Position des Höheren SS-Polizeiführers. Dieser hatte seinen Sitz und seine Befehlsgewalt im Rücken der Heeresgruppe. Seine Aufgabe war es, die Herrschaft Hitlers unter Anwendung brutaler Gewalt dem russischen Lande und der russischen Bevölkerung aufzuoktroyieren. Für diese Position wurde der Leiter des Reichskriegspolizeiamtes bestimmt, der spätere SS-Gruppenführer Arthur Nebe. Zunächst war Tresckow entsetzt. Dann beauftragte er mich, in Berlin zu erkunden, wie es um diesen Mann bestellt sei. Ich ging zu Oster. Er beruhigte mich, indem er sagte: »Einen Besseren könnt ihr gar nicht haben. Das war einmal ein Saulus, aber er ist schon lange zum Paulus geworden. Er hat uns unschätzbare Dienste in der Affaire Fritsch geleistet. Ihm könnt Ihr genausogut vertrauen wie wir.« Und nun kam der Augenblick, in dem sich Arthur Nebe bei Tresckow melden ließ. Tresckow war ein wenig im Zweifel, ob Oster nicht zu optimistisch sei. Deshalb sagte er zu mir: »Ehe ich ihn empfange, gehe doch einmal hinunter und fühle ihm auf den Zahn.« Ich ging zwar hinunter, wußte aber nicht, wie ich einem hohen SS-Führer auf den Zahn fühlen sollte. Deshalb ließ ich Mütze und Handschuhe oben und vergaß mit Absicht das Umschnallen. Unten stand Arthur Nebe in SS-Uniform und war umgeben von mehreren seiner SS-Offiziere, die natürlich ebenfalls in großer Uniform waren. Ich faßte mir ein Herz, ging auf Nebe zu, erhob nicht die rechte Hand zum Hitlergruß, sondern machte eine höfliche Verbeugung und sagte: »Guten Tag, Herr Standartenführer. Der Erste Generalstabsoffizier wird Sie gleich empfangen, aber es dauert noch einen Moment.« Nebe streckte mir die Hand entgegen, vergaß gleich mir den Hitlergruß und erwiderte: »Vielleicht machen wir beide zusammen noch einen kleinen Spaziergang, bis es soweit ist.« Von den Männern aus der Umgebung von Arthur Nebe kann man nur sagen, sie erstarrten zur Salzsäule. Tatsächlich machten Arthur Nebe und ich einen Spaziergang. Seine Umgebung folgte uns nicht. Nebe eröffnete das Gespräch mit den Worten: »Ich weiß von Ihnen und kenne Ihre Gesinnung. Aber Sie müssen sie nicht so deutlich zur Schau tragen. Sie wissen von mir durch Oster, und ich weiß über Sie ebenfalls durch Oster. Nun kommt es nur darauf an, daß wir gut miteinander zusammenarbeiten, und dazu gehört, daß wir alle niemals die Maske ablegen, bis es keinen Hitler mehr gibt.« Über diese Offenheit war ich so erstaunt, daß ich Nebe bat, mich zu entschuldigen. Ich ging zu Tresckow zurück und sagte ihm: »Du kannst ihm blindlings vertrauen.« Dann holte ich Nebe und brachte ihn zu Tresckow. Was die beiden miteinander gesprochen haben, weiß ich nicht. Während ich Nebe wieder zu seinem Auto zurückbrachte, sagte er nur zu mir: »Ich stehe Ihnen immer zur Verfügung. Meine Tür ist für Sie niemals geschlossen.« Als ich zurückkam, fand ich Tresckow in einer Stimmung vor, die man nur als jungenhafte Fröhlichkeit bezeichnen kann. Das Eis zwischen Tresckow und Nebe war gebrochen. Auch in der Folgezeit sollte diese Zusammenarbeit ihre Früchte tragen. Ganz konnte sich Nebe der ihm aufgebürdeten Blutarbeit nicht entziehen, die unter dem neutralen Namen »Sonderbehandlung« lief. Doch er verstand es, die Zahlen zu minimalisieren, aber sie auch durch Hinzufügen von Nullen gegenüber seinen Vorgesetzten anschwellen zu lassen. Er war ein Meister der Täuschung. Hin und wieder kam er zu uns und machte seinem Herzen Luft. Dabei äußerte er, sich in Verzweiflung steigernd, die Absicht, er wolle aus dem SS-Laden aussteigen. Tresckow und ich haben ihm davon abgeraten. Ja, wir haben ihn beschworen, das nicht zu tun, weil ihm ja ein echter und nicht ein vorgetäuschter Blutsäufer folgen werde. So ist er dann lange Zeit geblieben, bis eines Tages seine Falschmeldungen entdeckt wurden. Danach wurde er wieder nach Berlin als Leiter des Reichskriminalpolizeiamtes zurückversetzt.

Eines besonderen Vorfalles entsinne ich mich noch genau. Es war kein bedeutendes, aber ein beispielhaftes Ereignis. In unserer Nähe befand sich eine Kolchose. Von dort bezogen wir – natürlich gegen Bezahlung – frische Milch und andere Produkte der Landwirtschaft. Das hörte ruckartig auf, als über Nacht die auf der Kolchose beschäftigten Männer von der SS verhaftet wurden. Der Grund war eine Denunziation. Irgendwer hatte diese Männer beschuldigt, sie hätten sich bei der Durchsetzung des bolschewistischen Systems besonders hervorgetan. Natürlich wandten wir uns an Nebe. Der verfügte kurzerhand, daß alle diese Männer wieder an uns zurückgegeben werden sollten. Er gab uns auch die Erlaubnis, sie selbst aus dem SS-Gefängnis abzuholen. Wir taten dies mit einer Freude ohnegleichen und konnten uns von da an der Zusatzernährung durch die Kolchose kaum erwehren, weil die aus der Gefangenschaft befreiten Männer nichts unversucht ließen, um uns alle Genüsse des Essens zu ermöglichen. Wir haben in der damaligen Zeit, als wir noch in der Nähe der Kolchose lebten, Krebse über Krebse gegessen, die die vormaligen SS-Gefangenen bei Nacht mit Fackelbeleuchtung für uns fingen. Darüber hinaus empfand jeder der Beteiligten, daß dies eine echte menschliche Begegnung inmitten eines die Welt erschütternden Krieges war.

Und nun begann der Hauptkampf. Es genügte nicht, daß man sich des im Westen befindlichen Generalfeldmarschalls Erwin von Witzleben sicher war. Auch der Generalfeldmarschall Rommel in Afrika war vom Schauplatz der politischen Ereignisse zu weit entfernt. Tresckow mußte einen Feldmarschall des Hauptkriegsschauplatzes, nämlich einen Feldmarschall auf der Bühne des Kriegstheaters in Rußland gewinnen. Was lag für Tresckow näher als der Versuch, um Kluge zu ringen. Mit seiner ungeheuren Kunst der Menschenbehandlung erreichte er überraschend schnell sein Ziel. Bei Kluge gab es eigentlich nur eine Schwierigkeit. Er war nicht ohne Eitelkeit. Zwischen seinesgleichen bewegte er sich wie jeder andere vernünftige Mensch. Aber die Gegenwart einer Ordonnanz genügte, um seine Haltung zu verändern. Respektlos wie wir waren, benannten wir einen solchen Eitelkeitsanfall bei ihm wie folgt: Er schlägt wieder mal ein Rad wie ein Pfau. Die andere Tatsache, daß er sich eines Tages von Hitler einen Landbesitz schenken ließ, war mehr ein Pluspunkt für Tresckow. Dotationen, also Staatsgeschenke, gehören nur einem General, der einen Krieg gewonnen hat oder, falls der Krieg verloren geht, in diesem Krieg eine Haltung an den Tag gelegt hat, die außergewöhnlich war. Mitten im Krieg eine Dotation anzunehmen, galt und gilt nicht für fein. Witzleben hatte einen solchen Versuch Hitlers abgelehnt. Da aber Kluge eine solche Dotation angenommen hatte, befand er sich eigentlich mehr in den Händen von Tresckows als in den Händen Hitlers. Man erhält auf dieser Welt niemals Geschenke, ohne eines Tages dafür zahlen zu müssen. Es muß nicht immer Geld sein. Aber es waren keineswegs nur Motive solcher Art, die Kluge erkennen ließen, daß, wenn das Deutsche Reich bestehen bleiben sollte, der Sturz Hitlers unbedingte Voraussetzung war. Auch Kluge erkannte die Aussichtslosigkeit der militärischen Lage. Er war auch klug genug, sich über die Gesamtlage zu unterrichten, und nicht nur fasziniert durch den Kriegsschauplatz Rußland. Tresckow war unermüdlich. Er ließ keinen Gegeneinwand gelten. Er war ja nicht nur militärisch eine Kapazität ersten Ranges, sondern verfügte auch über die Durchschlagskraft einer Charakterfestigkeit, die ihresgleichen suchte. Als er junger Offizier in Potsdam war, wurden einmal Prophezeiungen über die Zukunft der Mitglieder des Offizierskorps gewagt. Als Tresckow an die Reihe kam, sagte ihm sein damaliger Kommandeur: »Sie, Tresckow, werden einmal Chef des Generalstabes werden oder als Revolutionär auf dem Schafott enden.« Die spätere Zeit bewies, daß der Kommandeur mit dieser Prophezeiung ziemlich ins Schwarze getroffen hat. Tresckow wußte das. Er kannte seine beiden Möglichkeiten. Nach dem Krieg hat einmal Generaloberst Franz Halder gesagt: »Für mich gab es eigentlich nur einen einzigen Nachfolger in der Stellung des Chefs des Generalstabes. Ich als Bayer muß es offen aussprechen: Es gab niemand anders als Tresckow, der der Lage des Zweiten Weltkrieges gewachsen gewesen wäre.« Das haben viele gefühlt. Es hat ihm aber nicht nur Bewunderer eingetragen, sondern auch viele Neider. Das sollte sich vor allem später zeigen, als es einmal darum ging, daß der Chef der Operationsabteilung für einige Zeit aus gesundheitlichen Gründen auf Urlaub gehen mußte. Tresckow selbst schrieb einen Brief. Hierin legte er die Gründe dar, warum eine Stellvertretung durch ihn nach Lage der Sache geboten sei. Auf Befehl Tresckows habe ich diesen Brief selbst überbracht. In meiner Gegenwart öffnete der Chef der Operationsabteilung diesen Brief, las ihn, steckte ihn ein und sagte zu mir: »Dieser Brief bedarf keiner Beantwortung.« Es war der gleiche Chef der Operationsabteilung, der Tresckow gegenüber in einer mehr als formalen Weise reagierte. Dabei ging es um folgendes: Tresckow bestand darauf, daß auch in Rußland die Funkmeldungen aus aller Welt abgehört wurden, soweit dies technisch möglich war. Auf diese Weise hörte Tresckow jeden Tag, wie es um die Lage in Afrika bestellt war. Denn dort gab es einen hohen amerikanischen Verbindungsoffizier in Kairo. Dieser pflegte beinahe täglich nach Washington zu funken und in seiner Funkmeldung über die militärische Situation zu berichten. Eine schärfere Kritik war kaum denkbar. Die Kritik richtete sich nicht gegen die Tapferkeit der Engländer, wohl aber gegen ihre höchst mangelhafte strategische und taktische Führung. Diese Quelle versiegte erst, als Montgomery die Führung der englischen Truppe in Afrika übernahm und auch dem amerikanischen Liaison Officer in Kairo das Funken verbot. Aber eines Tages erhielten auch wir – es war am 7. November 1942 – die Nachricht, eine an Zahl unermeßliche Flotte unter amerikanischer Führung habe die Meerenge von Gibraltar durchquert und den Kurs nach Osten eingeschlagen. Die Zahl der amerikanischen Kriegsschiffe ließ keinen Zweifel, daß es sich um eine großangelegte Aktion handelte. Sofort rief Tresckow den Chef der Operationsabteilung an und fragte: »Was soll diese Bewegung?« Er erhielt zur Antwort: »Die Engländer sind in Malta in großer Not. Die Flotte will nichts anderes, als den Engländern in Malta zu Hilfe kommen.« Die Unrichtigkeit dieser Prophezeiung lag auf der Hand. Wenige Stunden später änderte die Flotte ihren Kurs nach Süden. Die Amerikaner besetzten Teile von Nordafrika und errichteten damit eine Front im Rücken des deutschen Afrikakorps. Später hat der Chef der Operationsabteilung für seinen Hinweis eine Erklärung gehabt. Er hat gemeint, er habe nicht die volle Wahrheit sagen dürfen und habe sich der offiziellen, von Hitler ausgegebenen Version bedient. Franz Halder wurde am 24. September 1942 in die Wüste geschickt. Sein Nachfolger, General Zeitzler, der im Generalstab den Spitznamen »der Kugelblitz« trug, konnte ihn nur schlecht ersetzen. Eine seiner ersten Anordnungen an die Generalstabsoffiziere enthielt nichts anderes als den Befehl zum Optimismus. Er bediente sich dabei des Ausdrucks, die Generalstabsoffiziere hätten die Pflicht, nicht nur die Löcher im Käse zu sehen. Tresckow sagte dazu nur: »Was würde der alte Moltke zu so einer Mißhandlung der deutschen Sprache gesagt haben?« Aber alle diese Dinge förderten den von Tresckow geführten Kampf um die Person von Kluge. Er gewann ihn. Das brachte auch Kluge selbst zum Ausdruck. Er war Manns genug, zu Tresckow zu sagen: »Kinder, Ihr habt mich. Ich bin Euer Spießgeselle.« Das war viel, aber es war leider nicht alles. Denn die Uhr Kluge ging nur solange, wie Tresckow sie jeden Tag mit eigener Hand aufzog. Kluge glich dem Mond. Der Mond aber hat kein eigenes Licht. Er empfängt sein Licht von der Sonne. Fehlte diese »Sonne«, so blieb die Uhr Kluge stehen.

Tresckow kämpfte aber auch noch um einen anderen Feldmarschall, um Erich von Manstein. Dieser war ein bedeutender Soldat, aber ohne politischen Horizont. Er wußte nicht, daß das Deutsche Reich nicht durch Moltke, sondern durch Bismarck geschaffen worden ist. Er verstand nichts vom Primat der Politik. Wiederholt hat Tresckow mit Manstein entweder selber gesprochen oder durch zuverlässige Offiziere mit ihm verhandelt und um ihn gerungen. Manstein hat sich alles angehört, hat das eine oder andere sogar gebilligt, hat aber dann unter Hinweis auf seinen Fahneneid jedes Engagement verweigert. Tresckow dagegen verfügte nicht nur über militärische und nicht nur über politische Argumente. Er besaß auch den Instinkt der Ritterlichkeit. Bis zur Raserei konnte er sich über die Unmenschlichkeiten empören, die auf Befehl Hitlers von den einen unternommen und von den anderen stillschweigend geduldet wurden. Auch mit diesen Hinweisen überfiel Tresckow Manstein. Er kämpfte um ihn wegen Mansteins militärischer Begabung, von der er sich versprach, daß ein Handeln, von Manstein durchdacht und, mit Rücksichtslosigkeit durchgeführt, Erfolg verspreche. Vom letzten Besuch bei Manstein kehrte Tresckow mit den Worten zurück: »Manstein hat alles begriffen. Er sieht es sogar ein. Er hat am ganzen Leib gezittert, als ich ihm gesagt habe, wir werden unsere Untätigkeit vor dem Richterstuhl Gottes nie vertreten können. Wir haben nicht die Entschuldigung, Unteroffiziere gewesen zu sein. Der Offizier steht – Fahneneid hin - Fahneneid her – über dem Befehl.« Tresckow gab sich keinem Zweifel darüber hin, daß der Kampf um Manstein verloren war. In Manstein triumphierte der militärische Fachmann.

Die trüben Prophezeiungen Tresckows über die kommenden Ereignisse kündigten sich schon Ende 1942 an. Hitler bestand auf seinem unsinnigen Angriffsplan auf Stalingrad, und er bestand ebenso auf der unbedingten Verteidigung der in Afrika früher einmal gewonnenen Position. Als am 31. Januar 1943 Paulus mit der 6. Armee in einer Stärke von 300 000 Mann kapitulierte, als die Engländer in El Alamein die deutschen Truppen vernichteten oder zur Übergabe zwangen, wurde es offenbar, was vorher nicht nur die Deutschen, sondern auch die halbe Welt nicht einsehen wollten: Hitler hatte den Krieg verloren. Nun fiel die ganze Welt über ihn her. Auch die Deutschen glaubten nicht mehr an ihn. Sie wandten sich nicht gegen ihn. Aber sie verfielen in Passivität und Lethargie. Da erschien es Tresckow an der Zeit, einen Schlag zu wagen, der im Falle des Gelingens Hitler beseitigt und einen Remisfrieden ermöglicht hätte, weil ja auch die anderen gegen Hitler kämpfenden Mächte schwere Verluste erlitten hatten und des Krieges müde waren oder, wie in Amerika, gerne das Risiko vermieden hätten. Krieg bleibt eben Krieg.

Tresckow hatte monatelang mit sich gekämpft und war zu dem Entschluß gekommen, daß hier nur ein Attentat helfen könne. Man müsse mit Sprengstoff arbeiten. Er versuchte es selbst. Wochenlang übte er täglich viele Stunden, in denen niemand auf ihn achtete. Nahte eine Entdeckung, so unterließ er alle etwa verdächtigen Handbewegungen, nicht ohne vorher einem das von ihm geliebte Wort zuzuflüstern: *précaution*. Deutscher Sprengstoff erwies sich bald als ungeeignet. Er war zu schwer und zu massig. Die Zünder zu diesem deutschen Sprengstoff entfalteten ein hörbares Geräusch, ehe die Explosion erfolgte. Aber Tresckow war findig genug. Ihm halfen wider Willen die Alliierten. Diese warfen an Stellen, an denen sie eigene Helfershelfer vermuteten, englischen Sprengstoff ab. Er war sehr viel besser als der deutsche. Man konnte ihn an jedes Auto oder an jedes Mauerwerk ankleben. Er war nicht größer als eine kleine Cognacflasche. Auch hatte er einen Zünder, den man dadurch in Gang setzen konnte, daß man am Hals des Zünders ein kleines Fläschchen zerdrückte. Das hatte zur Folge, daß die Flüssigkeit einen Draht zerfraß. Das Platzen des Drahtes ließ einen Schlagbolzen auf das Zündhütchen aufschnellen. Dadurch kam es zur Detonation. Alles das verlief, ohne daß sich die Detonation vorher ankündigte. Auch konnte man eine Uhrzeit einstellen, wobei man zwischen drei verschiedenen Zeiträumen zu wählen hatte. Die Wirkung war dem deutschen Sprengstoff gleich. Wie es der Krieg so mit sich bringt, fiel die Mehrzahl der englischen in Europa abgeworfenen Sprengstoffe nicht in die Hand von Engländern oder ihrer Verbündeten. Die große Mehrzahl fiel ins Leere oder wurde von deutschen Truppen gefunden und gesammelt. Hiervon verschaffte sich Tresckow viele Exemplare. Er prüfte sie selbst und wies nicht nur mich, sondern auch zwei hohe Generalstabsoffiziere in die Handhabung ein. Bei den beiden Generalstabsoffizieren handelte es sich um die Obersten Freiherr von Gersdorff und Georg Schulze-Büttger. Diese Unterweisung sollte nicht ohne Wirkung bleiben. Tresckow überdachte wieder und wieder den Gedanken, ob es nicht möglich sei, einmal Adolf Hitler zu bewegen, die Heeresgruppe Mitte zu besuchen. Es war allen höheren Offizieren aufgefallen, daß Hitler nur selten russischen Boden betrat. Nur einmal war er ein paar Wochen bei der Heeresgruppe Süd in Winniza gewesen. Er wurde dort bald von innerer Unruhe erfaßt, konnte seinen ihm lieb gewordenen täglichen Tagesablauf nicht innehalten, weil er zu früh geweckt wurde und ihm dann der Abend fehlte, den er gerne damit verbrachte, mit Menschen seiner persönlichen Umgebung zusammenzusitzen und fast monologartig seinen Gästen seine eigenen Gedankengänge vorzutragen und auszuspinnen. Das gelang ihm besser in seinem ostpreußischen Hauptquartier im Raum Rastenburg, in dem er durch drei Sperrkreise gesichert war. Dort lebte er wie auf einer Insel und gab sich gegenüber Dritten den Anschein, als ob er die Welt beherrsche. Ob er hiervon wirklich selbst überzeugt war, blieb im Dunkel. Er liebte es zu telefonieren. Alle diese Telefonate wurden abgehört. Die Mithörer gewannen in steigendem Maße den Eindruck, daß Hitler selbst an seinen Erfolg nicht mehr glaubte. Nach Stalingrad und El Alamein hatte seine Stimme einen gebrochenen Ton. Darüber konnten die starken Worte, die er in seinen Telefongesprächen mit einfließen ließ, nicht hinwegtäuschen. Das nahm Tresckow zum Anlaß, um dem Adjutanten Hitlers, General Schmundt, nahezulegen, Hitler möge doch einmal das Hauptquartier der Heeresgruppe Mitte besuchen, um sich dort von der tatsächlichen Lage an der Ostfront zu überzeugen. Mit dieser Leimrute hatte Tresckow Erfolg. Eines Tages hieß es, Hitler werde kommen. Er kam nicht allein, sondern mit einer Menge von Begleitpersonen. Zwei Flugzeuge waren notwendig, um ihn und seine Begleitung nach Smolensk zu fliegen. Alle Armeeoberbefehlshaber und ihre Chefs wurden in das Hauptquartier des Feldmarschalls von Kluge befohlen. Kluge muß etwas von den Hintergedanken geahnt haben, die Tresckow hegte. Denn am Tage des Hitler-Besuches, am 13. März 1943, stürzte Kluge auf Tresckow zu und sagte zu ihm: »Sie werden doch um Gottes willen am heutigen Tage nichts unternehmen. Es ist noch zu früh dazu.« Tresckow versuchte, den Feldmarschall durch ein Lächeln zu beruhigen. Bald kam die Meldung, Hitler sei auf dem Flugfeld von Smolensk eingetroffen. Er wurde durch eine riesige Autokolonne abgeholt und gleich in das Blockhaus des Feldmarschalls von Kluge gebracht. Es herrschte eine eisige Atmosphäre. Die Landschaft trug noch ganz das Kleid des russischen Winters. Ein kalter Wind fegte durch das Gelände.

Schon vor der Besprechung hatte Tresckow eigenhändig alles vorbereitet. In einem kleinen Päckchen hatte er zwei englische

Bomben zusammengefügt und einen Zünder angebracht. Das Ganze lag verpackt in einer Kiste versteckt, die sonst der Aufbewahrung des Kriegstagebuches der Heeresgruppe diente. Bevor die Rückfahrt angetreten wurde, kam Tresckow zu mir und fragte mich: »Wollen wir es wagen?« Auf seinem Gesicht stand das Bewußtsein der ungeheuren Verantwortung. Deshalb fragte mich auch ein anderer Teilnehmer während des Essens mit Hitler: »Warum ist eigentlich Tresckow heute so unkonzentriert? Er hat doch sonst immer die Ruhe weg.« Ich antwortete, indem ich mit den Achseln zuckte und wahrheitsgetreu darauf hinwies, daß es ja mit der Gesundheit von Tresckow nie zum Besten gestanden habe. Tresckow war von Kindheit an alles andere als ein Kraftmensch. Er war feingliedrig und zart in der Konstitution. Was das Leben von ihm körperlich verlangte, erfüllte er, aber nur dank seiner Zähigkeit. Vor allem litt er unter Zahnschmerzen. So sagte er mir einmal: »Ich glaube, ich habe noch niemals einen Tag erlebt, an dem ich ganz ohne Zahnschmerzen war.« Nur seiner Willenskraft war es zuzuschreiben, daß er Schmerzen überwinden konnte. Gerade in dieser Zeit litt er an Schmerzen, die durch Nierensteine hervorgerufen waren. Noch während des Krieges wurde er von diesen Nierensteinen durch eine Operation mit Erfolg befreit. Tresckow begleitete die Abfahrt Hitlers zum Flugfeld Smolensk. Ich saß mit der englischen Bombe in einem anderen Wagen. Noch während des Essens hatte Tresckow einen Begleiter Hitlers gefragt, ob er ihm einen Gefallen tun würde. Der Begleiter Hitlers bejahte. Tresckow bedankte sich und fügte hinzu: »Ich habe nämlich eine Wette verloren. General Stieff, der Chef der Organisationsabteilung des Heeres, hat gewonnen. So schulde ich ihm denn zwei Flaschen Cointreau. Nehmen Sie sie ihm doch mit und geben Sie sie ihm. Er wird sich freuen, wenn ich meine Wettschulden so schnell abtrage.« Der Gesprächspartner bejahte. Auf dem Flugfeld angekommen, nahm ich einen Schlüssel und bediente mich dieses Handwerkzeuges, um nach Einstellung der Zeit die in dem Zünder befindliche Flasche zu zerbrechen. Dann verließ ich den Wagen mit dem Paket in der Hand. Tresckow winkte mich heran. Auf sein Geheiß hin gab ich das Paket dem Begleiter Hitlers, nicht ohne daß sich Tresckow vorher erkundigt hatte, ob dieser Begleiter auch das gleiche Flugzeug benutzte wie Hitler selbst. Hitler und seine Umgebung bestiegen ihre Flugzeuge. Sie starteten und flogen in Richtung Ostpreußen. Natürlich waren sie durch Jagdschutz begleitet. Nach unserer Berechnung mußte die Bombe etwa in der Höhe von Minsk explodieren. In unserem eigenen Quartier angekommen, warteten wir auf die Meldung der Begleitflugzeuge. Aber es geschah nichts. Unsere fieberhafte Erwartung blieb ohne Erfüllung, bis plötzlich die Nachricht eintraf, beide Flugzeuge seien glatt in Ostpreußen gelandet. Es mußte also eine Panne geschehen sein. Schnell entschlossen griff Tresckow nach dem Telefonhörer und ließ sich mit dem Begleiter Hitlers verbinden. Kaum war die Verbindung hergestellt, sagte Tresckow: »Da ist mir ein Mißgeschick passiert. Ich habe Ihnen ja ein ganz falsches Paket für den General Stieff mitgegeben. Bitte tun Sie mir einen Gefallen, behalten Sie es bei sich. Morgen kommt mein Ordonnanzoffizier und holt das falsche Paket von Ihnen ab. Er wird den von General Stieff gewonnenen Cointreau selbst mitbringen und dem General Stieff übergeben.« Ohne Argwohn ließ sich der Begleiter Hitlers auf diesen Vorschlag ein. So flog ich denn am nächsten Tag auf Befehl Tresckows mit dem üblichen Kurierflugzeug nach »Anna«, wie der Deckname des Hauptquartiers des Heeres lautete. Gleich begab ich mich zu dem Begleiter Hitlers und bat um Rückgabe des Paketes. Es stand noch auf seinem Tisch. Er nahm es in die Hand und bewegte es, ein wenig mit dem Gegenstand spielend, hin und her. Ich hatte dabei eine unangenehme Empfindung, weil ich es nicht für ausgeschlossen hielt, daß die Bombe vielleicht noch nachträglich platzen könnte. Aber wiederum geschah nichts. Ich nahm das Paket an mich und fuhr noch zu General Stieff, um den echten Cointreau zu übergeben. Stieff war von ungewöhnlich kleiner Statur, ein fröhlicher drahtiger Mann, der über den Formen stand und allem Feierlichen abhold war. Früher war er Erster Generalstabsoffizier der 4. Armee unter Kluge gewesen. Er wußte längst, was die Glocke geschlagen hatte und machte auch mir gegenüber aus seinem Herzen keine Mördergrube. Für Hitler hatte er nur Ausdrücke der Feindseligkeit. Nach Abschluß des Gespräches mit General Stieff fuhr ich nach dem Bahnhof Rastenburg. Dort hielt ein nur für die Wehrmacht bestimmter Schlafwagenzug, der abends Ostpreußen verließ und am Morgen Berlin erreichte. Sofort schloß ich mich in das für mich reservierte Schlafwagenabteil ein und öffnete vorsichtig mit einer Rasierklinge das Paket. Ich entfernte den Zünder aus dem Sprengstoff und stellte zu meinem Erstaunen folgendes fest: Der Zünder war ganz schwarz. Die in der zusammengedrückten Flasche enthaltene Flüssigkeit hatte den Draht zerfressen, der Schlagbolzen war nach vorne geschnellt, aber der Sprengstoff hatte nicht gezündet. Worauf das zurückzuführen war, konnte ich nicht mit Sicherheit sagen. Aber ich ahnte, daß wohl die russische Kälte der wirkliche Grund war. Hatte doch auch in vielen Fällen der Krieg gezeigt, daß die deutsche Artillerie zu kurz schoß, weil unsere Geschosse auf das europäische Klima geeicht waren, aber durch die russische Kälte nicht ihre volle Wirkung entfalteten. Selbst die wieder und wieder geölten Maschinengewehre versagten in Rußland, wenn es Winter war. Rußland war eben nicht nur ein anderes Land, es war auch ein anderer Erdteil mit einem anderen Klima. Der Zug brachte mich pünktlich nach Berlin. Dort begab ich mich in das Haus von Professor Lauter. Er wohnte damals auf dem Kurfürstendamm und hatte eine Wohnung inne, die aus einer Flucht von Zimmern bestand. Zunächst einmal brachten wir die Bombe in einer großen, alten und wunderschönen Kommode unter. Aber schon bald darauf erhielt ich einen Anruf von Tresckow. Ich möge mich mit dem damaligen Oberst Freiherr von Gersdorff in Verbindung setzen. Dieser wohne im Hotel Eden. Er werde als Vertreter der Heeresgruppe an einer Besichtigung des Zeughauses teilnehmen. Er benötige dort auch den Inhalt des Paketes, das ich aus dem ostpreußischen Hauptquartier mitgenommen hätte. Zu ungewöhnlich früher Stunde begab ich mich ins Hotel Eden, weckte Baron Gersdorff, dessen Gesicht mir verriet, daß er sich selbst der schweren Aufgabe unterziehen wollte, die vorher Tresckow auf seine Schultern genommen hatte. Freiherr von Gersdorff war ein Ritter ohne Furcht und Tadel. Es gab noch einige Schwierigkeiten wegen der Beschaffung eines neuen Zünders. Meine Bemühungen verliefen im Sande, während Gersdorff sich alles an Land zog, was er brauchte. Ich selbst habe an der Besichtigung des Zeughauses nicht teilgenommen, sondern wartete der Dinge, die da kommen sollten. Aber auch diesmal blieb uns der Erfolg versagt. Hitler kam zwar, aber entgegen allen Erwartungen eilte er im Geschwindschritt durch das Zeughaus, in dem die eroberten Waffen des modernen Weltkrieges ausgestellt waren, hindurch, hatte für nichts und gar nichts Zeit und verließ das Zeughaus, als ob er die Gefahr, die ihm hier drohte, geahnt hätte. Gersdorff ist es dann nur noch mit großer Mühe gelungen, den schon scharfgemachten Zünder zu entfernen und an geeigneter Stelle verschwinden zu lassen.

Obwohl Hitler den Schutz des Teufels offenbar auf seiner Seite hatte, blieb Tresckow unerschüttert. Für einige Monate übernahm er die Führung eines Infanterieregimentes an der Front, kehrte nach Smolensk zurück und bat um einen längeren Krankenurlaub. Er erhielt diesen Urlaub, benutzte ihn aber nicht, um sich zu schonen und zu erholen, sondern um zusammen mit Stauffenberg die Pläne auszuarbeiten, die notwendig waren, um einen Staatsstreich in Szene zu setzen. Sie sind alle in der Wohnung des damaligen Landeshauptmannes der Provinz Brandenburg, des Herrn von Arnim, entstanden, der – mit Tresckow verwandt – diesem sein Haus zur Verfügung gestellt hatte. Die Schwierigkeit bestand natürlich in der Notwendigkeit, die für den in Vorbereitung befindlichen Staatsstreich nötigen Befehle schon jetzt schriftlich niederzulegen. Frau Erika von Tresckow und Margarethe von Oven standen als Sekretärinnen zur Verfügung. Sie haben immer geschwiegen und haben nach dem Mißlingen des Staatsstreiches auch gegenüber der Gestapo dichtgehalten. Während dieser Zeit diente Major Ulrich von Oertzen als Gehilfe Tresckows. Im Stab des Befehlshabers des Ersatzheeres beschäftigte man sich mit dem Gedanken, was geschehen müsse, um im Falle von Unruhen durch die Fülle der ausländischen Arbeiter eines Aufruhrs Herr zu werden. Unter dieser Tarnung geschah die Vorbereitung des Staatsstreiches. Um diese Maßnahmen auszulösen, genügte das Stichwort ›Walküre‹ an alle stellvertetenden kommandierenden Generale innerhalb des deutschen Reichsgebietes. Schon damals war klar, daß jeder Staatsstreich eine unabdingbare Voraussetzung hatte: den Tod Adolf Hitlers. Diese Tat zu vollziehen, erbot sich Graf Stauffenberg, dessen überragendes Engagement allem den Stempel aufdrückte. In seiner Stellung als Chef des Stabes beim Befehlshaber des Ersatzheeres verfügte er auch über die Hebel, die zu bedienen waren, wenn der Staatsstreich ausgelöst werden sollte. An der Doppelaufgabe, gleichzeitig Attentäter und gleichzeitig Chef des Stabes für die Durchführung des Unternehmens ›Walküre‹ zu sein, sollte der Staatsstreich scheitern.

Als Tresckow wieder nach Rußland zurückkehrte, hatte sich die Kriegslage weiterhin zugunsten des Russen verändert. Die Heeresgruppe Mitte mußte ihr Hauptquartier in Smolensk aufgeben und begab sich nach Westen, nach Witebsk. Dort blieb sie nicht lange. Der Druck des Russen wurde stärker. Schließlich wurde das Hauptquartier nach Minsk verlegt. Während wir noch in Witebsk lagen, erfuhren wir von der Verhaftung Mussolinis, die schließlich zum Ausscheiden von Italien aus dem Kriege führte. Natürlich wußten alle Offiziere der Führungsabteilung hierüber schon Bescheid. Aber der Chef der Heeresgruppe – General Krebs – hielt es für richtig, eine Offiziersversammlung einzuberufen und dort dies Ereignis bekanntzugeben. Mit stummen Mienen hörten wir General Krebs an. Er bemühte sich, auch die guten Seiten dieses Ereignisses zum Ausdruck zu bringen, indem er ausführte, Italien habe uns eigentlich nur Truppen, Waffen, Munition und Wirtschaftsgüter gekostet und habe dadurch uns Deutsche mehr geschwächt als uns genutzt. Er beendete seine Ausführungen mit der Bemerkung: »Hat noch einer der Herren eine Frage?« Da meldete sich ein Offizier, dem das Kartenwesen unterstand, und stellte mit erstaunlichem Freimut die Gegenfrage: »Warum ist denn das alles nicht bedacht worden, ehe das

Deutsche Reich das Land Italien mit in den Krieg hineinzog?« Krebs ließ es nicht an Schlagfertigkeit fehlen. Er antwortete: »Ordonnanz, bitte eine Flasche Sekt für den Herrn Major und mich.« Damit hatte er die Lacher auf seiner Seite.

Auf die Dauer konnte Tresckow nicht erster Generalstabsoffizier der Heeresgruppe Mitte bleiben. Er wurde General und erhielt die Stellung als Chef des Stabes bei der 2. Armee. Es war die südlichste Armee der Heeresgruppe Mitte. Sie lag damals in den Pinsker Sümpfen. Ihr Oberbefehlshaber war der spätere Generaloberst Weiß, ein tüchtiger und gebildeter Offizier alten Schlages. Er war klug genug, um die Zeichen der Zeit erkannt zu haben. Aber er war gänzlich unpolitisch. Nun bekam er einen Chef, der von den Aufgaben einer Armeeführung wirklich etwas verstand. So tat Weiß das Gescheiteste, was er tun konnte, er überließ praktisch die Armeeführung Tresckow. Dieser nahm, allen Verboten zum Trotz, unter dem Mantel der Frontberichtigung die Armee weiter und weiter zurück. Tresckow sah nämlich, was kommen mußte. Er sah einen ungeheuren Angriff der Russen vorher. Die Heeresgruppe Mitte bildete damals praktisch einen Bauch, der sich von der allgemeinen Frontlinie nach Osten zu vorwölbte. Diese Situation forderte geradezu einen Angriff des Russen heraus. Eines Tages wurden alle Chefs der in Rußland befindlichen Armeen zum Oberkommando des Heeres befohlen. Dort gab es eine harte Auseinandersetzung über die nun einzuschlagende Maßnahme. Die Operationsabteilung folgte auch jetzt noch dem Willen Hitlers und ließ den Bauch der Heeresgruppe Mitte bestehen. In dieser Besprechung ging Tresckow zum Angriff über. Er wies darauf hin, daß der Russe seine Gardedivisionen an der schwachen Stelle der Heeresgruppe Mitte versammelt habe. Es sei in Kürze mit einem Angriff der Russen zu rechnen. Die zahlenmäßige Überlegenheit der russischen Divisionen sei offenbar. Auch habe die mittlere Führung des Russen zugelernt. Wenn dieser Bauch nicht zurückgenommen werde, so werde in aller Kürze die Heeresgruppe Mitte vernichtet sein. Mit dieser fürchterlichen Prophezeiung behielt Tresckow recht. Am 22. Juni 1944 setzte der russische Angriff ein. Drei

Wochen später waren über 30 Divisionen der Heeresgruppe Mitte vernichtet. Die Heeresgruppe selbst bestand nur noch aus Trümmern. Die 2. Armee freilich machte eine Ausnahme. Durch die gute Führung Tresckows war sie schon so weit zurückgenommen, daß der erste russiche Stoß gegen die 2. Armee ins Leere ging. Der Hauptbestandteil der 2. Armee blieb erhalten. Dies war ausschließlich das Verdienst von Tresckow. Aber noch vor dem Angriff der Russen trat ein lang erwartetes Ereignis ein, das die Endphase des Krieges für jedermann sichtbar machte. Den Amerikanern und Engländern gelang am 6. Juni 1944 die Invasion. Die deutschen Meldungen hierüber lauteten am Anfang siegessicher. In einer Meldung hieß es sogar: »Die berittenen deutschen Truppen treiben die gelandeten amerikanischen und englischen Soldaten mit dem Säbel in der Faust zu Paaren.« Das war natürlich Unsinn. Tresckow hatte in Gestalt des Grafen Matuschka einen guten Freund in der Abteilung Fremde Heere West. Von diesem erfuhr er jeden Abend per Telefon die wirkliche Lage. Bald stellte sich heraus, daß ein neuer Kriegsschauplatz entstanden war. Auf diesem neuen Kriegsschauplatz konnte das Deutsche Reich keinen Sieg mehr erringen, nachdem schon im Osten die Zeichen der Vernichtung ihre Schatten vorauswarfen. Am 6. Juni 1944 befand sich Tresckow auf einer Frontreise. Da ich wußte, wie sehr ihm daran lag, über alles Wichtige sofort unterrichtet zu werden, suchte ich ihn telefonisch. Als ich ihn endlich erreicht hatte, sagte ich ihm nur: »Die Invasion in Frankreich hat stattgefunden.« Tresckow brach seine Frontreise ab und kehrte ins Hauptquartier der 2. Armee zurück. Von da ab gab es für Tresckow nichts Wichtigeres als die Auslösung des Staatsstreiches gegen Hitler. Er ließ nichts unversucht, um vom Osten auf Berlin einzuwirken. Vor allem aber schickte er den Oberst Freiherr Georg von Boeselager zum Feldmarschall von Kluge. Dieser war inzwischen Oberbefehlshaber im Westen geworden. Wie Boeselager später berichtete, hatte er im Auftrage Tresckows Kluge beschworen, die.Front im Westen zu öffnen und nicht mehr gegen die Engländer und Amerikaner zu kämpfen, sondern gegen Hitler zu schlagen, weil sonst ganz Deutschland verlorengehen werde. Die Antwort, die Boeselager einige Tage später überbrachte, war schmerzlich. Kluge sei der Auffassung, es sei nur noch eine Frage der Zeit, bis es den Engländern und Amerikanern gelingen werde, den Durchbruch zu erzielen. Es sei unmöglich, diesen Durchbruch zu verhindern. Aber er – Kluge – sei sich seiner Umgebung nicht sicher. Er fühle sich so eingeengt, daß er von sich aus nichts mehr in dem von Tresckow angeregten Sinne unternehmen könne. Er könne noch nicht einmal bewirken, daß Tresckow zu ihm kommandiert werde.

Am 20. Juli 1944 fuhr ich auf Befehl von Tresckow zur Heeresgruppe. Aber auch dort wußte niemand etwas, auch nicht Oberst Berndt von Kleist, der Vertrauteste, über den vom Ersatzheer geplanten Staatsstreich. Als ich zur 2. Armee zurückgekehrt war, wurde ich mit der Nachricht des Attentates und des Staatsstreiches empfangen. Tresckow rief mir zu: »In vierundzwanzig Stunden wird sich unser Schicksal entschieden haben.« Um Mitternacht hielt Hitler eine Rede über alle deutschen Rundfunksender. Nun war das Mißlingen des Staatsstreiches offenbar. Tresckow war schon schlafen gegangen. Ich mußte ihn wecken, weil ich selbstverständlich die Verpflichtung hatte, ihn über die Rede Hitlers zu unterrichten. Tresckow wollte sich sofort erschießen. Mit Mühe gelang es, ihn an der Durchführung dieses Entschlusses zu hindern. Aber am folgenden Morgen sagte Tresckow zu mir: »Jetzt wird die ganze Welt über uns herfallen und uns beschimpfen. Aber ich bin nach wie vor der felsenfesten Überzeugung, daß wir recht gehandelt haben. Ich halte Hitler nicht nur für den Erzfeind Deutschlands, sondern auch für den Erzfeind der Welt. Wenn ich in wenigen Stunden vor den Richterstuhl Gottes treten werde, um Rechenschaft abzulegen über mein Tun und Unterlassen, so glaube ich, mit gutem Gewissen das vertreten zu können, was ich im Kampf gegen Hitler getan habe. Wenn einst Gott Abraham verheißen hat, er werde Sodom nicht verderben, wenn auch nur zehn Gerechte darin seien, so hoffe ich, daß Gott auch Deutschland um unsertwillen nicht vernichten wird. Niemand von uns kann über seinen Tod Klage führen. Wer in unseren Kreis getreten ist, hat damit das Nessushemd angezogen. Der sittliche Wert eines Menschen beginnt erst dort, wo er bereit ist, für seine Überzeugung sein Leben hinzugeben.«

Kurze Zeit darauf fuhr Tresckow zur 28. Jägerdivision, deren Kommandeur General von Ziehlberg war. Dieser hatte vordem die Zentralabteilung des Generalstabes geleitet. Unter der Vorgabe, sich von der unmittelbaren Frontlage einen Eindruck verschaffen zu müssen, fuhr Tresckow nach vorne. Er begab sich ohne Begleitung in das Niemandsland, täuschte mit Hilfe zweier Pistolen einen Schußwechsel vor, zog dann eine Gewehrgranate ab und sprengte sich dadurch den Kopf vom Rumpf.

Die Nachricht über seinen Tod schlug bei der 2. Armee wie eine Bombe ein. Ich bekam den Befehl, seine Leiche in das Hauptquartier der 2. Armee zurückzubringen. Hier wurde noch im Glauben, er sei im Kriege gefallen, eine mit allen Ehren versehene Trauerfeier abgehalten.

In der Zeit, in der Tresckow als Chef die 2. Armee führte, mehrten sich bei ihm Äußerungen gegen die Generalität. Tresckow wollte und konnte nicht verstehen, daß ein Teil der Generale ihre Pflicht nur in der Erfüllung der ihnen erteilten Befehle sah. Ein solches Maß an militärischer und politischer Blindheit blieb einem Manne wie Tresckow fremd und unverständlich. Noch kurz vor seinem Tode hat er mir gegenüber zum Ausdruck gebracht: Er bedaure nicht seinen Tod. Aber er hätte gerne die Gelegenheit ergriffen, diesem hitlerhörigen Teil der Generalität einmal die ganze Schande ins Gesicht zu sagen.

Die Aversion Tresckows gegen die Generalität wuchs von Tag zu Tag. Zuletzt stand er vielen seiner Kameraden geradezu feindlich gegenüber.

Generaloberst Weiss, der Oberbefehlshaber der 2. Armee, gab die Erlaubnis, die Leiche nach Deutschland zu überführen, was an sich einem Befehl Hitlers widersprach. Ich habe den Sarg

Tresckows von Polen aus, wohin sich die 2. Armee inzwischen zurückgezogen hatte, über Posen in die Mark Brandenburg gebracht. Dort wurde Tresckow auf dem Gut seiner Eltern in Wartenberg im Kreise Königsberg in der Neumark beigesetzt.

Kurz vor seinem Tode hatte Henning von Tresckow ein eigentümliches Jagderlebnis. Er hatte irgendwo im Wald eine Schneise entdeckt, von der er vermutete, daß sie ein Wildwechsel sein könnte. Er nahm sich einen Wagen und einen Fahrer und ließ sich in die Nähe des Waldstückes fahren. Dort ließ er Wagen und Fahrer halten und ging allein zu der von ihm auserkorenen Waldschneise. Während er dort stand, hörte er mit einem Mal ein Geräusch. Es war wie Klappern, begleitet durch Menschentritte. Nach kurzer Zeit hörte und sah er, wie ein Partisanentrupp die Waldschneise heraufkam. Es waren vielleicht zehn bis zwanzig Menschen. Alle waren bewaffnet und gingen hintereinander. Tresckow, der ganz allein war, ließ sich am Ende der Waldschneise hinter einem Busch auf den Boden nieder und verhielt sich mucksmäuschenstill. Er hatte Glück. Die Partisanen gingen auf Armeslänge an ihm vorbei, ohne zu ahnen, daß sie mühelos einem hohen deutschen Offizier das Lebenslicht hätten ausblasen können. Kaum waren die Partisanen verschwunden, verließ Tresckow seinen Platz und suchte den Fahrer. Er fand ihn zu seinem Erstaunen am Rande eines Weges in einem Straßengraben sitzend vor. Weder hatten die Partisanen den Fahrer gesichtet noch hatte der Fahrer etwas von den in nächster Nähe an ihm vorbeiziehenden Partisanen gemerkt. Auch das Auto war den Augen der Partisanen entgangen. Der Fahrer hatte es in einer kleinen unfern gelegenen Waldlichtung so abgestellt, daß es gegen Sicht getarnt war.

Erst sehr viel später, als die Gestapo die törichte Vermutung hatte, Tresckow sei zu den Russen übergelaufen und man habe in den Sarg irgendeinen toten Russen gelegt, wurde das Grab geöffnet. Der Sarg wurde in das Konzentrationslager Sachsenhausen-Oranienburg überführt. Auch mich schaffte man dorthin. Dort wurde der Sarg aufgebrochen. Zum Erstaunen der Gestapo war sofort zu erkennen, daß der Tote niemand anders war als Tresckow selbst. Seine feinen und fast mädchenhaften Hände zeigten auch Monate nach seinem Tode den Sprößling einer alten, auf Tradition gegründeten preußischen Familie. Als die Feststellung über die Identität der Leiche ihr Ende gefunden hatten, wurde der Sarg im Krematorium des Konzentrationslagers verbrannt. Ich habe mit eigenen Augen die Verbrennung der Leiche miterlebt.

XI. KAPITEL

Graf Carl Hans von Hardenberg

Unter den Freunden und Schicksalsgenossen um Henning von Tresckow befanden sich viele, die er alle mit dem Mittel listenreicher Personalpolitik in seine unmittelbare Umgebung gebracht hatte, die also Mitglied der Führungsabteilung der Heeresgruppe waren. Unter ihnen waren auch Persönlichkeiten von hohem Rang. An dieser Stelle sollten von diesen nur diejenigen genannt werden, die im Zuge des Widerstandes gegen Hitler den Tod gefunden haben.

Da ist an erster Stelle der Oberst i. G. Georg Schulze-Büttger zu nennen. Als früherer Adjutant des Generaloberst Ludwig Beck stand er im Zentrum der Gedankengänge, die eines Tages zur unauslöschlichen Feindschaft gegen Hitler führen mußten. Bei der Heeresgruppe war er Mitarbeiter in der operativen Führung. Er war also Gehilfe des Ersten Generalstabsoffiziers und arbeitete diesem zu. Seine große Befähigung verbarg sich hinter einer echten Bescheidenheit, die es ihm erlaubte, zurückzutreten und anderen den Ruhm zu lassen. Er war in alles eingeweiht. Das bedeutete keine Gefahr bei ihm, da auf seinem Gesicht die Verschwiegenheit sich deutlich abzeichnete. Sein Auftreten war kurz und bestimmt. Im Umgang mit anderen Menschen war er ohne jede Anmaßung. Seine Sicherheit erlaubte es ihm, immer freundlich und höflich zu sein, ohne von seiner Überzeugung auch nur einen Fußbreit abzuweichen. Als er die Heeresgruppe

Mitte verließ, wurde er Erster Generalstabsoffizier bei der Heeresgruppe Manstein, mit deren Oberbefehlshaber er sich menschlich gut verstand, den er aber ebensowenig wie andere politisch zu beeinflussen in der Lage war. Später wurde er *Chef* der 4. Panzerarmee. Noch im Jahre 1944 hatten wir ein offenes Gespräch, als er für die 4. Panzerarmee Tresckow bei der 2. Armee besuchte, um Grenzfragen zu besprechen, da beide Armeen, obwohl verschiedenen Heeresgruppen angehörend, sich nachbarlich berührten. Es war immer eine große Freude, mit ihm zusammenzusein, da seine Offenheit und seine echte freundschaftliche Gesinnung den Umgang erleichterten. Zuletzt habe ich ihn zufällig aus der Ferne in einem Gang des Gestapogefängnisses in Berlin in der Prinz-Albrecht-Straße gesehen. Seine Miene war verschlossen. Auch nur einen Blick auszutauschen, war in diesem Augenblick unmöglich. Aber die Festigkeit seiner Haltung wird mir unvergessen sein. Seine frühere Dienststellung als Adjutant des Generaloberst Ludwig Beck hatte ihn in den Kreis der Verdächtigen eingereiht. Er war zu geradeheraus, um dem Spiel der Gestapo gewachsen zu sein. Aber er war Herr seiner Selbst genug, um niemanden preiszugeben. Seine Verhandlung vor dem Volksgerichtshof endete mit dem Todesurteil. Die Verhandlung wurde auf Grund eines von Hitler erteilten Befehles getonfilmt. Die Haltung von Schulze-Büttger ist, wie sich jeder Zuschauer des Filmes überzeugen kann, untadelig. Er nahm sein Schicksal ohne ein Wort der Klage an.

An dieser Stelle muß auch Oberstleutnant i. G. Hans-Alexander von Voss genannt werden. Er war der Nachfolger von Schulze-Büttger, war ein musischer Mensch, dem es ein leichtes war, komische und ernste Situationen in Versform zu bringen und in einer Weise vorzutragen, die niemanden unberührt ließ. In ihm wohnten Scherz und Ernst in enger Verbindung. Seine edle Gesinnung stand außer Zweifel. Gegenüber Hitler hatte er nur das Empfinden des Ekels. Nach dem 20. Juli 1944 fühlte er sich verfolgt. Ob er es wirklich war, weiß man nicht. Aus den nachgelassenen Akten der Gestapo ergibt sich für die Annahme des Verfolgtseins ebensowenig wie gegen diese Annahme. In einem Urlaub griff er zur Pistole und setzte seinem Leben selbst ein Ende.

Der Letzte aus der Heeresgruppe Mitte, der an dieser Stelle zu nennen ist und der als erster den Tod suchte und fand, war Major i. G. Ulrich von Oertzen. Er war noch jung an Jahren. Aber er besaß große organisatorische Fähigkeiten. Tresckow hatte ihn ganz nahe an sich herangezogen und hatte ihn nach Berlin abgestellt. Dort arbeitete er in den Räumen des Generalkommandos III. In seiner Hand lagen alle Vorbereitungen, die innerhalb des Berliner Generalkommandos auszulösen waren. Auf ihn war Verlaß. Er wurde ein Opfer der Umstände, als der Staatsstreich scheiterte. Im Gebäude des Generalkommandos wurde er verhaftet, hat aber auf dem Gang, als man ihn abführte, mit den Zähnen auf einen Zünder gebissen und sich dadurch zum Entsetzen seiner Bewacher in Sekundenschnelle getötet.

Von diesen drei eben genannten Männern unterschied sich eine andere Persönlichkeit, die zwar älter als Tresckow, aber, wie dieser aus dem Ersten Garderegiment zu Fuß stammend, schon den Ersten Weltkrieg mitgemacht hatte. Es handelt sich um den Grafen Carl Hans von Hardenberg. Im Ersten Weltkrieg hatte er die Leibkompanie des berühmten Potsdamer Regimentes mit großer Bravour geführt. Im militärischen Bereich war sein Name in aller Munde. Äußerlich war er ein Riese. Er litt förmlich unter der Tatsache, daß ihm niemand in der Welt begegnet war, der mit ihm Händel gesucht hätte. Eine solche Situation wäre Graf Hardenberg gerade recht gewesen, da an seiner körperlichen Überlegenheit und seinem Sinn für Verwegenheit kein Zweifel erlaubt war. Noch im Ersten Weltkrieg wurde er Nachfolger für das Fideikommiß Neuhardenberg, jener Dotation, die einst der preußische Staatskanzler – Fürst Hardenberg – nach den Freiheitskriegen erhalten hatte. Als die Fideikommißfolge sich ereignete, richtete Graf Hardenberg seine Schritte zum Heroldsamt und bewirkte die Erlaubnis, daß er nicht genötigt werde, den Titel Fürst zu führen. Als ich ihn einmal fragte, warum er denn auf diesen Verzicht so großen Wert gelegt habe, lächelte er listig und meinte: »Wer einen Fürsten besucht, glaubt immer, es müsse bei Tische ein Leibjäger hinter ihm stehen. Das kostet zuviel Geld. Auch ein Fideikommiß wie Neuhardenberg, einer der größten landwirtschaftlichen Besitze im Lande Preußen, muß mit Sorgfalt und Sparsamkeit bewirtschaftet werden.« Hardenberg war im Ersten Weltkrieg schwer verwundet worden. Nur durch eine geniale Operation rettete man seinen rechten Arm, der mittels eines Kunstgliedes noch am Körper festgehalten wurde. Alle diese Dinge aber fochten einen Mann wie Hardenberg nicht an. Er war arbeitsam wie kein zweiter, hielt auf Strenge, Pünktlichkeit und Pflichterfüllung. Dabei war er aber immer lustig und fidel. Wem es gelang, seine Freundschaft zu gewinnen, befand sich in guten Händen. Er ließ keinen Menschen fallen und half allen, die seinem Herzen nahestanden. Mit Beginn des Zweiten Weltkrieges wurde er eingezogen. Er wurde Adjutant des Generalfeldmarschalls Fedor von Bock. Einen großen politischen Einfluß hatte er auf seinen Feldmarschall nicht ausgeübt. Dazu beschränkte sich Bock viel zu sehr und bewußt auf seine militärischen Aufgaben. Nur eines muß hervorgehoben werden: Der Feldmarschall von Bock konnte sich nicht beklagen, daß ihm wichtige Dinge nicht gesagt worden seien. Darin war Graf Hardenberg schonungslos. Er sagte jedermann, was nach seiner Ansicht für seinen Gesprächspartner zu wissen wichtig war. In Neuhardenberg liebte er sein Schloß, seine Pferde, jeden Baum und jede Koppel. Jeder Mensch konnte mit ihm sprechen und ihm alles sagen. Was Hardenberg zusagte, hielt er mit Sicherheit. Für Hitler hatte Hardenberg nur Verachtung. Wer kein Empfinden für Ritterlichkeit besaß, existierte für Hardenberg nicht. Auf der anderen Seite war er auch nicht ohne Rücksichtslosigkeit, wenn hierzu eine Notwendigkeit vorlag. Kleinigkeiten kümmerten ihn nicht. Er verfügte über ertaunliche Geschichtskenntnisse. Man konnte ihn mitten im Kriege über einem geschichtlichen Atlas überraschen. Bei solch einer Gelegenheit unterhielt er sich gerne über die Frage, warum die Engländer in ihrem mittelalterlichen Kriege mit Frankreich gerade immer darauf aus gewesen waren, die Südwestküste von Frankreich zu besetzen, obwohl doch die Nordwestküste so viel näher gelegen hätte. Ihm saß auch der Schalk im Nacken. Im Rahmen eines Scherzes legte er gern jemanden herein und verachtete es auch nicht, sich hierbei der List zu bedienen. Er war ein Menschenkenner *comme il faut* und ließ sich von niemandem ein X für ein U vormachen.

Eine kleine Geschichte mit Hintergrund hat sich meinem Gedächtnis unauslöschlich eingeprägt. Im Dezember 1941 war die militärische Krise an der Ostfront nicht mehr zu übersehen. Hitler, das Oberkommando der Wehrmacht, das Oberkommando des Heeres und die Truppenführung im Osten lagen in heftigem Streit über die Frage, was zu tun und was zu unterlassen sei. Um eine Klärung herbeizuführen, kam der Generalfeldmarschall von Brauchitsch zur Heeresgruppe Mitte nach Smolensk. Ich hatte den Befehl, den Generalfeldmarschall vom Flugplatz abzuholen, und begegnete einem klaren, freundlichen, aber schwächlichen Mann. Als wir mit dem Auto vor dem Holzhaus des Feldmarschalls von Bock vorfuhren, stand dieser vor der Tür. Er wurde überragt durch die wuchtige Gestalt des Grafen Hardenberg, der als sein Adjutant neben ihm Posten gefaßt hatte. Es war ein eisig kalter Tag. Der russische Winter zeigte sich in seiner ganzen Stärke. Der Boden war spiegelglatt. Feldmarschall von Brauchitsch und ich stiegen aus dem Wagen. Hierbei kam Brauchitsch ins Gleiten. Der Feldmarschall von Bock wollte ihn vor einem Fall bewahren und versuchte ihn aufzufangen. Dabei glitt auch Bock aus. Beide Feldmarschälle stürzten hin. Hardenberg und ich hielten uns mühsam aufrecht. Natürlich halfen wir den beiden Feldmarschällen wieder auf die Beine. Nur Hardenberg sagte ganz trocken zu mir: »Das ist ein Omen, zwei gestürzte Feldmarschälle.« Es dauerte nur wenige Wochen, und beide Feldmarschälle waren in die Führerreserve versetzt und ohne Kommando.

Natürlich habe ich Hardenberg in den späteren Jahren noch des öfteren gesehen, entweder in Neuhardenberg oder in Steinort, dem Wohnsitz des Grafen Lehndorff, der zu uns gehörte und alle seine Kräfte aufbot, um den Stellvertretenden Kommandierenden General in Ostpreußen auf unsere Seite zu bringen, ein Versuch, den er mit dem Leben bezahlen mußte, nicht ohne daß es ihm vorher gelungen war, obwohl schon verhaftet, zweimal der Gestapo zu entfliehen. Durch Lehndorff und seinen Besitz – Steinort – hatten wir einen Stützpunkt ganz in der Nähe der höchsten militärischen Dienststelle. Das hatte viel Gutes im Gefolge. So hat Lehndorff mehrfach zwischen Tresckow und Stauffenberg Botschaften vermittelt. Die Verhandlung des Volksgerichtshofes gegen Lehndorff war nur kurz, weil Lehndorff, soweit die Anschuldigungen gegen ihn gingen, alles auf sich nahm und aufrecht in den Tod gegangen ist. Seiner Frau hat er die Worte hinterlassen: »Du wirst immer davon überzeugt sein, daß ich nicht leichtfertig Eure Zukunft zerstört, sondern einer Idee gedient habe, von der ich glaube, daß sie eine Rücksicht auf Familie und Privates nicht rechtfertigt.« Wer die Ostpreußen kennt, weiß, Lehndorff war der beste Typ des Ostpreußen, klar, illusionslos und pflichtgetreu.

Obwohl die Fühlung zu Hardenberg nie verloren ging, trafen wir uns nur selten. Graf Hardenberg aber ging seinen eigenen Weg. Am 20. Juli 1944 trat er in Berlin in Erscheinung. Am Morgen dieses denkwürdigen Tages fuhr er mit seinem Kraftwagen um 7 Uhr nach Berlin. Obwohl er nicht für eine militärische Position, sondern für den Posten des Oberpräsidenten der Mark Brandenburg vorgesehen war, ging er zunächst in das Reichskriegsministerium und sprach dort mit den Offizieren, die auf das Ereignis dieses Tages warteten. Da er aber noch einige laufende Adjutantengeschäfte zu erledigen hatte, begab er sich in der Zwischenzeit in das Büro des Generalfeldmarschalls von Bock in die Kaiserallee. Bock selbst war nicht zugegen. Er hielt sich damals in Ostpreußen auf. Einige Tage vorher hatte Hardenberg ihm mitgeteilt, es werde in allernächster Zeit gegen Hitler gehandelt werden. Er sei an dieser Handlung beteiligt. Feldmarschall von Bock werde durch ihn in keiner Weise belastet werden. Er aber müsse seine gegnerische Auffassung ihm persönlich vorher zur Kenntnis bringen, obwohl er wisse, daß der Feldmarschall von Bock sich zu einer revolutionären Auffassung nicht habe durchringen können.

Um die Mittagszeit begab sich Graf Hardenberg erneut in das Reichskriegsministerium. Dort erfuhr er, daß das Attentat zur Ausführung gekommen sei. Näheres sei noch nicht bekannt. Graf Stauffenberg sei mit seinem Ordonnanzoffizier wieder zurück und halte sich zur Zeit beim Befehlshaber des Ersatzheeres, Generaloberst Fromm, auf. Hardenberg hatte Generaloberst Fromm zuletzt vor einem halben Jahr gesehen und gesprochen. Dabei hatte er gegenüber Fromm geäußert, daß die verantwortungsbewußten Menschen aller Stände ihre Blicke auf ihn richteten, und zwar in der Hoffnung, daß er, wenn die Stunde reif sei, handeln werde. Fromm hatte hierauf nichts erwidert. Er hatte weder zugestimmt noch abgelehnt. Während Hardenberg noch wartete, traf der Generalfeldmarschall von Witzleben ein und mit ihm Generaloberst Hoepner. Kurz darauf sickerte das Gerücht durch, Hitler sei nicht tot, sondern nur verwundet. Gleich darauf hörte Graf Hardenberg, daß Fromm sich gegenüber Stauffenberg geweigert habe, an dem Staatsstreich teilzunehmen. Fromm habe sogar den Versuch gemacht, nach einer Pistole zu greifen. Aber der Ordonnanzoffizier Stauffenbergs sei vor seinen Chef gesprungen und habe seinerseits die Pistole auf Fromm gerichtet und erklärt, er werde ihn sofort niederschießen, falls der Generaloberst seine Waffe zöge. Fromm fügte sich und versprach, sein Arbeitszimmer nicht zu verlassen.

Nunmehr wurde Graf Hardenberg aufgefordert, sich beim Generalkommando für Berlin und Brandenburg davon zu überzeugen, ob alles vorschriftsmäßig verlaufe. Auf dem Generalkommando traf Graf Hardenberg den Major i. G. Ulrich von Oertzen von der Führungsabteilung der Heeresgruppe Mitte. Wie schon erwähnt, war Oertzen zum Generalkommando in Berlin abgestellt, um dort die für den Umsturz notwendige generalstabsmäßige Arbeit zu erledigen. Als Hardenberg beim Generalkommando eintraf, stellte er sofort fest, daß mit vorbildlicher Ruhe gearbeitet wurde. Oertzen hatte sich still eingeschaltet. Er versicherte Hardenberg, es sei keine Hilfe notwendig, alles sei im Gange.

Als Graf Hardenberg in das Reichskriegsministerium zurückfuhr, fand er, daß alle militärischen Gebäude durch eine starke Wache abgesperrt waren. Zutritt erhielten nur diejenigen, die einen von Graf Stauffenberg ausgestellten Ausweis besaßen. Im Ministerium selbst gingen die Meinungen auseinander, ob Hitler tot sei oder ob das Gerücht, er sei noch am Leben, von Goebbels aus Propagandagründen in die Welt gesetzt wurde. Inzwischen trafen die zur Absperrung des Regierungsviertels beorderten Truppen mit Panzern ein und schlossen den Ring. Im Ministerium selbst war keine Schwäche festzustellen. Im Gegenteil. Graf Hardenberg wurde gebeten, das Generalkommando in Berlin persönlich davon zu unterrichten, daß der beschrittene Weg weiter verfolgt werde. Also fuhr Graf Hardenberg zur Hohenzollernallee zurück, wo Oertzen, ganz auf sich allein gestellt, dafür sorgte, daß die angeordneten Maßnahmen durchgeführt wurden. Hardenberg hatte vorher das Generalkommando in den Abendstunden verlassen. Ehe er sich in seine Berliner Wohnung am Pariser Platz 3 begab, aß er in dem daneben gelegenen Hotel Adlon zu Abend. Plötzlich betrat ein Bote den Raum und überreichte ihm ein Extrablatt der *Deutschen Allgemeinen Zeitung* mit dem Bericht über das Attentat. Das Blatt trug einen schwarzen Rand. Die Menschen an den Nachbartischen stürzten von ihren Plätzen und baten Graf Hardenberg, das Blatt einsehen zu dürfen. Ihre Gesichter ließen den Schluß zu, daß sie das Blatt in der Vermutung und in der Hoffnung einsehen wollten, daß Hitler tot sei.

In der Nacht war das Wachbataillon befehlsmäßig am Rande des Tiergartens und in den Straßen um das Regierungsviertel aufmarschiert. Inzwischen hatte sich der Kommandeur des Bataillons zu Goebbels in das Propagandaministerium begeben. Dieser forderte ihn auf, doch persönlich mit Hitler am Telefon zu sprechen. Es geschah. Hitler gab dem Kommandeur des

Wachbataillons den Befehl, sofort abzurücken. Der Befehl wurde befolgt. In der gleichen Nacht war der Kommandant von Berlin, General von Hase, zu Goebbels gefahren, um ihn in dem Glauben zu wiegen, daß nichts Unrechtes geschehe. Goebbels ließ General von Hase festnehmen.

Inzwischen hatten sich im Reichskriegsministerium zwei Parteien gebildet. Einige nicht in den Umsturz eingeweihte Generalstabsoffiziere taten sich zusammen, bewaffneten sich mit ihren Dienstpistolen und drängten auf den Korridoren gegen das Allgemeine Heeresamt vor, wo die Leitung des Umsturzes in den Räumen des Generals Olbricht ihr Hauptquartier aufgeschlagen hatte. Es gelang ihnen, Generaloberst Fromm zu befreien. Sie rissen die Gewalt an sich, so daß nach einem kurzen Schußwechsel Generaloberst Beck, Graf Stauffenberg und alle Mitverschworenen gefangen wurden. Generaloberst Beck gab sich selbst den Tod, während General Olbricht, Graf Stauffenberg, Oberst Mertz von Quirnheim und Oberleutnant von Haeften auf Befehl von Generaloberst Fromm nach Aburteilung durch ein Standgericht im Hof des Reichskriegsministeriums erschossen wurden.

Am Morgen des 21. Juli 1944 ging Graf Hardenberg um 7 Uhr zu Fuß vom Pariser Platz in die Bendlerstraße. Im Tiergarten sah er noch die Spuren der am Tage vorher aufgefahrenen Panzer. Doch die Panzer selbst waren fort. In die Bendlerstraße ergoß sich ein Strom von SS-Autos, Mannschaftswagen und Fahrzeugen hoher SS-Offiziere. Der Zutritt zum Gebäude war gesperrt. Graf Hardenberg erkannte, der Umsturzversuch war mißglückt. Trotzdem ging er zum Eingang des Reichskriegsministeriums und holte beim Portier seinen Handkoffer ab, den er am Tage vorher dort abgegeben hatte. Der Koffer war mit dem Namen des Grafen Hardenberg und seiner vollen Anschrift versehen. Zu seinem Erstaunen erhielt Graf Hardenberg seinen Koffer anstandslos zurück. Er begab sich vom Reichskriegsministerium in das Büro des Generalfeldmarschalls zurück. Dort erhielt er noch einen Anruf des Adjutanten des Generalfeldmarschalls von Witzleben. Auf diese Weise erfuhr Graf Hardenberg, daß Feldmarschall von Witzleben kurz vor dem Eintreffen der SS die Bendlerstraße verlassen hatte. Das Telefonat zeigte ihm aber auch, daß die Gestapo bisher noch keine weitergehenden Schritte unternommen hatte. Er beschloß daher, auf seinen Besitz nach Neuhardenberg mit dem Auto zurückzufahren. Dies geschah. In Neuhardenberg angekommen, erhielt er einen Telefonanruf des Generalfeldmarschalls von Bock aus Ostpreußen. Dieser beschwerte sich bei Hardenberg in den kräftigsten Ausdrücken über die Tatsache, daß der Feldmarschall Keitel ihm verboten habe, seinen gegenwärtigen Aufenthaltsort zu verlassen. In den nächsten Tagen blieb Graf Hardenberg auf seinem Besitz und genoß die wenigen Tage und Stunden der Freiheit in vollen Zügen. Alle ihm lieb gewordenen Plätze im Revier und auf seinen Gütern wurden von ihm aufgesucht.

Am 24. Juli hatte er gerade mit seiner Familie und einigen Gästen bei sich zu Abend gegessen, als eine seiner Töchter ihn darauf aufmerksam machte, daß drei Männer im Hausflur stünden. Hardenberg stand auf und ging auf die ihm unbekannten Leute zu. Einer fragte ihn: »Sind Sie Graf Hardenberg-Neuhardenberg?« Als er diese Frage mit »ja« beantwortete, wurde ihm erklärt, er sei verhaftet. Graf Hardenberg erwiderte, er stünde zur Verfügung, wolle sich aber vorher noch von den Seinen verabschieden. Dann ging er in den Eßsaal zurück, küßte seiner Frau die Hand und betrat die Bibliothek. Dort ergriff er seine Pistole und schoß sich zweimal hintereinander in die Brust. Die drei Gestapobeamten schossen nun ihrerseits, weil sie der Annahme waren, daß Hardenberg auf sie gezielt habe. Bei der Erwiderung der Schüsse gingen die Gestapobeamten nach jedem Schuß in Dekkung. Graf Hardenberg konstatierte noch, daß auch diese Stunde nicht einer gewissen Komik entbehrte. Dies war um so mehr der Fall, als einer der Gestapobeamten seinen Kollegen aus Versehen ins Bein getroffen hatte. Inzwischen war Graf Hardenberg auf einen Stuhl niedergesunken, so daß einer der Gestapobeamten zu ihm in die Bibliothek drang und in den Satz ausbrach: »Sie sind ja ein furchtbarer Mensch.« Danach verlor Graf Hardenberg die Besinnung.

Die Gestapo holte den Arzt aus dem Dorf. Dieser sollte entscheiden, ob Hardenberg transportiert werden könne. Der Arzt verneinte die Transportfähigkeit und gab Graf Hardenberg eine wohltuende Morphiumspritze. Inzwischen erhielt die Gestapo Verstärkung. Eine Tochter des Grafen wurde verhaftet. Dasselbe Schicksal erlitten zwei Gäste. Alle drei wurden durch die Gestapo nach Berlin abtransportiert.

Am anderen Morgen wachte Graf Hardenberg auf und sagte zu seiner Frau mit leiser Stimme: »Ich *muß* sterben.« Der Arzt wurde erneut geholt, ging nach Hause und kam mit einer Ampulle wieder, auf der Tetanus stand. Der Arzt erklärte den anwesenden Gestapobeamten, weshalb er eine Tetanusspritze verabreichen müsse. In Wirklichkeit hatte er eine übergroße Dosis Morphium in die Ampulle getan und spritzte damit den Grafen. Obwohl nach einer späteren Aussage des Arztes das Morphium gereicht hätte, um einen Bullen zu töten, blieb Graf Hardenberg am Leben. Inzwischen war auf Veranlassung der Gräfin aus Berlin Professor Landois erschienen. Zwischen ihm und Graf Hardenberg bestand ein langjähriges Vertrauensverhältnis. Außerdem war auch ein SS-Krankenwagen eingetroffen, der den Grafen abtransportieren sollte. Bevor dies aber geschah, bat Graf Hardenberg Professor Landois um eine große Papierschere auf dem Schreibtisch. Gleichzeitig sagte Graf Hardenberg: »Sie dürfen mich nicht hindern; ich weiß, was ich tun muß.« Professor Landois zögerte. Dann siegte der Mensch über den Arzt. Er gab ihm die Schere und verließ das Zimmer. Graf Hardenberg bohrte sich die Schere tief in jeden Schußkanal. Außerdem öffnete er sich die Pulsadern. In diesem Augenblick kamen die Gestapobeamten herein und sahen, was geschehen war. Sie ließen die Verletzungen verbinden und veranlaßten den sofortigen Abtransport. So kam Graf Hardenberg in das Konzentrationslager Oranienburg-Sachsenhausen. Dort wurde er in den Operationsraum gebracht. Zwei Geschosse wurden ihm aus dem Rücken herausgeschnitten. Hierbei wurde festgestellt, daß beide Geschosse den Herzbeutel gestreift hatten. Nach dem Abtransport des Hausherrn wurde die Gräfin wiederholt befragt. Die Hauptfrage lautete, warum Graf Hardenberg sich das Leben habe nehmen wollen. Hierauf erwiderte die Gräfin mit der Gegenfrage: »Würden Sie sich wie ein Verbrecher abführen lassen?« Nunmehr nahm die Gräfin Verbindung mit der zuständigen Berliner Stelle der Gestapo auf. Da die Gräfin krank wurde, begab auch sie sich in die Behandlung einer Ärztin. Diese war mit allen Hunden gehetzt und lernte die Gräfin an, wie man zu den Gestapoleuten vordringt, wie man sie behandelt und besticht. Denn, so meinte die Ärztin, bestechlich wären sie alle bis in die höchsten Stellen hinauf. Ein Gestapobeamter aus einem Ausweichlager riet der Gräfin eines Tages, sie möge doch einen Brief an Himmler schicken und darin bitten, ihren Mann aus der Haft zu entlassen. Als die Gräfin fragte, wie denn ein solches Gesuch aussehen müsse, sagte der Gestapobeamte: »Sie müssen darauf hinweisen, daß Ihr Mann zu Unrecht verdächtigt wird. Natürlich müssen Sie aber auch deutlich werden und nicht von einem Attentat, sondern von dem fluchwürdigen Attentat sprechen; außerdem müssen Sie nicht nur den Führer erwähnen, sondern den geliebten Führer.« Dabei sah der Gestapobeamte die Gräfin listig an und sagte mit lautem Grinsen: »Was sehen Sie mich denn so an? So müssen Sie schon schreiben.« Bei dem Versuch, einen solchen Brief an Himmler zu schreiben, zog die Gräfin zwei Journalistinnen zu. Unter deren Mithilfe kam dann auch ein Gesuch zustande. Aber jeder Versuch hatte ein mißglücktes Ergebnis zur Folge. Schließlich beim vierten Mal entdeckte die Gräfin, daß hinter der Schlußbemerkung »Heil Hitler« statt eines Ausrufungszeichens ein Fragezeichen stand. Erst der fünfte Versuch war ein Erfolg. Natürlich hatte das Gesuch nicht die Entlassung des Grafen zur Folge, aber es wurde der Gräfin eine Besuchserlaubnis erteilt. Sie konnte alle vier Wochen mit ihrem Mann sprechen. Die erste Aussprache fand am 24. Dezember 1944 statt. Bei dieser Besprechung genoß die Gräfin die unendliche Ruhe und Sicherheit, die von ihrem Mann auch in dieser Situation ausging. Sie hatte ihm Blumen mitgebracht. Über dieses Mitbringsel lachte der Graf nur und gab es seiner Frau wieder zurück. Blumen gab es in Konzentrationslagern nicht.

In der Zwischenzeit wurde der Gräfin eine neue einschneidende Maßnahme zuteil. Beamte des Finanzamtes erschienen und erklärten die Enteignung. Der Inspektor wurde Treuhänder. Auf dem zuständigen Finanzamt aber saß ein alter preußischer Beamter. Er sagte zu der Gräfin: »Aus den Unterlagen habe ich ersehen, daß dieser Besitz außerordentlich gut bewirtschaftet worden ist. Also sind die Großgrundbesitzer doch nicht lauter ehrgeizige und korrupte Existenzen, wie Hitler es gesagt hat.« Im übrigen gab er der Gräfin zu verstehen, er habe das Gefühl, die Sache werde wie das Hornberger Schießen verlaufen. Zum Treuhänder aber sagte dieser Beamte, er glaube, daß das Verfahren gegen Graf Hardenberg eines Tages eingestellt würde. Dann werde der Graf den Besitz wieder übernehmen. In der Zwischenzeit sei der Besitz deshalb so korrekt wie möglich zu führen. Der Treuhänder müsse davon ausgehen, daß er in erster Linie dem Grafen gegenüber Verantwortung schulde.

Auch mit der im Gefängnis einsitzenden Tochter hielt die Gräfin Verbindung und versorgte sie mit Lebensmitteln. Eines Tages erhielt die Gräfin von ihrer Tochter einen Kassiber. Sie war damals gerade in Berlin. Am Abend passierte ihr ein Mißgeschick. Sie warf über Nacht einen Brief in den Postkasten. Unglückseligerweise steckte sie aus Versehen den Kassiberbrief mit ein, der die gedruckte Aufschrift trug »Gefängnis Charlottenburg«. Schon am frühen Morgen des anderen Tages stand die Gräfin am Briefkasten des Hotels Adlon und erwartete die Briefträgerin. Als sie dieser einige Fleischmarken überreichte, bekam sie den Kassiberbrief ohne weiteres wieder zurück. Zu Hause hatte die Gräfin keine Schwierigkeiten. Ihr wehte eine Welle der Sympathie aus dem ganzen Dorfe zu. Ein Nachbar – Bodo von der Marwitz – kam jeden Tag angeritten und unterstützte die Gräfin mit Rat und Tat. Auch der französische Kriegsgefangene Taillout zeigte ihr seine Anteilnahme. Er war mit Dienerarbeiten in Neuhardenberg befaßt und meldete eines Tages der Gräfin mit vor Freude strahlenden braunen Augen, die Tochter werde in aller Kürze aus dem Gefängnis entlassen werden. Die Besuche im Konzentrationslager wurden durch Zigaretten und Cognac erleichtert, die die Gräfin den Gestapobeamten in die Hand drückte.

Eines Tages erschien der Minister Speer in Neuhardenberg, besichtigte das Haus mit allen Nebengebäuden und erklärte, er wolle mit seinem Stabe in das Haus ziehen. Dazu ist es aber nachher nicht mehr gekommen, weil der russische Vormarsch schneller vonstatten ging, als man in Berlin annahm. Man schlief damals schon in den Kleidern, weil man darauf gefaßt sein mußte, der Russe stünde eines Tages vor der Tür. Am 8. März 1945 gelang es der Gräfin, in einem Lastkraftwagen mit einigen Koffern Neuhardenberg zu verlassen und sich in die Provinz Sachsen zu retten. Auch von dort aus besuchte die Gräfin immer wieder ihren Mann im Konzentrationslager Sachsenhausen. Sie hatte damals das Gefühl, ihm könne nichts geschehen, weil sein ganzes Wesen ruhige Zuversicht ausstrahlte. Dieses Gefühl verließ aber die Gräfin, als ihr Mann ihr beim Abschied einen Zettel zusteckte. Als sie schon auf dem Heimweg war, las sie auf dem Zettel die von ihm geschriebenen Worte aus der Bibel: »Nun halte ich dafür, daß dieser Zeit Leiden nicht wert sind der Herrlichkeit, die an uns soll offenbaret werden.«

In all den langen Wochen wurde Graf Hardenberg von der Gestapo vernommen. Auf die Frage, warum er versucht habe, sich das Leben zu nehmen, erwiderte er nur, er sei infolge seiner Zuckerkrankheit hochgradig erregbar und habe eine Verhaftung für untragbar gehalten. Auf die weitere Frage, warum er als zukünftiger Oberpräsident von Berlin und Brandenburg auf eine Liste gesetzt worden sei, sagte er immer wieder, er könne nicht hindern, wenn andere Leute ohne seine Kenntnis seinen Namen auf eine Liste setzten. Auf die weitere Frage, ob er ein Amt wohl angenommen hätte, wenn es ihm angeboten worden wäre, erwiderte er, diese Frage könne er nicht beantworten.

Im Konzentrationslager, in dem etwa 25000 Häftlinge versammelt waren, mußte Graf Hardenberg erleben, daß vom Beginn des Jahres 1945 ab jede Nacht einzelne Häftlinge aus den Baracken gerissen und durch Genickschuß getötet wurden. Außerdem wurden jeden zweiten Tag zwei bis drei Häftlinge in Gegenwart aller anderen aufgehängt. Schließlich wurde häufig an Häftlingen die Prügelstrafe vollzogen. Graf Hardenberg lag in einer Stube, in der sich insgesamt 86 Mann befanden . . . Eines Tages wurden 53 Namen verlesen. Alle 53 wurden in der Gaskammer getötet. Vom Februar 1945 an begannen die Häftlinge darüber nachzudenken, ob sie sich nicht unter Anwendung von Gewalt allein befreien konnten. Aber hierzu kam es nicht. Am Morgen des 22. April 1945 waren plötzlich alle SS-Wachen verschwunden. Um 10 Uhr erschien ein russischer Soldat und erklärte die Häftlinge für frei. Graf Hardenberg benutzte diese neue Freiheit, um das ganze Lager in Augenschein zu nehmen. So lernte er auch das Krematorium, die Gaskammer und den Platz für die Liquidierungen kennen. Im Keller der Gaskammer lagen noch 80 Leichen, so daß die Gefahr eines Ausbruchs von Seuchen deutlich wurde. Gleichzeitig wurde festgestellt, daß die Wasserleitung im Lager durch Luftangriffe zerschlagen war. Am nächsten Tag verließ Graf Hardenberg das Konzentrationslager, teils von Wehmut, teils von Glücksgefühl durchdrungen. Zur Freude seiner Familie und zur Freude seiner Freunde lebte Graf Hardenberg noch über zwei Jahrzehnte und entfaltete eine arbeitsame Tätigkeit. Sie war seinen Talenten gemäß. Sein ganzes Leben gereicht ihm zur Ehre.

XII. KAPITEL

Carl Goerdeler

Als Tresckow um den Feldmarschall von Kluge kämpfte, sollte noch ein anderer bedeutender Mann eine große Rolle spielen. Es handelte sich um den früheren Leipziger Oberbürgermeister Carl Goerdeler. Goerdeler stammte aus Ostpreußen. Er war einmal Bürgermeister in Königsberg in Ostpreußen gewesen, hatte sich durch sein großes Können, seinen eisernen Fleiß, seinen umwerfenden Idealismus zum Oberbürgermeister von Leipzig heraufgearbeitet. Unmittelbar nach 1933 und sogar 1934 hatte er noch geglaubt, durch Übernahme einer amtlichen Position als Reichspreiskommissar das Schlimmste verhüten zu können. Sobald er eingesehen hatte, daß diese Hoffnung trügerisch war, wendete er das Ruder. Die von den Nazis vorgenommene Schleifung des Mendelssohn-Denkmals in Leipzig nahm er zum Anlaß, um seinen Posten aufzugeben und als Vertreter der Stuttgarter Firma Bosch eine Tätigkeit zu entfalten, die nichts als den Sturz Hitlers zum Ziele hatte. Er bereiste die Welt. Am Ende jeder dieser Reisen stand ein hinreißender Bericht. Die Isolierung des Dritten Reiches war aus den Berichten klar erkennbar. Außerdem waren die Berichte mit einer Offenheit abgefaßt, die entwaffnend war. Auch Goerdeler wußte, daß gehandelt werden mußte.

Der Zufall wollte es, daß ich bei unseren Bemühungen um Fühlung zu zivilen politischen Kreisen in der weiteren Umgebung von Oster auf einen Hauptmann Ludwig Gehre stieß. Dieser war schon erheblich älter, als sein militärischer Rang vermuten ließ. Er war ein alter Mitarbeiter des verstorbenen Reichswehrministers Gröner und war sich auf Grund dieser Zusammenarbeit der Notwendigkeit eines Brückenbaues zwischen militärischen und zivilen Stellen bewußt. Er machte mich mit Otto John bekannt. John war damals Mitarbeiter von Klaus Bonhoeffer, dem Chefsyndikus der Lufthansa. Durch Otto John erfuhr ich, daß der frühere Leipziger Oberbürgermeister Carl Goerdeler im Innern Deutschlands bemüht war, einen Kreis von Menschen zu bilden mit dem Ziel, Hitler die Macht zu entwinden und den Krieg durch einen alsbaldigen Friedensschluß zu beenden.

Das erste Treffen zwischen Goerdeler und mir fand in der Wohnung von Otto John statt. Es genügten wenige Minuten, um herauszufühlen, daß es sich bei Carl Goerdeler um eine Persönlichkeit von Rang handelte. Er war von Leidenschaft erfüllt. Er spielte nicht mit den Dingen, sondern nahm sie so ernst, wie sie genommen werden mußten, wenn man den Untergang des Deutschen Reiches verhindern wollte. Der ersten Begegnung folgte bald eine zweite und dritte, bis wir uns eines Tages auch im Reichskriegsministerium trafen.

Schon 1938 hatte Goerdeler in einer Niederschrift folgendes zu Papier gebracht:

> »Das Münchner Abkommen war nichts anderes als eine glatte Kapitulation Frankreichs und Englands vor aufgeblasenem Gaukelspiel.«

Später fügte er hinzu:

> »Einflußreiche Engländer und Amerikaner sind vor diesem Krieg darauf hingewiesen worden, daß Hitler das Entfesseln eines furchtbaren Unglücks über die Welt bringen würde... Sie haben uns Deutsche, die wir warnten, für Männer ohne nationale Gesinnung gehalten. Sie haben übersehen, daß wir unser Vaterland von ganzem Herzen lieben und seine Größe und Ehre wollten, daß wir aber aus unseren Leiden wußten, welchen Weg der satanische und dämonische Hitler nehmen

würde. Trotz unserer Warnung ist Chamberlain Hitler 1938 nachgelaufen. Damals war durch englische Festigkeit der Krieg vermeidbar und Hitler zu entlarven. Es liegt uns fern, die Verantwortung, die wir Deutsche zu tragen haben, vermindern zu wollen; aber es liegt ein nicht nur von uns Deutschen verschuldetes tragisches Geschehen vor, unter dem wir Deutsche wahrlich nicht die wenigsten Opfer für unsere Überzeugung gebracht haben.«

Im Juli 1940 hatte Goerdeler ein Memorandum zusammengestellt, das nur für das Offizierskorps gedacht war. In dieser Denkschrift schilderte Goerdeler den Freiherrn vom Stein, der 1808 an König Friedrich Wilhelm III. von Preußen – auf Napoleon gemünzt – die Worte gerichtet hat:

»Zutrauen zu einem Mann zu haben, von dem man in Wahrheit sagen muß, er habe die Hölle im Herzen, das Chaos im Kopf, ist mehr als Verblendung. Ist also in jedem Fall nichts wie Unglück und Leiden zu erwarten, so ergreife man doch lieber den Entschluß, der ehrenvoll und edel ist und eine Entscheidung und Trostgründe anbietet im Falle eines üblen Erfolges.«

Die außerordentliche Gabe Goerdelers, mit jedermann sprechen zu können, legte den Gedanken nahe, eine Aussprache zwischen Goerdeler und Tresckow in Rußland zustande zu bringen. Es liegt auf der Hand, daß ein solches Unternehmen schwierig durchzuführen und mit Risiko behaftet war. Aber Oster half. So ist es denn noch im Jahre 1942 dazu gekommen, daß ein Regimentskamerad von Tresckow, der damalige Oberst Berndt von Kleist, Goerdeler von Berlin abholte und ihn nach Smolensk brachte. Gleich das erste Treffen zwischen beiden wurde ein voller Erfolg. Es war, als ob zwei kongeniale Naturen zusammengetroffen waren. Die ungeheure Offenheit Goerdelers eroberte ihm im Nu das Herz Tresckows. Auch seine späteren Denkschriften und Briefe und schließlich seine Art, seinen Namen unter ein Schriftstück zu setzen, bestärkten Tresckow in der Auffassung, daß es sich hier um einen Mann handelte, der das Zeug zum

Reichskanzler besaß. Tresckow zögerte nicht, Goerdeler noch in Smolensk mit dem Feldmarschall von Kluge bekanntzumachen. Auch Kluge konnte sich der starken Persönlichkeit eines Goerdeler nicht verschließen. Seine Sicherheit bestand darin, daß er seine revolutionären Ansichten so offen vortrug, als ob es sich um Selbstverständlichkeiten handelte. Noch heute mutet es mich wie ein Traum an, daß im Jahre 1942 solche Gespräche, wie sie zwischen Goerdeler einerseits und Kluge und Tresckow andererseits in Smolensk geführt wurden, möglich waren, ohne daß davon die Gestapo erfuhr. Sie war doch eine reichlich mangelhafte Organisation. So fest das Band zwischen Goerdeler und Tresckow war und blieb, so sehr hat in späteren Zeiten die ursprüngliche Gefühlswärme zwischen Goerdeler und Kluge nachgelassen. Kluge bekam nach der Abreise Goerdelers wieder Bedenken. Sie haben sich zwar noch einmal in Berlin gesehen und gesprochen. Aber die ursprüngliche Stärke der Verbindung wollte sich nicht wieder einstellen. Mancher übte gelegentlich Kritik an Goerdeler. Wirtschaftliche Voraussagen Goerdelers erfüllten sich nicht immer, besonders nicht im Hinblick auf von ihm prophezeite Daten. Auch verlangte Kluge Sicherheiten, die Goerdeler nicht zu geben vermochte. Goerdeler wiederum hatte von der Macht eines Feldmarschalls größere Vorstellungen, als es den Tatsachen entsprach. Ich persönlich habe Goerdeler immer bewundert, weil seine Grundhaltung eindeutig konzessionslos war. Gewisse Unebenheiten, die bei jahrelanger Zusammenarbeit sich nicht vermeiden lassen, haben mich nicht gestört. Wohl erfuhr ich davon, daß es Kreise innerhalb des zivilen Widerstandes gab, denen die Vorstellungswelt Goerdelers zu altmodisch war und die der gesellschaftlichen Progressivität das Wort redeten. Mir persönlich hat immer mehr imponiert, daß Goerdeler über ein großes und erfolgreiches Können verfügte, das seinen progressiven Gegnern innerhalb des Widerstandes fehlte. Eines freilich blieb auch mir nicht verborgen. Goerdeler sprach zuviel. Eine Unterhaltung mit ihm, an der vielleicht noch ein oder zwei andere Partner teilnahmen, erinnerte mich immer wieder an das Wort von Kemal Pascha über den Generallandschaftsdirektor

Kapp, den Urheber des Kapp-Putsches. Über ihn befragt, erklärte Kemal Pascha: »Spricht zuviel, ist kein Revolutionär.« Carl Goerdeler war mehr der Typ des deutschen Idealisten. Das verführte ihn manchmal dazu, eine gewisse Vorsicht außer acht zu lassen. Gegen Ende des Krieges spitzte sich die Situation bei Carl Goerdeler zu. Im Gegensatz zu dem soldatischen Flügel des Widerstandes lehnte er den Gedanken einer gewaltsamen Auslöschung Hitlers ab. Er ging so weit, daß er sich um die Möglichkeit einer Audienz bei Hitler bemühte. Er traute sich zu, in einem Gespräch Hitler davon zu überzeugen, daß die Uhr des Tyrannen abgelaufen sei und Hitler, wenn Deutschland gerettet werden sollte, freiwillig zurücktreten und die Staatsgewalt an eine andere Persönlichkeit abtreten müsse. Wir Soldaten glaubten Hitler besser zu kennen, hielten ihn seit langem nicht mehr für urteilsfähig und haben uns mit Entschiedenheit auch Goerdeler gegenüber dafür ausgesprochen, Gewalt gegen Gewalt zu setzen.

In der zweiten Hälfte des Jahres 1944 bin ich Goerdeler im Gefängnis der Gestapo in der Prinz-Albrecht-Straße in Berlin wieder begegnet. Manche behaupten, er habe in dieser Zeit zuviel gesagt und zuviel schriftlich niedergelegt. Ich habe dergleichen nicht beobachtet. Goerdeler, der damals stark an Zahnschmerzen litt, nahm die wenigen Minuten wahr, die sich uns hin und wieder boten, um mit mir zu sprechen. Ihn interessierte nur eines: Lebt Tresckow oder ist er nicht mehr auf dieser Welt. Als ich ihm die Wahrheit sagte, fiel ihm eine Last vom Herzen. Die Gestapo hat mich niemals nach Goerdeler gefragt. Daraus geht für den Kundigen hervor, daß auch Goerdeler über mich gegenüber der Gestapo niemals gesprochen haben kann. Er wußte also wohl, daß es die Pflicht zu schweigen gab, und verstand sich auch auf diese Seite des Lebens. Einmal habe ich erlebt, wie er in einer Bombennacht, in der wir in einem Luftschutzbunker mit dem Rücken an der Wand viele Stunden Seite an Seite standen, aber immer unter der Aufsicht der Gestapo waren, einem seiner Freunde, den er als späteren Mitarbeiter auserkoren hatte, ganz offen sagte: »Über Sie habe ich nur Unwesentliches gesagt.« Jeder konnte es hören. Nichts geschah daraufhin. Er blieb Herr der

Situation. Wer ihn besser kannte, wußte, daß er von ganzem Herzen Optimist war und nicht nur einem Redebedürfnis folgte, sondern Zeit zu gewinnen suchte, wohl auch mit dem Gedanken spielte, daß die Nazis das Unheilvolle ihrer Situation einsehen und sich vielleicht seiner Person gegenüber der Umwelt bedienen würden. Diese Rechnung ist nicht aufgegangen. Ich höre noch heute die Stimme des Gestapobeamten, der seine Zellennummer aufrief, als er im Februar 1945 zur Hinrichtung geführt wurde. Die Art, wie die Zellennummer aufgerufen wurde, ließ keinen Zweifel, was der Aufruf bedeuten sollte. Im Gefängnis erhält man ein neues Witterungsvermögen, das den Menschen der Zivilisation abgeht. Aus tausend Kleinigkeiten zieht man Schlüsse, deren Richtigkeit man nicht rational beweisen kann, deren Richtigkeit sich einem aber auf magische Weise mitteilt.

Auch wer gegenüber Carl Goerdeler nicht ohne Kritik war, mußte anerkennen, er war das Herz der deutschen Widerstandsbewegung. Er war der Motor, der die Widerstandsbewegung durch alle Tiefen der Enttäuschung und über die Berge der Hindernisse hinwegtrug. Er verzweifelte nie. Er besaß eine bezwingende Logik des Herzens. Und was sein großes Herz ihm eingab, tat er ohne Verzagen. Auch war er ein Mann von umfassendem Geist. Er vereinigte in sich eine gewaltige Kenntnis der außenpolitischen Konzeptionen mit einem verständigen Blick für die innenpoltische Lage. Dazu kam schließlich eine ins Detail gehende Kenntnis der deutschen Wirtschaft. Alle diese Dinge brachte er auf einen gemeinsamen Nenner. Er war ein politischer Kopf ersten Ranges. Auch besaß er die Tugend, sich einen Widerspruch anzuhören und mit einem Partner offen zu diskutieren. Vielleicht hat ihm manchmal seine Phantasie einen Streich gespielt. Wer ihn aber nicht nur am Rande, sondern wirklich gekannt hat, der weiß, er war ein großer Mensch. Auf jeden Fall war er größer als alle seine Kritiker zusammen.

XIII. KAPITEL

Rudolf Schmidt

Während des Rußlandfeldzuges lernte ich den damaligen Oberbefehlshaber der 2. Panzerarmee, Rudolf Schmidt, kennen. Ich hatte den Befehl, mich bei ihm auf dem Flughafen in Tempelhof zu melden, wo ein Flugzeug stand, das den Generaloberst Schmidt und mich nach Orel fliegen sollte. Kaum hatte ich meine Meldung erstattet, so sagte Rudolf Schmidt zu mir: »Ihren Namen kenne ich gut. Ich war einst Leutnant im Infanterieregiment 83 in Kassel. Mein damaliger Regimentskommandeur war ein Oberst von Schlabrendorff. Wie sind Sie mit ihm verwandt?« Ich antwortete: »Der Regimentskommandeur des Infanterieregiments 83 in Kassel war der um ein Jahr ältere Bruder meines Vaters.« Rudolf Schmidt sagte mit einem entwaffnenden Lächeln: »Das ist gut zu wissen. Ihr Onkel hat immer zu mir gesagt: ›Schmidt, aus Ihnen wird nie was.‹ Und nun habe ich die Gelegenheit, mich an Ihnen zu rächen.« Die Scherzhaftigkeit der Bemerkung war nicht zu verkennen. Dies kurze Gespräch war nur der Anfang einer menschlichen Verbundenheit, die sich noch lange auswirken sollte.

Rudolf Schmidt war ein hervorragender Soldat. Sein in Deutschland alltäglicher Name hatte einen Klang bekommen, als er lange vor dem Kriege als Kommandeur der 1. Panzerdivision in Weimar eine Auseinandersetzung mit der SS hatte. Damals kam es in und um Weimar zu täglichen und nächtlichen

Reibereien zwischen der SS und Angehörigen der 1. Panzerdivision. Unverzüglich griff Rudolf Schmidt ein und ordnete an, daß Offizierspatrouillen das Stadtgebiet von Weimar zu rekognoszieren hätten, um notfalls mit Waffengewalt der SS entgegenzutreten. Als die SS merkte, daß mit dem Kommandeur der 1. Panzerdivision nicht zu spaßen war, gab sie unverzüglich nach. Die Prügeleien hörten sofort auf. Stadt und Umgebung von Weimar waren nach wenigen Tagen wieder fest in der Hand der 1. Panzerdivision. Später wurde Rudolf Schmidt Oberquartiermeister I. Damit hatte er die Verantwortung für die Ausarbeitungen der militärischen Entschlüsse, die zu fassen waren, falls es zu Verwicklungen mit einem anderen Staat kam. Rudolf Schmidt nützte diese Stellung aus, um ohne Umschweife festzuhalten, daß ein Krieg mit einer auswärtigen Macht mit Ehren zu vermeiden sei. Von dieser seiner Einstellung machte er allenthalben Gebrauch und vertrat sie auch gegenüber Adolf Hitler, der in ihm auf einen unbotmäßigen General stieß, der einen eigenen Kopf hatte und nicht gewillt war, zurückzuweichen oder nachzugeben. So verlor denn Rudolf Schmidt bald diese Stellung und kehrte wieder zur Truppe zurück. Am Anfang des Zweiten Weltkrieges führte er während des Frankreich-Feldzuges ein Korps. Dieses Korps eroberte Belfort. Schon damals fiel auf, daß Rudolf Schmidt streng auf Manneszucht hielt und darauf bestand, daß auch die geringste Verfehlung eines deutschen Soldaten gegenüber der französischen Zivilbevölkerung bestraft wurde. Als der französische Kommandant eines Forts von Belfort bei den Verhandlungen über die Übergabe seines Forts sich auf den Standpunkt stellte, er wolle lieber mit seinen Offizieren kämpfend sterben als das Fort zu übergeben, ließ Rudolf Schmidt ihm Zeit, nicht ohne ihn darauf aufmerksam gemacht zu haben, daß seine Verteidigungsabsicht keine Aussicht auf Erfolg habe. Der französische Kommandant kam nach einiger Zeit aus dem Fort zurück und meldete, daß seine Ansicht nicht von allen Offizieren geteilt werde, weshalb er zähneknirschend das Angebot annehme, sich in die Gefangenschaft zu begeben. Schmidt ordnete hierauf an, daß der Kommandant des französischen Forts seine

Seitenwaffe in der Gefangenschaft behielt und daß die französische Truppe an ihm vorbeimarschierte. Während des Vorbeimarsches erwies Rudolf Schmidt der französischen Besatzung seine Ehrenbezeigung und gab dadurch zu erkennen, daß für ihn auch im Zweiten Weltkrieg das Gebot der Ritterlichkeit noch Geltung hatte.

Als er geraume Zeit später nach dem Osten kam und schließlich den Oberbefehl über die 2. Panzerarmee übernahm, ordnete er an, daß im Befehlsbereich seiner Armee kein gefangener russischer Kommissar erschossen werden dürfe. Auch stellte er sich auf den Standpunkt, daß jeder Verstoß eines Soldaten gegen die russische Zivilbevölkerung ein Verstoß gegen die Manneszucht sei und deshalb durch Kriegsgerichte geahndet werden müsse. Die Haltung Rudolf Schmidts ließ keinen Zweifel, daß er Hitlers Imperialismus für falsch hielt und verachtete und daß in seinem Bereich die preußischen Gebräuche von einst noch Geltung hätten. In Unterhaltungen mit seinen Untergebenen ließ er sich anmerken, wie er über Hitler und den Nationalsozialismus dachte. General Fridolin von Senger und Etterlin schreibt in seinen Erinnerungen, daß er anläßlich seiner Meldung bei der Übernahme einer Division im Bereich der 2. Panzerarmee von Rudolf Schmidt in ein Gespräch unter vier Augen verwickelt worden sei. In dieser Unterhaltung habe Rudolf Schmidt seine Abneigung gegen Hitler deutlich werden lassen und habe auch die Erwartung ausgesprochen, daß der ihm gegenüberstehende Divisionskommandeur in gleicher Weise dachte. Senger und Etterlin fügt in seinen Erinnerungen hinzu, Rudolf Schmidt habe nach Abschluß der Unterhaltung die Bemerkung gemacht, daß das eben geführte Gespräch Dritten gegenüber niemals geführt worden sei.

Rudolf Schmidt war nicht nur militärisch eine herausragende Persönlichkeit, sondern war gekennzeichnet als ein Träger der in Deutschland gewachsenen Kulturwerte. Wer einmal mit Rudolf Schmidt im Gefechtswagen über die russischen Weiten fuhr, der konnte erleben, daß er seinem Fahrer befahl anzuhalten, weil er im Radio eine klassische Musik hörte, erkannte und solange halten ließ, bis das Musikstück beendet war.

Rudolf Schmidt war von großer Schlagfertigkeit. Er blieb auch seinen Vorgesetzten gegenüber niemals die Antwort schuldig. Dabei war er keineswegs hochfahrend, sondern eher loyal scherzend. Mit seinem Mutterwitz beherrschte er nahezu jede Unterhaltung. Hatte er einen Menschen seiner Umgebung als Persönlichkeit kennengelernt, die sich auf die Kunst der Verschwiegenheit verstand, so vertraute er ihm vollkommen und öffnete sein Herz unter Verzicht auf jede Verstellungskunst. Hin und wieder lud er in den Abendstunden Herren seines Vertrauens zu sich und setzte ihnen ein Essen vor. Dieses Essen war von ihm selbst zubereitet. Er verstand sich auf die Kochkunst wie kein zweiter.

Nach der Niederlage von Stalingrad und nach der verlorenen Schlacht von El Alamein war für ihn kein Zweifel mehr, daß der Krieg verloren sei und daß nur ein großer Rückzug in Rußland die deutsche Situation retten konnte. Aber schon im März 1943 ergriff Hitler die Gelegenheit, das Oberkommando der Heeresgruppe Mitte in Krassny-Bor bei Smolensk zu besuchen, um dort mit dem Oberbefehlshaber der Heeresgruppe Mitte und den Armeeführern die Lage zu besprechen. Bei dieser Lagebesprechung ging es hauptsächlich um das Unternehmen Kursk. Hier beabsichtigte Hitler einen Vorstoß von Nord und Süd auf die durch einen russischen Vorstoß entstandene Einbuchtung. Die Meinung darüber, ob diesem Unternehmen Erfolg beschieden sein könne, war geteilt. Hitler erschien nicht wie ein Kriegsheld. Er sah blaß und abgezehrt aus, hatte einen schleppenden Gang und war gezeichnet durch die großen Niederlagen, die das deutsche Heer im Frühjahr 1943 getroffen hatten. Seine Stimme war schwach. Auch machte er alles andere als einen überzeugenden Eindruck. Unwillig hörte er sich die Gegenvorstellungen der Armeeoberbefehlshaber an, die mit Ausnahme von Model von dem Angriff abrieten. Die Armeeoberbefehlshaber wiesen auf die zahlenmäßig schwach gewordenen deutschen Divisionen hin sowie auf das Mißverhältnis der Panzer, zumal der Russe tief gegliedert war und über eine Überzahl von Panzern im Verhältnis zu den deutschen Möglichkeiten verfügte. Hitler ließ das alles nicht gelten und machte immer wieder auf die Überlegenheit des deutschen Soldaten gegenüber dem russischen Gegner aufmerksam. Als einige Armeeoberbefehlshaber widersprachen und hervorhoben, daß die deutsche Truppe mehr als abgekämpft sei, entfuhr Hitler der Satz: »Meine Herren, Sie verfügen nicht über genügend Kriegserfahrung. Sie waren ja alle schon Offiziere im Ersten Weltkrieg und haben diesen Krieg nicht im Schützengraben erlebt.« Dadurch erfuhr die Diskussion eine erhebliche Verschärfung. Feldmarschall von Kluge in seiner Eigenschaft als Oberbefehlshaber der Heeresgruppe Mitte widersprach mit Nachdruck. Hitler beharrte auf seiner Meinung und ließ seiner Verachtung gegenüber den Generalen freien Lauf. In diesem Augenblick sagte Rudolf Schmidt zu Adolf Hitler: »Ihre Kriegserfahrung trägt ein Spatz auf dem Schwanz weg.« Alles verstummte. Die Mehrzahl der Teilnehmer nahm an, die Erde werde sich auftun und uns alle verschlingen. Aber nichts dergleichen geschah. Hitler wurde zwar leichenblaß, aber er schwieg. Freilich verhieß sein wütender Blick auf Rudolf Schmidt nichts Gutes. Dabei hatte Schmidt seine Äußerung nicht mit erhobener Stimme, sondern mit betonter Kühle getan. Immerhin wurde deutlich, daß eine Persönlichkeit wie Rudolf Schmidt, der vor Jahr und Tag ausersehen war, die deutschen Truppen in Afrika zu führen, ehe die endgültige Entscheidung zugunsten von Rommel fiel, sich nicht alles bieten ließ, sondern in der Lage war, seinen Widerspruch in unmißverständliche Worte zu kleiden. Die Konferenz endete ohne Ergebnis. Noch wochenlang bildete das Problem Kursk das Thema vieler Auseinandersetzungen, bis Hitler sich durchgesetzt hatte und der Angriff durchgeführt wurde. Schon nach kurzer Zeit zeigte sich, wie recht die Mehrzahl der Armeeoberbefehlshaber hatte, als sie dem Unternehmen widersprachen. Die von Nord und Süd angesetzten Angriffe blieben stecken. Der Russe zeigte sich der Situation gewachsen. Die Schlacht um Kursk endete mit einer deutschen Niederlage.

Aber Hitler hatte die Äußerung von Generaloberst Rudolf Schmidt nicht vergessen. Er suchte nach einer Möglichkeit, einen Schlag gegen ihn zu führen, und fand diese Gelegenheit, als er durch seine Organe einen Brief von Rudolf Schmidt an seine Familie abfangen ließ. In diesem Schreiben hatte sich Rudolf Schmidt seine Sorgen vom Herzen schreiben wollen und hatte mit dürren Worten davon gesprochen, daß Deutschland von Verbrechern geführt werde. Als den ersten Verbrecher nannte er Adolf Hitler selbst. Unter den restlichen Genannten fanden sich Namen wie Goebbels und Göring. Dieser Brief war für Hitler ein gefundenes Fressen. Er ordnete sofort die Verhaftung von Rudolf Schmidt an. Dieser wurde nach Berlin überführt und dort dem höchsten Richter des Heeres, dem Generalstabsrichter Karl Sack, vorgeführt, der den Auftrag erhielt, Rudolf Schmidt vor dem Reichskriegsgericht anzuklagen und ein Todesurteil zu erwirken. Aber in einem Manne wie Karl Sack hatte sich Hitler geirrt. Karl Sack war ursprünglich einfacher Amtsrichter in Hessen gewesen. Wer ihn kannte, wußte, daß er von ungewöhnlichem Format war. Er hatte schon im Ersten Weltkrieg von sich reden gemacht. Er war fünfmal verwundet worden und trug das goldene Verwundetenabzeichen. Während der Besatzungszeit nach dem Ersten Weltkrieg amtierte Karl Sack als Richter in einem kleinen Amtsgericht innerhalb der französischen Besatzungszone. Er ließ sich durch den französischen Kommandanten nicht imponieren und tat nur, was er vor seinem Gewissen verantworten konnte. Das hatte eine von niemandem erwartete Folge. Als die französische Besatzung den Ort verließ, machte der französische Kommandant Karl Sack einen Besuch und erklärte diesem: »Ich komme zu Ihnen, weil ich in Ihnen und nur in Ihnen einen Deutschen kennengelernt habe, dessen Haltung mir wirklichen Respekt abgenötigt hat.« Später wurde Karl Sack Mitglied der Militärjustiz. Er wurde Reichskriegsgerichtsrat und hat in dieser Stellung zum Erstaunen vieler als Protokollführer bei der Gerichtssitzung mitgewirkt, die gegen den Generaloberst Freiherr von Fritsch stattfand. Das geschah, um jeden Einfluß von außen auf die Gerichtsverhandlung auszuschalten. Wie die Geschichte weiß, war dies erfolgreich. Generaloberst Freiherr von Fritsch wurde wegen erwiesener Unschuld von dem Vorwurf der Homosexualität freigesprochen, weil der einzige Belastungszeuge schließlich gestehen mußte, daß er von der Gestapo gekauft war und nichts Vorwerfbares aus einem eigenen Wissen bekunden könne.

Wir alle hielten Rudolf Schmidt damals für verloren. Aber Karl Sack fand einen Ausweg. Er rief den ihm gut bekannten Chef einer Irrenanstalt aus dem Norden Berlins an und verfügte, daß dieser sich unverzüglich zu ihm zu begeben habe. Das geschah. Karl Sack erklärte dem erstaunten Chefarzt, er möge den in der Nebenstube sitzenden Offizier – natürlich war es Generaloberst Rudolf Schmidt – mit sich nehmen und in seiner Anstalt unterbringen. Er möge ihn dort beobachten und erst nach längerer Zeit ein Gutachten über ihn erstatten. Das Gutachten möge damit schließen, daß der Offizier unter dem Eindruck von Kampfhandlungen schon seit längerer Zeit außerhalb der Grenzen lebe, die eine freie Willensbestimmung zuließen. Das geschah. Jedesmal, wenn Feldmarschall Keitel den Generalstabsrichter des Heeres, Karl Sack, anrief, antwortete dieser folgendes: Er müsse sich erst vergewissern, ob man den Generaloberst Rudolf Schmidt für seinen Brief verantwortlich machen könne. Anläßlich einer Wiederholung des Anrufes meinte Karl Sack in der ihm eigenen Unbekümmertheit: »Ja, wissen Sie denn nicht, Herr Feldmarschall, die Untersuchung hat ergeben, daß der Generaloberst Rudolf Schmidt damals außerhalb seiner freien Willensbestimmung war. Eine solche Persönlichkeit kann natürlich nicht vor dem Reichskriegsgericht angeklagt werden. Wir müssen ihn in der Hand der Ärzte belassen.« So gelang es Karl Sack, das Leben von Rudolf Schmidt zu retten. Nach Ende des Krieges lebte Rudolf Schmidt als Bauer in der Nähe von Göttingen. In dieser Zeit befragten die Russen die britischen militärischen Stellen in Deutschland immer wieder, ob sich denn nicht in ihrem Bereiche der Generaloberst Rudolf Schmidt befände. Mit gleichbleibender Gelassenheit antworteten die englischen Stellen den Russen, von einem Generaloberst Rudolf Schmidt in der britischen Zone sei ihnen nichts bekannt.

Eines Tages glaubte Rudolf Schmidt, die Zeit sei gekommen, um als Zivilist nach Weimar zu fahren, da er dort einige Gegenstände aus seiner früheren Wohnung holen wollte. Er kam auch in Weimar an. Hier wurde er am Bahnhof durch einen deutschen Schaffner erkannt und freudig begrüßt. Das Gerücht von seiner Anwesenheit in Weimar verbreitete sich wie ein Lauffeuer. So bekamen auch die Russen Wind von dem Besuch Rudolf Schmidts. Er wurde verhaftet und nach Rußland transportiert und dort auf Grund eines unsubstanzierten Vorwandes zu einer längeren Freiheitsstrafe verurteilt. Nach einigen Jahren entließen die Russen ihn nach Westdeutschland. Dort hat Rudolf Schmidt noch einige Zeit gelebt und ist auch dort gestorben.

Karl Sack dagegen war schon vorher durch die Schergen der Gestapo im Konzentrationslager Flossenbürg neben Admiral Canaris, General Oster und Dietrich Bonhoeffer erhängt worden. Während seiner Haftzeit hat er nie einen Zweifel daran gelassen, daß er sein Leben für verloren hielt. Trotzdem hat er seinen Gleichmut bewahrt und hat sein Schicksal ohne zu klagen auf sich genommen. Das kann jeder bestätigen, der ihn während seiner Haftzeit im Gestapogefängnis in der Prinz-Albrecht-Straße in Berlin und im Konzentrationslager Flossenbürg erlebt hat.

Die Gesamteinstellung von Karl Sack trat anläßlich eines kleinen Vorfalles klar zutage. Eines Tages schrieb ein Soldat an seinen Kompaniechef in einem Brief, er sei überzeugter Kommunist. Trotzdem wolle er aber den Dienst mit der Waffe in der Hand für Deutschland nicht aufsagen. Man möge es ihm jedoch nicht schwerer machen als notwendig. So wolle er nicht gegen Rußland eingesetzt werden, weil er in einem solchen Fall in einen Gewissenskonflikt getrieben würde. Dieser Brief wanderte, von Kopfschütteln begleitet, von ganz unten bis zum Generalstabsrichter des Heeres. Karl Sack erkannte, daß es sich hier um eine echte Überzeugung handle, die Respekt verdiene. Er verfügte deshalb, daß der Briefschreiber in einen anderen Truppenteil versetzt werde, der nicht für einen Einsatz in Rußland vorgesehen war. Dies geschah. Gleichzeitig entschied Karl Sack, daß aus dem Brief weder eine disziplinare noch eine kriegsgerichtliche Folgerung zu ziehen sei.

XIV. KAPITEL

Ludwig Beck

Mitten im Krieg während des Rußland-Feldzuges verdichtete sich in dem um Tresckow gescharten Kreis die Überzeugung, daß der Kopf der gegen Hitler gerichteten Widerstandsbewegung kein anderer war als der in Berlin im Ruhestand lebende Generaloberst Ludwig Beck. Wir fühlten uns genötigt, eine direkte Verbindung mit ihm herzustellen. Zu diesem Zweck wurde ich nach Berlin geschickt. Dort besprach in mein Anliegen mit einem Mann aus der unmittelbaren Umgebung des Generals Oster. Es handelte sich um den schon erwähnten, später von den Nazis hinterrücks erschossenen Baron Karl Ludwig von Guttenberg. Der Zufall hatte uns bei dem damaligen Verwalter des Hohenzollernschen Hausarchivs, das in der Nähe des Schlosses Charlottenburg untergebracht war, zusammengeführt. Der Leiter dieses Archives, Dr. Kurt Jagow, war Historiker und Archivar, der nach dem Ersten Weltkrieg die undankbare Aufgabe hatte, die Bücher zu entwerfen und zu schreiben, die Kaiser Wilhelm II. veröffentlichte, während er im Schloß Doorn weilte. Jagow war der Typ des verschlossenen Menschen. Er nahm nur selten das Wort und wußte, was er in seiner schwierigen Stellung während des Nationalsozialismus dem Hause Hohenzollern schuldete. Meine Versuche, geheime Schriftstücke durch ihn aufbewahren zu lassen, erfüllte er nur ungern, weil er sich von Spitzeln bedroht sah und den Untergang seiner persönlichen Welt mit Sicherheit herankommen fühlte. Diese Vorahnung füllte ihn so aus, daß er noch vor der Eroberung Berlins durch die Russen seinem und seiner Familie Leben ein Ende setzte. Das große und schöne Hausarchiv war schon vorher durch Bombenangriffe zum größten Teil zerstört. Unwiederbringliche Archivschätze, an denen sein Herz hing, waren auf diese Weise für immer verloren. Bei ihm also trafen Guttenberg und ich zusammen. Die Leichtigkeit, mit der Guttenberg unser aller Gespräch führte, gewann ihm unser Herz.

Für meine Aufgabe war Guttenberg der geeignete Gesprächspartner. Alles geschah überraschend schnell. Guttenberg verstand sofort und ergriff die Gelegenheit beim Schopf. Natürlich konnte man sich bei Beck nicht vorher ansagen. Also mußte man ihn überfallen. Er wohnte in Lichterfelde in der Goethestraße. Guttenberg und ich fuhren eines Abends, nachdem schon die Dunkelheit hereingebrochen war, in die Nähe seiner Wohnung und betraten das Becksche Haus, nachdem Beck selbst die Tür geöffnet hatte. Guttenberg nahm ihn beiseite und erklärte ihm, warum er mich mitgebracht habe. Ich konnte zwar die Sätze nicht hören, die beide miteinander wechselten. Aber die Gesichtszüge von Beck ließen keinen Zweifel, daß ihm damals mein Besuch höchst unbequem war. Trotzdem gelang es Guttenberg, Beck zu überzeugen, daß er meinen Besuch akzeptieren müsse. So saßen wir denn nach wenigen Minuten bei Beck in der Wohnstube. Guttenberg hatte in einer Aktentasche ein paar Flaschen Wein mitgebracht – damals ein Kleinod –, was nicht wenig dazu verhalf, daß die finstere Miene des Generalobersten sich aufhellte. Er zeigte sich über den Wein hocherfreut und eröffnete das Gespräch mit lobenden Worten über die Güte des Weines, den er jetzt während des Krieges so brauche, aber so häufig entbehren müsse. Nur wenige Minuten vergingen, und schon waren wir mitten im Gespräch, als ob wir schon Jahre miteinander bekannt gewesen wären. Natürlich trug Beck damals Zivil. Er war nicht mehr als mittelgroß, verriet aber durch Haltung, Sprache, Gesichtsschnitt und Körperbewegung den alten Offizier. Ich war in der Lage, ihm nicht nur von Tresckow, sondern auch von dem in der Führungsabteilung der Heeresgruppe Mitte tätigen Oberst Schulze-Büttger Grüße zu bestellen. Letzteres erfreute Beck besonders, war doch Schulze-Büttger lange Jahre persönlicher Adjutant von Beck gewesen, als dieser die Position des Chefs des Generalstabes des Heeres innehatte. Beck trug mir Gegengrüße auf, warnte mich aber gleichzeitig, dies nicht in Gegenwart Dritter zu tun, da im Augenblick höchste Vorsicht das Gebot der Stunde sei. Durch das Unterhaltungsgeschick des Barons Guttenberg begann Beck aus seiner Jugend zu erzählen. Er stamme aus Biebrich in der Nähe von Wiesbaden. Dort habe sein Vater eine Fabrik gehabt. Er selbst sei in Wiesbaden zur Schule gegangen. Schon frühzeitig habe er den Entschluß gefaßt, Soldat zu werden, und sei nach seinem Abitur bei dem Artillerieregiment in Colmar im Elsaß eingetreten. Von Colmar erzählte Beck wie von dem schönsten Ort, den er je kennengelernt habe. Er sprach die Hoffnung aus, es möge ihm im Alter vergönnt sein, dort in Colmar seinen Lebensabend zu verbringen. Er lobte die elsässische Bevölkerung und wurde nicht müde, die Geschichte des Landes Elsaß zu preisen. Später kam Beck auf den Ersten Weltkrieg zu sprechen. Er schilderte auch seine Tätigkeit als Ic bei der Heeresgruppe Kronprinz. Obwohl er kein tadelndes Wort aussprach, war deutlich zu merken, daß Beck zu der Persönlichkeit des Kronprinzen eine Distanz hatte. Dagegen lobte er den Chef der Heeresgruppe Kronprinz, den damaligen General Graf von der Schulenburg. Beck kam auch auf Ludendorff zu sprechen, dessen Idee von der totalen Kriegführung er verwarf, aber dessen starken Charakter und sein einmaliges soldatisches Können er rühmte. Von dem Ludendorff nach dem Ersten Weltkrieg wollte er nichts wissen. Aber er schilderte, daß er dennoch Ludendorff auch nach dem Ersten Weltkrieg begegnet sei. So habe er – Beck – den Auftrag gehabt, Ludendorff im Raume München aufzusuchen und ihn zu fragen, ob er gewillt sei, die nachträgliche Beförderung zum Feldmarschall durch Hitler anzunehmen. Ludendorff aber habe dieses Angebot mit einem Faustschlag auf den Tisch abgelehnt und erklärt, zum Feldmarschall werde man nur auf dem Schlachtfeld und nicht im Zivilleben, geschweige denn durch die Weisung eines Gefreiten. Beck gab der Meinung Ausdruck, Ludendorff sei nach dem Kriege das Opfer einer schweren Krankheit gewesen. Trotzdem aber habe man immer wieder herausfühlen können, daß hinter dem kranken Menschen eine Persönlichkeit von außerordentlichem Rang stehe. Dieser Ausstrahlungswirkung habe sich kein Mensch wirklich entziehen können. Dann kam Beck auf die Zeit nach dem Ersten Weltkrieg zu sprechen. Er erzählte von den Jahren, in denen er Kommandeur des Artillerieregimentes 5 in Ulm gewesen sei. Damals habe sich zum ersten Mal der Einfluß des Nationalsozialismus auf die jungen Offiziere gezeigt. Vor allem seien zwei Leutnante, Ludin und Scheringer, in das Rampenlicht der Öffentlichkeit gezerrt worden. Es seien noch junge Offiziere gewesen, deren Begeisterung höher war als ihr Urteilsvermögen. Ihre Verhaftung während einer Regimentsübung auf Anordnung des Reichsgerichtes habe er nicht gebilligt. Er beugte sich dieser Verhaftung nur, weil man ihm zuverlässig gesagt habe, der Reichspräsident und Oberbefehlshaber der Reichswehr, also Hindenburg, habe vorher zu dieser Verhaftung seine Zustimmung gegeben. Beck gab zu erkennen, er habe auch nach dem Prozeß mit Ludin und Scheringer die Fühlung aufrechterhalten. Bei allen Meinungsverschiedenheiten sei der persönliche Kontakt erhalten geblieben. Mit hörbarer Begeisterung sprach dann Beck von seiner Stellung als Kommandeur der Ersten Kavalleriedivision in Frankfurt/Oder. Die ganze Leidenschaft und Liebe zum Pferde kam bei dieser Schilderung durch Beck zum Ausdruck. Er beklagte, daß er seit seiner Verabschiedung auf das Reiten verzichten müsse, um sich auf Schusters Rappen zu bewegen. Je mehr sich die Erzählung dem Jahre 1933 näherte, um so ernster wurde Beck. Er sprach von der instinktiven Abneigung, die er von Anfang an gegen Hitler und den Nationalsozialismus gehegt habe. Er sei darin durch seine Mitgenerale wie Freiherr von Fritsch und Freiherr von Hammerstein bestätigt worden. Hin und wieder ausgesprochenen Gedanken an eine gewaltsame Absetzung der Regierung Hitler habe er ferngestanden. Sich gegen eine Regierung zur Wehr zu setzen, wäre Aufgabe des Parlamentes, nicht

Sache des Heeres. Kein Heer könne ohne Disziplin und Gehorsam bestehen. Nur außergewöhnliche Umstände gäben dem Heere das Recht und die Pflicht, von seiner Fähigkeit, Gewalt anzuwenden, auch Gebrauch zu machen. Beck war der festen Überzeugung, daß er diesen Zeitpunkt längst für gekommen hielt. Seit 1937 habe Hitler keinen Zweifel mehr darüber gelassen, daß er den Krieg wolle. Er, Beck, habe aber darauf immer geantwortet, daß jeder Krieg in Deutschland mit einem Untergang des Deutschen Reiches enden müsse. Er habe in zahlreichen Denkschriften und Unterredungen dieser seiner Meinung Ausdruck gegeben und die kommandierenden Generale aufgefordert, den Gehorsam zu verweigern. Aber es sei keine Übereinstimmung zwischen den kommandierenden Generalen mehr möglich gewesen. Beck verschwieg nicht, daß es schon geraume Zeit vor seinem Ausscheiden im August 1938 zu einer Unterredung zwischen ihm und Hitler gekommen sei. Dabei habe er seine Argumente gegen Hitler in drei Punkte zusammengefaßt:

1. Er habe Hitler erklärt, daß im 20. Jahrhundert ein Land wie Deutschland, das in der Mitte Europas liege, keinen Kabinettskrieg wie in früheren Jahrhunderten führen könne. Jeder Krieg, von Deutschland angezettelt, werde zwar riesige Anfangserfolge bringen. Das seien aber alles nur Pyrrhussiege. Alle Länder der Welt würden nach einiger Zeit in den Krieg eintreten. Es werde ein Weltbrand entstehen. Der Weltbrand habe ein schon jetzt – 1942 – sichtbares Ergebnis: *Finis Germaniae.*

2. Wann immer von dem Lebensrecht des deutschen Volkes gesprochen werde, so dürfe man nicht vergessen, daß es auch ein Lebensrecht anderer Völker gebe, das man nicht ungestraft verletzen dürfe.

3. Die meisten Kriege würden nicht entschieden durch den Erfolg in der Schlacht, sondern durch die Politik, die zu den Schlachten geführt habe. Politik sei aber die Kunst des Möglichen. Was aber Hitler wolle, sei das Unmögliche.

Hitler habe ihm mit stundenlangen Reden geantwortet, ihn aber nicht überzeugt. Das Wesen und Auftreten dieses Mannes sei das Gehabe eines Proleten. Mit Proleten aber wolle er – Beck – nichts zu tun haben. Er sei unter Herren groß geworden und wolle ein Herr bleiben. Schließlich habe er seine Verabschiedung erzwungen.

Bei all diesen Erzählungen war Beck die innere Erregung anzumerken. Aber seine äußere Disziplin behielt die Oberhand. Er vermied jedes leidenschaftliche Wort. Er blieb in Sprache und Haltung ganz der geschulte Generalstäbler, der in keiner Situation des Lebens eine Emotion Herr über sich werden ließ.

Freilich war sein Urteil über die amtierende Generalität alles andere als gut. Er lobte ihre taktische Führung. Aber er tadelte ihre mangelnde Einsicht in die politischen Hintergründe dieses Krieges, zumal auch kein Schlachtenglück in der Lage sein werde, das Schicksal zum Guten zu wenden.

Diese erste Unterhaltung zwischen Beck und mir fand Anfang des Jahres 1942 statt. Ich nahm die Gelegenheit wahr, um ihm davon zu erzählen, daß mehrere Mitglieder des Generalstabes mir gegenüber nach der Kriegserklärung von Hitler an die Vereinigten Staaten von Amerika zum Ausdruck gebracht hätten, das habe militärisch nicht viel zu bedeuten. Die Amerikaner seien zwar in der Lage, gute Rasierklingen und gute Radioapparate herzustellen, aber um Armeen und Panzerdivisionen zu führen, fehle ihnen alles. Beck schlug die Hände über dem Kopf zusammen und stellte die rhetorische Frage:

»Wo haben eigentlich solche Generalstabsoffiziere Kriegsgeschichte gelernt? Wir haben doch im Ersten Weltkrieg gesehen, daß der Eintritt Amerikas in den Krieg den Ausschlag gegeben hat. Damals haben die Amerikaner mühelos zwei Millionen Mann nach Europa gebracht. Sie wurden gewiß nicht an den Schwerpunkten eingesetzt, sondern an ruhigen Fronten. Aber sie wurden langsam an den Krieg gewöhnt. Sie haben die großen Verluste, die jeder Kriegsanfänger hinnehmen muß, überstanden und haben dazu beigetragen, Frankreich zum Sieger zu machen. Ohne Amerika hätten Frankreich und England den Ersten Weltkrieg verloren. Jetzt wird es wieder so kommen. Die Amerikaner werden ihre ungeheure industrielle Stärke ausnutzen und in die Waagschale werfen. Sie werden Transportraum bauen. Die Fähigkeit der Amerikaner, Transportschiffe zu bauen, ist größer als die deutsche Fähigkeit, neue U-Boote in den Dienst zu stellen. Dann verstehen sich die Amerikaner auch auf den Krieg zur Luft. Sie werden Tausende von Bombern und Jägern produzieren und damit die deutsche Widerstandskraft zermürben. Sie werden schließlich auf europäischem Boden landen und dann im Einvernehmen mit den Russen die Deutschen erdrücken. Wer das heute nicht sieht und danach handelt, ist ein Narr.«

Beck war in der Lage, diese seine Überzeugung mit einer Sicherheit auszusprechen, über die andere erst im Jahre 1945 verfügten.

Auf das erste Gespräch zwischen Beck und mir folgten noch manche weitere Unterhaltungen, bei denen ich aber immer allein bei ihm war. Meine Besuche fanden bei Dunkelheit statt. Seinen Haushalt besorgte ihm eine Haushälterin oder seine einzige Tochter. Ich habe niemals das Gefühl gehabt, daß diese Unterhaltungen beobachtet worden sind. Auch später, als ich in den Händen der Gestapo war, bin ich niemals gefragt worden, ob es eine Verbindung zwischen Beck und mir gegeben habe. Erst Ende 1944 zeigte mir einmal Generaloberst Fromm im Gefängnis die gegen ihn erhobene Anklageschrift. Da war von Beck die Rede, der plötzlich am 20. Juli 1944 das Reichskriegsministerium betreten und dort versucht habe, die Staatsgewalt an sich zu reißen. Nach dem Scheitern dieses Versuches habe Fromm ein Standgericht eingesetzt. Aber der Anklageschrift zufolge soll Beck dem Generaloberst Fromm gesagt haben: »Mir als Ihrem früheren Vorgesetzten werden Sie einen anderen Weg nicht versagen wollen.« Dann habe Beck sich in einen Stuhl gesetzt und habe sich mit einer Pistole einen Kopfschuß beigebracht. Das habe aber nur eine leichte Verletzung zur Folge gehabt. Beck habe dann einen zweiten Schuß auf sich abgegeben. Er sei dabei zu Boden gestürzt, aber noch nicht tot gewesen. Darauf habe Fromm einem Feldwebel die Weisung erteilt, er möge den Leiden des Generalobersten Beck durch einen Schuß ein Ende bereiten. Das sei dann geschehen.

Aus den mehrfachen Unterhaltungen zwischen Beck und mir habe ich den Eindruck gewonnen, daß es sich bei ihm um einen ganz ungewöhnlichen Menschen handelte. Seine große militärische Könnerschaft lag auf der Hand. Sie wurde von niemandem angezweifelt. Darin lag aber nicht seine Hauptstärke. Was den Gesprächspartner überwältigte, war die einzigartige Verbindung von tiefem Ethos und hoher beruflicher Leistung. Er sprach selten. Aber wenn er sprach, so waren es Sätze, die nach Form und Inhalt hervorragend und treffend waren. Ihm war auch der Humor nicht fremd, obwohl er niemals schallend lachte. Nicht ohne Selbstironie erzählte er mir einmal folgende Geschichte: Er sei von der ungarischen Armee zu einem Manöver eingeladen gewesen. Natürlich habe er zugesagt. Er habe für sich und seinen Adjutanten, den oben erwähnten Oberst Schulze-Büttger, zwei Plätze im Schlafwagen für den Zug Berlin-Budapest bestellt, sei aber dann mit einem Auto mit einer zivilen Nummer von Berlin nach Ungarn gefahren. Dort habe er an dem Manöver teilgenommen und habe, nach Abschluß des Manövers in sein Hotel zurückgekehrt, in seinem Zimmer eine ungarische Dame vorgefunden. Auf seine Frage, was diese Dame denn in seinem Hotelzimmer zu tun habe, habe sie ihm geantwortet, sie sei ihm von der ungarischen Regierung für diese Nacht zur Verfügung gestellt worden. Er habe daraufhin sein Zimmer wortlos verlassen und seinen Adjutanten aufgesucht. Dieser habe nur gelacht und sei statt seiner zu der Dame gegangen, habe dieser einen Hundertmarkschein überreicht und sie gebeten, nach Hause zu gehen. Das habe sie auch getan. Ihm sei das Ungewöhnliche der Situation erst durch die Schilderung seines Adjutanten klar geworden, weil er zunächst von dem Gedanken ausgegangen sei, vielleicht habe die Dame als Spionin in seinem Zimmer nach irgendwelchen dort gar nicht vorhandenen Geheimakten gesucht. Nach Berlin zurückgekehrt, habe ihm dann sein Adjutant, dem er natürlich die einhundert Mark wiedergegeben habe, am anderen Tag die Dienstkostenrechnung überreicht und zu ihm spöttisch gesagt: »Das Geld für die Dame können Herr General sicher auch absetzen.« Bei dieser Darstellung schmunzelte Beck über sich selbst, weil er in Dingen der Lebensführung seinem Wesen nach der Vergangenheit angehörte und von den Gebräuchen der modernen Zeit weder wußte noch etwas wissen wollte.

Bei der Beurteilung der militärischen Lage während des Zweiten Weltkrieges kam Beck immer wieder auf den Begriff der Diversion zu sprechen. Von politischen Gründen ganz abgesehen, war Beck der Meinung, daß die Anlegung neuer Kriegsschauplätze in Dänemark, in Holland, in Afrika und auf dem Balkan zu einer Diversion der deutschen Streitkräfte führe, was wiederum zur Folge habe, daß, falls es eines Tages an irgendeiner Stelle zur Hauptschlacht komme, es den Deutschen an einer genügenden Anzahl von Truppen fehlen müsse. Er beschuldigte Hitler, diesen Fehler der Diversion zu wiederholen, so daß eines Tages das zu erwartende Endergebnis des Krieges ein weißgeblutetes Deutschland sein werde, das der Gnade oder Ungnade seiner Gegner ausgeliefert sei.

Gern erzählte in diesem Zusammenhang Beck von dem Abschiedstag, an dem er das Reichskriegsministerium verließ. Damals habe er als letzte Amtshandlung folgende schriftliche Feststellung hinterlassen:

»Um unsere Stellung den Historikern in der Zukunft klarzumachen und den Ruf des Oberkommandos sauber zu halten, wünsche ich als Chef des Generalstabes zu Protokoll zu geben, daß ich mich geweigert habe, irgendwelche nationalsozialistischen Kriegsabenteuer zu billigen. Ein endgültiger deutscher Sieg ist eine Unmöglichkeit.«

Meine Berichte über meine Besuche bei Beck habe ich nur an Tresckow erstattet und überließ ihm, wie und was er aus diesen Berichten gegenüber Feldmarschall von Kluge oder anderen hohen Offizieren weitergeben wollte. Für das Heer, das ja nun mit seinen Hauptkräften, sowohl der Zahl als auch der Machtballung nach, in Rußland stand, war diese Brücke zu Ludwig Beck, dem einstigen Chef des Generalstabes des Heeres, von großem Wert.

Einmal hat dieser Brückenschlag eine Unterbrechung erfahren, als Beck eine schwere Erkrankung erlitt, mehrere Monate ausfiel und, erst nach einer durch Professor Sauerbruch ausgeführten Operation wieder genesen, seine Aufgabe als Kopf der Widerstandsbewegung übernahm.

Als ich nach langer Irrfahrt im Jahre 1945 nach Berlin zurückkehrte, begab ich mich auch nach Lichterfelde in die Goethestraße, um das alte Haus des Generaloberst Ludwig Beck zu besichtigen. In dem Teil, der vom Krieg verschont geblieben war, waren noch die Spuren vieler Durchsuchungen zu erkennen. Wahrscheinlich hatten nicht nur deutsche, sondern auch russische, amerikanische, englische und französische Agenten dort nach Urkunden gesucht. Trotzdem fand ich im Keller des Hauses noch einen Briefwechsel. Er stammte aus den Tagen des Zweiten Weltkrieges. Es war ein Briefwechsel zwischen Beck und seinem Vorgesetzten aus dem Ersten Weltkrieg, dem Grafen von der Schulenburg von der Heeresgruppe Kronprinz. In dem Briefwechsel ging es um Fragen aus dem Ersten Weltkrieg. Der Briefwechsel war von beiden Seiten mit großer Offenheit geführt. Er hatte offenbar keinen Interessenten gefunden. Um eine frühere Zeit vor der Schelte der urteilslosen Nachwelt zu schonen, habe ich den Briefwechsel vernichtet.

XV. KAPITEL

Dietrich Bonhoeffer

Im Gefängnis der Gestapo bin ich dem evangelischen Theologen Dietrich Bonhoeffer begegnet, einem Mann, den ich schon zuvor kennengelernt hatte. Zum Erstaunen Hitlers, aber auch zum Erstaunen des ganzen deutschen Volkes wuchs in aller Öffentlichkeit der erste Gegner gegen den Nationalsozialismus in einer Reihe von evangelischen Pastoren heran, die sich als »Bekennende Kirche« formierten und sich mit großem Erfolg gegen die Gleichschaltung der im Deutschen Reich bestehenden evangelischen Landeskirchen zur Wehr setzten. Das geschah für die Außenwelt unter dem Namen des Dahlemer Pastors Martin Niemöller, dessen Verdienst es bleiben wird, Hitler unumwunden gesagt zu haben: Hier sind deine Grenzen, hier beginnt der Raum der Kirche. Wir sind nicht bereit, von diesem Raum auch nur einen Zentimeter Boden preiszugeben.

Schon frühzeitig ragte unter den evangelischen Theologen ein junger Geistlicher heraus, der die Fähigkeit besaß, alles das zu entwickeln und zu artikulieren, was dem evangelischen Christen verbot, eine Ehe mit dem Dritten Reich einzugehen. Es handelte sich um Dietrich Bonhoeffer, einen der Söhne des Nestors der deutschen Psychiater, des Professors Carl Bonhoeffer, der an der Berliner Universität das Ordinariat für Psychiatrie und Neurologie innehatte und kraft seiner überragenden Leistungen Weltruf genoß. Dietrich Bonhoeffer war schon frühzeitig ins Ausland gegangen, um auch andere Völker und Staaten kennenzulernen.

So hatte er in den Jahren 1933-1935 in der deutschen Protestantischen Gemeinde Londons den sonntäglichen Gottesdienst abgehalten. Das führte zwangsläufig zur Verbindung mit den in England geschichtlich gewordenen protestantischen Formen englischen Kirchentums. Im Zuge dieser Verbindung kam es zu einer Freundschaft zwischen George Bell, dem Bischof von Chichester, und Dietrich Bonhoeffer. Diese Freundschaft sollte noch nach Jahren ihre Früchte tragen. Aber vorher kam Dietrich Bonhoeffer nach Deutschland zurück und bildete in einem evangelischen Predigerseminar in Hinterpommern zukünftige Pastoren der Bekennenden Kirche heran. Er verkehrte viel auf dem Land und erfuhr durch den grundbesitzenden Adel dieser Provinz erhebliche Unterstützung. So lernte ich ihn kennen. Aber unsere Bekanntschaft hatte nur einen oberflächlichen Charakter. Mein Interesse galt der Politik, sein Interesse war die Kirche. Sein äußeres Verhalten war bestimmt durch gleichmütiges Auftreten, durch fundierte theologische Erörterungen, welch letztere bald zeigten, daß es sich bei ihm um eine theologische Persönlichkeit handelte, die die meisten anderen weit hinter sich ließ, und der ein führender Kopf im Bereich der Theologie zu werden versprach, wie es einmal jahrzehntelang Adolf von Harnack gewesen war. Er fand in Pommern überall Zustimmung. Seine theologische Lehre freilich wurde nur mit Bedenken übernommen. Einige der pommerschen Gutsbesitzer, wie z. B. Ewald von Kleist-Schmenzin, führten einmal eine heftige Diskussion mit ihm, heftig in der Sache, aber urban in der Form. Woran einige, darunter auch ich, Anstoß nahmen, war seine Jüngerschaft gegenüber Karl Barth. Nun gab es niemanden in Deutschland, der Karl Barth seine theologische Größe bestritten hätte. Es gab auch niemanden, der nicht merkte, daß die Lehre eines Karl Barth für die Bewegung des Nationalsozialismus Sprengstoff in sich barg, und diese Tatsache je nach seinem Standpunkt begrüßte oder verwarf. Dazwischen gab es aber noch eine Gruppe innerhalb der evangelischen Kirche, die, auf Luther fußend, sich mit der von Karl Barth gelehrten Objektivität innerhalb des Christentums nicht anzufreunden vermochte. War doch gerade

Pommern eine Pflanzstätte des Pietismus, einer Lehre, die den Akzent auf den subjektiven Charakter des Christentums legt. Wer wie ich schon frühzeitig auf Emil Brunner, den großen Schweizer Theologen, gestoßen war, konnte Karl Barth bewundern, aber sich nicht mit ihm befreunden. Wir verschlangen damals die Streitschriften, die zwischen Karl Barth und Emil Brunner unter den Titeln *Natur und Gnade* und *Nein* gewechselt wurden. Meine Freunde und ich wurden den Verdacht nicht los, daß bei Karl Barth eine gehörige Portion Deutschlandfeindlichkeit unterschwellig mitspielte. Nun war Dietrich Bonhoeffer kein Anhänger Karl Barths in dem Sinn, daß es für ihn keine Vorbehalte ihm gegenüber gegeben hätte. Aber er war doch so sehr ein Jünger Karl Barths, daß manche von uns seine Theologie für unannehmbar hielten, aber seine politische Wirkung in Deutschland begrüßten. Niemand vermag zu sagen, ob Dietrich Bonhoeffer, hätte er nicht einen so frühen Tod gefunden, sich von Karl Barth nicht losgelöst hätte, so wie ihm dies widerfahren war, als er sich mit seinem früheren Lehrer Adolf von Harnack auseinandersetzte. Meinen Freunden und mir wollte nur schwer seine Lehre vom mündigen Menschen und seine Lehre vom religionslosen Christentum eingehen. Wir waren weder bereit, den Menschen im Verhältnis zu Gott für mündig zu erklären, noch waren wir geneigt, unseren theozentrischen Standpunkt zu opfern. Ungeachtet all dieser Verschiedenheiten war schon frühzeitig zu erkennen, daß Dietrich Bonhoeffer innerhalb der Theologie ein Niveau vertrat, das ihn über alle Ranglisten hinaushob. Das menschlich Schönste an ihm war seine Selbstverständlichkeit, die es ihm leicht machte, mit jedermann umzugehen. Er bewegte sich im täglichen Leben mit einer erstaunlichen Sicherheit. Er genierte sich nicht, seine Freude an einer guten Zigarre und an einem guten Wein und nicht minder an einem guten Essen zu zeigen. Obwohl er sich in den Jahren 1938–1939 in Amerika aufhielt und seine amerikanischen Mitbrüder ihm rieten, in Amerika zu bleiben, zog er es vor, nach Deutschland zurückzukehren, wohl wissend, daß es ihm nicht erspart bleiben würde, den Kelch des Leidens bis zur Neige zu leeren. Mögen manche Pfarrer des Glaubens gewesen sein, daß ihr Widerstand die Grenzen der Kirche nicht überschreiten würde und nicht überschreiten dürfe, so war Dietrich Bonhoeffer viel zu klug und viel zu sehr zur letzten Konsequenz entschlossen, als daß er nicht vorausgeahnt hätte, wo und wie sein Lebensweg enden würde. Denn wie er selbst gesagt hat, genügt es nicht, einem wild gewordenen Autofahrer zuzusehen und dessen Opfern beizustehen. Man müsse sich auch der Verpflichtung bewußt sein, einem solchen wild gewordenen Autofahrer das Handwerk zu legen.

Im Kriege wurde Dietrich Bonhoeffer durch Admiral Canaris und den damaligen Oberst Hans Oster als Mitglied der Abwehr übernommen, um ihn vor dem Zugriff der Gestapo zu schützen. Diese Position nutzte Dietrich Bonhoeffer aus, um sich im Jahre 1942 nach Stockholm zu begeben und sich dort mit seinem alten Freunde George Bell, dem Bischof von Chichester, zu treffen. Auf dieser Zusammenkunft setzte Dietrich Bonhoeffer den Bischof davon in Kenntnis, daß in dem nach außen als geschlossener Block erscheinenden nationalsozialistischen Reich ein Widerstandszentrum vorhanden sei, und die englische Politik täte gut daran, auf dessen Position und dessen Zukunft Rücksicht zu nehmen. George Bell verstand. Nach London zurückgekehrt, schrieb er einen Brief an Anthony Eden, der damals Minister des Auswärtigen war, und bat ihn, die Tatsache des deutschen Widerstandes in sein außenpolitisches Kalkül miteinzubeziehen. Eden war aber kein Kenner Europas. Er schrieb an den Rand des Briefes die Worte: »the damned priest« und tat sich mit seiner Antwort schwer gegenüber dem Bischof, der mitten im Kriege von seinem Rederecht im Oberhaus Gebrauch machte und die Bombardierung offener deutscher Zivilstädte durch die englische Luftwaffe verurteilte. Eden lehnte schließlich ausdrücklich ab. Er begründete dies mit dem Hinweis, er habe es nicht mit einer deutschen Opposition, sondern nur mit der amtlichen deutschen Regierung zu tun. Wir Deutsche haben uns eigentlich einen englischen Minister klüger vorgestellt. Darin haben wir uns leider vor dem Kriege, während des Krieges und nach dem

Kriege gründlich geirrt. Auch in England sind die großen Männer ausgestorben.

Während des Krieges habe ich den Weg Dietrich Bonhoeffers nur wenige Male gekreuzt. Unsere Unterhaltungen waren kurz und einsilbig. Das sollte sich ändern, als ich nach dem 20. Juli 1944 verhaftet wurde und im Hausgefängnis der Gestapo in der Prinz-Albrecht-Straße einsaß. Eines Tages erblickte ich dort auch Dietrich Bonhoeffer. Dies geschah in einer Nachtstunde, als wir Gefangenen bei einem Luftangriff aus unseren Zellen in einen im Gefängnishof gelegenen Bunker geführt wurden. Er fiel mir durch seine aufrechte Gestalt und den gelassenen Ausdruck seiner Augen auf. Alles an ihm strahlte Ruhe und Besonnenheit aus. Seine gewohnte Sicherheit hatte ihn nicht verlassen. Am nächsten Tage gelang es mir festzustellen, daß er in der Zelle 19 einsaß, während meine Zelle die Nummer 25 hatte. Wir trafen uns im Waschraum, weil immer mehrere Gefangene gleichzeitig dorthin geführt wurden. Es bestand zwar ein strenges Sprechverbot für alle Gefangenen, aber es war schwer zu überwachen, wenn die Gefangenen sich der Dusche bedienten und eine leise Unterhaltung durch das Rauschen des Wassers übertönt wurde. In diesem Waschraum gab mir Dietrich Bonhoeffer zu verstehen, er habe den Löffel nicht weggelegt, werde nichts preisgeben und werde auch im Gefängnis seinen Widerstand fortsetzen. Unter den vielen Lebenserfahrungen, die er mir voraus hatte, war auch seine Kenntnis des Gefängniswesens. Schon Anfang April 1943, als es der Gestapo gelang, einen Keil in das Gefüge zu schlagen, war er verhaftet worden. Immerhin war Dietrich Bonhoeffer damals rechtlich ein Mitglied der Wehrmacht. Die Gestapo konnte ihn nicht für sich beanspruchen. Er kam in das Militärgefängnis von Berlin. Dort war jeder seines Lebens und seiner körperlichen Unversehrtheit sicher. Dies Gefängnis wurde hin und wieder durch den Kommandanten von Berlin, damals General von Hase, der mit Bonhoeffer über dessen Mutter verwandt war, kontrolliert. General von Hase fürchtete sich nicht vor dem Gerede der Umwelt. Er besuchte Dietrich Bonhoeffer auch im Militärgefängnis und lud ihn zu einer Flasche Sekt ein, die beide in dem Gefühl austranken, daß das Band der Verwandtschaft stärker war als die Gefängnismauern. Nach dem 20. Juli 1944 wurde Dietrich Bonhoeffer in das Gefängnis der Gestapo überführt und lebte unter erheblich schärferen Bedingungen. Eines Tages wurde er nach Zelle 24 verlegt. Dadurch wurde er mein Zellennachbar. Das gab uns jeden Tag die Möglichkeit, Verbindung aufzunehmen und uns ein wenig zu unterhalten. Gegen Abend wurden die Zellentüren so lange geöffnet, bis alle Gefangenen aus dem Waschraum, der auch abends benützt werden durfte, zurückgekehrt waren. Währenddessen standen wir in unseren Zellentüren und unterhielten uns leise durch den Spalt zwischen den Türangeln. Wir sahen uns aber auch bei den nächtlichen Luftalarmen und benutzten diese Gelegenheit, unsere Gedanken auszutauschen, mußten wir doch bei nächtlichen Luftangriffen unsere Zellen verlassen, um in einen Luftschutzbunker geführt zu werden. So gab es mannigfache Möglichkeiten, sich zu verständigen. Wir nutzten dies weidlich aus. So erzählte mir Bonhoeffer, die erste Vernehmung sei bei ihm von der Gestapo in geradezu erpresserischer Form durchgeführt worden. Man habe ihm auch mit der Folter gedroht, aber er habe sich keine Furcht anmerken lassen. Das war überhaupt das Erstaunliche an ihm, er war immer guter Laune, immer gleichbleibend freundlich, er war gegenüber jedermann zuvorkommend, so daß ihm etwas gelang, was mir immer mißglückt war: binnen kurzer Frist war sein Einfluß auf seine Wärter deutlich spürbar. Wenn einer von uns beiden hoffnungsvoll war, so war er es. Er wurde nicht müde zu wiederholen, nur der Kampf ist verloren, den man selbst verloren gibt. Auch seine eigene Lage sah er optimistisch. Wiederholt bemerkte er, seinen wesentlichen Aktionen sei die Gestapo nicht auf die Spur gekommen. Er habe seine Bekanntschaft mit Goerdeler bagatellisieren können. Seine Zusammenkunft mit englischen Kirchenfürsten sei der Gestapo in ihrer ganzen Bedeutung nicht klar. Werde die Untersuchung gegen ihn keinen schnelleren Fortgang nehmen, so könne es noch Jahre dauern. Mit strahlenden Augen erzählte er mir von den Briefen seiner

Braut, Maria von Wedemeyer, einer Frau, die ich seit ihrer Kindheit gut kannte und deren einmalige Erscheinung sich jedem Mann einprägte. Maria von Wedemeyers Vater besaß ein schönes Gut, das den Namen Pätzig trug und im Kreise Königsberg in der Neumark lag. Jeder, der Nietzsche kennt, weiß, daß dieser den Frauen keine große Hochachtung entgegengebracht hat. Man weiß aber auch, daß Nietzsche eine große Ausnahme gelten ließ: Es war die Gutsbesitzersfrau aus dem preußischen Osten. Aus diesem Holz war Maria von Wedemeyer. Eine Frau von großer Weiblichkeit, gepaart mit Energie und Tatkraft. Ihren Vater hatten die Nazis schon einmal um seine Existenz bringen wollen. Sie hatten ihn beschuldigt, er habe kein Herz für seine Leute und sei deshalb ungeeignet, dem Betrieb seines Gutes vorzustehen. Es gab damals ein Gesetz zur Ordnung der nationalen Arbeit. Unter diesem schönen Titel verbarg sich die Möglichkeit, jemandem, der in der Wirtschaft tätig war, die Betriebsführereigenschaft abzuerkennen. Dann blieb er zwar noch Eigentümer, hatte aber nicht mehr das geringste in seinem Betrieb zu sagen. Es war der bürgerliche Tod. Mit tausend kleinlichen Vorwürfen wurde Hans von Wedemeyer überschüttet. Er unterlag in Berlin in der ersten Instanz und verlor die Betriebsführereigenschaft. Ich gehörte damals zu einer Gruppe von Menschen, die Hans von Wedemeyer bestärkten, es bei diesem Urteil nicht bewenden zu lassen. Wir überzeugten ihn. Er legte Berufung ein. So kam das Verfahren in die zweite und letzte Instanz. Dieser Instanz saß ein Mitglied des Reichsgerichtes vor. Ein weiteres Mitglied des Reichsgerichtes fungierte als Berichterstatter und Beisitzer. Die anderen Mitglieder setzten sich aus Laien zusammen. Im Grunde genommen war dieses Gericht nichts anderes als ein Zweig des Reichsgerichtes. Der Vorsitzende erkannte schnell, daß es hier um eine politische Intrige ging. Er verhandelte nicht in Leipzig, sondern hielt die Sitzung im Rathaussaal der Kleinstadt Schönfließ ab. Die Neumark wurde aus ihrer ländlichen Ruhe aufgescheucht und lauschte atemlos der mehrtägigen Verhandlung dieses von den roten Roben des Reichsgerichtes besetzten Gremiums. Der Vorsitzende zeigte von der ersten Minute an seine Führungsqualität. Er ließ sich die Lenkung der mehrtägigen Verhandlung auch nicht eine Minute aus der Hand nehmen, obwohl dies immer wieder durch Mitglieder der Nationalsozialistischen Partei versucht wurde. Bei einer großen Besichtigung des Gutes wurde nicht nur das Herrenhaus einer eingehenden Betrachtung unterzogen, sondern auch sämtliche Stallungen und die Wohnhäuser der Landarbeiter. Auf diese Weise zerplatzten alle an den Haaren herbeigezogenen Vorwürfe. Die Gerechtigkeit siegte. Hans von Wedemeyer wurde freigesprochen. Er erhielt die Betriebsführung in vollem Umfange zurück. Das Urteil der Vorinstanz verschwand in der Versenkung. Dieses Ereignis ließ die Bewohner in der Neumark aufatmen. Die Nationalsozialistische Partei, die sich schon im Besitz der Allgewalt glaubte, war unterlegen. Der um die Meinung der Partei unbekümmerte Geist des Reichsgerichtes hatte den Sieg davongetragen. Nur wer einen solchen mehrere Tage dauernden Prozeß, nicht in einer Großstadt, sondern auf dem Lande, mit allen Einzelheiten erlebt hat, kann ermessen, welch eine Bedeutung von diesem Urteil ausging. Der Vorsitzende des Gerichtes wurde später Senatspräsident und hat noch lange Jahre an den von den Reichsgerichtsräten herausgegebenen Kommentaren zum Bürgerlichen Gesetzbuch mitgewirkt.

Hans von Wedemeyer ist später im Kessel von Stalingrad als Führer eines Infanterieregimentes gefallen. Seine Tochter Maria rettete sich und ihre kleinen Geschwister, indem sie mit Pferd und Wagen Pätzig verließ, Oder und Elbe bei Schnee und Eis überquerte und bei Verwandten in Westdeutschland einen Unterschlupf fand.

Doch zurück zu Dietrich Bonhoeffer. Er sprach auch von den Briefen seiner Eltern, von deren Liebe und Fürsorge er sich auch im Gefängnis der Gestapo umgeben fühlte. Jeden Mittwoch erhielt Dietrich Bonhoeffer ein Wäschepaket ausgehändigt. Mit Geschick entnahm er die in dem Wäschepaket gut versteckten Zigarren. Äpfel und Brotstücke. Niemals unterließ er es, mir noch am gleichen Tag davon abzugeben. Dabei entwickelte er eine geradezu jungenhafte Fröhlichkeit, daß es auch im Gefängnis noch solche Möglichkeiten gab.

Ich habe Dietrich Bonhoeffer zuletzt am Morgen des 7. Februar 1945 gesehen und gesprochen. Gegen Mittag wurde seine Zellennummer aufgerufen. Später erfuhr ich, daß man ihn angeblich nach Buchenwald transportiert habe, dem berüchtigten Konzentrationslager bei Weimar. Dann habe man ihn am 3. April 1945 nach Regensburg gebracht, von wo man ihn am 5. April 1945 nach Schönberg überführt habe, ein Name, der mir als Ort eines Konzentrationslagers nicht bekannt war.

Anfang April wurde auch ich verlegt und kam in das Konzentrationslager Flossenbürg bei Weiden in der Oberpfalz. Es hatte den Ruf eines Vernichtungslagers, was ich aber damals nicht wußte, sondern erst später herausgefunden habe. Dort war auch Joseph Drexel als Gefangener, der alte Freund aus der Zeit um Ernst Niekisch. Man hatte mich in eine Einzelzelle im Haupthaus gebracht. Eines Nachts wurde ich geweckt. Eine rauhe Stimme fragte mich nach meinem Namen. Ich sagte ihn und war ganz erstaunt, als nach einigen Minuten der gleiche Wärter wieder die Zellentür öffnete und mich beschuldigte, ich hätte ihm einen falschen Namen genannt, ich sei Dietrich Bonhoeffer. Mit Überzeugung verneinte ich. Kopfschüttelnd verließ mich der Wachtmeister. Aber nun wußte ich, daß die SS ein besonderes Auge auf Dietrich Bonhoeffer geworfen hatte, der mir noch in Berlin zuflüsterte, wenn ich herauskäme, möchte ich doch seinen Vater unterrichten. Er habe den Eindruck, daß eine Intervention seines Vaters bei Himmler seine, Dietrich Bonhoeffers, Befreiung zur Folge haben könne. Diesen Hoffnungen hatte sich Dietrich Bonhoeffer des öfteren hingegeben. Seine äußere und innere Freiheit war erstaunlich, war er doch sogar einmal nach Rückkehr aus dem Luftschutzbunker mit einer Gewandtheit, die ich ihm nicht zugetraut hätte, in die Zelle seines Schwagers, des Reichsgerichtsrats Hans von Dohnanyi, hineingesprungen, hatte sich mit diesem kurz verständigt, um dann gerade die Zelle wieder zu verlassen und sich in den Schluß der Gefangenenreihe einzugliedern, ohne daß einer der Aufpasser von diesem kühnen Handstreich etwas bemerkt hatte.

Immer wieder überlegte ich, ob das in der Nacht sichtbar gewordene Interesse an Dietrich Bonhoeffer seine Freilassung oder seinen Tod zur Folge haben könne. Aber am Morgen des 10. April 1945 wurden meine Hoffnungen endgültig vernichtet. An diesem Tage wurde ich aus meiner Zelle geholt und erhielt die Erlaubnis, in Begleitung eines Wachbeamten auf dem Hufschlag des Hofes spazierenzugehen. In der einen Ecke des Hofes stand ein Galgen. Das ließ nichts Gutes vermuten. Mein Begleiter wurde gesprächig. Er warf einen Blick auf den Galgen und erzählte mir, am Vortag seien dort mehrere Gefangene erhängt worden. Seine Schilderung der Gefangenen beseitigte in mir jeden Zweifel, daß es sich dabei um Admiral Canaris, General Oster, Generalstabsrichter Karl Sack und auch Dietrich Bonhoeffer gehandelt haben mußte. Meine Vermutung wurde mir zur Gewißheit, als ich beim Durchgang durch die Wachstube die Habseligkeiten der getöteten Gefangenen sah. Darunter war auch eine Bibel und ein Goetheband. In dem letzteren Buch stand der Name Dietrich Bonhoeffers.

Ludwig Beck

Dietrich Bonhoeffer

Gero von Gaevernitz

Werner Catel

Heinrich Kronstein

Hermann Kaiser

Hitler in Borissow

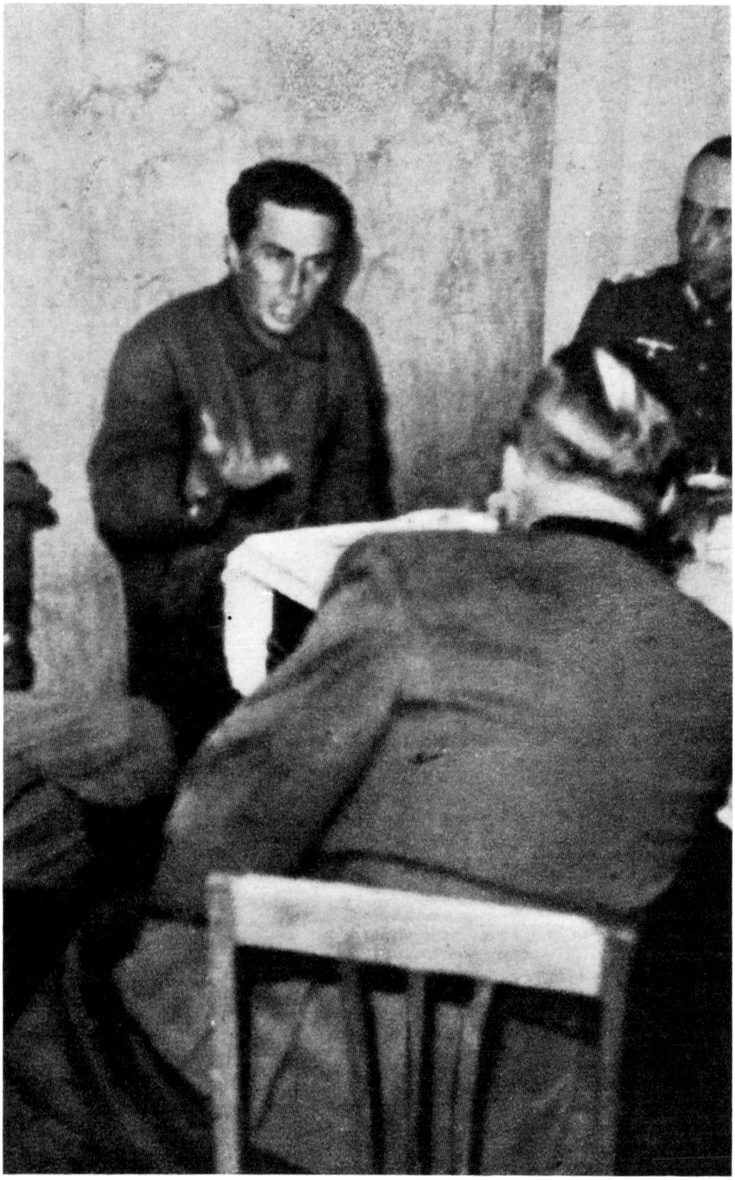
Sohn Stalins

XVI. KAPITEL

Hermann Kaiser

Im Zweiten Weltkrieg sollte ein Mann eine Rolle spielen, von dem es in diesem Ausmaße niemand erwartet hatte. Es handelt sich um den Wiesbadener Studienrat Hermann Kaiser. Dieser war Teilnehmer des Ersten Weltkrieges und hatte damals den späteren Befehlshaber des Ersatzheeres Generaloberst Fromm als Regimentskameraden gehabt. In der Zeit der Reichswehr hatte Fromm sich durch eine gründliche Kenntnis des Heeresetats ausgezeichnet. Er wußte so gut in organisatorischen Fragen Bescheid, daß er für den Fall eines Krieges zum Befehlshaber des Ersatzheeres prädestiniert war. In dieser seiner Stellung brauchte Fromm einen Kriegstagebuchführer. Bei der Besetzung der Position erinnerte er sich seines Regimentskameraden aus dem Ersten Weltkrieg und gab diesem die Stellung des Kriegstagebuchführers beim Befehlshaber des Ersatzheeres. Hermann Kaiser war Studienrat am Realgymnasium in Wiesbaden und genoß dort einen besonderen Ruf, weil er Fächer lehrte, die man einzeln häufig, aber in dieser Zusammenstellung selten findet. Er erteilte nämlich Unterricht in Geschichte, Kunstgeschichte, Mathematik und Französisch. Sein Fachwissen aber wurde durch seine menschliche Persönlichkeit mehr als ergänzt. Er verfügte über eine wirklich umfassende Bildung und über eine Ausstrahlungskraft, die jedermann gefangennahm. Dabei war Hermann Kaiser alles andere als bequem. Er stellte hohe Anforderungen an seine Umgebung und scheute sich nicht, hoch und niedrig einer strengen Kritik zu unterziehen. Bei ihm war dies nur erträglich, weil er auch an sich selber hohe Anforderungen stellte und nicht davor zurückschreckte, sich in Gegenwart Dritter selbst scharf zu kritisieren und zu tadeln. Aber damit ist die Eigenart Hermann Kaisers keineswegs erfaßt. Er zeichnete sich neben seinen fachlichen und menschlichen Qualitäten durch eine Weinzunge aus, die zu seinen Lebzeiten ihresgleichen suchte. Bei nahezu allen Weingütern des Rheingaus war Hermann Kaiser eine hoch angesehene Erscheinung. Jedes Jahr ließ man ihn kommen, um von ihm zu hören, wie der neue Wein einzustufen sei. Hermann Kaisers Zunge war untrüglich. Riet er einem Weingutsbesitzer, den Wein noch einige Jahre liegen zu lassen, so tat er dies. Ebenso wurde der Wein schnell weggegeben, wenn Hermann Kaiser meinte, daß ein Lagern dieses Weines keinen Vorteil verspräche. So kam es, daß Hermann Kaiser neben seinem Beruf als Studienrat einen weiteren Beruf hatte, der ihm Verbindungen zu allen Weingütern eintrug, ein Umstand, der sich im Laufe des Krieges, als der Wein knapp wurde, herumsprach. Menschen der verschiedensten Art tauchten bei Hermann Kaiser in der Befehlsstelle des Generaloberst Fromm auf. Jedermann versuchte, eine Beziehung zu ihm zu gewinnen, weil er und kein anderer die zur Verfügung stehende Menge des Weines verteilte.

Hermann Kaiser hat während des ganzen Krieges nicht nur das offizielle Kriegstagebuch des Befehlshabers des Ersatzheeres geführt, sondern auch ein eigenes privates Tagebuch geschrieben, in das er alles eintrug, was ihm bemerkenswert erschien. Die Mehrzahl dieser privaten Tagebücher ist verlorengegangen. Es ist auch sicher, daß das eine oder andere Tagebuch in die Hände der Gestapo gefallen ist. Nur zwei der privaten Tagebücher haben die Zeiten überdauert, weil Hermann Kaiser diese bei guten Freunden rechtzeitig hinterlegt hatte. Das eine Tagebuch umfaßt die Zeit vom 1. Januar 1941 bis zum 3. Dezember 1941. Das zweite Tagebuch erstreckt sich über die Zeit vom 1. Januar 1943 bis zum 3. August 1943. Persönliches, Dienstliches, Politisches, Militärisches, Musisches, alles ist bei ihm miteinander vereint.

Im Tagebuch über das Jahr 1941 spielt noch das private Dasein des Tagebuchführers eine große Rolle, während das Tagebuch über das Jahr 1943 durch die militärischen und politischen Vorgänge beherrscht wird.

Aus dem Tagebuch über das Jahr 1941 geht immer wieder hervor, welch große Rolle die Luftangriffe spielen. Die Kämpfe auf dem Balkan werden geschildert, aber auch die deutschen Erfolge und die italienischen Niederlagen in Nordafrika. Man spürt die Abneigung, mit der Hermann Kaiser unter dem Datum des 30. Januar 1941 die Rede Hitlers schildert, in der sich dieser brüstet, er und kein anderer habe nach Hindenburgs Tod seit 1934 gerüstet, und hinzufügt, daß auf den Meeren alles, was »vor unsere Revolver komme«, torpediert werde. Hermann Kaiser bemerkt dabei, daß dieser Satz sich deutlich gegen die Vereinigten Staaten von Amerika richte. Eine große Rolle spielen die beiden Brüder, Ludwig Kaiser und Heinrich Kaiser. Immer wieder tritt uns auf den Tagebuchseiten die musische Begabung der ganzen Familie Kaiser entgegen, vor allem auf dem Gebiet der Musik. Hin und wieder schweift der Blick nach rückwärts und ergeht sich in Schilderungen aus der Zeit des Ersten Weltkrieges. Auch enthält das Tagebuch viel Kritik an Offizieren der Wehrmacht. Sorgfältig werden alle britischen Maßnahmen auf den Weltmeeren registriert. Sogar der Brief des Bischofs Wurm von Württemberg an den Innenminister Frick in der Frage der Auslöschung der Kranken, soweit sie in Irrenhäusern untergebracht sind, findet Erwähnung. Die Eintragung trägt das Datum vom 4. März 1941 und wird mit dem Zusatz versehen, daß, nach der Antwort zu urteilen, die Tötung der Irren wahrscheinlich Bestandteil eines nicht veröffentlichten Gesetzes sei. Auffallend wenig spricht Hermann Kaiser über die Möglichkeiten einer deutschen Invasion in England. Unter dem Datum des 5. Mai 1941 dagegen findet sich die erste Eintragung über einen deutschen Aufmarsch mit hundert Divisionen an der russischen Grenze. Hermann Kaiser meint, daß dieser Aufmarsch als politisches Druckmittel gewertet werden müsse. Daneben taucht aber wieder die Frage auf, wer von den militärischen Führern das

Schicksal des Krieges in die Hand nehmen werde. Es ist die Rede von Generalfeldmarschall von Brauchitsch und Generaloberst Fromm. Über beide wird das Urteil gefällt, sie hätten nicht den Mut, gegen Hitler zu handeln. Im Gegensatz zu diesen beiden wird rückblickend der im Polenfeldzug gefallene Generaloberst von Fritsch genannt, mit dem Zusatz: »Das war ein Charakter. Dem verdankt die Wehrmacht überhaupt das, was sie jetzt ist. Die gegenwärtigen Leistungen sind ohne seine Vorarbeit nicht möglich; er hat das Heer vor dem Absinken bewahrt.« Wenig später ist davon die Rede, daß der Vizeadmiral Dönitz die Invasion in England für möglich halte. England sei eine Festung. Hervorgehoben wird, daß die neuen deutschen U-Boote sehr gut seien. Gleichzeitig wird auf ein Ansteigen der amerikanischen Rüstung hingewiesen. Weiter wird darauf aufmerksam gemacht, daß der amerikanische Kriegsminister Stimson den Einsatz der Flotte zur Sicherung des Munitionstransportes fordert. Die Möglichkeit, daß Grönland zum amerikanischen Flotten- und Luftstützpunkt ausersehen sei, wird hervorgehoben. Noch unter dem Datum des 15. Mai 1941 wird erwähnt, daß die Kriegsschiffe *Scharnhorst* und *Gneisenau* durch 15 Luftangriffe außer Gefecht gesetzt worden sind. Unter dem Datum des 21. Mai 1941 wird die deutsche Landung in Kreta notiert. Dabei wird hinzugefügt, Churchill habe erklärt, die Deutschen seien zum Teil in neuseeländischer Uniform gelandet. Im gleichen Atemzug wird der Flug von Rudolf Hess nach England vermerkt. Unter dem Datum des 13. Juni 1941 hält Hermann Kaiser fest, daß der Reichsleiter Bormann Leiter der Parteikanzlei und damit Nachfolger von Hess geworden ist. Als am 22. Juni 1941 der Krieg gegen Rußland seinen Anfang nimmt, vermerkt Hermann Kaiser dieses Ereignis mit den Worten: »Obwohl erwartet, wie versteinert«, und fügt hinzu: »Also doch. Man will die Sowjets stürzen, aber England gibt man eine Atempause, ihm und den USA.« Am 30. Juni 1941 äußert sich Hermann Kaiser besorgt darüber, daß Scharfmacher in Japan eine Entschließung ihrer Regierung fordern. Die übrigen Seiten des Tagebuches sind angefüllt mit den Erfolgen des deutschen Heeres in Rußland. Im

September 1941 notiert Kaiser, daß die Besetzung Islands durch die USA Hitler vor die Wahl stelle, entweder die Schlacht im Atlantik zu verlieren oder mit den Vereinigten Staaten von Amerika Krieg zu führen. Auch der Untergang der *Bismarck* findet seinen Niederschlag im Tagebuch. Weiter hält Hermann Kaiser fest, daß Rußland im Ural neue Armeen aufgestellt habe, die auf Grund der bisherigen Erfahrungen des Krieges umgeschult seien. Diese stünden jetzt in Millionenstärke zum Einsatz bereit. Außerdem notiert Kaiser unter dem Datum des 7. September 1941 einen Luftangriff auf Berlin. Eine furchtbare Detonation habe ihn geweckt. Er sei aus dem Bett geflogen. Alles um ihn sei voll Rauch und Qualm gewesen. Das Bett und das Zimmer waren mit Splittern übersät. Er habe sich in der Finsternis anziehen müssen, während fortgesetzt Mauerbrocken auf die Straße gefallen seien und das Hotel gebrannt habe. Die Luftangriffe seien unablässig weitergerollt. Die Straße sei mit Trümmern teilweise meterhoch bedeckt gewesen. Über England äußert Kaiser, es sei ihm innerhalb eines Jahres gelungen, sehr starke und gut ausgerüstete Armeen aufzustellen. Es falle auf, daß es Großbritannien unterlasse, sich in irgendeiner Form dem Ausdruck verfrühter Freude hinzugeben. Jetzt jedoch stehe folgendes fest: Vor einem Jahr schien Englands Lage hoffnungslos, ja verzweifelt. Heute dagegen sei England Herr seines Geschickes. Unter dem Datum des 11. September 1941 lesen wir in dem Tagebuch von Hermann Kaiser, es habe schwere Auseinandersetzungen zwischen Brauchitsch und Hitler, aber auch zwischen Hitler und Göring gegeben. Göring habe sich in die Romintener Heide zurückgezogen. Der Krieg sei nicht mehr zu gewinnen. Man wolle das oben nicht einsehen. Wenn Deutschland vor einer Katastrophe bewahrt bleiben solle, so müsse der Versuch zu einem sofortigen Verständigungsfrieden gemacht werden. Im Großen Hauptquartier schwanke die Stimmung wie ein Barometer bei wechselndem Wetter. Nach Ansicht vieler sei jetzt noch Friede mit den Grenzen von 1914 möglich. Die USA strebten an, den Krieg durch gesteigerte Rüstungserzeugung als entscheidenden Faktor bis 1943 zu betreiben. Im Oktober 1941 findet sich ein erster

Eintrag über die Möglichkeit der Freimachung der Atomenergie und der Herstellung einer Atombombe. Im gleichen Zeitraum wird General Olbricht als ein unbedingt zuverlässiger Mann und Charakter im Rahmen des Ersatzheeres erwähnt. Unter dem Datum des 18. Oktober 1941 wird General Köstring erwähnt. Dieser habe auf Grund seiner Stellung als Militärattaché in Moskau die deutsche Seite oft genug gewarnt und hierbei auf die Aufbauarbeit der Sowjets, auf die Leistungen der Industrie und die der Wehrmacht hingewiesen; aber es sei alles umsonst gewesen. Man habe an höchster Stelle ihn nicht hören wollen. General Köstring habe auch die Lösung der Judenfrage kritisiert und deutlich zum Ausdruck gebracht, daß er diese Lösung nicht billige. In den Gesprächen hierüber sagt Kaiser, der seine Entrüstung nicht mehr zurückhalten kann, mit erhobener Stimme: »Es handelt sich überhaupt nicht um einen Geisteskrieg, sondern um Gewaltakte von Verbrechern. Es ist sehr einfach, alledem durch ein Machtwort zu begegnen. Aber es herrscht Feigheit und Mangel an Mut zum Bekenntnis.« Fundament jeder Regierung sei Geistesfreiheit und Gerechtigkeit. Wer sie zerstöre, stoße sein Volk in den Abgrund. Wer sie antaste, vernichte sich selbst. Im November 1941 werden die Rückschläge im Rußland-Feldzug festgehalten. Goerdeler taucht in Berlin auf und warnt vor den Folgen des Rußland-Feldzuges. Zum gleichen Zeitpunkt meint Kaiser, die Vereinigten Staaten von Amerika hätten an Japan die Forderungen gestellt, es solle aus dem Achsenbündnis austreten, auf weitere Aggressionen verzichten, sich aus China und Indochina zurückziehen und sich damit einverstanden erklären, daß im Fernen Osten für alle Nationen der Grundsatz der offenen Tür herrsche. Der Adjutant des Generaloberst Fromm erzählt dem Kriegstagebuchführer, daß sein Befehlshaber dem Außenminister von Ribbentrop nicht viel zutraue. Es gebe doch zu denken, wenn Ribbentrop sich in einer Sitzung plötzlich erhebe und mit ausgestrecktem Arm schreie: »Mein Führer, das bedeutet Sieg, Sieg, Sieg.« Kaiser hält auch den Tod des Generals der Flieger Udet fest und fügt hinzu, daß dieser ein Meister der Fliegerkunst gewesen sei. Im gleichen Zusammenhang erwähnt er den Fliegeroberst Mölders. Dieser habe an höchster Stelle um Einstellung der Verfolgung der Kirchen gebeten. Unter dem Datum des 25. November 1941 wird erwähnt, daß die Schlacht um Moskau immer größere Ausmaße annehme.

Am 1. Dezember 1941 schreibt Kaiser in seinem Tagebuch, es sei zu einem Zusammentreffen zwischen ihm und General der Infanterie Olbricht gekommen. Er fügt hinzu: »Ernster, kluger, sehr sympathischer Mann. Er gibt zu erkennen, daß er noch auf christlicher Grundlage stehe; diese sei aber in Gefahr, zerstört zu werden, und er meint, sie ist uns bereits verlorengegangen.« Hermann Kaiser beurteilt Olbricht als überzeugenden Charakter. Am gleichen Tage findet laut Tagebuch auch eine Unterredung mit Goerdeler statt. Dieser macht die Feststellung, daß die Ernährungslage noch schlimmer sei, als bisher geschildert, und faßt seine Ansicht wie folgt zusammen: »Wir befinden uns am Rande eines Zyklons.« Kaiser verschweigt nicht, daß die Einschließung und Vernichtung der englischen Kräfte bei Tobruk fortgesetzt werde. Er läßt aber auch nicht unerwähnt, daß man die deutschen Verluste in Rußland einschließlich der Verwundeten und Kranken auf 500000 Mann schätze.

Das neue Tagebuch beginnt mit dem 1. Januar 1943. Schon unter dem Datum des 5. Januar notiert Kaiser, daß die Lage im Osten sich sehr verschlechtert habe, und prophezeit den Verlust von Stalingrad. Gleichzeitig erwähnt Kaiser die Ernennung des Generals von Unruh, der die Aufgabe habe, alles durchzukämmen, um Soldaten für die Front frei zu machen. Er vermerkt, daß General von Unruh auch beim Befehlshaber des Ersatzheeres seine Aufgabe betreibe und die Leute, die er im Hause antreffe, auf der Treppe festhalte, um sie von Berlin zu lösen und der Truppe im Osten zuzuführen.

Noch im Januar kommt es zu einem Gespräch zwischen Goerdeler und Kaiser. Dieser stellt fest, daß manche Offiziere, die früher voller rosiger Hoffnungen gewesen seien, jetzt fast zum Defaitismus neigten. In seinen Aufzeichnungen erwähnt

Kaiser, daß Generaloberst Fromm von einigen seiner Offiziere negativ beurteilt werde. Man nenne ihn einen Metzgermeister. Ihm habe das Herrentum nicht in der Wiege gelegen. Er sei voll Ehrgeiz und suche nach Vorteil, Ruhm und Glanz. Am Nachmittag des 7. Januar 1943 besucht Kaiser Generaloberst Beck, um ihm Kraft und Seelenstärke für das Jahr 1943 zu wünschen. Am späten Nachmittag des gleichen Tages kommt es zu einer Unterhaltung zwischen Kaiser und einem Mitarbeiter Ludendorffs aus der Zeit des Ersten Weltkrieges, Exzellenz Wetzell. Dieser verfolgt die militärische Lage und beurteilt sie negativ. Er ist darin, wie die späteren Wochen zeigen sollten, mit dem ebenfalls noch am Leben befindlichen General Otto von Below, dem Sieger von Flitsch und Tolmein, einig. Durch diese beiden Siege hatte sich Otto von Below im Ersten Weltkrieg mit einer nur aus deutschen Truppen bestehenden Armeegruppe in das Buch der Geschichte eingetragen, weil er den Italienern eine Niederlage bereitet hatte, die es den Österreichern ermöglichen sollte, ganz Oberitalien in Besitz zu nehmen. Der Sieg durch Below wurde seinerzeit als eine so große Leistung angesehen, daß Hindenburg den Ausspruch tat, eigentlich habe Otto von Below den Feldmarschalltitel verdient, den Kaiser Wilhelm II. an Mackensen verliehen habe. Wie gesagt, Below lebte noch und wechselte damals angesichts der Schlacht um Stalingrad Briefe mit Wetzell, der früher einmal unter Ludendorff Chef der Operationsabteilung gewesen war. Später hatte sich Wetzell einen Namen als militärischer Berater von Tschiang Kai-schek in China gemacht. In ihrem Briefwechsel ließen beide Generale keinen Zweifel darüber, daß nach ihrer militärischen Erfahrung mit der Niederlage von Stalingrad ein Verlust eingetreten sei, der nicht mehr repariert werden könne, ein Verlust, wie ihn die deutsche Kriegsgeschichte noch nicht gekannt habe, aber auch ein Verlust, der letzten Endes darauf zurückzuführen sei, daß ein Dilettant sich erfrecht habe, die Rolle des Feldherrn zu spielen. Nach dem Urteil dieser beiden Generale aus dem Ersten Weltkrieg war Stalingrad ein aus der deutschen Geschichte nicht mehr auszulöschendes Menetekel. Kaiser zitiert in diesem Zusammenhang eine Veröffentlichung aus der

Nationalzeitung in Basel, die davon spricht, daß auf deutscher Seite nicht nur deutliche Anzeichen von sinkender Kampfkraft, sondern auch von schwindender Kampfmoral zu bemerken seien. Auch die Lage in Afrika wird durch Kaiser ungünstig beurteilt. Es sei bis auf den winzigen Abschnitt Tunis im Besitz der Alliierten. Die Säuberung Nordafrikas stehe bevor. Ihr werde die Landung auf dem Kontinent folgen. Diese Entwicklung führt Kaiser auf die deutsche Kräftezersplitterung der vorhergehenden Zeit zurück. In dem Zusammenhang zitiert Kaiser den britischen Minister Bevin, der damals den Ausspruch tat: »Hitler wird in einigen Wochen vor der größten Katastrophe dieses Krieges stehen.« Der gleiche Minister Bevin gibt bei einer Ansprache an die Mitglieder des Ausbildungszentrums für die Kriegsindustrie bekannt: »Laßt uns die Bürde von Rußlands Schultern nehmen. Treten wir an, Deutschland unter Hitlers Führung den K.-o.-Schlag zu versetzen.«

Kaiser erzählt auch davon, daß der Generaladjutant Hitlers, Generalleutnant Schmundt, jetzt oft in Generalsuniform mit Braunhemd gesehen werde. Am 5. Januar 1943 verzeichnete Kaiser, daß ein ihm bekannter Oberst Jäger von einem Vortrag Himmlers vor dem Generalstab berichtet habe. In diesem Vortrag habe Himmler die Forderung aufgestellt, die West-Grenze Rußlands müsse um 800 Kilometer nach Osten verlegt werden. Sechzig bis siebzig Prozent der Russen müßten nach Ostsibirien abgeschoben werden. Die Rede, die Roosevelt am 8. Januar 1943 gehalten hat, bezeichnet Kaiser als eine Rede, die keinen Verteidigungscharakter gehabt habe, sondern von Kampfstimmung und Zuversicht getragen sei. Nach einer Aufzeichnung von Kaiser wachse die Stoßkraft der russischen Offensive unter dem russischen militärischen Führer Schaposchnikow. Unter dem Datum des 9. Januar 1943 vermerkt Kaiser, daß im Südwestpazifik eine große Luftschlacht zwischen Japanern und Amerikanern stattgefunden habe. In dieser Schlacht hätten die Amerikaner über hundert Flugzeuge verloren. Aus den Aufzeichnungen Kaisers geht hervor, daß von den Offizieren immer mehr gefordert werde, alle Kritik zurückzustellen und sich bedingungslos zu den Ideen und Grundsätzen des Nationalsozialismus zu bekennen. Kaiser erblickt darin ein Zeichen der bevorstehenden und teilweise bereits im Gange befindlichen Auflösung. Schon am 10. Januar 1943 bezeichnet Kaiser die Lage in Stalingrad als eine Situation zum Erbarmen. Er meint, daß die Kapitulation bevorstehe. Auch der deutsche Rückzug im Kaukasus sei nichts anderes als eine eklatante Niederlage. Die strategischen Folgen dieser Niederlage seien noch nicht abzusehen. Angeblich solle Hitler toben, fluchen und rasen. Gleichzeitig mehren sich die schweren Luftangriffe auf Berlin.

Unter dem Datum des 18. Januar 1943 berichtet Kaiser von einem Besuch, den ich ihm an diesem Tage abgestattet habe. Danach sei der Kampf um Welikije Luki im Vergleich zu Stalingrad eine Tragödie im Kleinen. Der Angriff von außen sei gescheitert. Abgesehen von einer geringen Zahl der in der Zitadelle vorhandenen Besatzung sei alles andere gefallen. Kaiser vermerkt meinen mir durch Feldmarschall von Kluge erteilten Auftrag an Generaloberst Beck. Nach Kaisers Aufzeichnung soll ich damals folgendes gesagt haben: Nach der Auffassung von Tresckow werde die Frontlinie nicht mehr lange halten, eine Katastrophe sei möglich. Wenn man mit England eine Verständigung herbeiführen könne, so glaube Tresckow, daß man noch imstande sei, den Russen Widerstand entgegenzusetzen. Außerdem soll ich laut Kaiser berichtet haben, daß Generalleutnant Schmundt eine wichtige Unterredung mit Hitler gehabt habe. Dieser habe ihm gesagt, er wisse von Putschabsichten gewisser Kreise, er sei darüber unterrichtet und darauf vorbereitet. Zu diesem Gespräch zwischen mir und Kaiser stoßen später Hauptmann Gehre und Goerdeler. Goerdeler erklärt, er wolle nicht mehr warten, da eine dauernde Verzögerung nicht mehr hingenommen werden könne.

Inzwischen wächst nach Kaiser die Spannung wegen Stalingrad. Die Lage dort sei erschütternd. Unter dem Datum des

20. Januar 1943 verzeichnet Kaiser eine Äußerung von mir, nach der Tresckow eine Rücksprache mit Manstein gehabt habe. Es sei eine leichte Annäherung erzielt worden. Am 20. Januar 1943 treffen Tresckow und Goerdeler bei Kaiser zusammen. Tresckow betont, daß er eine Antwort für den Feldmarschall von Kluge brauche, und weist nach Kaiser darauf hin, daß im Sommer immer noch die Möglichkeit bestehe, die Russen aufzuhalten. Im weiteren Verlauf des Monats Januar hebt Kaiser in seinem Tagebuch die verzweifelte Lage in Stalingrad hervor und spricht von großer Überlegenheit der russischen Artillerie und der russischen Panzer. Nicht ohne Hohn zitiert Kaiser unter dem 25. Januar 1943 einen Satz aus dem *Völkischen Beobachter*: »Der Krieg ist hart, aber wir sind härter.« Nach einer Aufzeichnung von Kaiser unter dem 30. Januar 1943 soll General Jaenecke aus Stalingrad herausgeflogen sein. Dieser habe Hitler im Großen Hauptquartier über die Lage in Stalingrad rückhaltlos die Meinung gesagt. Das Heer habe sein Vertrauen verloren. Das gleiche gelte für das deutsche Volk. Hitler habe daraufhin eine Szene gemacht und erklärt, er werde wieder eine neue Armee aufstellen. Als er – Kaiser – am Nachmittag bei Beck gewesen sei, habe dieser schon alles gewußt, da Jaenecke auch Beck besucht habe.

Kaiser fällt auf, daß am 30. Januar 1943 Hitler am Tage der Wiederkehr der Machtübernahme nicht das Wort ergriffen habe. Die Atmosphäre im Volk sei geladen, und zwar insbesondere durch die neuen Gesetze. Danach seien alle Männer bis 65 Jahre als Arbeitskräfte mobilisiert worden, während für die Frauen die Altersgrenze bis 45 Jahre heraufgehoben worden sei. Beides geschehe unter dem Schlagwort des totalen Krieges. Die fehlende Rede von Hitler wird durch eine Proklamation ersetzt. In dieser stellte Hitler einen Vergleich mit dem Hunnensturm an. Damals sei eine tausendjährige Arbeit vernichtet worden. Vor dieser Gefahr werde Europa durch den Nationalsozialismus bewahrt werden. Bis 1940 habe er seinen Gegnern Versöhnungsangebote gemacht. Jetzt wiederhole er diese nicht. Er sei überzeugt, daß weder Zeit noch Waffengewalt die deutsche Nation bezwingen werden. Die bisherigen Siege seien ohne Vergleich in der Geschichte. Die Weiterführung des Krieges müsse mit Fanatismus geschehen. Die Leistungen der Wehrmacht seien ein Heldenlied, das Jahrtausende überdauern werde. Die Heimat müsse ebenbürtig bleiben. Das sei ein Gebot der Ehre. Im Wehrmachtsbericht vom 30. Januar 1943 fällt der Satz auf, daß der Mut der Verteidiger von Stalingrad ungebrochen sei. Etwa gleichzeitig hält Goebbels eine Rede über die gigantische Abwehrschlacht im Osten. Goebbels fügt hinzu, daß man bisher mit allen Gefahren und Krisen fertiggeworden sei. Das Wort »Kapitulation« existiere nicht im deutschen Sprachschatz. Der Sieg werde schneller errungen, als manche dächten. Zur gleichen Zeit spricht Hitler gegen Churchill und bezeichnet diesen als Trinker. Am frühen Nachmittag kommt Goerdeler sehr erregt zu Kaiser und berichtet, daß der Generalfeldmarschall Paulus als Oberbefehlshaber der 6. Armee mit 15 Generalen kapituliert habe. Nach Kaiser erklärt Goerdeler, er sei über die zögernde Antwort von Kluge sehr erschüttert und könne ab 15. Februar 1943 nicht mehr zur Verfügung stehen. Im Februar 1943 weist Kaiser darauf hin, daß die Chefs der Abteilungen des Generalstabes des Heeres einig seien und auf Generaloberst Zeitzler täglich einwirkten. Unter dem Datum des 3. Februar 1943 verzeichnet Kaiser eine Unterhaltung mit Tresckow. Hiernach teilt Tresckow die Auffassung von Goerdeler, daß kein Tag zu verlieren sei. Es sei so bald wie möglich zu handeln. Von den Feldmarschällen sei keine Initialzündung zu erwarten. Sie folgten alle nur einem Befehl. Der Befehl müsse von anderer Seite kommen. Das habe er – Tresckow – auch Beck gesagt. Unter dem gleichen Tag erwähnt Kaiser, daß Oberstleutnant Graf Stauffenberg aus dem Großen Hauptquartier gekommen sei. Er sei auf dem Wege nach Italien, wo er Erster Generalstabsoffizier der 10. Panzerdivision werde. Einen Tag später verzeichnet Kaiser, daß die Russen neue Rangabzeichen eingeführt hätten. Es seien wieder die alten Schulterstücke als Zeichen der Wiederaufnahme der Tradition des zaristischen Heeres eingeführt worden. In Rußland spreche man vom vaterländischen Krieg. Die Unterhaltung mit Tresckow wiederholt sich am 6. Februar 1943. Danach sagte Tresckow zu Kaiser: »Tun Sie alles, um General Olbricht im Entschluß zu bestärken.« Goerdeler habe ganz recht, es sei höchste Zeit. Der Urgrund allen Elends sei Hitler. Am 10. Februar 1943 sprechen Kaiser, Goerdeler, Oberst Jäger und Hauptmann Gehre am Abend miteinander. Die Frage des Oberst Jäger, ob er schon mit seinen Offizieren Fühlung nehmen könne, wird von Kaiser verneint.

Am 11. Februar 1943 erhält Kaiser Besuch durch Graf Fritz Dietlof von der Schulenburg. Dieser meint, es sei eine Minute vor zwölf. Die anständigen Leute seien für jede Lösung zu haben. Das Volk sei im Zustand der Zermürbung. In der oberen Parteiführung herrsche außerordentliche Nervosität.

Etwa zur gleichen Zeit kommt es zu einer Auseinandersetzung zwischen Goebbels und General von Unruh. General von Unruh fordert 3000 unabkömmlich Gestellte aus dem Personal der Ministerien. Er sagt zu Goebbels: »Sie als Trompeter des totalen Krieges müssen als erster vorangehen.« Goebbels bleibt zunächst ruhig, später aber bekommt er einen Wutanfall. Er verbittet sich einen solchen Angriff und wendet sich im gleichen Augenblick telefonisch an Hitler und beklagt sich bei diesem über das Verhalten des Generals von Unruh. Dieser bricht jede weitere Erörterung ab und verabschiedet sich. Unter dem Datum des 18. Februar 1943 verzeichnet Kaiser, daß Feldmarschall von Kluge zu seinem 60. Geburtstag von Hitler 250000.– Reichsmark als Geschenk erhalten und angenommen habe. Am Abend hört Kaiser die zweistündige Rede von Goebbels. Nach der Meinung Kaisers übertrifft diese Rede alles Bisherige. Sie sei rhetorisch bis zur vollen Routiniertheit. Als Schlußakt für einen Programmabschnitt des ganzen Krieges sei sie nicht zu übertreffen, insbesondere durch die zehn Fragen, vorzüglich durch die Frage »Wollt Ihr den totalen Krieg?« Alle Zuhörer seien unter dem Banne der Rede gewesen. Kaiser sagt, dies sei der stärkste Eindruck, den er seit langer Zeit gehabt habe. Am folgenden Tag trägt Kaiser in sein Tagebuch meinen Besuch bei ihm ein. Nach der Aufzeichnung Kaisers soll ich im Auftrage Tresckows nach dem Termin gefragt haben. Kaiser gibt mir nach Rücksprache mit General Olbricht zu verstehen, daß der Termin auf Anfang März verlegt sei. In der späteren Unterhaltung äußern Kaiser und ich uns über Goerdeler. Wir stimmen beide darin überein, daß verschiedene Voraussagen Goerdelers nicht bestätigt worden seien. Zwischendurch erscheint General Krebs, der Chef der Heeresgruppe Mitte. Dieser gibt etwas kleinlaut zu, daß wir uns in der Stärke der Russen bisher getäuscht hätten, um dann wie folgt fortzufahren: »Vielleicht machen wir jetzt den Fehler, die Russen zu überschätzen.« Krebs fährt fort, er wisse aus eigener Erfahrung, daß sich jede Offensive nach 250–300 Kilometern totlaufe. Kaiser entgegnet, daß die Hauptoffensive der Russen erst bevorstehe. Im März würden neue Überraschungen über die Bühne gehen. General Krebs vertröstet auf die Schlammperiode. Kaiser meint dazu, das sei ein Stück Natur. Auch damit würden die Russen fertig werden. General Krebs verweist demgegenüber auf die Lage Friedrichs des Großen 1759. Dieser sei damals auch verzweifelt gewesen, habe aber dennoch standgehalten und sei gerettet worden. So werde es auch Adolf Hitler ergehen. Kaiser entgegnet, Friedrich der Große habe die Mittel der Politik als Kunst gehandhabt und habe alles getan, um mit dem Bestand Preußens aus der Katastrophe herauszukommen. Er sei ein König mit Ehrgefühl und Verantwortung gegenüber dem Volk und Gott gewesen. Deshalb seien damals er und das Vaterland gerettet worden. Krebs antwortet: »Es hilft alles nichts, wir sitzen auf dem gleichen Ozeandampfer.« Kaiser antwortet: »Das enthebt uns nicht der Pflicht, das Steuerruder zu ergreifen, wenn erkannt wird, daß falsch gesteuert wird. Brüllaffen und Verbrecher müssen über Bord.« Danach verabschiedet sich General Krebs. Bei dem anschließenden Gespräch zwischen Kaiser und mir soll ich nach den Aufzeichnungen Kaisers gesagt haben: »Tresckow ist noch mit jedem Chef fertiggeworden und wird auch diesen unter seinen Einfluß kriegen.« Niemals habe Tresckow einen Eingriff in seinem Bereich als Erster Generalstabsoffizier hingenommen.

Im Anschluß daran schildert Kaiser eine Unterhaltung zwischen ihm und mir über die Beurteilung Kluges und Mansteins. Nach Kaiser soll ich gesagt haben, Kluge sei Manstein in der Erkenntnis um Pferdelängen voraus. Tresckow kenne Manstein ganz genau und erwarte keine Initiative von ihm. Aber Tresckow werde Manstein dauernd weiter bearbeiten. Was den Nachmittag des gleichen Tages angeht, so schildert Kaiser ein Gespräch mit Goerdeler. Danach war dieser sehr erregt und schimpfte auf die Generale. Auch mit Beck sei er nicht einverstanden. Er sei ein Zauderer, der nicht zu einem Entschluß komme. Es habe keinen Zweck, ihn Woche für Woche aufzusuchen. Alle Unterhaltungen seien Gespräche. Aber es folge nie ein Entschluß. Er, Goerdeler, werde daher Ende Februar Schluß machen. Die Arbeiterschaft sei sehr enttäuscht. Die Generale hätten versagt. In den breiten Massen mache sich ein Radikalismus geltend und bemerkbar.

Unter dem Datum des 20. Februar 1943 notiert Kaiser ein längeres Gespräch mit Goerdeler. Dieser stellt zwei Fragen: Er will wissen, ob Beck nach Meinung von Kaiser die Initiative zum alleinigen Handeln aufbringen werde. Die Antwort lautet »nein« und enthält den Zusatz: »Das Große Hauptquartier ist nicht fertig.« Die weitere Frage erstreckt sich auf die Beurteilung von Generaloberst Fromm. Auch diese Frage beantwortet Kaiser mit »nein« und fügt hinzu: »Fromm wird nur etwas tun, wenn alles sicher oder vollzogen ist. Der eine will handeln, wenn er Befehle erhält, der andere befehlen, wenn gehandelt ist.« Goerdeler stellt folgende Zusatzfrage: Ob man Fromm schachmatt setzen könne? Auch hier widerrät Kaiser und macht die Beobachtung, daß Goerdeler auf Beck geladen sei. Dieser habe Goerdeler im Beisein von Tresckow gesagt, er könne ihn in nächster Zeit nicht mehr empfangen. Einige Tage später spricht Kaiser in seinem Tagebuch von scharfen Auseinandersetzungen zwischen den Feldmarschällen Kluge und Manstein einerseits und Hitler andererseits. Im Anschluß an ein Gespräch mit Oster und Beck wird hervorgehoben, daß Lord Lloyd gestorben sei. Er wird als der bedeutendste Kopf Englands bezeichnet. Von ihm wird gerühmt, daß er großen Einfluß in England hatte und Deutschland geschätzt habe. Durch ihn habe man immer Verbindung zu Churchill bekommen können. Es heißt weiter von ihm: »Er sah ganz klar und erkannte die Zukunft.« Am gleichen Tage noch wird Kaiser zu Beck gerufen. Dieser empfängt ihn mit dem Vorwurf: »Wie konnten Sie mir solche Leute schicken?« Beck meinte einige junge Offiziere, die man ihm zugeführt hatte. Über sie urteilt er wie folgt: »Sind ja alles Dilettanten und können nur gefährden und schaden. Die Männer haben ja keine Ahnung. Handeln wollen sie. Dann würden sie schönes Unheil anrichten und Schlimmes erleben. Seien Sie versichert, ich tue alles, was für das Vaterland heilsam und notwendig ist. Von meiner Seite geschieht, was an Vorbereitungen für die Befreiung notwendig ist. Aber diese Männer können alles verderben.« Nach diesem Erlebnis schreibt Kaiser folgendes nieder: »Überzeugt und stark beeindruckt. Er ist doch die stärkere Kraft, weil besonnen und einsichtig. Er wehrt sich gegen jede Erpressung.« Einen Tag später bringt Graf Fritz Dietlof von der Schulenburg die Nachricht, daß aus dem Partisanengebiet SS-Truppen zurückgezogen würden. 50000 Mann hiervon seien für Berlin bestimmt. Straßenzüge in Berlin würden mit Maschinengewehren besetzt werden. Die Kaufhäuser Grünfeld und Wertheim sollten für Kasernierungszwecke der SS verwendet werden. Anfang März 1943 verzeichnet Kaiser, daß Generaloberst Zeitzler Adolf Hitler eine Denkschrift überreicht habe. Dieser habe sie ihm an den Kopf geworfen. Am 3. März 1943 enthält das Tagebuch Kaisers die Notiz, ich hätte die Anfrage des Feldmarschalls von Kluge an Beck übermittelt: »Geht Termin zum Bereitstehen in Ordnung? Wenn nicht, bitte Termin beschleunigen.« Inzwischen hat Goerdeler eine Denkschrift angefertigt, die sich an die Generale richtet. Kaiser hält die Denkschrift stilistisch und inhaltlich für unmöglich. Unter dem Datum des 6. März 1943 notiert Kaiser, daß Beck krank geworden und in die Charité eingeliefert worden ist, wo er von Sauerbruch operiert werden solle. Kaiser fügt hinzu: »Alle in ernster Sorge.« Am 8. März 1943 notiert Kaiser, daß er Beck besucht habe. Die Operation sei sehr schwer gewesen. Sie habe zweieinhalb Stunden gedauert. Sauerbruch habe eine große Darmgeschwulst entfernt. Das Befinden sei sehr ernst. Auch in den nächsten Tagen sind alle Eingeweihte sehr bedrückt über die Erkrankung Becks. Erst jetzt werde man sich der Bedeutung dieses Mannes recht bewußt. Niemand könne ihn ersetzen. Sauerbruch betont am Telefon, der Zustand von Beck sei sehr ernst. Wenn aber der Patient noch einige Tage durchhalte, so sei er gerettet. Kaiser hält das Telefonat im Tagebuch fest und fügt hinzu: »Dies die erste Nachricht, die aufatmen läßt. Er ist der einzige staatsmännische Kopf, was Olbricht bestätigt. Gott möge ihn beschützen.« Unter dem Datum des 15. März 1943 notiert Kaiser die Nachrichten über die Tatsache, daß man die Geschwister Scholl vor den Volksgerichtshof gestellt habe. Die guten Nachrichten über das Befinden Becks werden bestätigt. Es soll eine Nachoperation in zehn bis vierzehn Tagen stattfinden. Angeblich soll er in drei Wochen wieder entschlußfähig sein. Am 29. März 1943 notiert Kaiser eine Abendunterhaltung mit Goerdeler. Sein Urteil sei klar, er sei tatbereit. Die Unterredung habe im Beisein des Generals von Rabenau stattgefunden. Goerdeler fügt hinzu, er habe den Versuch gemacht, Beck in der Klinik aufzusuchen. Er sei aber nicht zum Patienten gelassen worden. Man habe ihm gesagt, er könne ihn nicht empfangen. Am folgenden Tag orientiert Kaiser den immer noch in der Klinik befindlichen Beck über ein Gespräch zwischen Goerdeler und Guderian. Kaiser fügt hinzu, Guderian sei bei den Soldaten sehr populär. Über den Abend des 31. März 1943 gibt Kaiser eine Schilderung des Zusammenseins der Offiziere mit Fromm und Olbricht. Das Gespräch kommt auf die Frage von Disziplin und Gehorsam. Fromm sagt, in hundert Fällen müsse man hundertprozentig gehorsam sein, Olbricht dagegen meint, man müsse bei neunundneunzig Fällen einmal nein sagen. Am 6. April 1943 kommt es zu einer einstündigen Rücksprache zwischen Kaiser und Tresckow. Dieser meint, man habe nach Stalingrad alles versäumt. Kluge sei der gleiche geblieben. Er habe keine Initiative. Zu seinem Geburtstag habe er 250000.- Reichsmark in Form eines Wechsels, übergeben durch General Schmundt, angenommen. Kaiser unterrichtet Tresckow über das Gespräch Goerdeler – Guderian. Mit Manstein sei im Augenblick nicht zu sprechen, er sei am Blinddarm operiert und liege in Breslau. Es sei fraglich, ob er wieder auf seinen Posten zurückkomme. Unter Umständen werde er durch Model ersetzt. Manstein, so sagt Tresckow, habe nur militärische und operative Fähigkeiten. Er verfüge nicht über ein politisches Verständnis. Auch besitze er keine Tiefe. Es mangle ihm an gründlicher Bildung. Er sehe nicht die politischen Notwendigkeiten und verhalte sich gegenüber den dringenden Aufgaben, die das Wohl des Volkes stelle und zu lösen fordere, ganz ablehnend. Nach einem längeren Gespräch habe Manstein abschließend gesagt: »Sie können das Rad der Weltgeschichte nicht zurückdrehen.« Manstein hoffe auf eine neue Offensive gegen Rußland und meine, daß Rußland bis zum Herbst niedergerungen sein werde. Kaiser fügt hinzu: »Unbegreifliche Äußerung«. Kluge sei immer noch der Beste. Er habe Einsicht, nur handle er nicht. Aber er hindere auch nicht und sei bereit, im Falle des Falles das Hauptgeschäft zu übernehmen. General Krebs, der neue Chef beim Oberbefehlshaber der Heeresgruppe Mitte, sei ein kluger Mann, viel klüger als sein Vorgänger, General Wöhler. Krebs sei ein gewandter, schnell auffassender Mensch, aber reiner Intellekt und sehe sehr rosig in die Zukunft.

Im gleichen Zeitpunkt wird gemeldet, daß General Oster und sein erster Mitarbeiter, Reichsgerichtsrat von Dohnanyi, in politische Schwierigkeiten gekommen seien. Weiter verzeichnet Kaiser, daß der Feldmarschall Keitel mit den Stellvertretenden Kommandierenden Generalen eine stundenlange Konferenz gehabt habe. Bei dieser Gelegenheit habe er sich über das Verhalten gewisser Offiziere beschwert. Die Offiziere hätten die Pflicht, das Volk vor Miesmacherei zu bewahren und die ganze Energie für die Stärkung der Kräfte im Volke und Heer einzusetzen. Er habe sich genötigt gesehen, gewisse Offiziere einsperren zu lassen. Diese mußten solange im Gefängnis sitzen, bis sie Geständnisse machten und die Urheber der von ihnen verbreiteten Gerüchte angäben. Wenn sie schuldig seien, werde er sie dem Konzentrationslager übergeben. Dies alles habe er in erregtem Ton vorgebracht. Von allen diesen Vorgängen unterrichtet Kaiser noch am gleichen Nachmittag Beck im Krankenhaus. Außerdem notiert Kaiser, daß im April Staatssekretär von Weizsäcker aus seiner Stellung im Auswärtigen Amt ausscheide, um Botschafter am Vatikan zu werden.

Am 7. April 1943 findet erneut ein Gespräch zwischen Tresckow und Kaiser statt. Tresckow äußert seine Zweifel über Guderian. Er traue ihm nichts zu, auch nicht, daß er das Memorandum von Goerdeler sich zu eigen gemacht und mitgenommen habe. Er kenne ihn als ganz anders eingestellten Mann. Mit Manstein sei nichts zu machen. Nur Kluge sei bis zu einem gewissen Grad in Ordnung. Aber ihn weiterzubringen, sei völlig abwegig. Kluge sehe ein, stimme zu, werde aber nichts tun. Erst wenn alles vollzogen, werde Kluge zur Übernahme des Oberbefehls bereit sein. Goerdeler solle es sich aus dem Kopf schlagen, ihn weiterzubringen. Dieses Kapitel sei ein für allemal abgeschlossen. Am 8. April 1943 berichtet Goerdeler, die Mission Guderian sei völlig negativ verlaufen, ohne Ergebnis; Guderian hatte übrigens das Memorandum nicht mitgenommen. Generalleutnant von Rabenau sei bei ihm gewesen. Guderian solle Andeutungen über ein anderes Vorgehen gemacht haben. Manstein habe rundweg abgelehnt. Er halte sich an seinen Eid gebunden. Nach seiner Ansicht sei Hitler immer noch der stärkste Mann. Hitler habe siegesbewußt gesagt, der Russe sei »klein groggi«. Guderian soll vor der Gefahr gewarnt haben, daß man denunziert werden könne. Aber General von Rabenau habe gemeint, wer jetzt denunziere, entblöße sich selbst. Kaiser fügt hinzu, Goerdeler habe sich doch sehr in Guderian getäuscht. Zwar habe Goerdeler vorher gefragt, ob er offen reden könne, und habe zur Antwort erhalten: »Ja, ganz offen, sonst hat es keinen Zweck.« Aber Goerdeler habe Guderian viel zuviel zugetraut. Am 12. April 1943 erneuert Tresckow seinen Besuch bei Kaiser.

Nach einiger Zeit kommt Hauptmann Gehre hinzu. Später folgt auch Goerdeler. Tresckow bemerkt, daß Kluge zum höchsten Grade der Erkenntnis gelangt sei. Aber er handle nicht als erster, selbst wenn man mit Engelszungen rede. Er hält die Absendung des von Goerdeler verfaßten Briefes an Manstein für völlig zwecklos. Eher könne er schaden. Im Laufe des Gespräches bringt Gehre die Nachricht, daß Graf Stauffenberg in Tunis schwer verwundet sei. Er habe ein Auge verloren. Dann sei das Gespräch noch einmal auf Manstein gekommen. Hier habe Tresckow zu Goerdeler gesagt, jede Bearbeitung sei zwecklos. Nach Tresckow habe Schmundt ihm erzählt, wie Hitler das Amt des Inspekteurs der Panzerwaffe an Guderian übertragen habe. Er habe ihm auf die Schulter geklopft. In diesem Augenblick sei alles frühere Verhalten vergessen gewesen. Guderian sei völlig wiedergewonnen worden.

Nach einer Mitteilung soll eine Unterredung zwischen Mussolini und Hitler stattgefunden haben. Dabei habe Mussolini zwei Luftflotten gefordert sowie Flakartillerie und zehn Divisionen. In der Folgezeit wird klar, daß der Vorstoß gegen General Oster und Reichsgerichtsrat von Dohnanyi sich auch gegen Canaris richte. Die Attacke gehe von Kaltenbrunner aus, mit dem Ziel, Canaris zu stürzen. Kaiser vermerkt in seinem Tagebuch das Gerücht, daß Himmler Verbindung mit Stalin suche. Nach Ansicht Himmlers sei der Krieg verloren und nur noch in Verbindung mit Rußland für Deutschland zu gewinnen. Kaiser glaubt an solche Machenschaften nicht. Kurz darauf heißt es, daß Kaltenbrunner insoweit sein Ziel erreicht habe, als General Oster gezwungen worden sei, aus seiner Stellung auszuscheiden. Hierüber unterrichtet Kaiser Generaloberst Beck in der Charité. Nach einem Essen, an dem General Oster teilnimmt, erklärt dieser, Halder sei sehr klug, aber er könne Beck bei weitem nicht erreichen. Am Nachmittag fährt Kaiser in die Charité. Er findet Beck sehr angegriffen und mitgenommen.

Beck bittet Kaiser um ein Weingeschenk für Professor Sauerbruch. Während der Unterhaltung läßt Sauerbruch Hauptmann

Kaiser zu sich rufen. Aus der Begegnung wird eine über einstündige Unterredung. In dieser Unterredung habe Sauerbruch erzählt, daß er in Zürich Ordinarius gewesen sei. Von dem großartigen internationalen Leben in dieser Stadt machten sich die meisten keine Vorstellungen. Während des Gespräches äußert sich Sauerbruch über Beck. Dieser sei edel und uneigennützig, wie er noch niemanden erlebt habe. Das Gespräch kommt auch auf den SS-General Eikes. Dieser habe nach seiner Operation zu Sauerbruch gesagt: »Sie haben mir das Leben gerettet. Äußern Sie einen Wunsch, ich erfülle jeden, den ich erfüllen kann.« Sauerbruch antwortete: »Geben Sie Niemöller frei.« Eikes' Gegenantwort lautete, dies könne er leider nicht tun, denn Niemöller sei der persönliche Gefangene Hitlers. Eikes habe aber immerhin die Überführung Niemöllers nach Dachau veranlaßt, wo es ihm besser gehe als in Oranienburg. Dann wandte sich das Gespräch erneut der Persönlichkeit von Beck zu. Sauerbruch kennzeichnete ihn wie folgt: Beck sei der bescheidenste Mann, den er kennengelernt habe. Als Kaiser die hohen politischen Fähigkeiten Becks rühmt, stimmt Sauerbruch zu. Bei der Fortsetzung des Gespräches stellt Kaiser die Frage, ob Beck wohl auch die erforderliche Tatkraft und Entschlußkraft besitze. Er habe doch manchmal zu sehr gezögert. Auf der anderen Seite müsse man auch sehen, daß Beck keine *puissance* hinter sich gehabt habe. Zum Schluß stellt Kaiser die Frage: »Wird Beck wieder werden?« Sauerbruch antwortet: »Ja, hundertprozentig arbeitsfähig und in baldiger Zeit.« Nach dieser Unterredung geht Kaiser wieder zu Beck und verabschiedet sich mit den aufrichtigsten Wünschen für die Wiederherstellung.

Anfang Mai 1943 verzeichnet Kaiser in seinem Tagebuch die Wendung der Lage in Afrika. Bizerta fällt. Die Einkesselung der restlichen Streitkräfte in Afrika wird erkennbar. Beck äußert sich hierüber zu Kaiser: »Es ist schlimm, daß es nicht gelungen ist und nicht gelingen will, dem Rad in die Speichen zu fallen.« Bei der Erörterung der Einzelheiten bricht Beck in die Worte aus: »Ja, man hat das Transportproblem einfach unterschlagen.«

Unter dem 12. Mai 1943 notiert Kaiser, daß Hitler mit Geldzuwendungen an einige Generale freigebig sei. Auch sei für Guderian ein Gut entweder im Warthegau oder bei Salzburg vorgesehen. Aus den Aufzeichnungen Kaisers ergibt sich weiter, daß der General der Nachrichtentruppen, Fellgiebel, angeschwärzt wurde. Es wird ihm zur Last gelegt, defaitistische Äußerungen getan zu haben. Aber Hitler resigniert. Es reiche zur Absetzung oder Verurteilung nicht aus. Er wisse aber, daß die Generalität treulos sei. Der Krieg in Afrika steht kurz vor dem Zusammenbruch. Am 12. Mai 1943 besucht Kaiser Generaloberst Beck erneut im Krankenhaus. Beck sitzt im Stuhl, voller Interesse und hat viel Appetit. In den nächsten Tagen mehren sich die Luftangriffe. Duisburg steht in Flammen. In Afrika verlangen die Engländer die bedingungslose Kapitulation. Mitte Mai äußert Goerdeler die Absicht, sich mit dem Feldmarschall Keitel in Verbindung setzen zu wollen. Kaiser rät ab, dadurch werde alles aufs Spiel gesetzt. Keitel werde Goerdeler nie verstehen und nie unterstützen. Er rät Goerdeler, die Wiederherstellung Becks abzuwarten und nichts ohne sein Einverständnis zu tun. Nach Kaiser scheint es abwegig zu glauben, daß man Rußland und England noch trennen könne. Er sei nur gespannt darauf, wann die Invasion stattfinden werde. Ob im Mittelmeer und zugleich in Norwegen, sei freilich fraglich. In Afrika verbreitet sich das Stichwort »Tunisgrad«. In der zweiten Hälfte Mai treffen Nachrichten über die Zerstörung der großen Talsperre an Eider und Ruhr ein. Eine sechs Meter hohe Flutwelle wälzte sich durch das Land, alles vernichtend. In Goerdeler kommt der Gedanke auf, ob es nicht richtig sei, zu Hitler selbst zu gehen. Am 20. Mai 1943 bringt Kaiser einen Brief von Goerdeler zu Beck. Dieser liest den Brief und lächelt. Kaiser sagt sofort, daß auch er den Vorschlag Goerdelers einer Unterredung mit Hitler für illusorisch halte. Beck gibt den Brief an Kaiser zurück. Am 28. Mai 1943 findet wieder eine Aussprache zwischen Tresckow und Kaiser statt. Tresckow erzählt über den Vorstoß Zeitzlers bei Hitler. Zeitzler habe dort die Kabinettsfrage gestellt und den Rücktritt des Feldmarschalls Keitel gefordert, weil dieser als

Haupt des OKW völlig versagt habe. Zeitzler habe Feldmarschall von Kluge als Nachfolger Keitels vorgeschlagen. Rommel und Manstein seien nicht für diese Position erwünscht. Er, Tresckow, habe im Großen Hauptquartier zwei Stunden mit General Heusinger gesprochen. Sie seien sich einig. Die Lage im Osten ist nach Tresckows Ansicht ausgeruht. Der Russe habe starke Verluste gehabt. Er sei dem deutschen Infanteristen unterlegen. Im Anschluß daran besucht Tresckow General Schmundt. Danach kehrt er wieder zurück und berichtet, er habe bei General Schmundt den Kronprinzen getroffen, der sehr offen und lebhaft gesprochen habe. Weiter meint Tresckow, Hitler sei nicht abgeneigt, den Vorschlag Zeitzlers anzunehmen. Er habe aber die Entscheidung noch ausgesetzt. Tresckow meint, daß vielleicht eine Kompromißlösung herauskomme, aber keine klare Entscheidung. Kluge sei als Nachfolger von Keitel geeignet. Manstein komme als Oberbefehlshaber des Heeres in Frage. Hierfür sei er besonders begabt. Rommel sei für diesen Posten nicht qualifiziert. Nach Ansicht von Kaiser unterschätzt Tresckow die Wirkung der englischen Fliegerangriffe, während Tresckow meint, die Rüstungsproduktion und die Kohlenerzeugung werde nicht ganz ausfallen. Man müsse sich auch mit der Frage neuer Waffen befassen, z.B. mit der Waffe des Stratosphären-Geschosses und der Nebelwerfer, verbunden mit Gas. Kaiser entgegnet, daß mit technischer Steigerung der Waffen kein Krieg entschieden werden könne. Tresckow führt demgegenüber an, daß wir den Ersten Weltkrieg durch rechtzeitigen Einsatz von Gas und U-Booten hätten gewinnen können. Kaiser bestreitet dies und hält Ludendorff für den Schuldigen an dem Verlust des Ersten Weltkrieges. Nach Tresckow besteht noch kein Zusammengehen der Abteilungschefs im Generalstab des Heeres in Richtung eines Entschlusses. Es fehle mehr als die Einsicht. Zeitzler sei zwar gegen Keitel und wolle Kluge als Nachfolger, stehe aber immer noch hundertprozentig zu Hitler. Er sei auch kein wirklicher Stratege.

Aus den weiteren Eintragungen ergibt sich, daß immer wieder

die Forderung Zeitzlers auf Ablösung des Feldmarschalls Keitel in den Vordergrund tritt. Zeitzler wird hierbei unterstützt durch die sechs Abteilungschefs Heusinger (Operationsabteilung), Wagner (Oberquartiermeister), Stieff (Organisationsabteilung), Behrendt (Abteilung Ausland), Gerke (Chef des Transportwesens), Fellgiebel (Chef des Nachrichtendienstes).

Am 5. Juni 1943 sprechen Speer und Goebbels im Sportpalast. Speer feiert die Rüstungsproduktion. Sie sei größer denn je. Nach dem Urteil von Kaiser übertrifft sich Goebbels noch einmal in seiner Kunst der Rhetorik. Noch im Juni 1943 tauchen Nachrichten auf, daß Mussolini, der gerade eine Unterredung mit Hitler abgelehnt habe, krank sei. Das italienische Volk sei kriegsmüde. Goerdeler meint hierzu, Italien sei in etwa sechs Wochen reif zum Zusammenbruch. In einem Gespräch zwischen Goerdeler und Tresckow werden verschiedene Persönlichkeiten beurteilt. Nach Goerdeler sei von der Initiative des Generaloberst Fromm nichts zu erwarten. Tresckow meint, die Lage innerhalb des Generalstabes des Heeres sei sehr viel differenzierter als man annehme. Heusinger habe Erkenntnis und Klarheit. Stieff dagegen habe mit Abstand die beste Erkenntnis und verfüge zugleich über den Willen und den Entschluß zur Aktion. Die anderen träten weniger hervor. Schließlich wird im Gespräch betont, daß Guderian Einfluß auf die Menschen habe. Er besitze vor allem Resonanz bei der Truppe. Aber er sehe nie das Gesamtbild, rede viel, ändere leicht seine Meinung und sei nie zum Handeln zu bringen. Keiner von den fünf Chefs der Abteilung des Generalstabes des Heeres denke daran, Hitler aus dem Sattel zu heben. Was Guderian betreffe, so sei dieser zu cholerisch und dem Feldmarschall von Kluge gegenüber spinnefeind. Er habe vor Hitler mit Kluge eine Szene veranstaltet, so daß es allen Beteiligten peinlich gewesen sei. Auch wird die Frage erörtert, was denn nun aus Tresckow werden solle. Dieser sagte, er werde entweder zum 1. August 1943 ins Große Hauptquartier kommen oder ein Regiment erhalten. Er habe Schmundt gebeten, ihm ein Regiment zu verschaffen. Kaiser meint, daß diese Unterhaltung mit einer großen Enttäuschung geendet habe. Von den Feldmarschällen sei nur Kluge klar in Erkenntnis der Zusammenhänge und der Aufgabe. Es fehle aber doch das Letzte.

In den späteren Tagen hält Kaiser fest, daß man Material zusammengestellt habe, aus dem sich ergebe, wie man in Polen die Juden und auch die Einwohner selbst verfolge. Trotzdem blühe in Polen der Partisanenkrieg. Bei jedem durch Warschau fahrenden Eisenbahnzug gebe es Tote und Verwundete. Am Abend des gleichen Tages findet noch einmal eine Unterredung zwischen Tresckow und Goerdeler in Gegenwart von Kaiser statt. Nach diesen Aufzeichnungen sieht Guderian die Lage so günstig an, daß er bis Herbst warten will. Hitler werde ihn rufen. Guderian hoffe auf die neuen Kampfmittel und ihre vernichtende, durchschlagende Wirkung. In der Unterhaltung äußert Tresckow, daß er Guderian als Oberbefehlshaber des Heeres nicht für geeignet halte. Zwischen Guderian und Kluge bestünde eine große Spannung. Es herrsche ein Zwiespalt der Charaktere und Meinungen. Auch dürfe man nicht ihre früheren Auseinandersetzungen übersehen. General Heusinger als Chef der Operationsabteilung setze auf die Karte Stalin. Tresckow rät davon ab, daß Goerdeler mit Heusinger Verbindung aufnimmt. Dagegen sei Stieff bereit, aufs Ganze zu gehen. Aber erst müsse etwas passieren. Bei Rommel und Manstein sei keine Erkenntnis vorhanden. Manstein übertreffe zwar Kluge an brillanter operativer Ideentechnik, aber er sei kein politischer Geist, arm an Gemüt und ohne Sinn für Kultur und Realitäten. Model sei sehr tüchtig, aber gefährlich. Außerdem sei er bedingungslos Hitler ergeben. Als Göring erwähnt wird, meint Tresckow, die Generale würden ihm keine Gefolgschaft und auch keinen Eid leisten. Hierfür fehle es an Vertrauen und Achtung. Er – Tresckow – meint, aller Wahrscheinlichkeit nach werde kein Zusammenschluß und kein gemeinsames Handeln der Chefs zustandekommen. Man müsse den Feldmarschall von Kluge nach oben rufen. Noch fünf Minuten vor zwölf müsse ein älterer Oberbefehlshaber des Heeres geholt werden. Fromm dagegen müsse sich für den Ausnahmezustand vorbereiten. Nach Tresckow komme Guderian für die Gesamtführung nicht in Frage. Was Fromm betrifft, so sind sich die Gesprächspartner einig, daß er einer der größten und ehrgeizigsten Männer in politischen Dingen ist, aber nicht über Fähigkeiten verfügt, um mit Volksmassen umzugehen. Trotzdem bedürfe man seiner Mitwirkung. Tresckow fragt nach der Zeit bis zum Zusammenbruch. Er erbittet von Goerdeler eine Zahlenübersicht für Kluge. Vor allem ist wichtig, über das Sinken der Stahlproduktion gute Ziffern zur Hand zu haben. Am Schluß der Unterhaltung wird noch einmal das Problem Guderian berührt. Kaiser fordert Goerdeler auf, er möge ihm ein Ultimatum stellen.

In den nächsten Tagen treffen Meldungen ein. Hiernach habe sich ein russischer gefangener General bereit erklärt, aus den Gefangenen und den Männern in den besetzten Gebieten Rußlands eine russische Truppe aufzustellen. Deutschland müsse die Ausrüstung liefern. Bedingung hierfür sei das Zugeständnis einer Selbständigkeit in der Führung mit geschlossenem Einsatz der Truppe. Man müsse unabhängig vom deutschen Oberkommando des Heeres sein. Unter diesen Bedingungen sei er bereit, gegen Stalin zu kämpfen, und glaube, Stalin vernichten zu können. Aber man müsse Rußland die Grenzen von 1914 zugestehen. Hitler sträubte sich gegen die Annahme dieser Bedingungen. Aber Himmler und das Auswärtige Amt bedrängten ihn, die Bedingungen anzunehmen. Dem Auswärtigen Amt wird der Satz zugeschoben: »Wenn Hitler es nicht tut, verlieren wir alles.«

Nach einer Nachricht soll Guderian am 7. Juni 1943 bei Ley zum Essen geladen gewesen sein. Dort habe er angeblich die Lage als glänzend geschildert. Er habe die besten Panzer, und auch die Zahl der Panzer sei genügend. Deutschland sei durchaus fähig, jede Invasion abzuschlagen. Kaiser schließt daraus, daß Guderian eine Doppelnatur sei.

Am 25. Juni 1943 notiert Kaiser, daß der Raketeneinsatz gegen England auf November verschoben werde, da erst dann ein größerer Einsatz möglich sei. Es bestehe die Absicht, damit Schottland zu erreichen und danach ganz England innerhalb kurzer Frist zu zerstören.

Ein erneuter Besuch Kaisers bei Beck in der Charité zeigt, daß es mit der Gesundheit Becks aufwärts geht. In der gleichen Zeit kommt zu Kaiser die Nachricht, daß Himmler bei Admiral Canaris gewesen sei. Himmler habe sich in diesem Gespräch über die reaktionäre Haltung verschiedener Generale beschwert. Diese seien nicht mehr tragbar. Er wisse auch, daß Generaloberst Beck und General von Falkenhausen Urheber einer Bewegung seien, die Tocqueville einmal beschrieben habe im Zusammenhang mit der Französischen Revolution. Himmler habe in diesem Zusammenhang auch den Namen des Generals Oster genannt.

Kaiser verzeichnet auch Nachrichten über die Versuche mit der Rakete in Peenemünde. Bei diesen Versuchen soll eine Rakete einmal im Walde von Danzig niedergegangen sein. Ursprünglich habe sie eine Entfernung von 220 km, jetzt aber eine Entfernung von 370 km zurückgelegt.

Wie aus dem Tagebuch Kaisers hervorgeht, kommt es am 28. Juni 1943 zu einem Gespräch zwischen Kaiser und mir. In diesem Gespräch wird festgehalten, daß alle Heeresgruppen-Oberbefehlshaber und Armeeführer zum 28. Juni 1943 in das Große Hauptquartier berufen worden seien. Feldmarschall von Kluge habe bei Zeitzler angefragt, was diese Einladung bedeute. Zeitzler habe darauf geantwortet, Hitler werde den Generalen eine Rede halten und dabei auf drei Punkte verweisen: Erstens werde bekanntgegeben, daß in den Vereinigten Staaten von Amerika ein Bergarbeiterstreik ausgebrochen sei. Dieser habe schon jetzt die Produktion sehr geschwächt. Außerdem werde bekanntgegeben, daß die Raketengeschosse ab 1. Oktober 1943 mit einer Entfernungskapazität von 370 km in Richtung England eingesetzt würden. Dadurch werde England in wenigen

Wochen mürbe und in die Knie gezwungen. Schließlich würden neue magnetische Flakgranaten eingesetzt werden, die den Luftkrieg alsbald beenden würden. In sechs Monaten würden wir alle lachen.

Nach der Aufzeichnung Kaisers soll ich den Einsatz der Raketengeschosse auf England ernstgenommen haben. Kaiser meinte dagegen folgendes:

a) Jede technische Steigerung sei eine Schraube ohne Ende.

b) Die Anwendung der Rakete werde schlimmste Luftangriffe nach sich ziehen. Die Rakete gewährleiste keinen Zielangriff, sondern nur einen Flächenangriff. England werde dann keine Hemmung mehr kennen und zu den schlimmsten Gegenangriffen ausholen.

c) Mit technischen Mitteln könne man keinen Krieg entscheiden. Sei aber die Rakete erst einmal angewendet, so gebe es kein Halten mehr.

Nach Kaiser habe ich mit zwei Argumenten die Gegenmeinung vertreten: 1) Unter Hinweis auf die Überwindung der spanischen Armada durch England mit Schiffen, auf die Geschütze gebracht worden seien. 2) Durch Hinweis auf die englischen Tanks im Jahre 1917.

Hiergegen führt Kaiser an, die Kriege seien damals nicht durch diese Mittel, sondern durch eine überlegene Führung gewonnen worden. Die Tankschlacht von Cambrai sei kein kriegsentscheidender Erfolg gewesen. Der Erste Weltkrieg hätte auch durch maßvolle, einsichtsvolle Politik gewonnen werden können. Nach den Aufzeichnungen Kaisers habe ich den Besuch bei ihm am 29. Juni 1943 wiederholt. Er hält fest, daß ich in diesem Gespräch nach seiner Ansicht mit Recht Freiheit vom Haß gefordert habe. Anfang des Monats Juli notiert Kaiser, daß im Luftfahrtministerium große Änderungen bevorstünden. Zwanzig Generale sollten ausscheiden. Göring sei praktisch nicht mehr Oberbefehlshaber der Luftwaffe. Er wertet diesen Wechsel als Entmachtung Görings. Ein Besucher bei Generaloberst Fromm erhält auf seine warnenden Hinweise die Antwort, er, Fromm, habe blindes Vertrauen zum Führer. Darauf folgt der Zusatz: »Sie etwa nicht?« Nach dem Mißerfolg der deutschen Offensive bei Kursk hält Kaiser fest, daß Manstein und Kluge widerraten hätten. Generaloberst Model und General Krebs dagegen hätten sich für die Offensive eingesetzt. Kluge habe schließlich nachgegeben mit dem Hinweis, die schwächere Form der Kriegführung sei die Verteidigung. Hiergegen habe Tresckow Widerspruch erhoben und habe zum Beweise für die Richtigkeit seiner Meinung auf Clausewitz verwiesen.

Unter dem Datum des 11. Juli 1943 notiert Kaiser die Rede von Goebbels an der Universität Heidelberg. Dort habe er über die Aufgabe des Arbeiters des Geistes im Hinblick auf Bildung und Führung des Volkes gesprochen. Am darauffolgenden Montag bringt Gehre zu Kaiser die Nachricht, daß die Engländer auf Sizilien gelandet sind. Gleichzeitig bereiten die Amerikaner und Kanadier eine Landung im Süden Siziliens bei Licata vor. Die englische Flotte beschießt Syracus und fährt außerdem an der Westküste Siziliens auf. Am 10. Juli 1943 erhält Kaiser sehr negative Nachrichten über die Lage in Rußland durch General Speidel. Speidel und Heusinger seien sich einig, daß es die Hauptaufgabe sei, den Krieg zu beenden. Im Reichskriegsministerium wird befürchtet, daß die Absicht bestehe, General Oster vor ein Sondergericht zu stellen. Nach einer Mitteilung durch eine Frau soll Guderian dem General Schmundt folgendes berichtet haben: »In den vierzehn Monaten meines Exils habe ich unter den Generalen so viel abfällige Kritik über den Führer gehört, daß ich ganz erschüttert gewesen bin.«

Unter dem Datum des 15. Juli 1943 verzeichnet Kaiser, daß ich ihn vormittags aufgesucht habe, um ihm eine Denkschrift und einen Brief des Feldmarschalls von Kluge zu übergeben.

Kaiser trägt in sein Tagebuch die Nachricht ein, Halder habe im Hinblick auf Hitler gesagt: »Wenn ich Clausewitz gelesen habe, bin ich noch lange kein Feldherr.« Aber Halder werde deshalb kein Verfahren bekommen. Unter dem Datum des 21. Juli

1943 bemerkt Kaiser, daß Guderian eine ganze Nacht bei Hitler gewesen sei. Hier habe Guderian Hitler gründlich die Meinung gesagt. Die Offensive bei Orel sei deshalb mißglückt, weil die Panzer unzureichend und schlecht geführt worden seien, auf breiter Basis, ohne tiefe Staffelung, statt in tiefgegliedertem, spitzem Keil. Auch seien die neuen Mannschaften schlecht ausgebildet. Die Offensive sei jedenfalls gescheitert. In der gleichen Zeit trifft die Nachricht ein, daß die Engländer und Amerikaner in Palermo eingedrungen seien. Inswischen ist nach den Aufzeichnungen Kaisers Admiral Canaris sowohl bei Kluge wie bei Tresckow gewesen. Danach rechnen Hitler und Keitel und ihr engster Mitarbeiterkreis auf die Raketenoffensive. Ab November seien die Raketen schußbereit. Sie enthalten aber nicht 16 oder 24, sondern nur 1 Tonne Sprengstoff. Nach der Meinung von Kaiser ist Goerdeler ein kluger Mann, habe aber keine Menschenkenntnis und keinen Blick für die Realitäten in der Politik.

Als Kaiser am 26. Juli 1943 seine Dienststelle betritt, wird ihm gesagt: »Der Duce ist zurückgetreten. Der König von Italien hat den Oberbefehl übernommen.« Kaiser schreibt von sich selbst: »Wie angewurzelt blieb ich stehen.« Kaiser macht außerdem darauf aufmerksam, daß der Sturz des Duce Folgen für den Balkan und für Frankreich habe. Von Italien kommt die Nachricht, daß sich das italienische Heer in Auflösung befinde. Falls diese Entwicklung auf das deutsche Heer übergreife, stehe eine Katastrophe bevor. Nach einer Angabe von Goerdeler soll in der Zwischenzeit eine Unterredung mit Guderian und Halder stattgefunden haben. Er könne aber darüber nichts sagen. Inzwischen kommt die Nachricht, daß in Italien geflaggt werde. Die Haltung der Italiener sei den Deutschen gegenüber korrekt, aber kühl. Anläßlich einer Unterredung zwischen Kaiser und dem Geschichtsprofessor Brackmann sagt dieser über die Lage in Italien folgendes: »Die Italiener haben eben die Monarchie. Die Monarchie konnte die Sache auffangen. Bei uns in Deutschland fehlt das.« Gleichzeitig erklärt Brackmann, er könne das Ziel, die Polen auszurotten, nur als verbrecherisch bezeichnen. Inzwischen dringt die Nachricht durch, daß ein Gespräch zwischen Guderian und Heusinger stattgefunden haben soll. Hierbei habe Guderian erklärt, er werde in nächster Zeit eine Unterredung mit Hitler herbeiführen. Kaiser vertritt die Auffassung, daß alle Beteiligten viel zu lange gewartet hätten. Er mahnt Goerdeler, er solle mit Guderian sprechen. Immer mehr setzt sich die Erkenntnis durch, daß der Krieg mit militärischen Mitteln nicht mehr zu gewinnen ist. Am 29. Juli beschwert sich Generaloberst Fromm bei Kaiser wie folgt: »Wie habe ich die Leute im November 1941 gewarnt und gesagt: Macht Schluß, wir sind auf der Höhe des Ruhmes, mehr können wir nicht gewinnen.« Aber er sei nicht gehört worden. Nur diplomatische Mittel könnten es machen. Dies sei versäumt. Und wie habe er die Leute gewarnt vor der Offensive Kursk und geraten, den Bogen Orel zu räumen und die Reserven zu sparen. Er habe ihnen angeboten, einen Ostwall zu bauen. Es sei abgelehnt worden. Immer wieder kommt nach Kaiser das Gespräch auf die Unterredung zwischen Heusinger und Guderian. Danach soll Heusinger die Unterredung mit Guderian abgebrochen haben, nachdem dieser sagte, daß er nunmehr mit Hitler sprechen wolle. Bei einer Begegnung am 29. Juli 1943 fragt Kaiser den Chef von Fromm: »Wie wird sich Fromm herausziehen?« Er erhält zur Antwort: »Überhaupt nicht, er wird sich hineinrennen.« Was die Absendung eines neuen Briefes von Goerdeler an Kluge angeht, so wird das Schreiben von Kaiser angehalten, weil es überholt ist, da sich die Ereignisse überstürzen. Nach einer Mitteilung soll ursprünglich Hitler den Befehl gegeben haben, den König von Italien und Badoglio zu verhaften, gleichzeitig Mussolini zu befreien und den Faschismus wiederherzustellen. Inzwischen hat sich das meiste dieser Absichten als undurchführbar und phantastisch erwiesen.

Kaiser hält fest, daß die Menschen in der U-Bahn alle tiefernste Gesichter machen. In ihren Gesichtszügen seien die Zeichen des Todes erkennbar. Er selbst sei ruhig und bereit, jede Stunde vor die Schranken des Jüngsten Gerichtes zu treten. Aus einer Aufzeichnung Kaisers geht hervor, daß ein Schritt von Guderian gegenüber Kluge erwartet wird, und zwar ein Schritt der Versöhnung, weil man annimmt, Guderian hasse Kluge seit 1941 bis zur Todfeindschaft. Man hoffe, Guderian werde die Hand der Versöhnung hinstrecken. Um die Mittagszeit des gleichen Tages kommt die Nachricht, daß Guderian krank sei. Am 3. August 1943 findet wieder ein Treffen zwischen Goerdeler und Beck statt. Der Begleiter von Goerdeler war sehr von der Klarheit und Sicherheit Becks überzeugt. Beck sei wieder geistig frisch und körperlich gesund. In diesem Zusammenhang wird hervorgehoben: Beck habe sein Erstaunen über die noch vorhandene Gläubigkeit vieler an Hitler geäußert, zugleich aber ein Eingreifen in Italien als abenteuerlichen Irrtum bezeichnet.

Zur gleichen Zeit wird erwogen, die Kommandostelle des Befehlshabers des Ersatzheeres nach Zossen zu verlegen, da das Luftgaukommando erklärt habe, ein Schutz von Berlin sei nicht mehr möglich, und zwar weder gegen Nacht- noch gegen Tagangriffe. Die deutschen Jäger seien überfordert. Noch am Nachmittag des gleichen Tages trifft Stoppbefehl für einen Umzug ein. In einem Gegenbefehl des Generaloberst Fromm heißt es: »Die militärischen Dienststellen bleiben in Berlin.«

Wer, wie ich, Hermann Kaiser im Gefängnis der Gestapo in der Prinz-Albrecht-Straße in Berlin gesehen hat, der kann bezeugen: Hermann Kaiser war bereit, die Konsequenzen aus seiner Haltung zu ziehen. Er ging mit unerschütterlicher Ruhe und innerer Festigkeit in den Tod.

XVII. KAPITEL

Gero von Gaevernitz

Schon lange vor dem Ersten Weltkrieg gab es in Deutschland einen in der Öffentlichkeit weithin bekannten Nationalökonomen, den Freiburger Universitätsprofessor Gerhard von S. Gaevernitz. Auch in seiner Eigenschaft als Reichstagsabgeordneter hatte er sich einen Namen gemacht. Seine Veröffentlichungen wurden in allen gebildeten Kreisen gelesen. Er war ein Meister der Feder und verstand es, mit dem Mittel der Rede das Publikum zu erreichen. Er lebte in der geistigen Welt eines Friedrich Naumann, der erkannt hatte, daß im Massenzeitalter der industriellen Technik etwas Entscheidendes getan werden müsse, um das ganze Volk in einen Sozialstaat zu integrieren. In ihm verwoben sich die Gebiete der Nationalökonomie und der Soziologie zu einem Ganzen. Dann kam der Erste Weltkrieg und nach ihm die glanzlose Zeit der Weimarer Republik, die jeden Tag um ihr außen- und innenpolitisches Dasein ringen mußte. In einer solchen Zeit pflegen die Männer der Tat die Bühne zu beherrschen. So kam es, daß der Name dieses großen Gelehrten in den Hintergrund trat. Aber dieser Gelehrte hatte einen Sohn, Gero von Gaevernitz, der zunächst in die Fußstapfen seines Vaters trat und ebenfalls Nationalökonomie studierte. Nach dem Abitur und nach bestandenem Doktorexamen machte Gero von Gaevernitz aus eigenem Antrieb im September 1923 eine Reise nach Rußland. Er berührte dabei die Städte Leningrad, Moskau, Smolensk und Witebsk. Seine Absicht bestand darin, einen persönlichen Eindruck von dem bolschewistischen Rußland zu gewinnen. Von Finnland kommend, überschritt er die russische Grenze. Darauf gefaßt, daß eine eingehende Untersuchung geschehen würde, stellte Gaevernitz zu seinem Erstaunen fest, daß die Prozedur des Grenzüberganges in wenigen Minuten erledigt war. In dem russichen Zug fiel ihm auf, daß dort peinliche Sauberkeit herrschte. Zwei Plakate fanden seine besondere Aufmerksamkeit. Das eine lautete: »Ausspucken kostet drei Goldrubel Strafe.« Das andere lautete: »Wer übel riecht, darf nicht mitfahren.« Wie er erzählt, sei er schon nach etwa vierzig Kilometern in Leningrad angekommen. Durch die zerlumpte, abgerissene und armselige Menge habe er einen schlechten Eindruck bekommen. Dagegen habe das Militär in seinen neuen Stiefeln und Mänteln einen guten Eindruck gemacht. Er habe sehr bald ein gut möbliertes Hotelzimmer erhalten, mit Bad und fließendem Wasser. Die Restaurationsräume hätten eine luxuriöse Einrichtung gehabt, eine Musikkapelle habe gespielt, auch hätten Kellner im Frack serviert. Das Publikum sei gemicht gewesen. Teils habe es sich um elegant gekleidete Menschen mit schönen Frauen und guten Manieren gehandelt, teils aber auch um zerlumpte Gestalten, die unbefangen und lachend hereingekommen seien und sich an die weißgedeckten Tische gesetzt hätten. In den Straßen seien die Läden zumeist geschlossen gewesen. In den wenigen geöffneten Geschäften aber habe man alles kaufen können. In den Antiquitätenläden seien die zumeist gestohlenen Kunstschätze einer vergangenen Aristokratie zu billigen Preisen feilgeboten worden. Aufgefallen sei ihm, daß die Russen Reklameumzüge veranstaltet hätten, um die Produkte der russischen Industrie anzubieten, so z. B. auf Räder gestellte Dampfmaschinen, Schiffe, Automobile und viele Konserven. Gerne habe er von der Möglichkeit Gebrauch gemacht, in der Eremitage die weltberühmte Gemäldesammlung anzusehen. Man habe es dem Museum angemerkt, daß dort auch die Kunstschätze der früheren Privatsammlungen ihre Aufstellung gefunden hätten. Verödete und verlassene Paläste seien als letzte Zeugen früherer Zeiten zu sehen gewesen.

Als er nach Moskau gekommen sei, habe er festgestellt, daß die Straßen dort sehr belebt gewesen seien, belebter als in Berlin. Natürlich habe die Stadt stark unter dem Krieg und der Revolution gelitten. Es habe eine große Wohnungsnot geherrscht. Das Problem der Wohnungsnot sei jedermann deutlich geworden. Auch die Hotels seien überfüllt gewesen. In Moskau habe er eine Ausstellung besucht, in der neben Industrieprodukten und kunstgewerblichen Erzeugnissen vor allem die Produkte der Landwirtschaft ausgestellt gewesen seien.

In der zweiten Septemberhälfte habe er sich an einer Autofahrt beteiligt, die unter Leitung des Russischen Verkehrsministeriums gestanden habe. Diese Reise habe von Moskau über Smolensk, Witebsk und Leningrad wieder nach Moskau zurückgeführt. Schon der Start habe sich in militärischer Aufmachung vollzogen. Der Kreml sei von der Roten Garde abgesperrt gewesen. Unter den Klängen der Internationale hätten sich die Wagenkolonnen in Bewegung gesetzt. Man sei mit einer Stundengeschwindigkeit von etwa neunzig Kilometern gefahren. Die Straßen hätten sich im allgemeinen in einem guten Zustand befunden.

Soweit er überhaupt Beobachtungen habe machen können, habe er feststellen müssen, daß der russische Staat durchaus zentralistisch aufgebaut sei. Die Befehle der Moskauer Regierung würden bis in die entlegensten Gegenden am Stillen Ozean befolgt. Den Kommissaren habe der damalige deutsche Geschäftsführer in Moskau nachgerühmt, jeder sei ein kleines Genie und in seinem Ressort mit unbegrenzten Befugnissen ausgestattet. Der Aufbau des russischen Staates sei nicht von dem der Kommunistischen Partei zu trennen. Die Partei sei ein streng organisierter Klub und äußerst exklusiv. Man schätze die Mitgliederzahl der Kommunistischen Partei auf nicht mehr als 600000 Personen. Alle Kinder würden mit rücksichtsloser Energie in die Schule gebracht. Auch verlasse kein Soldat, der als Analphabet zum Militär gekommen sei, die Rote Armee, ohne lesen und schreiben gelernt zu haben. Die große Masse der Bevölkerung sei indolent. Aber durch die Kleinheit der Partei sei die Regierungsgewalt der Kommunisten in Rußland absolut gesichert. Nach seinem Eindruck habe Lenin Ende 1921 mit der wirtschaftlichen Lehre des Kommunismus gebrochen und habe eine neue Wirtschaftspolitik eingeführt. Soweit es sich um mobile Werte handle, habe man in Rußland das Privateigentum wieder eingeführt. Dagegen stelle die Abschaffung des Grundbesitzes eine völlige Neuerung dar. Grund und Boden gehöre dem Staat. Diese Regelung habe zu großen Unzuträglichkeiten geführt, da auf diese Weise Neubauten verhindert worden seien. Die Lage der Landwirtschaft habe sich erheblich verbessert. Allerdings sei die landwirtschaftliche Produktion noch immer sehr gering. Das sei vor allem darauf zurückzuführen, daß der Bauer nicht die Möglichkeit habe, sich die einfachsten Gebrauchsartikel wie Nägel, Schaufeln und Pflüge anzuschaffen. Die russische Regierung sei bemüht, durch landwirtschaftliche Kredite diesem Mangel abzuhelfen. Den Russen ginge es weniger um landwirtschaftliche Maschinen als um die Anschaffung primitiver Gebrauchsgegenstände.

Gaevernitz berichtet weiter über das russische Geldwesen. Er vertritt die Auffassung, daß die russische Währung zu fünfzig Prozent durch Gold und Edelvaluta gesichert sei. Er habe, so berichtet er, selbst die Gelegenheit gehabt, in der russischen Staatsbank die Goldvorräte zu besichtigen. Die russischen Banken würden nach kapitalistischen Grundsätzen verwaltet und hätten das Bestreben, ausländisches Kapital zu gewinnen. Gaevernitz erzählt in diesem Zusammenhang von dem Besuch des damaligen deutschen Reichskanzlers Josef Wirth, der einen Konzessionsvertrag zwischen einem deutschen Industrieunternehmen und der russischen Regierung unter Dach und Fach gebracht habe. Dem Ausbau des Eisenbahnwesens werde besondere Aufmerksamkeit gewidmet. Gaevernitz kommt zu dem Schluß, daß es den russischen Machthabern an Befähigung und Einsicht zur Regierung nicht fehle und daß die Besserung der allgemeinen Verhältnisse in Rußland unbestreitbar sei.

In späteren Zeiten wandte sich Gaevernitz der Praxis des Banklebens zu und hatte große Erfolge. Frühzeitig erkannte er die wachsende Bedeutung der Vereinigten Staaten von Amerika. Er hatte schon damals sehr stark das Gefühl der Enge in Deutschland, der Übervölkerung und der begrenzten Möglichkeiten. Da sein Vater und auch seine Mutter gute Freunde in Amerika besaßen, setzte er es schließlich bei den Eltern durch, daß sie ihm erlaubten, nach Amerika zu gehen. Zunächst war nur eine Studienreise von ungefähr einem Jahr vorgesehen. Wenn möglich, sollte er eine Beschäftigung finden, da sein Vater ihm nicht das volle Geld zahlen konnte, um ein Jahr in Amerika ohne Einkünfte zu leben. Gero von Gaevernitz ging dann nach New York und fand relativ schnell einen Posten in einem New Yorker Privatbankhaus. Nach einem Jahr, als sein Besuchervisum abgelaufen war, kam er nach Deutschland zurück. In seinem geistigen Gepäck hatte er aber den festen Entschluß, mit einem Einwanderungsvisum wieder nach Amerika zurückzukehren. Nach wenigen Monaten wanderte er nach Amerika im regelrechten Sinn ein und fand dann in einer anderen Privatbank eine Position. Dort war er etwa zwei Jahre tätig und gründete dann schon als junger Mann gemeinsam mit einigen Freunden einen Investment Trust, der sich sehr erfolgreich entwickelte. In wenigen Jahren wuchs das Kapital auf einen hohen Betrag an. Aber am 24. Oktober 1929, am »Schwarzen Freitag«, begann in Amerika der große Bankenkrach. Alle Finanzinstitute standen damals am Rande der Pleite. Aber der von Gero von Gaevernitz ins Leben gerufene Investment Trust, der keine Schulden hatte, entging dem Untergang. Allerdings hatte sich das Kapital um die Hälfte verringert. Es war nicht mehr möglich, den relativ kleinen Investment Fonds weiterzuführen. Deshalb verkaufte Gero von Gaevernitz diese Firma. Von da ab führte er ein ziemlich unabhängiges Leben. Er ging viel nach Südamerika. Etwa ein Jahr vor Kriegsausbruch begab er sich nach England.

Als Hitler im Jahre 1933 in Deutschland an die Macht kam, beschloß Gero von Gaevernitz, endgültig die deutsche Staatsbürgerschaft aufzugeben und Amerikaner zu werden. Im Jahre 1935 erwarb er die amerikanische Staatsbürgerschaft.

Der Zufall wollte es, daß er im August 1939 bei dem Herzog von Ratibor in Oberschlesien zu einem Fest eingeladen war. Er nahm die Einladung an und reiste nach Deutschland. Schon damals hatte er das Gefühl, daß er auf dem Kontinent im Kampfe gegen Hitler sehr viel nützlicher sein könnte als in England. Dort wimmelte es zwar von Emigranten, aber ihre Kontakte nach Deutschland waren gering. So flog er denn Mitte August von London nach Berlin und fuhr vom Flugplatz mit dem Wagen nach Oberschlesien. Einige Stunden später erreichte er das Schloß Rauden und war nun in der Nähe von Kattowitz, also unmittelbar an der polnischen Grenze. Zu seinem Erstaunen hatte aber der Herzog von Ratibor das Fest absagen müssen, weil in seinem Schloß ein Stab von hohen deutschen Offizieren einquartiert war. Am nächsten Tag ritt Gaevernitz durch die Wälder und mußte dabei feststellen, daß er allenthalben auf deutsche Soldaten stieß. Es wurde ihm klar, daß ein Krieg unmittelbar bevorstand. Aus diesem Grunde bestieg er wieder seinen Wagen und fuhr nach Westen, um das väterliche Gut in Krainsdorf anzusteuern. Hierbei bewegte er sich immer wieder an deutschen Truppen vorbei, die in Richtung Osten marschierten. Von Krainsdorf aus fuhr er mit dem Zug nach Freiburg im Breisgau, wo sein Vater wohnte. Er überredete ihn, sich unverzüglich nach Schlesien zu begeben. Gero von Gaevernitz rechnete mit einem französischen Einmarsch nach Süddeutschland und hielt die Gefährdung Badens für höher als die Gefährdung Oberschlesiens. Gleich darauf fuhr er selbst in die Schweiz und traf dort den deutschen Industriellen Thyssen. Dieser erzählte ihm, vor einigen Tagen habe er ein Telegramm bekommen, das ihn zu einer Reichstagssitzung einberufen habe. Außerdem habe aber Göring ihn persönlich angerufen und ihn gebeten, die Reichstagssitzung nicht zu versäumen. Er habe daraufhin Göring gefragt: »Warum ist es denn so wichtig, daß ich jetzt zu dieser Sitzung nach Berlin komme?« Darauf habe ihm Göring am Telefon geantwortet: »Wir wollen den Krieg an Polen erklären.« Wie Thyssen weiter erzählte, habe er Göring hierauf geantwortet: »Da bin ich aber ganz dagegen.« Er habe bewußt die Reichstagssitzung geschwänzt. Außerdem aber sei er in die Schweiz gereist, um zu zeigen, daß er von dem Verhalten Hitlers sehr enttäuscht sei. Früher habe er Hitler mit Geld unterstützt. Thyssen fügte hinzu: »Ich bin halt auf den Mann reingefallen. Aber ich war nicht der einzige, andere sind auch auf ihn reingefallen.« Weiter erzählte Thyssen, daß er einige Wochen vorher ein Gespräch mit Göring geführt habe. Das Gespräch habe bis um 4 Uhr früh gedauert. Schließlich sei Göring aufgestanden und habe erklärt: »Herr Thyssen, Sie sind also der Meinung, daß wir so ziemlich alles falsch gemacht haben.« Hierauf habe er – Thyssen – geantwortet: »Jawohl, Herr Göring, dieser Meinung bin ich allerdings.«

1939 nahm Gero von Gaevernitz endgültig seinen Wohnsitz in der Schweiz. Von dort fuhr er im Januar 1940 nach Berlin. Damals war Polen besiegt. Außerdem waren Deutschland einerseits und England und Frankreich andererseits im Kriegszustand. Trotzdem wurden aber im Westen keine Kriegshandlungen vorgenommen. Man nannte diesen Krieg in Europa *drôle de guerre*, während in Amerika das Schlagwort geprägt wurde: *phony war*. Zu dieser Zeit gab es ja immer noch eine Amerikanische Botschaft in Berlin. Während dieses Berlin-Aufenthaltes wurde Gero von Gaevernitz von Hjalmar Schacht zu einer Rücksprache gebeten. Schacht war damals nicht mehr Reichsbankpräsident, aber er war noch Mitglied des Reichskabinetts als Minister ohne Portefeuille. Gero von Gaevernitz folgte der Aufforderung, so daß die von Schacht erbetene Unterredung in der Privatwohnung von Schacht in einer kleinen Villa in Dahlem stattfinden konnte. Schacht lebte damals allein. Das erste, was Schacht tat, war folgendes: Er legte mehrere Kissen über die im Zimmer angebrachten Telefone. Das war ein sicheres Zeichen dafür, daß es sich nicht um eine gesellschaftliche, sondern um eine vertrauliche Unterhaltung handelte. Schacht erklärte: Er begrüße es ganz besonders, Gero von Gaevernitz zu sehen, weil dieser ihm eine große Bitte erfüllen könne. Weiter meinte

Schacht, Deutschland sei zwar mitten im Kriege, aber der Krieg habe sich doch bisher in sehr begrenzten Formen abgespielt. Eigentlich sei es lediglich ein Krieg zwischen Deutschland und Polen gewesen. Wenn aber nicht umgehend etwas Entscheidendes unternommen werde, so könne mit ziemlicher Sicherheit aus diesem kleinen Krieg sich eine Weltkatastrophe entwickeln. Diesem Wahnsinn könne nur einer mit Erfolg Einhalt gebieten. Dieser eine Mann sei Präsident Roosevelt. Schacht fuhr fort, er kenne Roosevelt von früheren Konferenzen und müsse unter allen Umständen mit ihm sprechen. Die Schwierigkeit bestünde für ihn nur darin, die Reise von Berlin nach Washington zu machen. Aus Berlin wegzukommen, sei schon schwierig, aber dennoch möglich. Die Hauptschwierigkeit dagegen läge bei Joachim von Ribbentrop, dem Außenminister des Dritten Reiches. Dieser sei sehr eifersüchtig auf alle Persönlichkeiten, die sich um außenpolitische Fragen kümmerten. Deshalb müsse ein besonderer Weg beschritten werden. Es müsse bei der englischen Regierung angefragt werden, ob sie bereit sei, ihm freies Geleit zu gewähren, so daß er unbehindert Gibraltar passieren könne. In diesem Augenblick unterbrach Gero von Gaevernitz Schacht und fragte ihn: »Was beabsichtigen Sie denn dem Präsidenten Roosevelt vorzuschlagen?« Schacht antwortete: »In großen historischen Momenten muß man ganz einfache Konzeptionen haben. Ich werde dem Präsidenten Roosevelt vorschlagen, er müsse die sofortige Beendigung des Krieges unter Festlegung der deutschen Grenzen von 1914 fordern. Dagegen soll eine Ausnahme Platz greifen: Elsaß-Lothringen soll ruhig bei Frankreich bleiben. Außerdem soll in Österreich eine unabhängige Volksabstimmung stattfinden. Bei dieser Abstimmung sollen sich die Österreicher entscheiden, ob sie bei Deutschland bleiben wollen oder nicht.« Die Abstimmung soll vom Völkerbund überwacht werden.

Diese Konzeption erschien Gero von Gaevernitz im Hinblick auf die Stärke des Dritten Reiches maßvoll. Deshalb antwortete er Schacht: »Jawohl, ich bin bereit, an diesem Plan mitzuwirken und das Meinige zu tun, daß er sich verwirklichen läßt. Aber was beabsichtigen Sie zu tun, wenn Sie Roosevelt für diesen Plan gewinnen?« Die Antwort von Schacht lautete: »Wenn ich mit der Zustimmung von Roosevelt nach Deutschland zurückkehre, so werde ich dafür Sorge tragen, daß dieser Plan in Deutschland zur Durchführung gelangt. Entweder mit Hitler oder, wenn das nicht möglich ist, ohne Hitler.« Im gleichen Atemzug deutete Schacht an, er stehe mit einigen Generalen in Verbindung, die in der Umgebung von Berlin Truppen zur Verfügung hätten. Für diese Generale sei es ein leichtes, Hitler zu verhaften und festzusetzen. Nur wenn Roosevelt eine solche außenpolitische Voraussetzung geschaffen habe, werde er – Schacht – die Zustimmung der Generale gewinnen, und zwar in erster Linie die Zustimmung des Generals von Witzleben, der damals Kommandierender General des III. Korps war.

Gero von Gaevernitz war Geschäftsmann. Trotzdem traute er sich zu, in die Entwicklung der Dinge eingreifen zu können, und versprach Schacht gegenüber, er werde ihm aus der Schweiz eine harmlose Nachricht zukommen lassen, entweder positiven oder negativen Inhalts. Aus dieser Nachricht werde er – Schacht – ersehen, ob seine Bemühungen von Erfolg begleitet seien oder nicht.

Unmittelbar nach diesem Gespräch brach Gero von Gaevernitz seinen Aufenthalt in Berlin ab und fuhr in die Schweiz zurück. Von dort sandte er ein Telegramm an Siegmund Warburg nach London. In dieser Depesche lud er ihn ein, einige Tage zu ihm zu kommen, um gemeinsame Ferien im Engadin zu verbringen. Gero von Gaevernitz wohnte damals in einem kleinen Haus in der Nähe von St. Moritz. Noch vor Ablauf von vierundzwanzig Stunden erhielt er aus London die Antwort: »Eintreffe morgen Zürich, Hotel Neues Schloß.« So trafen Siegmund Warburg und Gero von Gaevernitz in Zürich zusammen. Zu seinem großen Erstaunen mußte aber Gero von Gaevernitz feststellen, daß Siegmund Warburg nicht allein gekommen war. Er hatte einen vornehm aussehenden älteren englischen Herrn mitgebracht. Von ihm sagte Siegmund Warburg zu Gero von Gaevernitz, es handle sich hier um einen der höchsten englischen Beamten. Diese Situation kam Gaevernitz sehr gelegen. Er erzählte beiden eben aus London eingetroffenen Herren in aller Offenheit, was sich in der Unterredung mit Schacht abgespielt hatte. Die Zürcher Unterhaltung dauerte ein bis zwei Stunden. Als sie beendet war, erklärte der englische Beamte, das Anliegen sei von solcher Bedeutung, daß darüber nur der Premierminister persönlich entscheiden könnte. Eventuell müsse sogar das englische Kabinett entscheiden. Er werde sich nach London zurückbegeben und nach einiger Zeit antworten, und zwar mit einem einfachen »yes« oder »no«. Eine Woche später erhielt Gero von Gaevernitz im Engadin ein von Siegmund Warburg unterzeichnetes Telegramm. Es enthielt das einzige Wort »no«. So unzufrieden Gero von Gaevernitz mit dieser Antwort war, so blieb ihm nichts anderes übrig, als Schacht sofort zu orientieren. Er nahm eine offene Postkarte, die er an Schacht adressierte. Auf die Postkarte schrieb er: »Das Wetter im Engadin ist zur Zeit so miserabel, daß ich Ihnen abraten muß, eine Reise hierher zu unternehmen.«

Einige Wochen später erfuhr Gero von Gaevernitz durch einen Beamten der britischen Botschaft in Bern folgendes: Man habe die Reise von Dr. Schacht abgelehnt, weil man der Person des Dr. Schacht kein ausreichendes Vertrauen entgegenbringe. Gero von Gaevernitz ließ später keinen Zweifel, daß er diese Äußerung für sehr töricht halte. Man könne solche Dinge nur mit Personen unternehmen, die die nötigen Verbindungen hätten, und nicht mit Persönlichkeiten, die ohne Einfluß seien. Er sprach den Verdacht aus, daß die englische Regierung die Mission aus anderen Gründen abgelehnt habe, und meinte, daß der wahre Grund der gewesen sei, daß eine Übereinkunft zwischen Schacht und Roosevelt die englische Regierung in den Hintergrund gedrängt hätte. Bei unmittelbaren Verhandlungen zwischen Roosevelt und Schacht hätten die Engländer eine Nebenrolle gespielt und sich den amerikanischen Interessen fügen müssen.

Dieses Mißgeschickes ungeachtet wiederholte Gero von Gaevernitz seine Reise nach Berlin Ende 1941. Als er eines Morgens in einem Berliner Hotel eine Morgenzeitung kommen ließ, las er auf der ersten Seite »Gesamte amerikanische Flotte bei Pearl Harbour von Japan versenkt«. Um sicher zu sein, ob diese Nachricht den Tatsachen entsprach, suchte Gero von Gaevernitz einen früheren Bekannten im Luftfahrtministerium auf. Nach etwa zwanzig Minuten beendete Gero von Gaevernitz die Unterhaltung. Als er sich verabschieden wollte, sagte der Beamte zu ihm: »Ich begleite Sie hinunter.« Beide verließen das Zimmer, gingen durch lange und dunkle Korridore und eine Treppe hinunter. Im Parterre nahm der Beamte Gero von Gaevernitz am Arm und führte ihn nicht zur Ausgangstür, sondern in den Hof. Der Hof glich mehr einem Park. In einer verschwiegenen Ecke blieb der Beamte plötzlich stehen und sagte zu Gaevernitz: »Sie haben ja in der Zeitung gelesen, was passiert ist. Die Japaner haben Amerika angegriffen. Heute ist Montag. Am Mittwoch wird der Führer eine Rede halten. Ich habe diese Rede eben im Konzept gelesen. In dieser Rede wird Hitler Amerika den Krieg erklären. Sie müssen also entweder sofort abreisen oder sich damit abfinden, für den Rest des Krieges in Deutschland interniert zu werden.« Ohne die Antwort abzuwarten, wurde Gero von Gaevernitz an den Haupteingang des Gebäudes geführt und stand Sekunden später mutterseelenallein auf der Straße. Es gelang ihm, obwohl alle Züge nach Süddeutschland bereits überfüllt waren, sich für den Abend einen Schlafwagenplatz von Berlin nach Basel zu beschaffen. So gelangte Gero von Gaevernitz von Berlin nach Basel. Er hatte auch wider Erwarten beim Grenzübergang keine Schwierigkeiten. Von Basel aus nahm er den nächsten Zug nach Bern. Dort ging er zum amerikanischen Botschafter, Mr. Harrison. Ihm sagte er: »Ich komme soeben aus Berlin und kann Ihnen aus absolut zuverlässiger Quelle mitteilen, daß Hitler am Mittwoch um 11 Uhr eine Rede halten wird. In dieser Rede wird Hitler Amerika den Krieg erklären.«

Auch in späteren Jahren hatte Gero von Gaevernitz viele Gelegenheiten, von Dingen zu erfahren, die im Kriege entweder wichtig waren oder wichtig werden konnten. So erfuhr er folgendes: Als im Jahre 1943 Mussolini abgesetzt und durch Badoglio ersetzt wurde – weshalb der König von Italien, um in seinen Entschlüssen frei zu sein, sich nach Süditalien begeben hatte –, entstand bei Hitler die Vorstellung, man müsse den Vatikan besetzen und Papst Pius XII. von Italien nach Deutschland bringen. Der damalige deutsche Botschafter in Italien, Rudolf Rahn, versuchte neben vielen anderen die Durchführung dieses Planes, das heißt die Besetzung des Vatikans und die Verschleppung des Papstes, zu verhindern. Aber zunächst fruchteten alle Gegenvorstellungen bei Hitler nichts. Schließlich gelang es einer Persönlichkeit aus den Reihen der SS, Hitler klarzumachen, es sei keineswegs im deutschen Interesse, den Vatikan zu besetzen. Die einzige Ordnungsmacht, die damals überhaupt noch in Italien vorhanden sei, sei die katholische Kirche. Würde man den Vatikan besetzen und damit die Organisation der katholischen Kirche zerstören, so würde an die Stelle der bisherigen Ordnung das Chaos treten. Es sei daher im deutschen Interesse, von einer Besetzung des Vatikans Abstand zu nehmen. Diese Unterredung mit Hitler hatte kaum eine halbe Stunde gedauert. Aber sie hatte eine große historische Entwicklung beeinflußt. Die schon gegebenen Befehle wurden von Hitler zurückgezogen.

Schon 1943 hatten die Amerikaner dafür gesorgt, daß in Bern eine Dienststelle errichtet wurde, die die Aufgabe hatte, alle Nachrichten zu sammeln, die für den Krieg zwischen Amerika und Deutschland von Bedeutung waren. An ihrer Spitze stand Allen Dulles. Gero von Gaevernitz wurde einer seiner Mitarbeiter. Während Churchill die Gefahren, die sich von Rußland her zeigten, früher und klarer erkannte als Roosevelt, hatte dieser gegen Schluß des Krieges seiner Dienststelle in Bern die strenge Order gegeben, es dürfe nicht mit den Deutschen verhandelt werden. Das englische Oberkommando im Mittelmeer aber vertrat den Standpunkt, man müsse die Regierung in Washington umstimmen. Im Zuge dieser Versuche entstand das Unternehmen *Sunrise*. Es war der Versuch, die deutsche Heeresgruppe Südwest zur Kapitulation zu veranlassen. Das englische Oberkommando entschied, daß dieses Unternehmen eine rein militärische Angelegenheit sei und nicht von politischen Erwägungen berührt werden dürfe. So haben damals Allen Dulles und Gero von Gaevernitz auf eigene Verantwortung die Verbindung mit den Deutschen in Italien gesucht und gefunden. Es kam zu Verhandlungen mit deutschen Offizieren im Raume Luzern. Den Russen und den Weisungen aus Washington zum Trotz kam es zur Kapitulation. So wurde in Italien der Krieg am 2. Mai 1945 beendet, während er an den anderen Fronten erst am 8. Mai 1945, also sechs Tage später, sein Ende fand. Das ist zum großen Teil das Verdienst von Gero von Gaevernitz. Heute sind viele der Meinung, der Unterschied von sechs Tagen besage nicht viel. Dies aber wiederum ist eine falsche Interpretation. Die Kapitulation in Reims konnte nur deshalb am 8. Mai erfolgen, weil die deutsche Generalität sich sagte, daß es überhaupt keinen Sinn mehr habe, weiterzukämpfen, nachdem die Südfront zusammengebrochen sei und die Alliierten von Süden her im Vormarsch nach Norden begriffen seien. Dazu kommt, daß Hitler noch kurz vor seinem Tode die Absicht hatte, eine Art Alpenfestung zu errichten, um hier einen Kleinkrieg zu führen. Damals gab es noch auf deutscher Seite Gebirgsdivisionen, die mit dem Terrain in den Alpen aufs engste vertraut waren und die in dieser Gegend noch wochenlang hätten kämpfen können, während die Alliierten aus Mangel an Gebirgsdivisionen vor großen Schwierigkeiten gestanden hätten, den Krieg um die Alpenfestung schnell zu beenden.

Gero von Gaevernitz hatte in seiner Wesensart zwei Vorzüge, die ihm halfen, Krisen zu überwinden. Er gehörte zu den wenigen Menschen, die in der Lage waren, sich ein eigenes Urteil zu bilden. Er war nicht auf fremde Menschen und auf ein Bücherwissen angewiesen, sondern dachte selbständig. Außerdem aber entfaltete er eine ungewöhnliche Zähigkeit bei der Verfolgung seiner Ziele, so daß manch einer vielleicht gedacht haben mag,

Gaevernitz werde von Eigensinn beherrscht. In Wirklichkeit aber war es nur der Sinn für Konsequenz. Beide Eigenschaften wurden durch seine weltmännische Art des Auftretens gemildert. Er war die Liebenswürdigkeit in Person und verfügte über die Gabe, die Nietzsche einmal in die Worte gekleidet hat: Man muß mit Buckligen bucklig sprechen. Wenn er ein Zimmer betrat, beherrschte er von Anfang an den Raum und die Menschen, die sich in diesem Zimmer befanden. Wirkliche Gegner hat er nie gehabt und ist ihnen auch nie begegnet. Zusätzlich verfügte er über die Gabe des Zuhörenkönnens. Er hatte immer Zeit. Nicht er wurde müde, sondern seine Gesprächspartner, deren unsinnige Ansichten er mit unerschöpflicher Geduld anhörte, um schließlich doch seine Mitmenschen für sich zu gewinnen.

Unter höchst eigenartigen Umständen sollte ich diesen Mann, von dessen Existenz ich bisher nichts wußte, kennenlernen und ihn zum Freunde gewinnen. Wir schrieben das Jahr 1945, in dem Tausende von Deutschen in Konzentrationslagern saßen und von der SS als Gefangene behandelt und bewacht wurden. Aber die Uhr Hitlers war abgelaufen. Die Zeit hatte sich gegen ihn entschieden. Auch in der SS wurden Zweifel laut. Ein deutliches Mißbehagen nagte selbst die Führertreue an. Das schloß nicht die Gefahr der Panik aus. Das frühere Herrschaftsverhältnis der SS zu den Gefangenen machte aus den Leibeigenen Menschen, die wieder Hoffnung faßten und nach Freiheit dürsteten, während die Macht der SS von Stunde zu Stunde dahinschwand. Gerade noch hatte ein Standgericht der SS im Februar 1945 Männer wie Admiral Canaris und andere durch ein Schergengericht zum Tode verurteilen und hinrichten lassen, als man sich veranlaßt sah, Teile des Konzentrationslagers Flossenbürg zu verlagern. Wir kamen nach Dachau. Auch dort war unseres Bleibens nicht lange. Wir wurden in die Nähe von Innsbruck verlegt. Dort vertrieben uns alliierte Flugzeugangriffe. Man entschloß sich, uns nach Südtirol zu bringen. Wir wurden in Lastkraftwagen verfrachtet und landeten in Niederdorf im Pustertal. Das war italienisches Staatsgebiet, obwohl, dem Prinzip der Selbstbestimmung entgegen, Südtirol eine deutsche Bevölkerung hatte. Aber das für uns in Aussicht genommene Lager war schon besetzt. Die Heeresgruppe Südwest befand sich auf dem Rückzug und hatte einen Stab dort einquartiert, wo man uns hinbringen wollte. Wir standen buchstäblich auf der Straße. Zunächst waren wir allein, von einer SS-Einheit umgeben und bewacht. Dann gesellte sich eine Kompanie deutscher Infanterie zu uns, so daß man nicht recht wußte, wer eigentlich Herr und wer Knecht war. Beide hielten sich die Waage. Manche meinten, es stehe eine bewaffnete Auseinandersetzung bevor. Auf den Höhen in der Ferne wurden italienische Partisanen sichtbar, die an ihren Hüten bunte Federn und um den Hals rostige Maschinenpistolen trugen. Es war eine makabre Situation. Niemand wußte, was geschehen würde. Da erschienen mit einem Mal amerikanische Truppen auf der Szene. Die deutsche Heeresgruppe Südwest hatte von sich aus das militärisch einzig Richtige getan und kapituliert. So kamen amerikanische Panzerspitzen bis in unsere Nähe. Wir lagen auf dem langen Gang eines Tiroler Dorfrathauses und wurden eines Morgens durch einen SS-Hauptfeldwebel, der bisher als unnahbar galt, mit den Worten begrüßt: »Ich wünsche den Herren Häftlingen einen guten Morgen.« Dabei nahm er seine SS-Dienstmütze ab, hielt sie in der Hand und bat die Gefangenen um »Persilscheine«, aus denen hervorgehen sollte, daß er die Häftlinge doch immer sehr menschlich behandelt habe. In diesem Augenblick sagte General Alexander von Falkenhausen über mich hinweg zu dem links neben mir liegenden Generaloberst Franz Halder: »Jetzt hat der Hitler seinen Krieg verloren.« Damit war die Stunde der Entscheidung gekommen. Sie wurde äußerlich untermalt durch die Kirchenglocken, die plötzlich zu läuten anfingen und die Generaloberst Franz Halder veranlaßten, sich zu erheben, um eine in der Nähe gelegene Kirche zu besuchen. Der SS-Posten faßte zum letzten Mal Mut, ergriff sein Gewehr und wollte den Generaloberst Halder am Kirchgang hindern. Aber Halder verstand sich auf die Mentalität des Deutschen. Mit einem nicht wiederzugebenden Fluch trat er dem Posten entgegen. Dieser setzte das Gewehr bei Fuß, nahm es über die Schulter und präsentierte. Halder verließ unseren Aufenthaltsraum und ging unangefochten zur Kirche, kam aber nach seinem Kirchgang wieder zurück. Inzwischen waren die Amerikaner da. Sie befreiten uns sowohl von der SS wie von der Kompanie deutscher Soldaten. Was mit beiden geschah, weiß ich nicht. Die verschiedensten Gerüchte gingen um. Wir aber kamen in die Obhut der Amerikaner, die uns in die Nähe des Pragser Wildsees brachten und dort in einem Hotel einquartierten. Die amerikanische Fronttruppe machte einen guten Eindruck. Die Amerikaner wollten feststellen, wer die Gefangenen waren und welcher Nationalität sie angehörten. Ich sehe noch, wie der frühere französische Ministerpräsident Blum ohne jeden Erfolg, aber in elegantestem Französisch, einem amerikanischen Offizier klar zu machen versuchte, wer er sei. Eines Tages wurden wir in vielen Autos zu einem Flugplatz gefahren. Dort kamen wir in riesige amerikanische Flugzeuge, wie ich sie zuvor noch niemals gesehen hatte. Wir wurden nach Neapel geflogen. Der ganze Flugplatz von Neapel war erfüllt von amerikanischen Etappensoldaten, die einen erheblich schlechteren Eindruck machten als die Fronttruppe. Sie staunten uns an wie wilde Tiere. Nach einem kurzen Zwischenaufenthalt in einem Hotel in Neapel brachte man uns auf ein Schiff. Dieses wiederum fuhr uns nach Capri. In der Zwischenzeit hatten die Amerikaner geschickterweise die Deutschen von den anderen Nationen getrennt. Wir blieben aber nicht unten in Capri, sondern wurden nach Anacapri geschafft und dort in dem Hotel Paradiso untergebracht. Für uns schien, nach allem, was vorangegangen war, das Hotel mit seinem Garten wie ein wirkliches Paradies. Das hinderte nicht, daß wir scharf bewacht wurden. Nun hofften wir auf unsere Befreiung. Aber sie ließ auf sich warten. Einmal durften wir das Hotel verlassen, um einer katholischen Messe beizuwohnen. Dort lernte ich zwei Dinge kennen, die mir vorher fremd waren: Die uns umgebenden amerikanischen Bewacher kamen mit in die Kirche und steckten beide Hände in die Hosentasche. Der italienische Geistliche las dabei die Messe. Dann aber nahte der Augenblick der Eucharistie. Der Geistliche ergriff den Kelch mit dem Wein und hielt ihn einem im Knabenalter befindlichen Ministranten hin, der die Aufgabe hatte, dem Ritual gemäß in den Wein Wasser zu gießen. Vielleicht hatte sich der Ministrant mit dem Geistlichen überworfen, vielleicht war es auch nur jugendlicher Übermut, auf jeden Fall nahm der Ministrant die Kanne mit dem Wasser und goß den ganzen Wasserinhalt in den Kelch mit dem Wein. Das erfüllte den Geistlichen mit Zorn. Er setzte den Kelch auf den Altar und verabfolgte dem Ministranten vor der versammelten Gemeinde zwei Ohrfeigen. Andere Länder, andere Sitten. Der Rest des Rituals lief genau nach Vorschrift ab.

Eines Tages hörte ich, es sei ein Deutschamerikaner in amerikanischer Uniform im Hotel Paradiso erschienen und führe mit den Gefangenen Gespräche. Das veranlaßte mich nur zu noch größerer Zurückhaltung. Ich beteiligte mich an diesen Gesprächen nicht, sondern überließ die Zukunft dem Schicksal. Es war nachmittags, und ich lag auf meinem Bett, um einen Nachmittagsschlaf zu halten. Da tat sich die Tür auf. Es erschien Gero von Gaevernitz. Er war der berühmte Deutschamerikaner, den nicht ich, sondern der mich zu sprechen wünschte. Als ich ihn fragte, ob er wisse, wer ich sei, sagte er: »Jawohl, und zwar ganz genau. Pfarrer Martin Niemöller hat Sie mit Sicherheit identifiziert. Ich werde bewirken, daß Sie so schnell wie möglich hier herauskommen und die volle Freiheit genießen. Aber es werden noch einige Tage vergehen, bis ich Sie abhole.« Eines Abends bekam ich von einem amerikanischen Offizier den Befehl, mich mit meinem Gepäck für den anderen Morgen um fünf Uhr früh zur Abfahrt aus Capri bereitzuhalten. Das war kein großes Kunststück, da ich nur über wenig Habseligkeiten verfügte. Rückblikkend gesehen, war die Zeit unmittelbar nach der Befreiung aus dem Konzentrationslager eine schöne Zeit, gerade weil man eigentlich nichts besaß. Einige Jahre später mußte ich die Feststellung machen: Nicht wir besitzen die uns umgebenden Dinge, sondern die uns umgebenden Dinge besitzen uns. Der Morgen nahte. Pünktlich war ich zur Stelle. Ein junger, frischer amerikanischer Navy Officer holte mich ab. In sausender Fahrt ging es mit dem Jeep von Anacapri zum Hafen von Capri. Dort bestieg ich ein amerikanisches Schnellboot, und schon landeten wir im Hafen von Neapel. Dort stand am Quai Gero von Gaevernitz. Er bat mich, mit ihm in sein Auto zu steigen. Wir fuhren vom Hafen in das Hauptquartier der Alliierten. Es handelte sich um das alte italienische Königsschloß Caserta. Dort ging Gero von Gaevernitz mit mir zum britischen Feldmarschall Lord Alexander. Dieser erklärte mir, ich sei ausreichend identifiziert. Er könne mich freigeben. Ich muß einen wenig glücklichen Ausdruck zur Schau getragen haben, denn er fragte zurück: »Freuen Sie sich denn darüber gar nicht?« Ich antwortete: »Nein, denn ich habe keinen Ausweis. Ich habe kein italienisches Geld und weiß auch nicht, wie ich nach Deutschland zurückkommen soll.« Er lachte schallend und meinte: »Dafür wird Ihr Begleiter sorgen. Er hat Sie freigebeten, und er wird Sie zurückbringen. Ich stelle Ihnen beiden mein Flugzeug zur Verfügung. Das bringt Sie nach Mailand. Dort wird man Ihnen auf meinen Befehl hin einen Jeep geben. Dieser Jeep bringt Sie von Mailand nach Como, und dann sind Sie nach wenigen Minuten in der Schweiz.« So geschah es denn auch. Ich werde den Flug nie vergessen. Es war ein wunderschöner Tag. Mit dem rechten Flügel schien das Flugzeug die Halbinsel zu berühren, während man in Richtung des linken Flügels auf das Ligurische und das Tyrrhenische Meer hinabblickte. In erstaunlich schneller Zeit landeten wir in Mailand. Dort gab es lange Verhandlungen. Nur dem Geschick von Gero von Gaevernitz verdankte ich es, daß wir schließlich doch einen Jeep bekamen, der uns von Mailand nach Como brachte. In Como aber traten erneute Schwierigkeiten auf. Weder Gero von Gaevernitz noch ich durften sofort die Schweiz betreten. Ich nicht, da ich keinen Ausweis besaß, und Gero von Gaevernitz nicht, da sein Paß abgelaufen war. Das alles aber störte Gero von Gaevernitz überhaupt nicht. Mit strahlender Miene verhandelte er mit den Schweizer Grenzbeamten. Er telefonierte mit irgendwem in der Schweiz. Ich saß derweil auf dem Schlagbaum, der Italien von der Schweiz trennte, mit einem Fuß in Italien, mit dem anderen schon in der Schweiz. Da kam die erlösende Nachricht aus Bern. Wir wurden in die Schweiz aufgenommen. Zunächst betraten wir ein in der Nähe befindliches Gasthaus. Es gab Spiegeleier auf Schinken und einen ländlichen Rotwein. Nach neunmonatiger Gestapohaft im Konzentrationslager ein Göttermahl. Gero von Gaevernitz aber hatte inzwischen schon ein Auto beschafft. Dieses brachte uns von Como in den Tessin nach Ascona. Es war Abend geworden, und ich sah nach vielen Jahren zum ersten Mal eine Nachtlandschaft mit Lichtern, die aus den Häusern in die Dunkelheit hinausstrahlten, ein für mich unvergeßlicher Eindruck.

In Ascona angekommen, ließ mir Gero von Gaevernitz meine Ruhe. Ich konnte mich erholen, wie ich wollte. Am ersten Tag ging ich in den Ort, um mir den Genuß einer Rasur zuteil werden zu lassen. Während ich rasiert wurde, erscholl Pferdegetrappel. Eine Schweizer Offizierspatrouille durchritt Ascona. Das mißfiel meinem Tessiner Friseur. Er sagte zu mir: »Ich kann diese Offiziere nicht leiden. Wenn ich einen vor mir hätte, ich würde ihm den Hals abschneiden.« Da ich schon auf dem Rasierstuhl saß, hüllte ich mich lieber in Schweigen. Ein Mittel, das mich oft vor dem Tode bewahrt hat. Es verfehlte auch diesmal nicht seine Wirkung. Gero von Gaevernitz war es dann, der mich nach einiger Zeit, obwohl es keinen Grenzverkehr gab, in einem amerikanischen Militärwagen nach Deutschland zurückbrachte. Wir fuhren über Frankreich. Immer noch hatte ich keinen Ausweis, was an manchen französischen Kontrollpunkten Schwierigkeiten bereitete. Aber Gero von Gaevernitz überwand sie alle mit scheinbarer Mühelosigkeit und brachte mich dann über die Rheinbrücke bei Kehl nach Deutschland.

Nach einem Zwischenaufenthalt in Wiesbaden bewirkte Gero von Gaevernitz, daß ich nach Franken gefahren wurde, wo ich meine Familie wiederfand. Dann bat er mich nach Berlin. Dort fand ich ihn in voller Tätigkeit. Von ihm selbst hörte ich, wie es zur Kapitulation der deutschen Heeresgruppe Südwest gekommen war, daß er selbst die Verhandlungen darüber in Ascona eingeleitet, geführt und zu einem guten Ende gebracht hatte, ein Verdienst, das die Geschichte diesem Manne nicht hoch genug anrechnen kann, weil dadurch an entscheidender Stelle, nämlich an der weichen Flanke des Hitler-Regimes, ein Loch gerissen wurde, das dem Krieg ein Ende setzte. In Berlin selbst war sehr bald zu merken, daß es in der amerikanischen Militärregierung zwei Richtungen gab. Die eine wollte das deutsche Volk zu Heloten machen, die andere war bemüht, Deutschland wieder aufzurichten. In diesem Kampf hat Gero von Gaevernitz sich unvergängliche Lorbeeren erworben, weil er den Generalen Eisenhower und Lucius Clay immer wieder auseinandersetzte: Die deutschen Lebensmittelrationen müßten erhöht werden. Man solle Deutschland wieder in den Sattel setzen. Man müsse das deutsche Wirtschaftsleben ankurbeln und man dürfe Deutschland nicht den Russen als Beute überlassen. Man solle Deutschland für Amerika gewinnen. In diesem Kampfe gab es viele Rückschläge. Wäre Gero von Gaevernitz nicht so eigensinnig gewesen, wie seine Gegner meinten, und nicht von so unerbittlicher Konsequenz, wie seine Freunde meinten, so hätte die Entwicklung wahrscheinlich einen anderen Verlauf genommen. Mein Anwaltsbüro wie auch meine Privatwohnung waren nur noch Ruinen. Als Deutscher war man damals ganz auf die Amerikaner angewiesen, die nicht an den Augenblick, sondern an die Zukunft dachten. Und zu diesen gehörte Gero von Gaevernitz, der in minuziöser Kleinarbeit einen Amerikaner nach dem anderen aus der anfänglich so feindseligen Militärregierung für seine Vorstellungen gewann. Er legte dadurch den Grund dafür, daß wenigstens ein Teil Deutschlands frei wurde, ein menschenwürdiges Dasein führen und schließlich einen Staat bilden konnte, so daß der Name Deutschland nicht ausgestrichen wurde, sondern erhalten blieb und in die Zukunft weiterwirken konnte. Gewiß war Gero von Gaevernitz nicht der einzige, der in dieser Richtung arbeitete. Aber er war eine der maßgebenden Persönlichkeiten, die über den Tag hinausschauten und in unermüdlicher Kleinarbeit den Grund dafür legten, daß es heute wieder ein

Deutschland gibt und daß dieses Deutschland durch ein enges Band mit den Vereinigten Staaten von Amerika verknüpft ist. Gero von Gaevernitz lebt nicht mehr. Ein frühzeitiger Tod hat ihn aus dieser Welt fortgenommen. Aber die Geschichte wird festhalten, daß er zu denen gehört hat, die unter Inkaufnahme aller Schwierigkeiten Amerika davon überzeugt haben, daß man nach einem gewonnenen Kriege die Pflicht hat, den geschlagenen Gegner zum Freunde zu machen.

Ein Zeugnis hierfür bildet sein Verhalten nach Beendigung des Krieges. Damals hielt sich Gero von Gaevernitz viel in Berlin auf. Er machte sich große Sorgen um das Schicksal seiner früheren Kinderfrau, die während des ganzen Krieges bei seinem Vater auf dem Gut Krainsdorf in Schlesien gewesen war und seinen Vater bis zu dessen Tode im Jahre 1943 gepflegt hatte. Da jegliche Postverbindung mit dem Osten ausgeschlossen war, hatte man keine Ahnung, wie es den dortigen Menschen erging. Es kursierten die furchtbarsten Gerüchte von Hunger und Vergewaltigung. In diesem Augenblick faßte Gero von Gaevernitz den Entschluß, mit seinem Dienstwagen nach Schlesien zu fahren. Die Erlaubnis zu dieser Reise erhielt er nur zögernd, weil auch die amerikanische Arme keinen Einfluß in den Ostgebieten des Deutschen Reiches hatte. Wenn auch schließlich die Erlaubnis erteilt wurde, so wurde sie an eine Bedingung geknüpft. Er müsse einen Begleiter mitnehmen, der über zwei Eigenschaften verfüge: Der Begleiter müsse fließend russisch sprechen und ein ausgezeichneter Automechaniker sein. Gero von Gaevernitz nahm diese Bedingungen an. Es vergingen aber noch vierzehn Tage, bis ein amerikanischer Unteroffizier gefunden wurde, der fließend russisch sprach und von dem gesagt wurde, er sei ein ganz ausgezeichneter Mechaniker.

Nun machte sich Gero von Gaevernitz auf die Reise. Es war eine Fahrt ins Blaue. Zunächst fuhr er von Westberlin nach Ostberlin und von dort nach Frankfurt/Oder. So kam er nach dem väterlichen Gute Krainsdorf und von dort achtzig Kilometer entfernt nach Kreisau, auf den Besitz des nach dem 20. Juli 1944 zum Tode verurteilten und hingerichteten Helmut James Graf von Moltke.

Etwa hundert Kilometer ostwärts von Berlin fing der Wagen an zu stottern. Gero von Gaevernitz wandte sich an seinen Begleiter und sagte zu ihm: »Ich denke, jetzt ist es Zeit, daß Sie Ihren eigentlichen Beruf erfüllen müssen.« Der Angesprochene sah erstaunt auf und erwiderte: »Was halten Sie denn für meinen eigentlichen Beruf?« Gero von Gaevernitz erwiderte: »Ich denke, daß Sie ein Experte für Automechanik sind, und glaube, daß mit unserem Wagen nicht alles in Ordnung ist.« Wer beschreibt den Schrecken von Gero von Gaevernitz, als ihm der Unteroffizier antwortete: »Ich habe nicht die geringste Ahnung von einem Automotor.« Gero von Gaevernitz fragte zurück: »Was sind Sie denn in Ihrem zivilen Beruf?« Darauf warf sich der Begleiter stolz in die Brust: »Ich bin Violinspieler.« Gero von Gaevernitz erzählte diese Geschichte später vielfach und fügte hinzu, sie sei typisch für die Desorganisation in der amerikanischen Armee. Der amerikanische Unteroffizier wußte vom Auto ebensowenig wie Gaevernitz. Zu beider Erstaunen gelang es ihnen aber doch, das Auto wieder in einen fahrbaren Zustand zu versetzen, und sie kamen gegen Abend in Kreisau an. Gräfin Moltke und ihre Verwandten lebten damals nicht mehr in ihrem Schloß, sondern in einem bescheidenen Nebenhaus. Sie waren nicht wenig überrascht, als Gero von Gaevernitz dort auftauchte. Er war der erste Besucher, der aus dem Westen nach Schlesien kam. Unter den in Kreisau lebenden Frauen befand sich auch die Witwe des ebenfalls nach dem 20. Juli 1944 hingerichteten sozialdemokratischen Professors Reichwein. Als Haupteindruck von dieser Reise schilderte Gero von Gaevernitz später folgendes: Zu seinem Entsetzen sei er Tausenden von deutschen Menschen auf der Straße begegnet. Sie zogen noch alle nach Westen. Es sei eine Art Völkerwanderung gewesen. Man habe auch Tote gesehen, um die sich niemand gekümmert habe. Von diesen Zuständen habe man in Berlin keine Ahnung gehabt. Es seien Millionen von Deutschen gewesen, die man mit Gewalt zum Verlassen des deutschen Ostens gezwungen habe.

Gero von Gaevernitz erzählte, er habe als erstes die Gräfin Moltke und eine ihrer Begleiterinnen eingeladen, mit ihm in seinem Wagen eine Rundfahrt zu machen. So seien sie zunächst nach Breslau und von Breslau nach Kamenz gekommen. In Breslau habe man schließlich einen hohen katholischen Geistlichen gefunden, der ihm den ersten Aufschluß über das Verhalten der Russen und der Polen gegeben, aber auch den unerhörten Mangel an Lebensmitteln und die Vertreibung der deutschen Zivilbevölkerung geschildert habe. Auch in Kamenz habe er sich mit einem hohen katholischen Geistlichen unterhalten, der alle diese Vorgänge bestätigt habe. Erst am späten Nachmittag sei er nach Kreisau zurückgekommen. Bei der Rückkehr seien sie plötzlich von Bauern angehalten worden. Diese Bauern hätten ihn gewarnt, vor das Gutshaus zu fahren. Dort seien Polen und Russen im Begriff, das Gutshaus zu plündern. Gero von Gaevernitz fuhr trotzdem vor dem Gutshaus vor und klopfte an die Haustür. Als diese geöffnet wurde, bot sich ihm ein unbeschreibliches Bild: Zwölf Zivilisten, wild aussehende Gesellen, mit Maschinenpistolen bewaffnet, seien gerade dabei gewesen, das Haus zu plündern. An einer Wand saßen auf vier Stühlen vier schwerbewaffnete russische Soldaten. Diese beteiligten sich nicht an der Plünderung, saßen nur still da und hatten ihre Maschinenpistolen auf den Knien. Gero von Gaevernitz fragte in die Runde: »Wer ist hier der Chef?« Nach einigem Zögern trat ein Mann vor und sagte: »Ich bin der Chef.« Daraufhin nahm Gero von Gaevernitz diesen Mann am Arm und ging mit ihm in ein Nebenzimmer. Er sagte zu ihm: »Ich glaube, wir sollten die Situation hier allein besprechen.« Der Angesprochene antwortete auf deutsch. Als erstes richtete Gero von Gaevernitz an ihn die Frage: »Wissen Sie eigentlich, wer in diesem Hause wohnt und wen Sie hier belästigen?« Er erhielt die Antwort: »Nein, keine Ahnung.« Darauf sagte Gaevernitz: »In diesem Haus wohnen drei Witwen. Diese Witwen haben ihre Männer im Kriege gegen Hitler verloren, gegen den Sie und ich auch gekämpft haben. Es sind unsere Verbündeten.« Zur Antwort erhielt Gaevernitz: »Ja, davon habe ich keine Ahnung gehabt.« Nunmehr kam es zu einem ruhigen Gespräch, in dem der angesprochene Pole zwei Bitten äußerte: Er wolle gerne einen Brief an einen in Chicago wohnenden Onkel richten. Außerdem wolle er aber gerne wissen, auf welchem Wege er die amerikanische Staatsangehörigkeit erwerben könne. Gero von Gaevernitz versprach ihm zu tun, was in seiner Macht stehe, und ging dann Arm in Arm mit ihm in das Hauptzimmer zurück. Schon nach einer Viertelstunde verließen die Plünderer das Gutshaus. Hinter ihnen gingen die vier russischen Soldaten, die auch jetzt kein Wort sagten, sondern vollkommen stumm blieben.

Am anderen Morgen kam es dann noch einmal zu einer Unterredung zwischen Gaevernitz und dem Chef der Polen. In diesem Gespräch legte Gaevernitz es seinem Gesprächspartner nahe, auch in der Zukunft dafür Sorge zu tragen, daß den deutschen Frauen nichts passiere. Im Begriff, die Unterhaltung zu beenden, aufzubrechen und sich zu verabschieden, wurde Gaevernitz durch ein neues Ereignis aufgehalten. Plötzlich ging die Tür auf. Es erschien in voller Uniform ein russischer Offizier, und hinter ihm kam ein russischer Soldat mit einem Maschinengewehr, der sich mit gespreizten Beinen in der Tür aufstellte. Der Offizier machte einen gepflegten Eindruck, hatte ein energisches Gesicht und ging auf die im Frühstückszimmer befindlichen Personen zu. Er stellte einige Fragen in russischer Sprache. Da Gaevernitz mangels russischer Sprachkenntnise an dieser Unterhaltung unbeteiligt war, stand er auf, kehrte dem russischen Offizier den Rücken und griff nach einer Zeitung. Gleichzeitug suchte er sich einen Stuhl, rückte diesen an das Fenster, breitete die Zeitung aus und fing an zu lesen. Er tat so, als ob ihn die ganze Sache nichts angehe. Nach Ablauf von zwanzig Minuten stand Gaevernitz langsam auf und sagte zu seinem amerikanischen Begleiter: »Fragen Sie doch den Offizier, wo er geboren ist.« Dieser tat es, und der Offizier antwortete in großer Ruhe: »In Archangelsk.« Hierauf bat Gaevernitz seinen amerikanischen Begleiter, dem russischen Offizier folgendes zu sagen: »Das ist ja der Hafen, in dem so viel amerikanisches Kriegsmaterial ausgeladen worden ist, um Rußland in seinem Kampf gegen Hitler zu helfen.« Der Offizier bestätigte diesen Hinweis mit einem Kopfnikken und verabschiedete sich. Er verschwand zusammen mit dem schwerbewaffneten Soldaten, den er mitgebracht hatte. Diesen Augenblick hielt Gaevernitz für gekommen, um sich von der Gräfin Moltke und ihren Gästen zu verabschieden. Er begab sich zu seinem Auto und fuhr mit seinem Begleiter nach Krainsdorf bei Neurode in Schlesien. Die Fahrt dorthin dauerte etwa zwei Stunden. Sie verlief ohne Zwischenfälle. Im Dorf ließ Gaevernitz das Auto vor einem großen Bauernhof halten, mit dessen Bewohnern er von früher befreundet war. Nach einer freudig erregten Szene des Wiedersehens bat Gaevernitz die Bauern, sie möchten einen Boten in das Schloß schicken und der Kinderfrau sagen lassen, sie möge so schnell wie möglich nach dem Bauernhof kommen. Er sei bereit, mit ihr innerhalb von fünfzehn Minuten nach Westdeutschland zu fahren. Dies geschah. Nach Ablauf einer halben Stunde entschloß sich Gaevernitz, mit dem Auto nach dem Schloß zu fahren, da die Kinderfrau noch nicht erschienen war. Gaevernitz ging selbst in das Schloß hinein und mußte feststellen, daß es in eine Art Getreidekammer umgewandelt war. Schließlich traf er seine alte Kinderfrau, die im Begriffe war, alle ihre Sachen zu packen. Nach einer kurzen Unterhaltung nahmen beide Abschied von dem Schloß und gingen zum Auto. Hier hatte sich inzwischen eine große Menge angesammelt. Mit einigen der Bauern sprach Gaevernitz, wenn auch in angemessener Kürze. Es gelang ihm dann, zusammen mit seinem Begleiter und der alten Kinderfrau in Richtung Berlin abzufahren. Bei der Überschreitung der Oder gab es erneut eine Schwierigkeit, da die Kinderfrau keine Personalpapiere zur Hand hatte. Aber auch dieses Hindernis wurde überwunden. Alle drei trafen noch am gleichen Abend in Westberlin ein.

Aus der Fülle der Eindrücke blieb als Hauptpunkt bei Gaevernitz die Tatsache zurück, daß sich hier eine nach Tausenden zählende Menschenmenge von Osten nach Westen bewegte. Gaevernitz war sich darüber im klaren, daß dieser Vorgang möglichst bald zur Kenntnis der höchsten amerikanischen Stellen kommen müsse. Er flog deshalb nach Frankfurt und begab sich in das Hauptquartier der Amerikaner, das damals in dem IG-Farben-Gebäude untergebracht war. Dort wurde ihm bedeutet, daß er den von ihm persönlich beobachteten Vorgang unmittelbar dem General Eisenhower vortragen müsse. Dies geschah. An dem Vortrag nahm außer Eisenhower auch noch dessen politischer Berater, Robert Murphy, teil. Im Laufe des Vortrages berührte Gaevernitz auch die Frage der Ernährung der deutschen Zivilbevölkerung und fügte hinzu, daß durch die Ernährung von Millionen von Deutschen, die dem Hunger und der Krankheit ausgesetzt seien, ein Problem auf die Amerikaner zukomme, das unbedingt und bald gelöst werden müsse. Eisenhower bejahte die Wichtigkeit des von Gaevernitz vorgetragenen Problems und fügte hinzu: »Ich habe dem Kriegsministerium mehrfach vorgetragen, daß für jeden Deutschen täglich zweitausend Kalorien notwendig seien. Aber ich erhielt immer die Antwort, daß fünfzehnhundert Kalorien reichen, obwohl mein Arzt mir gesagt hat, daß fünfzehnhundert Kalorien pro Tag zu wenig sind.« Die Unterhaltung endete mit dem Hinweis Eisenhowers, er sei im Begriff, mit seinem Flugzeug nach Washington zu fliegen. Ob er nach Deutschland zurückkomme, sei fraglich. Aus diesem Grunde möge Gaevernitz das nächste Flugzeug nach Berlin nehmen und General Clay den gleichen Vortrag halten. Gaevernitz tat, was man ihm riet. Er flog unverzüglich nach Berlin zurück und meldete sich bei General Clay. Dort wurde er auch empfangen und wiederholte seinen Frankfurter Vortrag. Dabei legte er das Schwergewicht auf die Massenvertreibung der deutschen Bevölkerung durch die Russen und Polen. Als er etwa zehn Minuten gesprochen hatte, stand General Clay plötzlich auf, schlug mit der Faust auf den Tisch und sagte: »Wagen Sie es nicht, immer etwas gegen die Russen zu sagen.« Diese Äußerung erinnerte Gaevernitz an die damalige New Yorker Presse, die stark antideutsch und pro-russisch war. Im Laufe der Vortrages gelang es Gaevernitz aber, Clay davon zu überzeugen, daß es die Aufgabe Amerikas sei, die Lage Deutschlands und die Lage Berlins klar zu erkennen und sich nicht durch Rücksicht auf den russischen Verbündeten in Illusionen wiegen zu lassen.

Von diesem Tage an datiert die Schwenkung von General Clay. Gaevernitz nahm von beiden Gesprächen den Eindruck mit, daß schon damals Eisenhower auf einer anderen Linie lag als General Clay. Gleichzeitig aber hatte Gaevernitz den Eindruck, daß im Vergleich zu Eisenhower General Clay der energischere Mann war.

XVIII. KAPITEL

William Donovan

Eines Tages fragte mich Gero von Gaevernitz in Berlin, ob ich bereit sei, mit ihm zusammen den amerikanischen General William Donovan aufzusuchen. Da ich nichts von ihm wußte, erzählte mir Gaevernitz, Donovan sei ein alter amerikanischer Soldat, der schon vor dem Ersten Weltkrieg eine militärische Karriere hinter sich gebracht habe durch Organisierung einer Kavallerietruppe. Er habe ursprünglich an der mexikanischen Grenze mit seiner Truppe Dienst getan. Dann habe er bei Ausbruch des Ersten Weltkrieges, als er den Rang eines Majors bekleidet habe, das 165. amerikanische Infanterieregiment geführt. Er habe Wunder an Tapferkeit vollbracht und habe schon damals die *Medal of honour* erhalten. Er sei in der amerikanischen Armee seit dem Ersten Weltkrieg unter dem Spitznamen »The Wild Bill« bekannt gewesen. Er sei irischer Abstammung und ein treuer Sohn seiner katholischen Kirche. Später, zwischen den beiden Weltkriegen, sei er ein Gehilfe des leitenden amerikanischen Generalstaatsanwaltes gewesen und häufig in der Öffentlichkeit als führender Kopf staatlicher Kommissionen aufgetreten. Das Angebot des Präsidenten Herbert Hoover, die Position des Gouverneurs der Philippinen zu übernehmen, habe er abgelehnt. Aber er habe statt dessen als inoffizieller Beobachter im Interesse der Vereinigten Staaten Reisen nach Italien, Spanien, England und dem Balkan unternommen, um die amerikanischen Interessen zu schützen. Auf Drängen des Präsidenten

Franklin D. Roosevelt habe er einen militärischen Abwehrdienst gegründet und geleitet. In dieser Eigenschaft sei er 1943 zum Brigadegeneral und 1944 zum Generalmajor befördert worden. 1945, mit Ende des Krieges, habe er diese Aufgabe abgegeben und stehe nun vor einer neuen Aufgabe. Dieser Verpflichtung wegen sei vielleicht ein Gespräch zwischen General Donovan und mir nützlich. Wir fuhren bei Nacht zu dem Haus, in dem William Donovan Quartier genommen hatte. Das Gebäude war militärisch bewacht und wurde, wahrscheinlich aus Sicherheitsgründen, durch offenes Feuer auf der Straße beleuchtet, so daß sich niemand ungesehen dem Hause nähern konnte.

Donovan war ein Mann von gesetztem Alter. Aber seine Augen verrieten, daß in ihm eine große eigenständige Persönlichkeit lebte, die nach Aktivität drängte. Er erzählte mir folgendes: Die Alliierten hätten die Absicht, in Nürnberg einen großen Gerichtshof ins Leben zu rufen und vor diesem Gerichtshof die für die Verbrechen des Nationalsozialismus Verantwortlichen anzuklagen. Leiter der Anklagebehörde sei der Amerikaner Robert Jackson. Er selbst solle die zweite Rolle übernehmen. Aber er sei sich gar nicht darüber klar, ob gestützt auf den Briand-Kellogg-Pakt, d. h. auf den von 15 Nationen – darunter auch Deutschland – am 27. August 1928 geschlossenen Kriegsächtungspakt – dieser hatte den Verzicht auf den Krieg als Mittel der Politik zum Gegenstand – eine Anklage gerechtfertigt sei. Er bat mich, ihm vom deutschen Standpunkt aus einmal leidenschaftslos darzulegen, was gegen diese Anklage spreche. Er verabschiedete sich von mir, indem er mir den Entwurf der Anklageschrift überreichte.

Nachdem ich dieses Dokument Wort für Wort gelesen hatte, verfaßte ich eine Stellungnahme. Hierbei habe ich meine Ansicht in vier Hauptpunkte zusammengefaßt:

1.) Ich habe darauf hingewisen, daß der Anklage ein rückwirkendes Gesetz zugrunde liege. Gerade das aber habe man mit Recht an Hitler getadelt, daß er sich bei seinen Handlungen auf Gesetze mit rückwirkender Kraft gestützt habe. Ein Gesetz über

Verbrechen gegen die Menschlichkeit habe bisher zu keiner Zeit bestanden, zum mindesten nicht zu der Zeit, als die mutmaßlichen Angeklagten die Verbrechen begingen, die ihnen vorgeworfen werden.

2.) Die Anklage basiere auf angelsächsischem Prozeßrecht. Dieses Prozeßrecht sei in Europa unbekannt. Es komme hinzu, daß das angelsächsische Prozeßrecht von den Gebräuchen des europäischen Rechtswesens abweiche.

3.) Die Anklage erstrecke sich nur auf Vergehen gegen Bürger alliierter Staaten. Die Gerechtigkeit verlange jedoch, daß ein solcher Unterschied nicht gemacht werde. Bei den Opfern der Nazis handle es sich um Menschen der verschiedensten Nationalität.

Es seien darunter auch viele Deutsche. Es sei nicht einzusehen, warum die Anklage sich nur gegen solche Verbrechen wende, die gegenüber Alliierten begangen seien.

4.) Ein Hauptmangel aber sei es außerdem, daß nach den Grundlagen der Anklage die Ankläger und Richter identisch wären. In diesem Zusammenhang wies ich auf das alte deutsche Sprichwort hin: »Nur Gott kann dem helfen, dessen Ankläger sein Richter ist.«

Immer wieder hat Donovan mein Gutachten gelesen und mich darüber in viele Gespräche verwickelt, die anfänglich in Berlin, aber später in Nürnberg stattfanden.

Eines Tages erzählte mir Donovan, der amerikanische Senator Robert Taft habe ebenfalls sich zur Frage eines völkerrechtlichen Prozesses geäußert und habe in erster Linie darauf hingewiesen, daß es bisher den Begriff eines Verbrechens gegen die Menschlichkeit nicht gebe.

Donovan selbst residierte nicht in Nürnberg, sondern in Fürth, d. h. in der Nähe von Nürnberg. Er benutzte deutlich diese räumliche Distanz, um sich von der Fülle der Menschen zu trennen, die nichts unversucht ließen, um Anklagepunkte zu sammeln. Seinen Äußerungen war anzumerken, daß er bemüht war, die Verhandlungspunkte zu beschränken und zu verkürzen. Eines Tages überraschte er mich mit der Idee, ob er nicht in großer amerikanischer Generalsuniform mit Göring sprechen solle. Er traue es sich zu, Göring zu veranlassen, alle Verantwortung für das Dritte Reich auf sich zu nehmen. Tue Göring das, so werde es genügen, nur Göring als Vertreter Hitlers anzuklagen. Erkläre Göring sich schuldig, so sei ohne Beweisaufnahme ein Urteil möglich. Er, Donovan, glaube nicht, daß Göring gesonnen sei, sein Leben über das Ende des Dritten Reiches hinaus auszudehnen. Dann könnten alle anderen Angeklagten einem deutschen Gericht übergeben werden. Was die deutsche Justiz dann tue, sei ihre Angelegenheit. Ich habe Donovan gegenüber zum Ausdruck gebracht, daß ich an seiner Stelle einen Versuch unternehmen würde. Kurze Zeit später teilte er mit, er habe mit Göring gesprochen. Dieser habe ihm positiv geantwortet. Jetzt komme es darauf an, den Hauptankläger Robert Jackson für seine Idee zu gewinnen. Einige Zeit verging, bis Donovan mich wieder kommen ließ. Ich sah ihn in Fürth in der früheren Dienstwohnung des Kommandierenden Deutschen Generals in einer Verfassung, die mir bisher nur aus Romanen bekannt war. Er bebte am ganzen Leibe. Hin und wieder beugte er sich über einen Flügel, auf dem Hunderte von Konzeptpapieren lagen und in die er bald Sätze hineinschrieb, bald Sätze durchstrich, bald neue Sätze bildete, um mir schließlich zu sagen, er habe eine stürmische Auseinandersetzung mit Robert Jackson gehabt. In dieser Sitzung sei er unterlegen. Jackson habe einen monatelang dauernden Schauprozeß sorgfältig vorbereitet und wolle auf die Durchführung dieses Prozesses unter keinen Umständen verzichten. Er, Donovan, sei entschlossen, sich an diesem Schauprozeß nicht zu beteiligen, sondern von seinem Posten als Stellvertretender Ankläger zurückzutreten. Donovan sprach bald englisch, bald deutsch. Er hatte nach dem Zweiten Weltkrieg begonnen, deutsch zu lernen, und bediente sich beim Erlernen der deutschen Sprache vor allem des Dichters Heinrich Heine. Es war nicht ohne Komik, zu sehen und zu hören, wie Donovan mit fremdem Akzent Liebesgedichte von Heine, in der Stube umhergehend, zitierte. Auch ihm selbst war die Komik der Situation klar. Aber an diesem Abend hatte er einen Anfall von sprichwörtlich irischer Wut. Was ich bisher nur als Redewendung kannte, konnte ich dieses Mal in Wirklichkeit sehen. Er zerriß sein Hemd. Wie ein Sturzbach entfuhren seinem Munde die furchtbarsten Flüche, war er doch in der Auseinandersetzung mit Robert Jackson unterlegen. Dann las er mir das Konzept seines Rücktrittsgesuches vor, in dem er darauf hinwies, daß dieser Prozeß gegen die elementarsten Interessen Amerikas verstoße. Er wurde nicht müde, darauf hinzuweisen, daß jeder Krieg Grausamkeiten im Gefolge habe. Noch sei die Weltgeschichte nicht zu Ende. Wie leicht könne auch ein Land wie Amerika in die Lage kommen, irgendwo und irgendwann einen Krieg zu führen. Dann aber werde sich die Aburteilung eines Kriegsverbrechens in Nürnberg auch gegen Amerika richten, da man in einem Kriege auf das Ziel sehe, aber die Mittel nicht achte, mit denen dieses Ziel erreicht werden könne. Vom Gesichtspunkt der Außenpolitik, so fügte er hinzu, müsse Amerika vor allem Deutschland als Bundesgenossen gewinnen und damit ganz Westeuropa. Mit einem monatelangen, ja sogar jahrelangen Prozeß werde man ganz Deutschland vor den Kopf stoßen. Das Leben der in Nürnberg Angeklagten und die Sühne etwaiger Verbrechen seien ganz unbeachtlich gegenüber dem Ziel, zu verhindern, daß Deutschland in die Arme Rußlands getrieben werde. Gelänge es Rußland, Deutschland für sich zu gewinnen, so sei nicht Amerika, sondern Rußland die erste Macht der Welt. Kein Amerikaner mit Weitblick könne diesen Weg für richtig halten, der in Nürnberg beschritten werde. Jetzt nach dem Ende des Weltkrieges werde es zu einem Ringen um die Weltherrschaft kommen. Dieses Ringen werde sich nur zwischen Amerika und Rußland abspielen. Den Ausschlag aber werde Europa geben. Auf wessen Seite sich Europa schlage, der werde in Zukunft die Welt beherrschen. Nicht nur aus rechtlichen, sondern auch aus politischen Gründen seien deshalb die Nürnberger Prozesse nicht zu rechtfertigen. Er selbst habe auf Grund seiner Stellung ein Flugzeug zur Verfügung und werde noch am folgenden Tag Nürnberg verlassen und nach Amerika zurückgehen. Nicht ohne Besorgnis fügte er hinzu, er müsse mir den guten Rat geben,

Nürnberg so schnell wie möglich zu verlassen. Es sei unabsehbar, was seine, Donovans, Gegner vielleicht gegen mich unternehmen würden, wenn ich in Nürnberg bliebe. Selbstverständlich bin ich seinem Rate gefolgt.

Einige Jahre später habe ich William Donovan noch zweimal in New York besucht. Er leitete dort ein Anwaltsbüro. Inzwischen hatte er seine Ruhe wiedergefunden, kam aber auf unsere Unterhaltung in Fürth wieder und wieder zurück, indem er die Feststellung erneuerte, die Geschichte werde seinen Entschluß, an den Nürnberger Prozessen nicht teilzunehmen, rechtfertigen.

Mehrfach habe ich William Donovan gebeten, doch seine Erinnerungen niederzuschreiben. Er hat dies aber weit von sich gewiesen mit der Bemerkung, daß ein Mann in seiner Stellung keine Erinnerungen schreiben dürfe. William Donovan gehörte zu jenen guten Amerikanern, die nicht nur ihr eigenes Interesse im Auge hatten, sondern eine Vorstellung davon besaßen, was Staatsraison bedeutet. Bevor Donovan 1959 in Washington starb, bekleidete er noch zwei Jahre lang den Posten des amerikanischen Botschafters in Thailand. Zur Übernahme dieser Position hatte ihn der frühere General, spätere Präsident Dwight Eisenhower gewonnen.

In den Unterhaltungen zwischen Donovan und mir spielten zwei Punkte eine große Rolle.

Einmal handelte es sich um den Fall des Generaloberst Freiherr von Fritsch, der von Hitler auf Grund einer infamen Lüge seiner Stellung als Oberbefehlshaber des Heeres enthoben worden war. Gegen diesen Mann, der im Polenfeldzug 1939 gefallen war, erhob Robert Jackson eine Anklage, um das deutsche Heer als solches zu treffen. Er behauptete, im Besitze eines Dokumentes zu sein, in dem Fritsch die Äußerung getan habe, man müsse die Macht der katholischen Kirche in Deutschland einschränken und müsse auch die Arbeiterschaft entmachten. Zum Beweise hierfür bezog sich Robert Jackson auf einen angeblichen Brief, den Fritsch selbst geschrieben habe. Jeder, der Fritsch kannte, wußte, daß weder solche Gedanken noch solche Worte von ihm stammen konnten. Sie waren seinem Wesen fremd. Davon muß der englische Lordrichter Lawrence eine Ahnung gehabt haben. Er forderte nämlich Jackson auf, den Brief vorzulegen. Jackson sagte, er sei dazu im Augenblick nicht in der Lage, versprach aber, die Urkunde nachzureichen. Der Lordrichter setzte ihm eine Frist. Nachdem die Frist ergebnislos abgelaufen war, schloß der Lordrichter die Anklage mit diesem angeblichen Beweismittel aus. Dieses Ereignis hatte seinen Eindruck auf William Donovan nicht verfehlt, der als erfahrener Mann auf diesem Gebiet voller Zweifel gegen manche Behauptungen der Anklage war.

Ein anderer Punkt, durch den Donovans Zweifel immer stärker wurden, war der Fall Katyn. Unweit von Smolensk waren im Kriege auf Grund von Hinweisen aus der Bevölkerung Gräber gefunden worden. In diesen Gräbern befanden sich die Leichen von Tausenden polnischer, noch mit ihrer Uniform bekleideter Offiziere. Es waren alles polnische Offiziere, die in Kavallerieregimentern gedient hatten, als 1939 nicht nur Deutschland, sondern auch Rußland in Polen einmarschiert war. In den Uniformröcken fanden sich noch Aufzeichnungen, aus denen hervorging, daß diese polnischen Offiziere in russische Kriegsgefangenschaft gekommen waren, aber glaubten, sie würden vielleicht doch wieder in ihre Heimat entlassen werden. Entgegen dieser ihrer Hoffnung hatten die Russen diese polnischen Kriegsgefangenen durch Genickschüsse getötet. Damals, als diese grausige Entdeckung gemacht wurde, haben hohe polnische Geistliche sich davon überzeugt, daß es sich nicht um ein erfundenes Greuelmärchen handelte, sondern um die nackte Wahrheit. Längst hat die Geschichte den Fall Katyn zu einem unumstößlichen Wahrheitsdokument erhoben. Als wir die Unterlagen über diesen Vorfall Donovan unterbreiteten, trat ihm die Röte ins Gesicht, weil er blitzartig erkannte, daß es unmöglich war, diesen Fall, wie die Russen es gerne wollten, den Deutschen in die Schuhe zu schieben. Hätte man es dennoch getan, so wären gewissermaßen die Täter selbst als Ankläger aufgetreten. Und die Ankläger wiederum hätten als Richter über sich selbst zu Gericht gesessen. Der ganze Widersinn eines solchen Verfahrens war einer Persönlichkeit wie William Donovan klar. Ihm gegenüber bedurfte es nicht mehr als eines kurzen Hinweises darauf, daß Bismarck, als ihm im Kriege 1870 der Gedanke nahegelegt wurde, nach dem Kriege gegen französische Staatsmänner mittels eines Gerichtsverfahrens aufzutreten, dies entschieden ablehnte, weil er auf dem Standpunkt stand, daß man den Franzosen in einem Kriege nicht die Rechte absprechen könne, die man für sich selbst in Anspruch nehme.

XIX. KAPITEL

Werner Catel

Als nach dem Kriegsende 1945 die ersten Anzeichen einer Staatenbildung sichtbar wurden, trat die Frage der Entnazifizierung in den Vordergrund. Bevor die Bundesrepublik Deutschland gegründet wurde, nahmen die einzelnen Länder Westdeutschlands Gesetze an, durch die Millionen von Deutschen sich einem Entnazifizierungsbad unterziehen mußten. Selten hat sich eine Einrichtung einer solchen Unbeliebtheit erfreut wie die Entnazifizierung. Jeder Postbote, der einmal Mitglied in der Nationalsozialistischen Partei oder in einer Gliederung der Partei oder in einem angeschlossenen Verband gewesen war, durfte seinen früheren Beruf erst wieder ergreifen, nachdem er in einem Entnazifizierungsverfahren entweder als nicht betroffen oder als Mitläufer eingestuft worden war. Der im Werden begriffene deutsche Staat zog also aus, um Millionen zu fangen. Er erzielte auf dieser Jagd, wie jeder Verfolger, der nach Tausenden zielt, einen Fehltreffer nach dem anderen. Jeder Deutsche erhielt einen Fragebogen, in dem er gezwungen wurde, sich entgegen allen Grundsätzen eines Rechtsstaates selbst zu beschuldigen, und setzte sich der Bestrafung aus, wenn er auch nur eine der vielen Fragen unrichtig beantwortete. Was war alles im Kriege zerstört worden und untergegangen. Aber eines hatten die Nazis treu bewahrt, ihre Archive über die Mitglieder ihrer Organisationen. Vielen Deutschen wurden diese Archive zum Verhängnis. Dabei hätte es doch so nahe gelegen, mißliebige Akten in die nirgends fehlenden Brandherde noch nachträglich hineinzuwerfen. Aber dazu ist der Deutsche seinem ganzen Wesen nach nicht fähig. Vor Papier hat er einen mächtigen Respekt. Beinahe noch schlimmer als die Jagd nach Angehörigen des Nationalsozialismus war die Frage: Wer soll die Spruchkammer besetzen, um nach langen Verhandlungen die Böcke von den Schafen zu trennen? Wie immer auf dieser Welt ist die Institution weniger wichtig als die Beantwortung der Frage, wer setzt die Institution in Bewegung und wie geht er mit den ihm vom Gesetz gegebenen Möglichkeiten um. Noch immer steht der Mensch über den Maßnahmen. Heute schämt sich ganz Deutschland dieses damaligen Rachefeldzuges. Natürlich gab es auch gute Mitglieder der Spruchkammern. Aber die Nieten herrschten vor. Da gab es vor allem Ignoranten, die sich wichtig machen wollten, oder Nichtskönner, die eine bezahlte Beschäftigung brauchten, oder auch Figuren, die eine Möglichkeit sahen, von ihrer Fähigkeit zu leben, sich bestechen zu lassen. Es gab harte Prozesse mit vielen Zeugen, von denen niemand wußte, ob sie die Wahrheit sagten oder den Betroffenen anschuldigen oder sich rächen wollten. Das Zeitalter der Denunziation begann von neuem. Unter den Delikten, deren sich manch ein Beteiligter der Spruchkammer schuldig machte, gab es sogar das Delikt der Aussageerpressung. Wer meinte, man könne mit sachlichem, anwaltlichem Auftreten dem Recht zum Siege verhelfen, trug nur halbe Erfolge davon. Wenn aber ein Betroffener zur rechten Stunde mit einer Stange amerikanischer Zigaretten erschien, so war der Fall schnell zu seinen Gunsten erledigt.

Wen gab es schon in Deutschland, der nicht, mehr oder weniger gezwungen, irgendwann die Mitgliedschaft in einer nationalsozialistischen Organisation erworben hatte. Unter den Millionen gab es ja auch viele, die ganz unpolitisch waren und für die der Beitritt zu einer nationalsozialistischen Organisation nichts anderes bedeutet hatte als der Beitritt zu einem Verein, dem anzugehören vor lästigen Nachfragen schützte und ein ruhiges Leben, ein Glück im Winkel, zu versprechen schien. Da waren doch die Vorstellungen, die sich Männer wie Goerdeler und der frühere Generalstabsrichter Dr. Karl Sack gemacht hatten, sehr viel realistischer. Sie wollten nur die Gauleiter und Kreisleiter der Nationalsozialistischen Partei und gleichrangige Personen zur Verantwortung ziehen, alle anderen aber ungeschoren lassen. Was wollte es schon besagen, wenn ein Schauspieler einer nationalsozialistischen Organisation beitrat, um sein Engagement nicht zu verlieren. Aber solche Überlegungen verfingen nicht bei der alliierten Besatzungsbehörde und bei den ersten deutschen Länderregierungen, die vor ihrem amerikanischen, britischen oder französischen Gouverneur im Staube krochen. Wer es dagegen in der Nazizeit verstanden hatte, sich außerhalb einer Organisation zu halten, aber es nicht unterlassen hatte, seine nationalsozialistische Gesinnung in die Tat umzusetzen, der lief frei herum und war in der Ausübung des von ihm erwählten Berufes nicht gehemmt.

Es liegt auf der Hand, daß damals eine Fülle von Menschen zu mir kamen und mich baten, sie in dem ihnen aufgenötigten Entnazifizierungsverfahren zu vertreten. Aus der Unmenge dieser Gesuchsteller ist mir eine Persönlichkeit in Erinnerung geblieben. Dieser Betroffene war wirklich eine Persönlichkeit. Er hatte spezifisches Gewicht. Es handelte sich um einen Kinderarzt, den Leipziger Universitätsprofessor Werner Catel. Er war nicht nur in Deutschland, sondern weit über die Grenzen des Deutschen Reiches hinaus bekannt. Werner Catel, der im Jahre 1894 in Mannheim geborene spätere Mediziner, hatte nach dem Besuch der lateinischen Hauptschule der Franckeschen Stiftung in Halle an der Saale das Abiturientenexamen bestanden, um dann nach Teilnahme am Ersten Weltkrieg in Freiburg und Halle Medizin und Philosophie zu studieren. Schon im Jahre 1926 habilitierte er sich an der Universität Leipzig, wurde dort außerordentlicher Professor, kam dann nach Berlin und erhielt alsbald einen Ruf als Ordinarius für Kinderheilkunde an die Universität Leipzig. Jeder Mediziner kannte seinen Namen. Er hatte viele Bücher verfaßt, die in alle Kultursprachen der Welt übersetzt wurden, unter anderem das der Öffentlichkeit seit 1939 am meisten bekannte Buch über *Die Pflege des gesunden und kranken Kindes*, das noch heute in der ganzen Welt gelesen und nach dem noch heute in allen Ländern der Welt verfahren wird. Catel ist ein ganz unpolitischer Mensch. Sein Leben gehört der Muse. Das zeigen seine Gedichte und seine Dramen. Ansonsten konzentrierte er sich auf Medizin und auf Philosophie. Er hatte schon frühzeitig das gleich nach dem Ersten Weltkrieg erschienene Buch über Euthanasie gelesen, dessen medizinischer Verfasser Hoche und dessen juristischer Autor Binding war. Diese lehrten im bewußten Gegensatz zur bisherigen Vorstellungswelt, daß es dem Arzt erlaubt sein müsse, in Fällen außergewöhnlicher Art das Leben des Kranken auszulöschen, um im Falle der Unheilbarkeit ein Siechtum und ein Wachsen des Schmerzes zu verhindern. Catel schloß sich dieser Ansicht weitgehend an und lehrte deshalb auch vom Katheder der Universität, daß der Arzt nicht nur die Aufgabe habe, den Kranken zu heilen, sondern auch die Berufung besitze, im Falle der Unheilbarkeit, gesteigert durch einen unerträglichen Schmerz, aus Gründen der Barmherzigkeit den Kranken von seinem Leiden zu erlösen. Das alles wurde in der Universität diskutiert, mit allem Für und Wider erwogen, ohne daß der Gesetzgeber in Deutschland daraus Folgerungen zog. All dies änderte sich, als die Nazis an die Macht kamen. Freilich dachten sie nicht an das medizinische Problem. Vielmehr benutzten sie die medizinische Problematik, um aus politischen Gründen Menschen, an deren Existenz sie nicht interessiert waren, auszulöschen. Das alles geschah unter dem Stichwort Euthanasie. Lange Jahre wurde das Verfahren geheimgehalten, bis es, wie alles auf dieser Welt, eines Tages doch nach außen drang. Die Kirchen erhoben Einspruch, an ihrer Spitze der spätere Kardinal von Münster, Graf von Galen. Schließlich ließ man die Euthanasie versanden, weil die Bevölkerung längst gemerkt hatte, daß hier nicht aus Barmherzigkeit gehandelt wurde, sondern um unnötige Esser zu beseitigen.

Auch Werner Catel war in dieses Verfahren hineingezogen

worden, freilich nicht für Erwachsene, sondern, wie es seinem Fach entsprach, ausschließlich für Kinder. Er wurde durch einen Vertreter der Reichskanzlei in Berlin befragt, ob er nicht in einem Ausschuß mitwirken wolle. Der Ausschuß solle aus drei Ärzten bestehen, einem Universitätsprofessor, einem praktischen Kinderarzt und einem allgemeinen Arzt. Jeder von ihnen solle einen ihm vorgelegten Krankheitsbefund eines Kindes, unabhängig voneinander, beurteilen und solle sich gutachtlich darüber äußern, ob der Befund des Kindes so sei, daß eine Auslöschung im Interesse des Kindes selbst liege. Falls sich die Gutachter einstimmig nach der negativen Seite äußerten, so solle das Kind einer Anstalt überwiesen werden, deren Chefarzt auf Grund eigener Verantwortung die letzte Entscheidung zu treffen habe. Catel sagte, auf seiner grundsätzlichen Überzeugung fußend, seine Mitarbeit zu. Bald merkte er, daß die große Mehrzahl der Fälle der ihm vorgelegten Kinder-Krankenakten die Frage der Euthanasie gar nicht berührten, sei es, daß es sich um Kinderkrankheiten handelte, die durchaus heilbar waren, sei es, daß es sich um Krankheiten handelte, die vielleicht eine körperliche Behinderung oder eine Geistesschwäche zum Gegenstand hatten, nicht aber das Grunddasein des Menschentums verleugneten wie zum Beispiel den vollständigen Mangel an Gehirn. Nur in letzteren Fällen kam Catel zu einer gutachtlichen Äußerung, in der er die Euthanasie empfahl, während er in allen anderen Fällen der Euthanasie widersprach. In mehr als 90 Prozent aller Fälle verneinte Catel die Notwendigkeit der Euthanasie, nicht ahnend, daß die Nazis sich überhaupt nicht um die Gutachten kümmerten, sondern alles dem Chef der Klinik überließen, in der die letzte Entscheidung gefällt wurde, ohne Rücksicht darauf, ob die Gutachter ja oder nein gesagt hatten. In seiner eigenen Klinik in Leipzig hatte Catel vor allem während des Krieges schwere Auseinandersetzungen. Ein Leibarzt Hitlers erschien und forderte die Euthanasie bei einem bestimmten Kind. Catel verweigerte dies. Allen Drohungen zum Trotz beharrte er auf seiner Weigerung, bis er nach einem Urlaub feststellen mußte, daß man das Kind aus seiner Klinik entfernt und der Euthanasie zugeführt hatte. Auch viele Eltern, deren Kinder monströse Eigenschaften aufwiesen, legten Catel die Durchführung der Euthanasie nahe. Aber Catel lehnte beharrlich ab, solange er der Überzeugung war, daß dem Kind der Charakter des Menschen nicht abgesprochen werden könne. Auch machte er sich mißliebig, weil er Kinder russischer Zwangsarbeiter in seiner Klinik mit deutscher Muttermilch versorgen ließ und weil er entgegen dem Befehl des nationalsozialistischen Gauleiters halbjüdische und jüdische Kinder in seiner Klinik aufnahm und sie ärztlich versorgte, weil nach seiner Ansicht vor den Augen des Arztes alle Menschen gleich sind. Der Streit zwischen Catel einerseits und dem sächsischen Gauleiter andererseits nahm bedrohliche Formen an. Nur durch ein Eingreifen des Reichsgerichtes gelang es Catel, seiner Linie treu zu bleiben. Aber zu einer kleinen Konzession ließ er sich überreden. Er wurde 1937 eines Tages Mitglied der Nationalsozialistischen Deutschen Arbeiterpartei (NSDAP). Diese Lächerlichkeit, von der jeder wußte, daß sie nur eine Äußerlichkeit betraf, wofür sich Catel die Freiheit einhandelte, in seiner Klinik kranke Kinder so zu behandeln, wie es die medizinische Wissenschaft vorschreibt, die keinen Unterschied zwischen vollwertigen und minderwertigen Menschenrassen kennt, wurde zum Gegenstand der Anklage. Catel wurde genötigt, sich vor einer Spruchkammer zu rechtfertigen, der schlechterdings alles Vermögen fehlte, um über eine solche Angelegenheit ein fundiertes Urteil zu fällen.

Selbstverständlich hatte Catel seine Klinik nicht verlassen, als die Russen kamen, sondern war bei seinen Kranken geblieben. Die Russen hatten bald heraus, daß es sich bei Catel um einen außergewöhnlichen Menschen und um einen außergewöhnlichen Arzt und Wissenschaftler handelte. Sie besuchten ihn. Sie führten mit ihm Gespräche. Schließlich traten sie an Catel mit der Bitte heran, er möge zu ihnen nach Moskau kommen. Rußland brauche einen Mann seiner Art, um die russische Kinderheilkunde zu reformieren und auf einen hohen Stand zu bringen. Catel versuchte, die Entscheidung hinauszuzögern unter Hinweis auf die Notwendigkeit, in seiner Leipziger Klinik zu bleiben. Aber die Russen ließen nicht locker. Mit der Zeit wurde aus den russischen Bitten eine Forderung. Dann steigerte sich die Forderung bis zur Drohung. Schließlich stand Catel vor der Alternative, sich der russischen Drohung zu fügen oder Leipzig bei Nacht und Nebel zu verlassen. Er wählte den letzteren Weg und ging nur mit einem Rucksack aus Leipzig fort und kam unangefochten über die grüne Grenze in den angeblich goldenen Westen. Hier Fuß zu fassen, war schwierig für ihn, weil auch unter Medizinern das Wort Kollegialität nicht immer groß geschrieben wird. Aber schließlich hatte Catel Fortüne. Das Land Hessen machte ihn zum ärztlichen Leiter der Landeskinderheilstätte Mammolshöhe bei Kronberg im Taunus. Gleich begann er mit dem ihm seit Jahren vorschwebenden Kampf gegen die Kindertuberkulose und hatte große Erfolge, die ihm vor allem in Amerika hohen akademischen Ruhm einbrachten. Aber dann meldete sich die Spruchkammer wegen der von Catel im Jahre 1937 erworbenen Parteimitgliedschaft. Die Beweisführung über das untadelige Verhalten Catels während der ganzen Zeit des Dritten Reiches verfehlte nicht ihre Wirkung. Catel wurde in die Gruppe der Entlasteten eingereiht. Die Begründung der Spruchkammer lautete: »Bei dem Betroffenen handelt es sich um einen deutschen Hochschullehrer von europäischem Ruf, den er durch seine Leistung als Facharzt auf dem Gebiet der Kinderkrankheiten und durch zahlreiche bedeutende wissenschaftliche Publikationen begründet hat. Er wird von einwandfreien Zeugen als überzeugter Antifaschist und Vertreter der Humanität im Dritten Reich bezeichnet, hat wiederholt öffentlich gegen den Nationalsozialismus Stellung genommen und sowohl ausländische als auch von 1933 bis 1945 vor allem zahlreiche jüdische Kinder, die er nach den damals geltenden Bestimmungen gar nicht hätte behandeln dürfen, in seine Klinik aufgenommen.«

Nach kaum zwei Jahren beantragte der öffentliche Kläger in Wiesbaden die Wiederaufnahme des Verfahrens. Catel wurde beschuldigt, in einem Gutachterausschuß tätig gewesen zu sein und durch die im Rahmen dieses Ausschusses abgegebenen Empfehlungen zur Tötung idiotischer Kinder beigetragen zu haben. Die Spruchkammer entsprach dem Antrag des öffentlichen Klägers und richtete nach kurzer Verhandlung an den öffentlichen Kläger die Bitte um Überprüfung seiner Akten. Die Berufungsspruchkammer entschied dann im Jahre 1949, indem sie das Verfahren einstellte. Gleichzeitig erklärte die Berufungsspruchkammer, der Spruch der ersten Instanz, durch die Catel in die Gruppe der Entlasteten eingereiht worden sei, bestehe zu Recht.

Während der gleichen Zeit griff die Staatsanwaltschaft in Hamburg die Angelegenheit auf und klagte mehrere Ärzte, unter ihnen auch Catel, der Beihilfe zum Totschlag an. Das Landgericht in Hamburg aber lehnte die Eröffnung des Hauptverfahrens ab und gab zur Begründung an, daß schon in der Antike idiotische Kinder ausgesetzt worden seien, weil es sich bei diesen Wesen nicht um Menschen im wahren Sinne des Wortes gehandelt habe. Dieser Beschluß wurde rechtskräftig, weil die Staatsanwaltschaft in Hamburg auf die Einlegung eines Rechtsmittels verzichtete. Der Beschluß der Strafkammer des Landgerichtes Hamburg ist von so außergewöhnlicher Bedeutung, daß er hier in seinem wesentlichen Wortlaut wiedergegeben sei:

»Nach der älteren vom Reichsgericht in ständiger Rechtsprechung bis zum Ende vertretenen Ansicht ist das Bewußtsein der Rechtswidrigkeit nur dann ein Element der Schuld, wenn im gesetzlichen Tatbestand rechtswidriges Handeln ausdrücklich gefordert wird. Nach dieser Ansicht käme es im vorliegenden Falle auf das Bewußtsein der Rechtswidrigkeit nicht an, da das Gesetz stillschweigend davon ausgeht, daß die Tötung eines Anderen rechtswidrig ist. Jedoch wäre nach dieser älteren Ansicht weiter zu prüfen, ob die Angeschuldigten sich etwa in einem Irrtum über die Rechtmäßigkeit ihres Handelns befunden haben. Dieser Irrtum wäre dann nach der vom Reichsgericht zu § 59 StGB entwickelten Lehre rechtlich

relevant, wenn es sich um einen außerstrafrechtlichen Irrtum handeln würde. Ein solcher Irrtum müßte hier, wie auch die Anklage nicht verkennt, angenommen werden, da die – objektiv unrichtige – Annahme der Angeschuldigten, die Vernichtung lebensunwerten Lebens sei durch Gesetz nicht nur erlaubt, sondern sogar befohlen worden, ein Irrtum über eine Maßnahme des Verwaltungsrechts sein würde.
Zu dem gleichen Ergebnis kommt man jedoch auf einfachere Weise, wenn man sich auf den Boden der modernen, von der Literatur schon früher geforderten, in der Rechtsprechung jetzt ebenfalls allmählich Fuß fassenden Lehre stellt, wonach das Bewußtsein der Rechtswidrigkeit zum Vorsatz gehört, also ein Schuldelement darstellt. Wenn also den Angeschuldigten nach dieser Rechtsansicht das Bewußtsein der Rechtswidrigkeit nicht nachgewiesen werden kann, so fehlt es am Beweise ihrer Schuld, und sie können deshalb nicht verurteilt werden. Die Strafkammer ist der Ansicht, daß dieser Beweis in einer etwaigen Hauptverhandlung nicht zu führen sein würde. Von entscheidender Bedeutung ist hier ... die Tatsache, daß dem Angeschuldigten ... bei der Konferenz in der Reichskanzlei in Berlin im Winter 1940 ausdrücklich mitgeteilt worden ist, daß für die bereits seit längerer Zeit geplante Euthanasie nunmehr die gesetzliche Grundlage gegeben sei. Der Angeschuldigte hatte keinen Anlaß, an der Richtigkeit dieser Angabe zu zweifeln, waren bei dieser Konferenz doch hohe Beamte des Reichsjustiz- und des Reichsinnenministeriums zugegen. Der Angeschuldigte ... hat diese Mitteilung sicherlich im guten Glauben später an seine Assistentinnen weitergegeben. Hinzu kommt, daß das Verfahren, das bei der Vernichtung lebensunwerter Kinder angewandt wurde, in fünf Ministerialerlässen, die zwischen dem 18. 8. 39 und dem 10. 7. 42 ergangen sind, genau geregelt war. Dieses sogenannte Reichsausschußverfahren zeichnete sich durch große Genauigkeit und Kompliziertheit aus. Es war eine ganze Reihe von Formularen, darunter ein sehr eingehender Fragebogen, geschaffen worden, die schon eine gewisse Gewähr da-

für gaben, daß in jedem Fall gewissenhaft geprüft wurde, ob ein Fall dem Reichsausschuß als völlig hoffnungslos und deshalb für die Tötung geeignet gemeldet wurde. Hinzu kommt schließlich, daß beim Reichsausschuß ein Gremium von drei Gutachtern gebildet worden war, dem zwei anerkannte Autoritäten wie die Angeschuldigten Catel, damals Ordinarius an der Universität Leipzig, und W.., einer der führenden Praktiker auf dem Gebiete der Kinderheilkunde, angehörten. Die Schaffung dieses Gutachtergremiums entsprach genau den Forderungen, die Binding und Hoche in ihrer im Jahre 1920 erschienenen grundlegenden Schrift über die Freigabe der Vernichtung lebensunwerten Lebens aufgestellt hatten. Alle diese Einrichtungen und Maßnahmen durften nach Überzeugung der Strafkammer die Angeschuldigten in den Glauben versetzen, daß die Vernichtung lebensunwerten Lebens in der Tat jetzt durch ein Gesetz freigegeben worden sei. Daß dieses Gesetz nicht veröffentlicht wurde, brauchte diese Angeschuldigten als juristische Laien nicht mißtrauisch zu machen. Auf welche Weise ein Gesetz formelle Gültigkeit erlangt, ist in der Tat weitesten Bevölkerungskreisen völlig unbekannt.
Auch die Angeschuldigten zu 13 und 15 bis 18 durften aus im wesentlichen ähnlich gelagerten Gründen des Glaubens sein, daß ihre Mitwirkung bei der Durchführung der Tötungsaktion durch eine gesetzliche Grundlage gesichert sei. Der Angeschuldigte Catel trägt hierzu in glaubhafter, jedenfalls nicht zu widerlegender Weise vor, der frühere Oberbürgermeister von Leipzig, Dr. Freyberg, sein damaliger Dienstvorgesetzter, habe ihm eröffnet, daß die Vernichtung lebensunwerten Lebens jetzt durch Gesetz zugelassen sei, und habe ihn gebeten, im Sachverständigen-Gremium des Reichsausschusses als anerkannte Autorität auf dem Gebiet der Kinderheilkunde mitzuwirken. . .
Ein weiteres Merkmal für die absolute Gutgläubigkeit aller Angeschuldigten dürfte der Umstand sein, daß in allen bekannt gewordenen 56 Fällen wirklich nur solche Kinder getötet worden sind, die als Vollidioten, also als geistig völlig tot

anzusprechen waren und bei denen auch nach dem gegenwärtigen Stande der ärztlichen Wissenschaft eine Heilung mit absoluter Sicherheit *nicht* erwartet werden konnte.
Das Oberlandesgericht Frankfurt am Main ist nun in seiner Entscheidung der Ansicht, der Täter könne sich aber nicht auf die angebliche Gesetzmäßigkeit eines nach übergesetzlichem Recht verwerflichen Verhaltens berufen, und die Tötung vollidiotischer Kinder sei solch nach übergesetzlichem Recht verwerfliches Verhalten. Diese Ansicht kann die Strafkammer nicht teilen. Sie ist nicht der Meinung, daß die Vernichtung geistig völlig Toter und ›leerer Menschenhülsen‹, wie sie Hoche genannt hat, absolut und *a priori* unmoralisch ist. Man kann über die Frage äußerst verschiedener Meinung sein. Dem klassischen Altertum war die Beseitigung lebensunwerten Lebens eine völlige Selbstverständlichkeit. Man wird nicht behaupten können, daß die Ethik Platos oder Senecas, die u. a. diese Ansicht vertreten haben, sittlich tiefer steht als diejenige des Christentums, das allerdings überwiegend den menschlichen Eingriff in den Willen des Schöpfers ablehnt. Aber auch in neuerer Zeit haben sich immer wieder Stimmen erhoben, welche die Abkürzung völlig sinnlosen Lebens forderten. So ist bis in das 19. Jahrhundert hinein die Auffassung vertreten worden, daß die Tötung von Mißgeburten keine Menschentötung sei. Das Preußische Allgemeine Landrecht enthält noch Sondervorschriften über die ›Fortschaffung‹ von Monstra. Zwar können als Idioten geborene Kinder und Mißgeburten nicht völlig gleichgesetzt werden, aber der Übergang zwischen beiden Gruppen ist flüssig. Immer wieder hat jedenfalls die Frage, ob ein Sinn darin zu erblicken ist, geistig tote Menschen am Leben zu erhalten, die Gemüter auf das heftigste bewegt. Wie sehr, kann man aus der 1920 erschienenen Schrift Bindings, eines der größten Kriminalisten der damaligen Zeit, und Hoches, eines bedeutenden Psychiaters, über die Freigabe der Vernichtung lebensunwerten Lebens erkennen, die eine umfangreiche Literatur zu diesem Problem ausgelöst hat. Auch außerhalb Deutschlands wurde um diese

Frage gerungen und sie mitunter im Sinne der Freigabe der Tötung beantwortet. So wurde im Jahre 1935 vom englischen Unterhaus ein Gesetz angenommen, das die Tötung freigeben sollte, vom Oberhaus jedoch abgelehnt, und schließlich sahen das Norwegische Strafgesetzbuch von 1902 und das Tschechoslowakische Strafgesetzbuch Strafmilderungen solchen Ausmaßes für Euthanasie vor, daß diese dadurch zu einem Delikt von geringfügiger Bedeutung herabgemindert wird. Selbst im Lager der christlichen Theologie haben sich vereinzelt Stimmen erhoben, welche einer schmerzlosen Verkürzung völlig sinn- und zwecklosen Lebens das Wort redeten.

Alle diese mitgeteilten Einzelheiten, die sich beliebig vermehren ließen, lassen erkennen, daß die Frage der Verkürzung lebensunwerten Lebens zwar ein höchst umstrittenes Problem ist, daß ihre Durchführung aber keinesfalls eine Maßnahme genannt werden kann, welche dem allgemeinen Sittengesetz widerstreitet. Die Angeschuldigten, die als medizinische Fachleute die Umstrittenheit des Problems kannten und wußten, daß sich führende Geister für die Freigabe der Vernichtung lebensunwerten Lebens eingesetzt hatten, brauchten daher keineswegs der Ansicht zu sein, daß diese Freigabe dem Naturrecht oder dem allgemeinen Sittengesetz oder wie man es sonst nennen will, widerspreche. Sie selbst bekannten sich aus ethischen Motiven heraus zu solcher Freigabe. Es bestand aber für sie nicht der geringste Anlaß zu einem Verdacht, daß ihnen das Gesetz, an dessen Existenz sie glaubten, etwas Unsittliches zumute.«

Catel selbst wirkte während dieses Verfahrens ohne Unterbrechung als Leiter der Landeskinderheilstätte Mammolshöhe weiter. Aber schon im Jahre 1954 erhielt er einen Ruf an die Universität Kiel als Ordinarius der dortigen Universitätskinderklinik. Die medizinische Fakultät und das Kultusministerium von Schleswig-Holstein waren voll im Bilde über die hier geschilderten Vorgänge, so daß Catel den Ruf annahm und wieder als Ordinarius in seinem alten Fach lehrte und lebte. Aber seine Gegner ruhten nicht. Sie traten erneut an die Staatsanwaltschaft in Hamburg heran. Diese lehnte ein Einschreiten ab unter Hinweis darauf, daß das Ursprungsverfahren rechtskräftig erledigt sei. So wanderte es an die Staatsanwaltschaft in Kiel. Diese gab es an die Staatsanwaltschaft in Hannover ab, weil dort noch ein anderes Verfahren gegen ein ehemaliges Mitglied des Gutachterausschusses lief. Catel wollte dem Lande Schleswig-Holstein keine Ungelegenheiten bereiten und bat um seine Emeritierung. Dem Antrag wurde stattgegeben.

Jetzt aber wurde die Staatsanwaltschaft in Hannover tätig. Sie beantragte die Voruntersuchung gegen Catel wegen Beihilfe zum Mord. Dem Antrag wurde entsprochen. Die gesamte Tätigkeit Catels in dem Gutachterausschuß wurde zum Gegenstand des Untersuchungsverfahrens gemacht. So endete denn die Voruntersuchung erst im April 1964. Die Staatsanwaltschaft nahm zu dem Ergebnis der Voruntersuchung Stellung. Allein diese Stellungnahme umfaßte mehr als 300 Seiten. Die Staatsanwaltschaft stellte sich auf folgenden Standpunkt: Es könne dem Angeschuldigten nicht widerlegt werden, daß er an die Gesetzmäßigkeit seines Handelns geglaubt habe. Außerdem aber sei Catel nur Gutachter im Rahmen des Reichsausschusses zur wissenschaftlichen Erfassung erb- und anlagebedingter schwerer Leiden gewesen. An der Tötung von sechs unheilbar idiotischen Kindern in Leipzig habe Catel weder als Planer noch als Täter teilgenommen.

Seine Einstellung zur Frage der Euthanasie beruhe auf seiner Überzeugung. Diese wiederum sei gegründet auf sein ärztliches Wissen und Gewissen. Nach der Überzeugung Catels sei der Tod für unheilbar vollidiotische Kinder eine Erlösung gewesen. Er habe nicht aus politischen Erwägungen gehandelt, geschweige denn aus einer zum Nationalsozialismus gewendeten Anschauung hin. Die von ihm verfaßten wissenschaftlichen Werke seien von hohem Rang und tiefem Ernst. Die Ermittlungen hätten ergeben, daß Catel schon frühzeitig mit hochgradig mißgebildeten Kindern zusammengekommen sei. Darunter habe es Lebewesen gegeben, die unter der seelischen Stufe eines Tieres gestanden haben. Nur aus diesem Grunde habe sich Catel mit den Problemen der Idiotie und der Euthanasie beschäftigt. Im Laufe der Zeit sei in ihm immer stärker der Gedanke aufgetaucht, daß der Arzt nicht nur die Aufgabe habe, Krankheiten zu heilen, sondern auch Leiden zu vermindern. Deshalb gebe es Ausnahmesituationen, in denen die Auslöschung des Lebens für den Arzt ein ethisches Gebot sei, sofern eine solche Maßnahme mit Einwilligung der Eltern geschehe.

Weiterhin stellt die Staatsanwaltschaft fest, Catel habe es erlebt, daß Mütter mit solchen Kindern völlig zusammengebrochen und daß Ehen auseinandergegangen seien und daß gesunde Kinder aus solchen Familien Schiffbruch erlitten hätten. In der Regel hätten berufstätige Eltern die Betreuung eines idiotischen Kindes einem anderen normalen Kind überlassen. Dadurch sei auch das gesunde Kind in seiner Entfaltung gehemmt worden. Andere Mütter hätten ihre gesamte Sorge der Pflege des idiotischen Kindes zugewandt. Auf diese Weise sei es zu einer Vernachlässigung der Pflichten gegenüber der übrigen Familie gekommen. Nach Ansicht Catels – so meint die Staatsanwaltschaft – sei es unzureichend, wenn ein Arzt mit der Mitteilung an die Eltern sich begnüge, er könne nicht helfen. Vielmehr sei es Pflicht des Arztes, das idiotische Kind im Auge zu behalten und der Familie ein Helfer zu sein.

Die Staatsanwaltschaft kommt zu dem Schluß, daß nach der Auffassung von Catel die Auslöschung eines solchen Wesens nicht gegen das fünfte Gebot verstoße, da ein stumpf hinvegetierendes Kind ohne Großhirn nicht als Mensch angesprochen werden könne.

Nach den Ermittlungen der Staatsanwaltschaft bezeichnete es diese als unwiderlegt, daß Catel seine Aufgabe in erster Linie als eine Dokumentation zu wissenschaftlichen Zwecken angesehen habe. In zweiter Linie freilich habe seine Tätigkeit darin bestanden, ein krankes Kind in eine angemessene Heilbehandlung einzuweisen. Erst in letzter Linie habe er eine Einschläferung befürwortet, wenn es sich um einen Fall nicht mehr heilungsfähiger Vollidiotie handelte.

Schließlich hat die Staatsanwaltschaft die Feststellung getroffen, daß Catel noch im März 1945 von Amts wegen gerügt worden sei, daß er die vom Reichsausschuß in seine Klinik eingelieferten Kinder wieder entlassen habe.

In diesem Zusammenhang gibt auch die Staatsanwaltschaft zu, daß Catel bis zum Zusammenbruch 1945 auf eigene Verantwortung und Gefahr jahrelang zahlreiche jüdische Kinder gegen den Willen des Gauleiters in seiner Klinik aufgenommen, behandelt und wieder gesund gemacht habe. Zu den gleichen Feststellungen ist die Staatsanwaltschaft auch bei den in der Leipziger Kinderklinik aufgenommenen Mischlingen gekommen. Obwohl der Gauleiter Weisung erteilt habe, nichtdeutschen Säuglingen die Aufnahme zu verweigern, habe Catel mehrere hundert kranke Säuglinge von Polen, Russen und Franzosen während des Krieges in seiner Klinik aufgenommen und mit deutscher Frauenmilch aufgezogen.

Diese Darlegungen der Staatsanwaltschaft verfehlten ihren Eindruck bei der Strafkammer des Landgerichtes Hannover nicht. Sie setzte deshalb Catel außer Verfolgung. Der Beschluß des Landgerichtes Hannover erwuchs in Rechtskraft.

Während dieser ganzen Zeit verteidigte sich Catel überhaupt nicht. Er sagte nichts weiter als die Wahrheit, gleichgültig, ob seine Aussagen für oder gegen ihn ausgewertet werden konnten. Durch diesen Mut zur Wahrheit gewann er die mit der Angelegenheit befaßte Staatsanwaltschaft und die Richter. So einfach, wie es sich die Gegner von Catel machten, ist eben das Prinzip der Euthanasie nicht. Natürlich kann es keinen Zweifel darüber geben, daß das Leben des Menschen Schutz genießt. Aber es gibt auf dieser Erde eben keinen Grundsatz ohne Ausnahmen. Auch der Staat von heute opfert Menschen im Kriege. Er erlaubt auch das Opfer eines Menschen im Frieden, wenn es sich um Notwehr handelt, also die Tötung eines anderen Menschen, falls dies die einzige Möglichkeit ist, um das Leben eines Menschen vor dem Tode zu retten. Zu diesem letzteren Gedanken gab das Reichsgericht in einer Entscheidung vom 1. März 1927 eine aufsehenerregende Begründung. Damals waren eine Frau und ein Arzt wegen Abtreibung verurteilt worden. In der Revisionsentscheidung, die sich in den Urteilen des Reichsgerichtes in Strafsachen in Band 61, Seite 242ff. findet, gab das höchste Gericht des Deutschen Reiches zu erkennen, daß es Fälle gäbe, in denen auch die medizinische Wissenschaft nur in der Lage sei, entweder das Leben der Mutter oder das Leben des Kindes zu retten. Stelle sich aber diese Frage, so sei es nach dem Grundsatz der Güter- und Pflichtabwägung richtig, das Leben der Mutter zu retten und das Leben des werdenden Kindes zu opfern. Hierbei prägte das Reichsgericht den Grundsatz des übergesetzlichen Notstandes und hob hervor, daß die Frage des Rechtfertigungsgrundes nicht dem einzelnen Paragraphen, sondern der ganzen Rechtsordnung entnommen werden müsse. Es gäbe sowohl gesetztes als auch ungesetztes Recht. Stehe aber der Arzt vor der Frage, entweder das Leben der Mutter oder das Leben des Kindes zu retten und entscheide er sich für die Rettung des Lebens der Mutter, so sei die Preisgabe des Lebens des werdenden Kindes nicht rechtswidrig.

Seitdem sind viele Jahrzehnte ins Land gegangen. Nicht nur die Bundesrepublik Deutschland, sondern auch andere Länder haben die Abtreibung bei besonders gelagerten Fällen freigegeben. In Deutschland ist das erste Gesetz des Bundestages durch das Bundesverfassungsgericht für nichtig erklärt worden, weil nicht nur das Leben des Menschen in seiner Vollkraft, sondern auch das Leben des werdenden Menschen vollen Rechtsschutz genieße. Diese Entscheidung ist vielfach kritisiert worden. Den einen war sie nicht progressiv genug, den anderen war der Hinweis auf die soziale Indikation ein ethisch nicht gerechtfertigter Ausweg. Der Bundestag hat sich dann mit einem anderen Gesetz über seine durch ihn selbst herbeigeführte Notlage hinweggeholfen, ein Gesetz, das mindestens auch dann die Abtreibung erlaubt, wenn die Wahrscheinlichkeit der Geburt eines erbkranken Kindes gegeben sei. Damit aber ist der Weg frei, der die Abtreibung und damit die Tötung eines vielleicht erbgesunden Menschen straflos macht. Wer dieser Lösung zustimmt und damit wenigstens teilweise den Mord eines Menschen straflos läßt, verliert das Recht, über jemanden zu Gericht zu sitzen, der, juristisch gesehen, Beihilfe zur Auslöschung eines Lebewesens geleistet hat, das zwar lebt, aber als Vollidiot Zweifel erweckt, ob es noch als Mensch bezeichnet werden darf. Aus diesem Grunde war und ist Catel auch ein entschiedener Feind der Gesetzgebung über die Straffreiheit von Schwangerschaftsabbrechungen, wie sie in modernen Staaten üblich ist. Nach Catel verdient das schwachsinnige Kind vollen Schutz. Mag auch beim Schwachsinnigen der Intelligenzquotient erheblich unter der Norm liegen, so kann doch nicht geleugnet werden, daß auch der Schwachsinnige mit seiner Umwelt in Fühlung steht und in der Lage ist, die eine oder andere Willensentscheidung zu treffen, also sich zu einer gewissen Personalität zu entfalten. Das gleiche gilt selbstverständlich für alle epileptischen und spastischen Kinder. Es sollte auch Geltung haben für alle Menschen, die an einer Geisteskrankheit leiden, aber vor ihrer Erkrankung normale Menschen waren, mag auch das Gehirn mehr oder minder stark durch Krankheit zerstört worden sein.

Eine ganz andere Rolle dagegen spielen diejenigen Menschen, die von Anfang an ohne Personalität existieren, wenn der Intelligenzquotient bei Null liegt, also in allen Fällen, in denen kein Gehirn vorhanden ist.

Man hat immer wieder Catel auf den hippokratischen Eid aufmerksam gemacht. Dabei wird aber immer wieder vergessen, daß kein in Europa lebender Arzt jemals den Eid des Hippokrates geschworen hat. Man meint damit die dem Hippokrates zugeschobene Äußerung, der Arzt dürfe keinem Menschen ein tödliches Gift geben. Es ist aber in der Literatur durchaus umstritten, was Hippokrates damit gemeint haben mag. Ob er vielleicht dadurch nur hat verhindern wollen, daß ein Nichtarzt in den Besitz von Gift kam, das ihm die Möglichkeit gegeben hätte, einen anderen Menschen zu töten, oder ob sich diese Äußerung nur auf das Verhalten des Arztes gegenüber dem Patienten bezieht. Auf jeden Fall aber hat Hippokrates auch gesagt, daß der Arzt bewußt keine Behandlung bei denen versuchen soll, die von den Krankheiten überwältigt sind. Ein wenig später sagt Hippokrates: »Die Menschen aber, die die Ärzte tadeln, welche die unheilbar Kranken nicht behandeln, verlangen von ihnen, daß sie sich ebensosehr mit dem befassen, was sie nicht angeht, wie mit dem, was sie angeht.« Auf jeden Fall ist der dem Hippokrates zugeschobene Eid unvereinbar mit der Auffassung, wie sie Plato in seinem Werk *Der Staat* vertreten hat. Denn nach Plato ist die Auslöschung eines idiotischen Lebewesens erlaubt.

Auch die, die sich auf das 5. Gebot beziehen, verkennen die Übersetzung des hebräischen Wortes *razach*. Es hat nicht nur die Bedeutung von »zerstoßen« und von »töten vieler«, sondern hat auch die Bedeutung »morden«. Luther hat zwar in der Mehrzahl der Fälle das hebräische Wort mit »töten« übersetzt. Er wechselt aber bei der Übersetzung der Propheten Jeremia und Hosea seine bisherige Bezeichnung und sagt »morden«. Martin Buber übersetzt statt dessen in allen Fällen, im Gegensatz zu Luther, das hebräische Wort *razach* nur mit »morden«. Nach Luthers Großem Katechismus ist es so, daß der, der seine Pflicht nicht tut, unter das 5. Gebot fällt, weil er nicht in allen Leibesnöten hilft. Luther meint in seinem Katechismus, daß auch diejenigen unter das 5. Gebot fallen, die sehen, daß ein Weg des Verderbens gegangen wird, und dennoch diesen Weg nicht abbrechen. Auch diese sind nach Luther der Übertretung des 5. Gebotes schuldig, weil sie nicht den Weg der Barmherzigkeit gehen. Auch mit dem Neuen Testament kann man nicht argumentieren, weil Jesus Christus zwar ein Reich errichten wollte, aber ausdrücklich hinzugefügt hat »mein Reich ist nicht von dieser Welt«. Mit den Lehren der Bergpredigt kann man weder einen Staat noch eine verfaßte Kirche regieren, sondern allein die Ecclesia.

Catel hat sich in vielfachen Veröffentlichungen mit seinen Gegnern auseinandergesetzt. Ein sich um Objektivität bemühender Kritiker muß anerkennen, daß er nicht widerlegt worden ist. Seine Größe liegt nicht nur in seiner außergewöhnlichen Bedeutung als Arzt und Mediziner, sondern in seinem unablässigen Streben nach Wahrheit, die, einmal erkannt, von ihm gegenüber jedermann festgehalten wird. Seinen Versuch, das Recht nur als Pragmatik anzusehen und das Naturrecht zu leugnen, weil die Menschen sich in jedem Jahrhundert ein neues Gesetz gegeben haben, halte ich freilich für verfehlt. Es ist hier nicht der Ort, den Begriff des Naturrechtes zu klären, weil das, was die Griechen unter Naturrecht verstanden, sich grundlegend unterscheidet von dem, was die katholische Kirche als Naturrecht bezeichnet. Und dieses wiederum unterscheidet sich wesentlich von dem, was die Aufklärung Naturrecht nennt. Immerhin sollte es zu denken geben, daß sich in jedem Jahrhundert mindestens einmal die Wahrheit des Satzes gezeigt hat: *summum ius, summa iniuria*. Was der Mensch zu seiner Zeit zum Gesetz macht, hat keinen ewigen Wert. Aber welche Rechtsperiode wir auch ins Auge fassen, immer wieder treten Grundsätze hervor, die einer anderen Periode gleich oder wenigstens ähnlich sind. Das sollte uns lehren, daß es etwas über dem gesetzten Recht gibt, auf das sich die Menschheit beruft, wenn eine Ordnung abklingt und eine andere Ordnung an ihre Stelle tritt.

Als Catel eines Tages in einer großen Strafsache vor dem Schwurgericht in Limburg von der Verteidigung als Sachverständiger zitiert wurde, hat er seine Haltung in einer Weise dargelegt, die ihm den *favor judicis* in wenigen Stunden sicherte. Das Gericht wollte ihm aber doch noch einmal auf den Zahn fühlen. Es beschloß, eine Irrenanstalt zu besuchen und diesen Besuch zum Gegenstand der Beweisaufnahme zu machen. Zunächst wurden alle Prozeßbeteiligten in einen Saal geführt, von dessen Insassen der Chefarzt meinte, es handle sich zwar tatsächlich um Geisteskranke, aber um ungefährliche Menschen, die dem Nichtarzt nur dadurch auffielen, daß sie anlehnungsbedürftig seien. Kaum hatte das Gericht den Saal betreten, so ging einer der Kranken auf den Berichterstatter zu, fragte ihn nach der Herkunft seiner Krawatte und nutzte die nur eine Sekunde andauernde Unsicherheit des befragten Richters aus, um ihm mit einem Faustschlag ins Gesicht die Brille zu zerschlagen und die Nase zum Bluten zu bringen. Nur Catel rettete die Situation, indem er den Schläger in ein Gespräch über Moses verwickelte. Von da ab bat der Vorsitzende des Schwurgerichtes, Catel möge doch bei dem Durchgang durch die anderen Säle vorausgehen. Und schon hatte der Arzt über den Juristen gesiegt. Der Rundgang endete in einer Kinderabteilung. Zwölf Kinder wurden in ihren Betten hereingefahren. Catel bekam einige Minuten Zeit, um die Kinder zu untersuchen und eine Diagnose zu stellen. Alle seine Diagnosen stimmten mit den Krankengeschichten, die erst nachträglich bekanntgegeben wurden, überein. Freilich hatte Catel an einigen Punkten noch einen Zusatz zu machen und schlug Behandlungen auch noch mit anderen als den bisher gegebenen medizinischen Medikamenten vor. Man muß solche Situationen erlebt haben, um das Hochgefühl kennenzulernen, wenn man viele Jahre einen durch beständige Angriffe verfolgten Menschen vertreten hat, der sich in jeder Situation des Lebens als Mensch und als Arzt und als akademischer Lehrer seine Souveränität bewahrt hat.

XX. KAPITEL

Heinrich Kronstein

Als ich nach dem Kriege wieder den Beruf des Rechtsanwaltes ergriff, lernte ich einen Mann kennen, der auf die zweite Hälfte meines Lebens einen kaum zu überschätzenden Einfluß haben sollte. Eine Dame der Frankfurter Gesellschaft, die Schwiegertochter des in allen medizinischen Kreisen auf der Welt bekannten Internisten Franz Volhard, machte es sich zur Aufgabe Menschen zusammenzubringen, die sich sonst im normalen Leben wahrscheinlich nie begegnet wären, von denen sie aber glaubte, daß gerade die Begegnung der beiden von ihr ausgewählten Menschen gute Frucht tragen würde. Eines Tages fragte sie mich, ob ich nicht einen Deutschamerikaner mit dem Namen Heinrich Kronstein bei ihr kennenlernen wolle. Ich lehnte zunächst ab, da ich zwar sehr neugierig war, Vertreter der Neuen Welt in Europa kennenzulernen, aber Deutschamerikanern einigermaßen gleichgültig gegenüberstand, weil ich fand, daß sie nicht immer die besten Eigenschaften der beiden Völker in sich vereinten, aus denen sie stammten. Aber ich ließ mich schließlich mehr überreden als überzeugen. Ort, Tag und Stunde wurden vereinbart. Ich kam, pünktlich wie immer, und mußte feststellen, daß mein Gesprächspartner noch nicht da war. Aus Höflichkeit gegenüber der Dame des Hauses verlegte ich mich auf das Warten. Ich kann nicht behaupten, daß meine Laune durch dieses Warten besser wurde. Vielmehr steigerte sich ein Gefühl der Abneigung. Nach einer mir endlos erscheinenden Zeit tat sich die Tür auf. Heinrich Kronstein, von dessen Existenz ich bisher nichts ahnte, betrat das Zimmer. Er war in Zivil, was damals für einen Deutschamerikaner noch die Ausnahme bildete. Mir gegenüber stand eine unscheinbare Gestalt und murmelte in deutscher Sprache eine nur schwer verständliche Entschuldigung wegen seiner Verspätung. Mühsam wahrte ich die Form. Aber mit einem Mal sah ich die Augen dieses Mannes. Dadurch veränderte sich das ganze Bild. Schlagartig wurde mir klar, daß es sich hier um einen Menschen handelte, in dem ungewöhnliche Kräfte verborgen lagen, Fähigkeiten, die von großer Güte und tiefer Religiosität getragen waren. Nach wenigen Minuten war ich in seinem Bann. Er erzählte mir, daß er aus einer alten jüdischen Familie aus Karlsruhe stamme, daß er schon frühzeitig von seinem Vater darauf hingewiesen worden sei, ein Sohn dieser Familie müsse mehr arbeiten als andere, müsse zuverlässiger sein und müsse das Wohl seiner Umwelt im Auge haben. Er kam auch auf seine Studentenzeit zu sprechen und wies darauf hin, daß er alle juristischen Examina, ohne jemals einen Repetitor besucht zu haben, bestanden habe.

Dann erzählte Kronstein, wie ihn der Erste Weltkrieg überrascht habe. Als ganz junger Mann sei er zum Soldaten auserkoren worden. So wenig die durch das Kriegsschicksal gestellte Aufgabe ihm gelegen habe, so sehr habe er diese Aufgabe bewältigt und schließlich als Artillerieoffizier vor Verdun gelegen und monatelang das ganze Verhängnis einer Materialschlacht am eigenen Leibe erlebt, zumal er schon damals verwundet worden sei – eine Verletzung, die ihn noch Jahre später verfolgen und schließlich seinen Tod herbeiführen sollte.

Nach Beendigung des Krieges hatte er sich dann der Jurisprudenz zugewandt. Kronstein wurde Mitarbeiter in einer berühmten Mannheimer Anwaltssozietät, die seiner Mitarbeit viel verdankt, obwohl gerade Kronsteins Mitarbeit sich nicht im Licht der Öffentlichkeit abspielte, sondern bescheiden im Hintergrunde blieb.

Dann überraschte diesen Mann das Jahr 1933, das die Mehrzahl der in Deutschland lebenden Juden zur Passivität nötigte. Ganz anders Kronstein. Er ergriff die Initiative und verhandelte mit staatlichen Stellen, um den Versuch zu machen, für die Juden einen Status zu schaffen, der es ihnen ermöglichte, im Dritten Reich, wenn auch in einer minderen Rechtsstellung, zu arbeiten und zu existieren. Der Versuch schlug fehl. Jeder andere wäre in Verzweiflung geraten. Kronstein aber zog schon 1935 aus dem Mißlingen seines Versuches die einzig mögliche Folgerung: er wanderte mit seiner Frau in die Vereinigten Staaten von Amerika aus. Dort lernte er Englisch und hielt sich mit Übersetzungsarbeiten über Wasser. Von neuem wandte er sich der Jurisprudenz zu. Er erlernte das amerikanische Recht, bestand seine Examina und wurde schließlich Professor für Wirtschaftsrecht an der Georgetown University in Washington. Dort gründete er ein Institut, das bis auf den heutigen Tag erkennen läßt, wer sein Gründer war und welchen Einfluß ein solches Institut auch auf die Praxis auszuüben imstande ist. Kronsteins Fall und Wiederaufstieg ist nur zu verstehen, wenn man weiß, daß er damals einen religiösen Wandel durchmachte. Er konvertierte, wurde also katholisch. Jeder Kenner des Menschentums weiß, daß Heinrich Kronstein damit eine Plattform gefunden hatte, auf der er ein neues Leben aufbauen konnte. Alles trug ein neues Gesicht für ihn. Seine Sorge wandelte sich in Hoffnung. Aus dem Rechtsgelehrten wurde über Nacht ein anderer Mensch. Kronstein erkannte, daß im angelsächsischen Rechtsdenken ein großer Vorzug verborgen war, indem es vom Sachverhalt ausging und diesen in seiner ganzen Individualität zum Ausdruck brachte, während das vom römischen Recht geprägte europäische Recht dazu neigt, über den Sachverhalt Rechtsvorstellungen zu stülpen, die dem individualistischen Charakter des Tatbestandes nicht immer gerecht werden. Arbeitete Kronstein ein Gutachten aus, so zeichneten sich diese Gutachten gerade dadurch aus, daß der Einzelfall stärker berücksichtigt wurde als die allgemeine Rechtsidee. Trotzdem war Kronstein ein Anhänger des katholischen Naturrechts, weshalb ihm die Überwindung des gesetzten Rechtes keine Schwierigkeiten machte.

Kronstein war nicht einfach zu verstehen. Sein Gedankenreichtum war zu stark, als daß er sich in eine einfache Sprachform kleiden ließ. Der Zuhörer hatte Schwierigkeiten, ihn zu verstehen. Wer aber diese Schwierigkeiten einmal überwunden hatte, für den war die Welt aufgeschlossen und erschien in einem neuen Licht. Aber Kronstein erschöpfte sich nicht in juristischer Tätigkeit, obwohl er, sobald es die Verhältnisse erlaubten, sich auch an der Universität in Frankfurt habilitierte und dort ein Institut schuf, ohne das die Frankfurter Universität heute nicht mehr zu denken ist. So weilte er denn ein halbes Jahr in Washington und das weitere halbe Jahr in Frankfurt, ohne darüber zu klagen, daß der ständige Wechsel des Wohnsitzes viele Beschwerden und Mißhelligkeiten mit sich brachte. Rückschläge, die auch ihm nicht erspart blieben, überwand er mit einem verzeihenden Lächeln. Für die Schwächen des Menschen hatte er viel Verständnis und nur selten Verachtung. Jeder Rückschlag war ihm eine Aufmunterung, mit Geduld und mit Überzeugung der Schwierigkeiten Herr zu werden, so daß ihm mit der Zeit vieles gelang, was anderen Menschen, die einen tatkräftigeren Eindruck machen, versagt blieb, weil sie nach einer Niederlage die Achseln zu zucken pflegten, um entweder in Passivität zu verfallen oder sich einer anderen Aufgabe zuzuwenden. Wenn man die Fülle der von Kronstein geschaffenen Arbeiten ansieht, so fragt man sich unwillkürlich: Woher hat dieser Mann so viel Zeit genommen? Die Lösung des Geheimnisses lag darin, daß Kronstein zu einer sehr frühen Zeit am Tage mit der Arbeit begann und während der Dauer des Tages auf vieles verzichtete, was anderen Menschen zur selbstverständlichen Gewohnheit wurde. Im Grunde ist er seinem Wesen nach nie Amerikaner geworden. Obwohl er Parties haßte, sah man ihn auch dort, weil Kronstein wußte, welche Möglichkeiten der kurzen Unterredung sich gerade auf Parties ergeben. Aber wer ihn genauer beobachtete, mußte feststellen, daß er das Glas mit dem üblichen amerikanischen Drink bald unausgetrunken in eine Ecke stellte, um sich den Menschen zuzuwenden. Mit dem Mittel einer nicht auf die Spitze getriebenen Askese vermied er manche Gefahr, die einen anderen zu Fall gebracht hätte. Nicht nur in Amerika, sondern auch in Deutschland sprach es sich herum, daß eine ernsthafte Bitte, an Kronstein herangetragen, nicht ohne Echo blieb. Ich kenne keinen Fall, in dem er nicht einen Ausweg gefunden hätte, obwohl die Lösung des Falles vorher jedermann aussichtslos schien.

Kronsteins eigentliche Leidenschaft aber galt nicht der Jurisprudenz, sondern der Politik. Natürlich haben zunächst die Amerikaner auf ihn zurückgegriffen, als sie Deutschland besiegt hatten, und haben Kronstein so manchen einflußreichen Posten innerhalb der amerikanischen Besatzungsmacht für Deutschland angeboten. Aber Kronstein verweigerte die Übernahme solcher Positionen – sieht man von seiner Mitarbeit in der Decartelizations-Abteilung ab. Er vergaß nie, daß er aus Deutschland stammte und daß Deutschland sein Vaterland war. Und im Auftrage einer anderen Macht tätig zu werden, war ihm ebenso zuwider wie die Verfolgung ehemaliger Nazis, denen er eher mit Bedauern als mit dem Wahn, andere anklagen zu müssen, gegenüberstand.

Er konnte Dinge verstehen, die sich der Wiedergabe durch die *ratio* entziehen. Er konnte eine eigene Stellung beziehen und konnte junge Menschen überzeugen und mit seinem Geist erfüllen, nicht nur in Deutschland, sondern auch in Amerika. Wenige wissen heute, wer damals alles bei Kronstein verkehrte und wen er in seinen Gedankenkreis zog. Sein Einfluß in Washington war so groß, daß man ihn kaum überschätzen kann. Das gleiche gilt für die damals in der Bildung begriffene Bundesrepublik Deutschland. Eine Persönlichkeit wie Hallstein ist ohne Kronsteins Einfluß nicht zu denken. Das gilt ebenso für Dean Acheson in Washington. Kronstein sah den Brückenschlag zwischen Amerika und Deutschland als die einzige Lösungsmöglichkeit an, um die *pénétration pacifique* durch den russischen Imperialismus zu vermeiden. Kronstein war aber nicht nur ein Mann der Güte und des Ausgleichs, sondern konnte bei Gelegenheit andere Menschen in einem Ton zur Ordnung rufen, der keinen Widerspruch duldete. Zufällig bin ich Zeuge eines solchen Ereignisses geworden, als ich an einem Abend in Washington in seiner Wohnung neben vielen anderen Gästen den Botschafter eines europäischen Landes traf. Dieser sprach mich an und glaubte, mich als Deutschen über den Verlust Ostdeutschlands an den bolschewistischen Osten durch den Hinweis trösten zu können, daß ja mit Westdeutschland der bessere Teil Deutschlands gerettet worden sei. Kronsteins Dazwischentreten ersparte mir eine Antwort. Er sagte ziemlich kühl zu dem Botschafter: »Das dürfen Sie nicht zu einem Menschen sagen, der aus dem Osten Deutschlands kommt. Schließlich ist die Industriekraft des Ruhrgebietes nicht alles. Sie würden ja auch eine solche Zweiteilung Ihres Vaterlandes nicht gutheißen können.« Der Botschafter verstummte und verharrte den ganzen Abend bis zu seinem Weggang in tiefem Schweigen.

Kronstein hat Schule gemacht. In Amerika, in Deutschland hat er nicht nur Schüler, sondern auch Jünger. Sie lernten von ihm, daß Überheblichkeit eine Untugend ist. Das war auch der Grund, weshalb Kronstein zu dem langjährigen Vertreter einer großen europäischen Zeitung in Washington deutliche Distanz bewahrte. Die gleiche Haltung bewahrte Kronstein gegenüber Walter Lippmann, während er mit amerikanischen Persönlichkeiten einen Umgang pflegte, der es ihm erlaubte, jede sonst verschlossene Tür zu öffnen. Er hatte eine erstaunliche Gabe, seine Gedanken zu Papier zu bringen. Schon in der Frühe des Morgens saß er in Washington in der Fessenden Street auf der dem Garten zugewandten Veranda seines Hauses und verfaßte auf gelbem Manuskriptpapier ein Memorandum. Mit solchen Arbeiten hat er auch auf den sonst so schwierigen John Foster Dulles während dessen Zeit als Secretary of State einen Einfluß ausgeübt, den nur der wirklich einzuschätzen vermag, der weiß, mit welcher Gründlichkeit John Foster Dulles die von Kronstein verfaßten Memoranden zu lesen pflegte. Was die Amerikaner bei Kronstein bewunderten, war dessen Fähigkeit, auf Fragen zu verzichten. Kronstein besaß ein Sensorium, das es für ihn unnötig machte, sein Gegenüber mit indiskreten Fragen zu belästigen. Sein sicheres Fingerspitzengefühl sagte ihm, was auf dieser Welt vorging und was sein Partner meinte, ohne es vielleicht zum Ausdruck zu bringen. In der Kunst des Zuhörens war Kronstein Meister. Aber auch in der Zusammenarbeit. So gab es damals in Washington einen amerikanischen Junggesellen, der nach außen hin den Beruf eines Anwaltes ausübte, der aber in Wirklichkeit, nur gegen Erstattung der Auslagen, in Fragen der amerikanischen Politik in vielen auswärtigen Verhandlungen auftrat und dort die Interessen seines Landes verfocht. Die innere Belastung wurde eines Tages zu groß. Ein Herzinfarkt setzte dem Leben des amerikanischen Mitarbeiters ein Ende. Kronstein war nie müde, diesem seinem amerikanischen Freunde – es handelt sich um Frank Nash – zuzuarbeiten. Frank Nash gehörte zu jenen Amerikanern, die sich aus Leidenschaft um die Politik dieser Welt kümmern, ohne Beamter zu sein. Die amerikanische Regierung ist klug genug, um solche Persönlichkeiten zu verwenden und ihnen ihre Unkosten zu ersetzen. Frank Nash wollte kein Amt. Er hatte Zeit und Geld genug, um sich in das politische Getriebe dieser Welt hineinzuversetzen. Auf vielen außenpolitischen Konferenzen erschien er und hatte den Vorzug, sagen zu können, was er wollte. Die Regierung seines Landes genoß dafür den Vorzug, durch ihn Dinge sagen zu lassen, die ein Regierungsbeamter aus Gründen der Staatsräson nicht aussprechen konnte. Ein Gespräch mit Frank Nash war immer ein Hochgenuß, weil er von einer äußeren und inneren Freiheit war, die man in Europa nicht kennt.

Kronstein und Frank Nash haben durch ihre Kunst zu verhandeln dem Streit zwischen den Vereinigten Staaten und der Schweiz ein Ende gesetzt. Dieser Streit war entstanden, als Amerika ohne Lizenz schweizerische Waffen nachgebaut hatte. Die Diskrepanz hatte sich dadurch verstärkt, daß Amerika eines Tages ein schweizerisches Unternehmen bombardierte, weil es im Verdacht stand, für deutsche U-Boote Zusatzteile herzustellen. Die Vereinigten Staaten haben den Prozeß vermieden, weil Amerika sich zu deutlich durch Mißachtung der schweizerischen

Neutralität ins Unrecht gesetzt hatte. Ein Vergleich schuf den Streit aus der Welt. Das war Kronsteins Verdienst.

Wer Kronstein gekannt hat, der weiß, wieviel Einfluß Menschen haben können, denen jede äußere Position fehlt, die aber sich durch persönliches Auftreten und durch persönliche Beziehungen eine Vertrauensbasis geschaffen haben, auf die auch kein Staatsmann verzichten kann. Dabei war Kronstein gar nicht ohne Kritik an der amerikanischen Außenpolitik. So war er z.B. alles andere als ein Pazifist. Er wußte eben, daß, wer mit allen Mitteln den Krieg vermeiden will, den Krieg erntet. Deshalb war ihm die Untätigkeit Amerikas bei den Konflikten in den Ländern, die das östliche Mittelmeer umgrenzen, unverständlich. Er war dafür, mit militärischen Mitteln einzugreifen, Truppen zu landen und eine militärische Machtposition zu begründen, die es Amerika erlaubt hätte, mit eigenen Streitkräften in die Kämpfe um den Nahen Osten einzugreifen. Von dem Krieg in Vietnam hielt er gar nichts. Er wußte eben, daß es sehr leicht ist, die Flagge der Nation auf einem weitentfernten Außenposten zu hissen, aber ebenso schwer, diese Flagge wieder in Ehren herunterzuholen. Die tatsächlichen Verhältnisse haben Kronstein recht gegeben. Erstaunlicherweise hatte er nicht nur Freunde, sondern auch Gegner. Mit diesen fertigzuwerden, hatte er Schwierigkeiten. Angriffe in der Presse verletzten ihn tief. Er konnte zwar das Summen einer Fliege hören, aber er hatte alles andere als eine Rhinozeroshaut. Zu einem Vollblutpolitiker gehört beides. Kronstein blieb letzten Endes in sich gekehrt. Wahrheiten waren ihm wichtiger als Tatsachen. Er war nicht zu denken ohne seine Frau, die aus Danzig stammt, und ohne seine beiden tüchtigen Söhne, die vieles von ihrem Vater geerbt haben: große Klugheit, Uneigennützigkeit, unermüdlichen Fleiß und das innere Wissen, daß die Geschehnisse auf dieser Welt nicht das Letzte sind, sondern nur ein Vorläufiges.

Zu den großen Freunden Heinrich Kronsteins zählte der Frankfurter Arbeitsrechtler Franz Böhm und der Ölindustrielle Schulte zur Hausen.

Aus der Fülle von Kronsteins Büchern ragen vier Veröffentlichungen hervor. Sein erstes Opus ist seine schon erwähnte Habilitationsarbeit, die von der juristischen Fakultät der Universität Heidelberg abgelehnt wurde. In diesem Buch befaßt sich Kronstein mit dem Recht der juristischen Person und legt den Akzent auf die abhängige juristische Person. Nach Kronstein ist die juristische Person eine Schöpfung der Rechtsordnung. Sie macht es möglich, Personengemeinschaften über den Wechsel der Person hinaus als Gemeinschaft bestehen zu lassen. Sie ähnelt der physischen Person als Träger von Rechten und Pflichten. Nach Kronstein steht hinter der juristischen Person ein fortdauernder Wille, ähnlich wie bei der Stiftung, nur daß diese staatlich genehmigt und staatlich beaufsichtigt wird. Kronstein weist in diesem Zusammenhang darauf hin, daß die Rechtsordnungen der Völker aus der juristischen Person ein willenloses juristisches Werkzeug gemacht haben, ein Spielzeug, dessen man sich bedienen kann, wenn man es nötig hat. Im Gegensatz hierzu beschäftigt sich Kronstein mit der Problematik, in welchen Grenzen die juristische Person als Realität anzuerkennen ist, wann ihr effektiver Charakter überwiegt und insbesondere wann der Durchgriff zu den hinter der juristischen Person stehenden Persönlichkeiten gegeben oder sogar geboten ist.

Später – 1967 – hat Kronstein diesen Gedanken wieder aufgegriffen in seinem Werk über *Das Recht der internationalen Kartelle*. Hier befaßt er sich mit dem Recht, das internationale Kartelle auf ihre Umwelt ausüben. Er befaßt sich vor allem mit der Gefahr, daß es internationalen Kartellen immer wieder gelingt, die geltende staatliche Rechtsordnung zu überspielen oder zu umgehen. Kronstein sieht in der Institution der Kartelle die Gefahr der Wettbewerbsbeschränkung und der Alleinmacht. Es ist ihm möglich, eine ungeheure Zahl von Fällen aufzuzeichnen, die sich auf publizierte Aktenstücke stützen. Dann wendet sich Kronstein den Kartelltypen zu und der Wirkung, die diese Kartelltypen auf die Rohstoffpreise haben. Im weiteren Teil seines Buches zeigt Kronstein die Gefahr auf, die die internationalen

Kartelle dadurch herbeiführen, daß sie alle Rechtsinstitute der einzelnen Staaten aushöhlen und sie jedem billigen Zweck gefügig machen.

Kronstein wagt in seinem Buch auch eine Klinge gegen die private Schiedsgerichtsbarkeit und spricht sich für die staatliche Justiz aus. Natürlich weiß er, daß auch die staatliche Gerichtsbarkeit nur ein Notbehelf ist. Aber er vertritt mit überzeugenden Gründen die These, daß sie immer noch besser sei als die Schiedsgerichtsbarkeit. Letzten Endes führt diese Abhandlung zur Ablehnung einer Wertneutralität und fordert das wertbezogene Recht. Mit diesem Werk hat Kronstein Grundfragen angerührt, die noch auf lange Zeit hinaus heftig umstritten sein werden.

Die Tatsache, daß Kronstein das deutsche und das amerikanische Recht souverän beherrschte, führte ihn immer wieder dazu, die Frage der Ausbildung des Juristen zu untersuchen. Mit verhaltener Leidenschaft hat Kronstein immer wieder zu diesem Thema Stellung bezogen. Hierbei hat er vor allem die Vorstellung abgelehnt, als ob die Jurisprudenz in der Lage sei, wie die Naturwissenschaft zu Lösungen zu kommen, die den Charakter der Wertfreiheit haben. Um diese Scheinwissenschaft zu bekämpfen, fordert Kronstein, daß der junge Jurist sich erst mit den Zusammenhängen beschäftigen muß, die zwischen dem Recht einerseits und der Geschichte der Philosophie, der Sozialwissenschaften und der Politik andererseits bestehen. Deshalb hat er gefordert, daß schon nach zwei Jahren der Student eine Prüfung ablegen müsse, um zu zeigen, daß er das Handwerkszeug im Griff hat. Für die nächsten Semester fordert Kronstein die Vertiefungsstufe durch Konzentration. Er meint, daß hierzu auch Praktiker hinzugezogen werden sollten, die an Hand von Beispielen dem jungen Juristen die Problematik der Wertfindung nicht ersparen. Auf das Referendarexamen möchte Kronstein verzichten, weil er fordert, daß im zweiten Teil des Studiums der Jurist Prüfungen abzulegen habe, in denen er mehrfach seine

Qualifikation nachweisen müsse. Ist der junge Jurist aber zum Referendar ernannt, so fordert Kronstein einen Einführungskurs von sechs Monaten, damit der Jurist lerne, Akten zu studieren, das Grundbuch und das Registerwesen kennenzulernen sowie sich die Kenntnisse anzueignen, die zum Urteilsaufbau erforderlich sind. Erst danach sollte nach Kronstein der Referendar einem Richter überwiesen werden, um dann an der praktischen Jurisprudenz teilzunehmen. Hat der junge Jurist dieses Gerichtspraktikum absolviert, so fordert Kronstein, daß er sich nunmehr spezialisiere. Hier redet Kronstein gewissen Wahlmöglichkeiten das Wort, wobei er meint, daß der junge Jurist sich entweder für die Staatsverwaltung oder für die Unternehmensverwaltung zu entscheiden habe. Kronstein meint, daß auch eine Ausbildung bei der Post, bei Finanzämtern, bei Großbanken, Versicherungen und Gewerkschaften eine gute Berufsvorbereitung sei. Nach seiner Ansicht sollte dann die Referendarzeit mit einer Schlußprüfung enden, wobei es sich herausstellen werde, ob der Kandidat sich auf einige Gebiete des Rechtslebens konzentriert habe.

Das entscheidende Werk von Kronstein aber ist nicht juristischer Natur. Es sind seine *Briefe an einen jungen Deutschen*. Das Buch ist 1967 bei dem bekannten Münchner Verlag C.H. Beck erschienen. In diesen Briefen hat Kronstein das ganze Schicksal seiner Generation offengelegt. Wir erfahren, daß er in der Schule von Martin Wolff groß geworden ist und bei ihm über die Frage des Heimstättenrechts doktoriert hat. Wir erfahren aber gleichzeitig, daß er im Gegensatz zu seinem Lehrer Wege gegangen ist, auf denen er sich der Freirechtsschule genähert hat. Schon frühzeitig hat Kronstein erkannt, daß nicht nur der Gesetzgeber, sondern auch der Richter berechtigt und verpflichtet ist, das Recht weiterzubilden.

Nach Kronstein ist niemals der Wortlaut einer gesetzlichen Bestimmung entscheidend. Letzten Endes kommt es immer wieder auf die Frage an, ob die geltenden Rechtsnormen geeignet sind, einem Ziel zu dienen, das sich aus der gesamten Ordnung der Gesellschaft ergibt. Hierbei bleibt nach Kronstein die Wahrung gewisser Grundwerte entscheidend, um den Rechtsuchenden nicht der Willkür der Gerichte auszuliefern.

In seinem Buche schildert Kronstein zum ersten Mal seinen Versuch, die Judenfrage im Dritten Reich einer Lösungsmöglichkeit zuzuführen. Er weist den Vorwurf von Hannah Arendt, das Judentum habe sich in Deutschland durch die Nazis widerstandslos hinschlachten lassen, als Irrtum zurück. Kronstein erzählt von seinem Brief an Carl Schmitt, den anfänglichen Rechtstheoretiker des nationalsozialistischen Regimes. Sein Brief bleibt unbeantwortet. Damit scheiterte der Versuch Kronsteins, den damals in Deutschland lebenden Juden eine Rechtsstellung zu verschaffen. Mit Schaudern erfährt man, daß die in einem farblosen Liberalismus wurzelnden Menschen erst sich selbst und dann ihre Mitmenschen freisetzen und damit wider Willen ein Chaos heraufführen, das nicht nur das eigene Land, sondern schließlich einen Großteil der Welt beherrscht.

An seiner Annahme der katholischen Lehre macht Kronstein es deutlich, daß es dem Menschen, allen Widrigkeiten zum Trotz, gegeben ist, in immerwährenden Bemühungen Maßstäbe zu finden, die ihn in den Stand versetzen, die tiefe Kulturkrise seiner Zeit zu überwinden.

Im Alter meldete sich plötzlich die Verwundung aus dem Ersten Weltkrieg. Kronstein ging auf Urlaub und besuchte 1972 die von ihm heißgeliebte Schweiz. Seine Krankheit machte einen Hospitalaufenthalt notwendig. Schon glaubte er, das Hauptübel überstanden zu haben, da näherte sich ihm der Tod.

Nicht nur seine Werke, sondern auch sein Leben haben gezeigt, daß die Menschheit mit Kronstein mehr als einen großen Gelehrten, mehr als einen großen Rechtskenner – einen Heiligen unserer Zeit verloren hat.

REGISTER